U0152984

The Time Traveler's Guide to

IAN MORTIMER

時報出版

漫遊攝政時期的英國

一個新舊交替、窮奢極慾、浪漫感性的奔放時代

伊恩・莫蒂默——著

胡訢諄——譯

Regency Britain

獻給我的表哥 Stephen Read 和他的妻子 Edori Fertig

目次

致謝 007
作者注 011
緒論 013
1 景觀 021
2 倫敦 051
3 民眾 077
4 性格 117
5 日常生活 193
6 服裝穿著 223
7 旅行 249
8 棲身之處 277
9 飲食菸酒 311

10 清潔、健康、醫藥 343
11 法律與秩序 371
12 娛樂 397
後記 450
注釋 491

致謝

「漫遊」系列叢書並不好寫，而且，目前已經完成的四本當中，這本是最困難的，因為我們探討的社會規模較大，複雜程度較高。因此我深深感謝四年來在這個寫作計畫中，所有協助我的人。

我非常感謝我的編輯約格・漢斯根（Jörg Hensgen）。他對龐大生澀的初稿費盡心思，值得最高的讚美。如果西敏寺有個編輯角，他值得放在顯著的位置。

我也非常感謝史都華・威廉斯（Stuart Williams）將本書交付給我，而且耐心等待本書完成，以及喬・皮克靈（Joe Pickering）、湯姆・德瑞克—李（Tom Drake-Lee）、羅蘭・霍華德（Lauren Howard）與 The Bodley Head 與 Vintage 出版社這些年來所有協助過我、可靠的員工。我也同樣感謝我的經紀人喬治娜・凱普爾（Georgina Capel）與她經紀公司的員工，尤其艾琳・波多尼（Irene Baldoni）與瑞秋・康威（Rachel Conway），若非她們，我無法從事思考並書寫歷史這種工作。謝謝曼蒂・格林菲爾德（Mandy Greenfield）審稿與彼得・麥克阿迪（Peter McAdie）校對。

幫助我的還有多位專家讀者與顧問。我特別希望大家給尤恩・克拉克（Euan Clarke）熱烈的掌聲。一九八〇年代初期，他在伊斯特本學院教我歷史，完全沒有料到這會成為一輩子的工作。他讀過厚重的初稿，指出數個可以改進的地方。承蒙瑪格莉特．佩林博士（Dr Margaret Pelling）的幫助，醫療史章節的結構更緊密，而強納生．貝瑞教授（Dr Jonathan Barry）對於本書重要的部分提出寶貴建議。當然，其他錯誤或語意不明的地方，必定是我的責任。我也謝謝蓋瑞．卡蘭（Gary Calland），他好心給我一本他的著作，關於埃克塞特聖托馬斯的債務人監獄；謝謝葛瑞格．羅伯茲博士（Dr Greg Roberts）推特上啟發靈感又增長知識的貼文串，以及對於第二章提到的無花果葉給予特別建議；謝謝艾瑞克．安德森（Eric Anderson）大方送我他所編輯的瓦爾特．司各特日記，激勵我進一步思考司各特和攝政時期歷史小說的本質。

我最深刻的感謝，當然，獻給我的妻子蘇菲。一定有過幾次，她懷疑這本書什麼時候會完成，就像十九世紀初期的改革人士心想改革法案什麼時候會通過，或奴隸制度什麼時候會廢止。但是就像格雷公爵和威廉．威伯福斯，她堅持不懈，持續支持我，直到完成。我非常謝謝她給我的鼓勵。

伊恩．莫蒂默

於德文郡，達特慕爾，二〇二〇年四月六日

日常生活最平凡無奇的文章，久經深埋而挖掘出來後，也會引人興趣。對於祖先說過的話、做過的事，即使不比我們自己每天的言行舉止高明到哪裡，我們總是自然感到好奇。這個世代的某些人，可能沒有發覺，許多便利設施，現在被認為是生活之必需，而且理所當然的事，但是他們的祖父與祖母從未聽聞。

——詹姆斯．愛德華．奧斯汀－利，《珍．奧斯汀回憶錄》

（James Edward Austen-Leigh, *A Memoir of Jane Austen*, 1869）

記憶不是一本記錄事情與事件的書，而是一片田地，種子於此成長、成熟，然後死去。

——路易斯．西蒙，《大不列顛旅遊與飯店期刊》

（Louis Simond, *Journal of a Tour and Residence in Great Britain*, 1815）

作者注

本書相關的時間地點是一七八九年至一八三〇年間，大不列顛島——英格蘭、威爾斯、蘇格蘭。我和多數歷史學家、文獻評論、古物專家一樣，將這整個時期稱為「攝政時期」（the Regency）。然而，讀者必須知道，正式的攝政時期，即喬治王子代替精神健康不佳的國王喬治三世統治，僅從一八一一年至一八二〇年。而較長的攝政時期，設定理由如下：第一，這位王子的臨時治理，首先於一七八九年二月在國會提出，而且雖然他的父親當時恢復神智，王子在此之後便是預備攝政，以備國王再次生病。當然直到一八二〇年，喬治王子登基為喬治四世，他的影響力才增長。第二，從一七八九年開始的理由是，那年夏天，法國大革命爆發，在不列顛與歐陸引發憲政改革的重大問題。至於這段時期的結束，也存在改革的問題。有鑑於法國王室於大革命的下場，喬治四世痛恨憲政變更的想法，並且竭盡所能阻撓。直到他死後，當時的政府才能自由起草非常需要的改革法案（Reform Bill），開始處理某些法國大革命引起的社會問題。因此這段時期，以國王去世那天，一八三〇年六月二十六日，作為結束。

緒論

一七九〇年一月二十八日星期四，牧師托馬斯．帕蒂康伯（Thomas Puddicombe）拍拍手上的泥土，回到他在布蘭斯康伯（Branscombe）鎮上的公館，位於德文郡南方的海岸。剛才他主持的典禮，各方面來說，都是例行公事。葬禮的禱告詞歷史悠久，他早已熟記在心；與會者依照習俗穿著深色服裝，哀戚的情緒不在話下。當天他的最後一項工作也如往常，就是將死者的姓名和死亡日期記錄在教區的記事簿。然而，他坐在書桌面前，鵝毛筆沾上墨水，寫下的記事卻不尋常。他多寫了死因，如下：

> 姓懷特，名約翰，享年七十七歲。這個男人因為微不足道的意外而喪命。他拿小刀削腳指甲，結果刀片靠得略微太近，流了血：傷口一直沒好，演變為壞疽，幾天就帶走他。

熟悉英格蘭教區記事簿的人都會為這種程度的細節感到驚訝。但是牧師帕蒂康伯都是這樣記載教區居民的死亡方式。當地的農夫子弟約瑟夫．胡克，一八〇三年十三歲時遭逢意外。這位牧師覺得需要記錄這個年輕人「被一匹精力充沛的馬兒帶走，在絞刑人石（Hangman's Stone）旁邊的小路落馬，被拖拉半英里，最後在高瓦特康伯（Higher Watercombe）稍微過去徑被人發現死亡」。而且有個二十五歲的女人珍．托爾明，一七九八年五月溺死的時候，關於她人生的最後兩天，這位牧師寫了四分之三頁，最後描述：

> 她離開姊姊的房屋前，拿出所有錢，放在她的臥房。在身無分文的情況下，四處遊走，直到週二上午，恐怕就在那天，她結束自己的生命。三時至四時之間，有人在畢爾（Beer）看見她快步走上康芒巷（Common Lane）；約於五時一刻，木匠約翰．帕瑞特發現她在水中。

當你讀到這樣的段落，可能覺得，他們創造的世界和我們腦中的圖像不大一樣——攝政時期應該有華美的房屋、服裝、馬車。但是，當然，鄉村的教堂墓地、墜馬意外、年輕女子精神狀態不佳，也都屬於那個時代。而且托馬斯．帕蒂康伯記錄的葬禮記事，每項細節都令人好奇。一七九〇年代的人都拿小刀削腳指甲嗎？約瑟夫．胡克那樣的騎馬意外常見嗎？至於可憐的珍．托爾明，一七九〇年代的民眾是否認識精神疾病？你不會在珍．奧斯汀（Jane Austen）的小說找到那些答案；但是就和奧斯汀書中錯綜複雜的人物關係一樣，這些事件告訴我們奧斯汀生活的真實世界是什麼樣貌。

帕蒂康伯牧師詳細的葬禮記事在一八一二年突然停止。從那時起，他被明文禁止書寫那些記事。倒不是因為他做錯什麼，而是因為那年開始，政府對於葬禮記事改用印製的表格。每頁有數個空格，主持典禮的牧師只須在上面寫上死者姓名、年齡、居住地、埋葬日期——其他不寫。

從真情流露的個人主義到政府規定的標準格式，這樣的轉移顯示眾多變化。對於許多一八六〇年代的人，攝政時期似乎是社會法規開始嚴正施行之前，真自由最後的年代。《一八三二年改革法》通過後，過去由貴族與地主鄉紳支配的政治開始走向終點。一八三三年，《工廠法》限制兒童每日工時。同年，不列顛殖民地廢除奴隸制度。一八三四年，不再將殺人犯的屍體吊掛在絞刑台。隨著廢死主義者反對死刑日益成功，過去常見的公開處決也越來越罕見。殘酷的運動，例如鬥雞、縱犬鬥熊也在一八三五年立法禁止。一八三八年起，人民出生、結婚、死亡，必須向政府登記。約瑟夫．惠特沃斯（Joseph Whitworth）統一螺紋規格，並於一八四一年採用，為量產鋪路。一八四〇年代中期開始，電報能夠即時傳達長距離的訊息。火車取代定期的郵件馬車和驛站馬車，攔路強盜因此成為歷史。攝影開始與繪畫競爭，誰才是記錄肖像和風景的普遍工具。最重要的，維多利亞時期早期，新的道德觀橫掃社會，限制人民行為自由，對於通姦、賭博、欠債的態度尤其變得嚴苛。你可以看到，為何那些從一八六〇年代回顧他們攝政時期祖先的人，會覺得他們是自由奔放的一群，「狂放不羈、危險」的，可不只有拜倫勛爵。在那個年代，紳士與淑女、乞丐與牧師、軍官與遊民、婦人與交際花，大概都可以隨心所欲；黃金與英雄主義、酒與性、冒險與機會，無不照亮那個世界。

我們自己對於一七八九年到一八三〇年的印象也相去不遠。今日，那個時期依然被視為欣欣向榮與惡行縱橫的年代。確實，有鑑於攝政王和他的同黨是如何自我放縱，因此我們認為當時的上層階級，行為舉止特別傷風敗俗。古希臘德爾斐的阿波羅神殿，上面刻著箴言「凡事勿過度」，但接受古典教育的英格蘭上流社會似乎把那句話當作挑戰，主張「凡事應過度」。所以王室宮廷盡出花花公子、紈褲少爺、凶神惡煞，他們全都大口吃肉，暢飲波特酒（port），徹夜撒錢賭博。天亮的時候，不是和情婦上床睡覺，就是衣衫不整癱倒在他們的別墅——卡洛琳公主（Princess Caroline）形容「穿著長靴在沙發上打呼」——醒來之後，在宿醉護駕下，前往國會，針對國家的未來發表演說。對於這幫享有特權的壞蛋，你還可以加上好幾個可疑的角色：突如其來的攔路強盜、狡詐的走私販、紳士拳擊手、各種階級與信仰的政治鬥士。總而言之，對我們今日許多人而言，攝政時期就是那個「凡事應過度」的時期。夾在優雅得有點無趣的十八世紀，與道德優越感一絲不苟的維多利亞早期，這個時期的一切全都看起來放蕩、頑皮、耀眼、危險、震驚、冒犯，但是——哇！極具娛樂效果，而且非常迷人。

等等，你可能會說，這不是約翰・納什（John Nash）在倫敦建造攝政街（Regent Street）和攝政公園（Regent's Park），以及那裡的豪華別墅的時代嗎？這不是喬治・史蒂芬生（George Stephenson）製造第一個蒸汽引擎，以及麥可・法拉第（Michael Faraday）發展電動馬達的時代嗎？而且難道我忘記了，十九世紀初期不也見證國家美術館成立、大英博物館的埃及象形文字解密、大英博物館收藏希臘埃爾金石雕（Elgin Marbles）？放蕩的年代和精緻的文化難道不衝突嗎？確實衝突。而且你可以從這裡繼續主張。說到整個國家上下的嶄新房屋，住在這些鄉村別墅、都會廣場和新月形建築裡的，正是那些最放蕩的人們。想想漢弗萊．雷普頓（Humphry Repton）和蘭斯洛特．布朗（Lancelot 'Capability' Brown，人稱「萬能布朗」）在大宅裡建造的景觀花園，還有喬治．赫普懷特（George Hepplewhite）和托馬斯．喜來登（Thomas Sheraton）設計製作的傢俱，別忘那些地毯、繪畫、裝飾、雕刻、瓷器、樂器。許多人仍然認為攝政時期的設計是品味與優雅的巔峰。這些成就和那些傷風敗俗、放蕩不羈的社會成員脫不了關係，想想還真令人吃驚。

但就在這裡，埋藏我們理解這個時代的關鍵。唯有在某個主題當中發現明顯的矛盾，你才會開始完整欣賞。當富人似乎決定凡事應過度時，他們肆意揮霍金錢也不意外：建造一座比一座更豪華的別墅，委託一件比一件更精緻的傢俱，藉此展現社會地位。至於這個時代的學術與文化創新，有那麼多金錢報酬可以拿的時候，聽到藝術家和製造商無窮無盡地取悅贊助人，你會訝異嗎？因為上層階級決定盡其所能花錢，於是他們創造一個環境，讓最傑出的藝術家、建築師、科學家、發明家在裡頭大放異彩，因此留下這是黃金時代的印象。雖然幫助創造這些財富的勞工，本身的生活水準僅有些微改善，也不止一次群起抗議，但那是另一回事。兩百年後，在現代人眼裡，暴動當然不如富人留下的房屋和傢俱耀眼。

攝政時期社會的緊張不限於權貴和貧民的對比，也不僅是個人主義和國家控制的對立，還包括社會與經濟深刻變化導致的後果。不列顛的人口比之前任何時候增加得更快（就這點而言，也比之後更快），都市化也突飛猛進。在此我們又有另一個矛盾。這個時代的藝術家讚揚工業城鎮的成長嗎？不。他們的作為完全相反：他們讚揚正在消失的自然世界。約翰．康斯塔伯（John Constable）

最著名的畫作〈乾草車〉（*The Hay Wain*），表達兩個男人坐在馬車上，一邊渡河，一邊悠閒談話。他們似乎擁有全世界的時間，對於身邊的變化顯然毫不在乎。圍繞他們的是四季的韻律和川流不息的河。天空不被煙囪遮蔽，他們的世界也不被都市的後院侷限。約翰・克萊爾（John Clare）的詩作同樣回憶田園風光，四周只有自然和童年的鄉村生活。雖然重新改變風景的力量撲向藝術家與詩人，他們幾乎不是用正面、讚美的方式面對。威廉・布雷克（William Blake）作品裡的「黑暗撒旦工廠」，噴出燻煙在「英格蘭青綠優美的土地」。可見藝術家並不歡喜。古老的聖經記載火焰從天堂降下，然而這個畫面現在已經顛倒過來：火焰從人間衝向天堂。也許代表這個時代最傑出的藝術聯想會在音樂裡頭找到，尤其是無人不曉的音樂家——貝多芬的作品。但在這裡，我們也會找到文化衝突。最著名的第五號交響曲，一八一六年四月十五日在倫敦首演，就像巨大的引擎響徹雲霄。實在很難將這雄壯、猛烈、四音符的曲調和同年珍・奧斯汀細膩善感的《勸服》（*Persuasion*）兩相調和。

過去的實際情況總是比我們印象中更複雜多變，這種說法不言而喻。在這裡，「攝政時期」一詞，以及各式各樣的言外之意，也是部分的問題：一切似乎因為這個詞而變得美好。維多利亞時期的浪漫主義者，緬懷過去那段時光，覺得當時人們擁有較多自由。然而他們傾向不去正視，「攝政時期」的勞工和家庭，在擴張的工業城鎮，工作機會多麼稀少。當我們看著那個時代大量的錢幣和鈔票，值得想想，當時多數工人從未摸過黃金或紙鈔。跟他們提到納爾遜（Nelson）的海軍，他們可能會想到強徵入伍、木船擁擠的生活環境、震耳欲聾的炮彈爆炸、交戰之中碎裂的木頭、繩索之間呼嘯的海風、海葬的景象。但是對十九世紀後期的人說「納爾遜的海軍」，他大概會想像一張印刷品上，呈現納爾遜「戰勝」並死在船上戲劇性的一刻。這顯然告訴我們，儘管曾經有人試圖浪漫化，或讚揚那是「真自由」、不列顛田園樂土的最後時代，然而，為了了解這個變化與矛盾極大的時期，我們必須和那樣的意圖保持距離。我們不能只是看著流過岸邊的時代之河：我們必須潛入並沉浸其中。

但是，「沉浸其中」談何容易。我們該如何著手？答案在於，取得充分證據，而且，同樣重要的是，了解證據的脈絡與相關性。這對攝政時期而言並不困難：大量的資料、書籍、圖畫、物品、建築，至今依然留存。這個方面其中一個特別有用的文獻是《來自英格蘭的信，馬努埃爾．阿爾維拉茲．埃斯普雷亞著》（*Letters from England by Don Manuel Alvarez Espriella*），於一八〇七年首次出版三卷。據說這是一位西班牙紳士在一八〇二至〇三年著作的英格蘭旅行指南，然而其實出自英格蘭桂冠詩人勞勃．騷賽（Robert Southey）之手：這麼說來，那本書的構想和這本書也不是那麼不同，而且是由當時的知識分子所撰，我便以該書為參考。但是，蒐集和評估證據對我們的幫助也有限度。認為那樣就等於重建過去，就像認為如果能把納爾遜中將的骨頭、筋腱、肌肉重新接在一起，他就會自動站起來走路又開口說話。雖然分析歷史資料是門科學，但是以有意義的方式重建過去是一門藝術。我們需要憑藉我們的經驗，為證據注入生命，而且這麼做的方法就是不只重視文件、繪畫、建築本身，還有那些東西背後的行動、需求、想法。身為歷史學家，如果你認為知識真相僅止於實體文件，而不試著想像人們為什麼哭泣、吶喊、祈禱，那麼你只是在從事學術演練。別誤會我的意思，學術演練也具有高度價值，而且對於恰當地理解過去實屬必要。但學術演練有其侷限。納爾遜的骨頭可以告訴我們關於這個男人許多事情，但不必然是我們最想知道的事情。確實，光從骨頭，你並不能知道人類可以微笑。

於此，藏著時光旅人指南的精髓。你可以看見證據背後的人生，以及所有矛盾。一七九〇年的你，該怎麼剪腳指甲才不會死於敗血症。一七九八年，你的家人罹患精神疾病，你該如何求助？你要如何安全旅行？你要穿什麼；可能會住在哪裡；你應該吃什麼；有什麼好玩？如果你在一八〇三年去巴斯，然後去敲悉尼街四號（4 Sydney Place）的門，我不能預測珍．奧斯汀會怎麼看待你，但我可以建議那年如果你要拜訪那個城鎮，可以去看什麼，還有如果你想過上她和她的家人那樣的生活，可以怎麼做，以及他們和那個年代的人每天用什麼精神面對世界。

那麼，在這裡的，是四本旅遊指南當中最刺激，而且是英國歷史文化上最重要的幾十年。這是優雅與暴力的年代、自由與抗爭的年代、老派英雄主義與逐漸都會化的年代。這也是戰爭的年代：這個時期超過一半的時間都在和法國打仗，預示那些家喻戶曉的大名：納爾遜勛爵、威廉．皮特（William Pitt）、威靈頓公爵（Duke of Wellington）。這個時代見證爭取自由、政治與社會改革，對於社會較不幸的人民也給予更多的同情。這是工業化的時代，不列顛以經濟強權之姿立足世界。這也是發明的大時代，從蒸汽火車頭到電動時鐘，還有最早期的攝影。當然，這也是百萬凡夫過著平凡生活的年代——包括那些在牧師帕蒂康伯葬禮記事的姓名，而且當然，牧師的世界日落那天，也包括牧師自己的姓名。

1 景觀

我在約克郡的生活如此偏遠，可謂距離一顆檸檬十二英里。*

——悉尼．史密斯[1]

當你的船逐漸接近英格蘭南岸，你會開始尋找陸地。如果你從法國航行而來，整趟橫越海峽的旅程，多半會看著多佛（Dover）的白色懸崖。如果你從美國航行而來，你會盯著海平面數天，想要尋找西南半島隆起的藍色山脊，然而只是徒勞；除了灰綠色的海水推擠沉悶的白色泡沫，其餘什麼也沒有。但是，你該關心的不是枯燥乏味。一旦進入英吉利海峽，水手和乘客都一樣焦慮，尤其天黑之後。往往，毫無預警的情況下，突如其來的重擊會把你震到甲板另一邊，同時，受到

＊譯注：牧師悉尼．史密斯（一七七一－一八四五）一八〇九年剛從倫敦被派到約克郡時，寫信向朋友表達城鄉差距。

猛烈拉扯的船身發出刺耳的嘎吱聲響。夜晚，你的雙眼在黑暗中搜尋任何可見物體，強風侵襲船帆，而海浪不斷撞擊船頭。終於，你看到遠方一對燈火。一位船員信心十足告訴你，那是康沃爾南岸，利澤得燈塔（Lizard lighthouse）的兩支燈。他告訴你，你接下來看到的光，會來自愛迪斯敦（Eddystone），蓋在離岸十三英里遠的巨石上。「如果我們航行得更近，」他解釋：「你會看到法茅斯（Falmouth）和盧港（Looe）的燈。那兩個地方的東邊就是普利茅斯（Plymouth）。海峽再往前，就可瞥見泰格茅斯（Teignmouth）、道利什（Dawlish）、埃克斯茅斯（Exmouth），然後是錫德茅斯（Sidmouth）。彷彿有人點燃所有的燈火向你致意。」

海岸城鎮像這樣點燈是最近才有的事。若在十八世紀中期，你只會看到靠近海岸少數幾戶大房子偶爾發出零星亮點。現在面海的房屋，會客室的吊燈點著燭火。即使屋內的燭火被窗簾或窗板擋住，你還是可能看到前門上方明亮的燈籠。在外面等待的馬車，裝上鏡面玻璃的車燈也會發出亮光。此外，到了一八〇〇年，幾乎所有大型城鎮都有燃油的路燈。個別的燈或許只能照個一、兩英里遠，但好幾盞燈聚在一起，就可以從更遠的地方看見。[2]到了一八二〇年代中期，南岸的某些地方甚至是用瓦斯點燈，例如布萊頓（Brighton）、波特西（Portsea）、多佛。如果你可以在一七八九年到一八三〇年之間，在英格蘭南岸的晚上縮時攝影，你會看到上萬盞燈出現，越來越亮，海岸接著從黑暗中逐漸浮現。

你的船安全停靠之後，你可以好好思考這些燈火。燈火的意義遠大於指引人們周邊的方向，也意謂天黑之後，男男女女不須死守家裡的爐火，可以快樂地出門社交、飲酒、賭博、跳舞，或者參加音樂會、看表演。從前只有大城市才能享受的生活方式，現在散播到全國上下的小鎮。人們不再受制於日光。更多人在夜間工作。馬車駕駛等待載送音樂會後疲憊的人們回家。俱樂部的老闆和員工必須準備服務痛飲狂歡直到天亮的客人。現在也有顧客深夜光顧街上販賣熱餡餅和其他小吃的攤販。而且從前危險的街道現在變得更安全，因為更多人來來往往。你正準備拜訪的國家，真的變得「開明」了。

布萊頓與濱海渡假勝地

一八二〇年代中期，你在夏天早上騎馬進入布萊頓，嘴角忍不住上揚。首先見到，穿著大紅色外套的擲彈兵衛隊軍官在鎮上與路易斯路（Lewes Road）的營房之間往返。接著你會在右邊看到遊樂花園，內有歌德式的高塔、大鳥籠、步道、草地滾球場、岩洞、迷宮、露天茶室、俱樂部。然後你會看到板球道，國王和他的朋友年輕的時候曾在這裡玩耍。

接連板球道的是漢諾威酒吧，比起其他酒吧罕見的是，這裡有座露天壁球場。再往前一點，你會看到占地寬廣的建築工地，雄偉的聖彼得教堂正穩健地拔地而起，預定一八二八年完工。你已經開始覺得自己進入一個現代城市，有排場，有娛樂，而且發展迅速。

再往前騎，你的左邊是里奇蒙巷，典雅的四層樓排屋座落在這個斜坡，房屋裝設上下滑窗，陽台裝設天篷。你的正前方是長條的公共草皮，邊緣有低矮的柵欄，俯瞰兩旁高聳的房屋。你可以聽見你的馬兒正踏在圓石鋪設的道路，附近玩著圈圈的小孩興奮大叫，同時音樂從某扇開啟的窗戶飄來，原來是一位年輕女子正在練習鋼琴。遠方敲打的聲音來自旁路正在興建的房屋，偶爾冒出命令的語句，因為有個正在遛狗的傭人，努力牽制主人橫衝直撞的狗。紳士頭戴高禮帽，身穿燕尾服，一邊討論公事，一邊步行經過。身穿長禮服的淑女沿著房屋前面的人行道漫步。一輛郵件馬車來了，喀噠作響的輪子快速繞過草皮的另一邊。習俗說你應該靠左邊騎，但還沒有法律規定。在布萊頓，有足夠的空間，想騎哪邊就騎哪邊，尤其是這麼寬的一條街。

往前幾百碼，有更多的房屋排成數排，圍繞另一片寬廣的公共草皮。你的左邊是格蘭大道（Grand Parade）。這幾座四層樓的豪華住宅，設計風格各有千秋：有些正面是燧石，有些是灰泥或磚頭，有些是看起來像砌磚的「數學磁磚」（mathematical tiles）＊。多數房屋的正面都有凸出的弓形窗，每扇窗戶約有十二片玻璃窗格。這些房屋，有幾棟仍在興建：男人爬上樓梯，登上木頭鷹架的平台，用絞車和滑輪往上輸送一桶一桶的砂漿。儘管設計風格像個大雜燴，每棟房屋仍有各自的優雅。整體的感覺像是許多富有的人，圍在賽跑終點的柵欄旁邊，迫不及待想看發生什麼事。

而這裡的「終點線」是大草皮另一邊的皇家穹頂宮（Royal Pavilion）。這座建築彷彿一道精緻甜膩的糕點——漆上奶油色調的灰泥和尖塔、宛如帳棚的洋蔥圓頂、靈感來自印度的胸牆、歌德式拱門、摩爾人的拱廊。從蒙兀兒的門樓到古典的支柱，世界上找不到相似的建築物。像是三大洲最好與最壞的風格莫名混在一起，但是，每個部分看來就是故意那樣呈現。整座建築，沒有一個地方倉促馬虎，但也看不出任何實用功能，或者捍衛傳統的意圖。占地並非雜亂蔓生，而是穩坐地面、器宇軒昂，對著每個看見的人說，我家的主人就是有錢、有權、自大、奢侈，而且品味沒有極限。到了晚上，宮廷外面點燃瓦斯燈，給人既現代又詭異的感覺。這裡與布萊頓格格不入——與任何地方都格格不入——但完全就是喬治四世想要的。不是每個人都喜歡這座宮殿，這是當然的。一八二七年二月，德國王子赫爾曼·普克勒－穆斯考（Hermann Pückler-Muskau）來訪，表示如果要把這裡拆了，「也不是值得哀慟的對象」。[3] 儘管如此，這裡就是不列顛建築所有異國元素的縮影。

對一個英國城鎮來說，布萊頓不尋常的是，市中心不是市政廳或城堡，也不是市場或大教堂。反而是現在你的腳下這片形狀不規則的平坦草地，叫做史汀（Steine）。只要看看你的周圍，不只皇家穹頂宮面對史汀，許多紳士貴族的房屋也是。寬闊的道路圍繞史汀，男男女女穿著最好的服裝走路或騎馬。你可以從每個人看著其他行人的眼光發現，這裡就是讓人看的地方。軍官打量有年長女伴陪同的年輕淑女。淑女注意穿著體面的公子哥兒，內心默默希望他們誰有勇氣邀請她去舞會。這裡，你也會發現許多為有錢人設想的設施：咖啡廳、澡堂、最好的圖書館。還有好幾棟住著名人的豪宅。其中一棟有著迷人陽台與騎樓的，從一八〇四年起，住著國王未登記的伴侶費茲赫伯太太（Mrs Fitzherbert）。整個地區感覺就像村鎮的公有綠地，完全只住著富豪與名流，再丟進幾個裝模作樣的投機商人和尋找長期飯票的女子。

往前兩百碼就是布萊頓繁榮的源頭：大海。當你抵達海濱，會見到一條馬車車道，入口有道精

＊譯注：在木造的房屋表面鋪上紅磚外觀的磁磚，宛如磚造屋。為何稱為「數學」已不可考。

緻的鐵門。這道鐵門通往一八二三年啟用的皇家鏈條碼頭（Royal Chain Pier），並向海浪延伸超過一千英尺。[4]四座聳立的鐵塔懸吊三十英尺寬的甲板，盡頭是石頭的著陸平台，從這個平台你可以登上每天開往法國迪耶普（Dieppe）的蒸汽船。即便不是要出國，你也可以參觀碼頭，門票只要兩便士，我相當推薦。沿著碼頭步行，你會看到鐵塔裡的販賣部，在那裡可以買到這座城鎮的印刷品、奇異的貝殼，還有你自己的暗箱照片。但是當你走到碼頭盡頭，回頭看看海濱，縱使你對這個羽毛未豐的海邊紀念品產業感到好笑，也會臣服於眼前壯麗的景觀。面向你的房屋排成數排，沿著左右海岸延伸長達一英里，這些建築就和倫敦最精緻的廣場一樣令人驚豔。往碼頭右邊，你會看到馬林大道（Marine Parade），開頭是連續幾間可愛的旅社，接著一排非常壯觀的住宅，包括皇家新月（Royal Crescent）*，再往前是路易斯新月和薩塞克斯新月。這裡是布里斯托侯爵、德文郡公爵、莫蘭德伯爵夫人（Countess of Molande）在布萊頓的家。碼頭左邊是另一排長長的貴族房屋，包括布倫瑞克廣場（Brunswick Square）、攝政廣場與排屋。裡頭住著聖奧爾本斯公爵夫人、阿爾德伯勒伯爵夫人、蒙斯特伯爵，還有眾多騎士、淑女、從男爵、退休的海軍上將和陸軍上將。

這些房屋全都面向大海，你可能覺得理所當然；即使沒有弓形窗的也是，居民至少能夠瞥見海平面。然而，不過幾十年前，這裡是富商名流最不想住的地方。當時的大海是威脅，外人由此入侵，而且氣候嚴酷，不是什麼美麗的東西。人們不得已才會住在海邊。多數的港口，住的是商人、碼頭工人、漁夫、織網工、造船工、苦力，以及這些人的家人。但是到了十八世紀，情況開始改變。醫生開始推薦浸泡海水，甚至飲用海水。有錢人於是打包行李，前往海邊治療他們的慢性疾病，聚集在幾個受歡迎的地點，接受海水治療時，可以順便社交。這樣的渡假村在一七三〇年代開始盛行，第一個在約克郡的斯卡波羅（Scarborough），接著布萊頓、黑斯廷斯（Hastings）、馬加門（Margate）、威茅斯（Weymouth）很快跟進。一七五〇年，理查・羅素（Richard Russell）出版一本意外暢銷的書，名為《論海水用於腺體疾病》（*A Dissertation on the Use of Sea Water in the Affections of the Glands*），書中他特別強調布萊頓的海水能夠促進健康。三年後，他在海濱蓋了一棟大房子兼診療室，而且病人絡繹不絕。即使在我們的攝政時期，他已經死了很久，病人還是一直來。一七八九年來布萊頓，你會發現當地人口相較羅素醫生的時候已經成長一倍，大約是四千人。一八〇一年再來，人口再度成長一倍，當年普查是七千三百三十九人。接下來三十年，人口持續以這樣的速度成長。事實上，布萊頓在整個攝政時期的英國，是人口比例上成長最快速的城鎮。一八三〇年，有四萬人住在布萊頓，是一七八九年的十倍。我們走了很久，才從上層階級竭盡所能避免大海，到他們趨之若鶩，甚至只有非常有錢的人能負擔得起的地步。

舊城（Old Town）現在仍在——也就是有錢人來之前，所謂的「布萊特赫爾姆斯通」（Brighthelmstone），由原本周邊的道路包圍，分為北、東、西街。相較那些面對史汀的貴族豪宅，或海濱的排屋、廣場的建築等，這裡的房屋結構非常不同。城鎮新的地區開放、明亮、寬廣，而舊城狹窄、陰暗、擁擠。巷弄通常排列狹小的木條屋，一樓是商店，二樓住著人家，還有一個小

＊譯注：稱為新月的建築，是數十幢房屋相連，整體成弧形，宛如新月。

後院。這些商店有裁縫、布店、鞋匠、傢俱行、茶行、煤行、藥局、肉鋪、餡餅店、雜貨店等各式各樣。有些高檔的生意也在這裡，例如銀行、珠寶、小型槍枝。這些人和老漁夫、織網工、苦力都在這裡，所以一八二〇年代，大約三分之一的人口仍住在舊城。[5]

也許你已經開始發現，不管你喜歡什麼，鎮上都有。想要洗個土耳其浴？你會想去看看海濱的馬霍姆德冷暖蒸氣浴。[6]新鮮的魚？往海灘去，那裡每天早上都有魚市，由大約一百艘停靠在卵石海岸的漁船供應。想不想策馬奔馳呢？布萊頓賽馬場就位在城鎮東方的山丘頂端。如果你有大把的精力，鎮上也有網球場——當然是「真網球」（real tennis），傳統、四面有牆的那種。還是你其實想要游泳？這裡有各種游泳更衣車出租。這種車是一台木製的車廂，裝著高大的車輪，讓馬兒拉到海水及胸的地方。你在車廂裡頭換好泳衣，當你到達夠深的地方，你的「泳伴」會告訴你，這裡是安全地區，於是你就穿著泳衣鑽進海水中。至於泳衣，女性是一件大的連衣裙，男性是一條及膝的內褲。如果你的興趣是跳舞，那麼你可以去船街（Ship Street）到底的舊船俱樂部（Old Ship Assembly Rooms）；如果你想賭一把，那裡也有牌桌。想要翻雲覆雨的人，會在舊城北邊上弗龍（Upper Furlong）附近一帶的街上找到願意出售美德的女人。至於高檔文化，北街（North Street）和教堂街（Church Street）之間開了一間新的劇院，有兩層包廂和寬敞的看台。戲劇演出的期間是七月底到十月底：演出日是週二、週三、週五、週六；票價方面，包廂是一張五先令，樓下正廳是三先令，看台是一先令。[7]

有那麼多的貴族和皇室贊助，布萊頓不是你心中典型的海濱城鎮。然而，這裡正是許多其他城鎮的模式。到了一八二〇年代，除了原本五個渡假勝地，你還可以選擇去肯特郡的拉姆斯門（Ramsgate）、薩塞克斯郡的沃辛（Worthing），或德文郡沿海數個「海水城市」，舉幾個最主要的：錫德茅斯、泰格茅斯、埃克斯茅斯、道利什，其中幾個數十年來默默成長。牧師約翰・斯威茨（John Swete）在一七九五年旅行經過南德文，他的評語是：「錫德茅斯是德文海岸最快樂的渡假勝地，所有的優美、所有的奢華、所有的娛樂，通通都在這裡——冰淇淋、女帽店、紙牌、撞球、戲劇，還有出租書館。」至於道利什，他寫道：

> 大約二十年前，最好的旅店每週要價……不到半幾尼（Guinea），但是現在的道利什大受歡迎，旺季的時候，租一間屋子一週不可能少於兩幾尼，而且很多甚至漲到四、五幾尼。[8]

雖然這些海濱地區老早就開始發展，但是一八一五年，滑鐵盧之役擊敗拿破崙，等於預告它們的全盛時期。許多地方繁榮起來，正是為了迎接每年夏天如潮水般湧入的倫敦有錢人。為了抵禦法國侵略，這個世紀頭十年沿著南部海岸建造的七十四座圓形碉堡——通常稱為馬泰樓碉堡（Martello towers）——似乎已經屬於過去的年代。現在人民再也不害怕大海，反而喜愛大海，而且喜愛之情未曾這麼強烈。到了一八三〇年，布萊頓的市中心，不知不覺已經從史汀轉移到海濱本身，稱為「新史汀」。當鎮上百姓想要慶祝盛大場合，例如王室成員生日，他們會去海濱觀看閃亮的煙火劃過夜空；還有皇家鏈條碼頭的上千盞油燈，從大海遠方也可看見。

大型城鎮與都市

一七八〇年代，年輕的德國哲學家卡爾・菲利浦・莫里茲（Karl Philipp Moritz）來英格蘭健行，他在日記寫道：「我在倫敦以外見識過的城鎮，諾丁漢最可愛也最整潔。」[9]對某些讀者來說，也許會覺得意外。我懷疑他的說法。如果你被問到，喬治時期哪個城鎮「最可愛也最整潔」，你會說巴斯、布萊頓或愛丁堡——而且只有內行人才可能會說巴克斯頓（Buxton，因為那裡的新月建築），或利物浦（因為亞伯康比廣場〔Abercromby Square〕和羅德尼街〔Rodney Street〕周圍地區）。但是你確實可以任選一個英國城鎮，然後讚美那裡的攝政時期建築。總歸一句，這個時期，**每一個**城鎮都在擴張。一八〇一年，七十七個大型城鎮（即人口超過七千人的城鎮），接下來的三十年，人口平均增加百分之八十三。其中二十二個規模加倍，而且除了兩個，全部至少擴大三分之一。

你可以想像，所有主要的城鎮和都市都在擴張，風景與地貌必定深深受到影響。大不列顛一直是相對偏僻的島嶼，但是，十八世紀末以來，大幅成長的人口也將國家猛力一推，宛如鐘擺一般盪向都會生活。如果包含所有小型城鎮（至少兩千五百個居民），那麼百分之四十四的人口到了一八三一年都已都會化。[10]因此攝政時期的城鎮總是正在施工，舊的房屋之間充斥大量新的街道與建築工地。

數十萬英畝的原野為了促進這樣的成長與相對需要的基礎建設因而犧牲。當然，這些成長的社區現在想要他們的俱樂部、劇院、郵局、音樂廳、濟貧院、醫院、圖書館。以前一間大教堂可能可以服務所有人口，但是當一個城鎮居民超過一萬人時，就不切實際了。一八一八年，政府通過《教堂建築法》（Church Building Act），授予委員會一百萬英鎊，在擴張的城鎮興建教堂。同時，越來越寬容的宗教風氣促進許多未改信英格蘭國教的教徒興建自己的禱告場所。例如，一八三〇年，布里斯托有自己的主教座堂和二十一所英格蘭教會的教堂與禮拜堂；四所浸信會、七所獨立教會、六個衛理公會的禮拜堂。其他個別的禮拜堂還有亨丁敦伯爵夫人會（Countess of Huntingdon's Connexion）、摩拉維亞弟兄會（Moravians）、分離派（Seceders）、一位論派（Unitarians）、懷特腓會（Whitfieldites）；* 一個威爾斯人禮拜堂、一個羅馬天主教禮拜堂、一個貴格會聚會所（Friends' meeting house）、一個猶太會堂。[11]

新房屋、教堂、禮拜堂興建同時，都市景觀也因為許多城鎮適用《改良法》（Improvement Act）而出現變化。城鎮可以指定地方專員，改善城鎮之衛生、道路鋪面、治安、照明，某些情況可以為了道路拓寬拆除房屋。在伯明罕，地方專員購買莊園權利，所以他們可以遷移主要市場。畢竟，如果你才剛買了亮麗新穎的房屋，絕對不會想要打開家門就是呼呼、哞哞、咩咩的動物，還有隨之而來的臭味、糞便、茅草。同時，較專業的商店亦隨著不斷成長的人口興起，例如女帽店、眼

＊譯注：獨立教會（Independent Church）又稱非宗派教會（Nondenominational Church）；摩拉維亞會源自捷克摩拉維亞地區；分離派是喀爾文主義的分支；懷特腓會是為福音派傳教士喬治・懷特腓（George Whitefield）建造。

鏡店、書店、珠寶店，而那些生意開始將傳統市場的攤販推出城鎮中心。遊客漸漸期待商店街是寬敞、筆直的大街，方便四輪馬車、騎士、行人來往。他們可以在商店街找到販售上流社會用品與製成品的商家，可不想要遇到搖搖晃晃的攤位和圍欄裡的牲畜。

城鎮還是有彎曲的街道、狹窄的巷弄，以及老舊骯髒的集中市場。於是市政府的高官決定追求現代化，拆除胡同小巷，興建雄偉吸睛的大型建築。埃克塞特七個中世紀的城門，為了拓寬主要道路，全都在一七六九年至一八二五年之間拆除。市長和市政府也拆除了市中心幾世紀以來供水的大水道。取而代之的是街道中央開放的水閘，而且街道表面稍微彎曲，好讓水往側邊排放。他們鼓勵興建貝德福圓環（Bedford Circus）、巴恩菲爾德新月（Barnfield Crescent）、巴令新月（Baring Crescent）和南黑伊（Southernhay）、北黑伊（Northernhay）與賓夕法尼亞（Pennsylvania）的排屋。除了宏偉的主教座堂，埃克塞特揮別過去，以現代的公共建築為傲：俱樂部、舞廳、撲克牌間、旅館、圖書館、郵局、浴場、監獄、法院、醫院、公立診療所、眼科醫院、精神病院、文法學校、軍營、戲院。

到了一八〇〇年，多數城鎮在主要道路，每隔一段距離都安裝了油燈。高級的地方例如巴斯，最好的街道固定間隔都有鐵柱，頂端安裝玻璃球燈，全都燃燒芥花油或油菜籽油。[13]格拉斯哥在一七八〇年開始點亮街道，有九盞油燈安裝在特隆門街（Trongate）；到了一八一五年，由市政府維護的燈光已經增加到一千兩百七十四座。[14]從此以後，瓦斯是街燈普及的關鍵。到了一八三〇年，英國超過一半的大型城鎮至少都有一家瓦斯公司點燃街道、公共建築、商業建築。[15]沒有瓦斯公司

1801-1831 年，大不列顛最大的城鎮與都市[12]

城鎮或都市	1801	1831	成長
1 倫敦	865,845	1,471,069	70%
2 曼徹斯特	84,020	182,812	118%
3 愛丁堡	82,266	162,156	97%
4 利物浦	79,722	189,242	137%
5 格拉斯哥	77,385	202,426	162%
6 伯明罕	73,670	146,986	100%
7 布里斯托	63,645	103,886	63%
8 里茲	53,162	123,393	132%
9 普利茅斯	43,194	75,534	75%
10 泰恩河畔的紐卡索	36,963	57,937	57%
11 諾里奇	36,832	61,116	66%
12 樸茨茅斯	32,166	46,282	44%
13 雪菲爾	31,314	59,011	88%
14 佩斯利	31,179	57,466	84%
15 諾丁漢	28,861	50,680	76%
16 巴斯	27,686	38,063	37%
17 赫爾	27,609	46,426	68%
18 亞伯丁	27,608	58,019	110%
19 丹地	26,804	45,355	69%
20 桑德蘭	26,511	43,076	62%
21 波爾頓	18,574	43,396	134%
22 格林諾克	17,458	27,571	58%
23 埃克塞特	17,398	28,201	62%
24 萊斯特	16,953	39,306	132%
25 約克	16,145	25,359	57%

城鎮或都市	1801	1831	成長
26 考文垂	16,034	27,070	69%
27 切斯特	15,052	21,363	42%
28 伯斯	14,878	20,016	35%
29 大雅茅斯	14,845	21,115	42%
30 斯托克波特	14,830	25,469	72%
31 舒茲伯利	14,739	21,227	44%
32 羅奇代爾	14,491	26,404	82%
33 伍爾弗漢普頓	12,565	24,732	97%
34 奧爾德姆	12,024	32,381	169%
35 布萊克本	11,980	27,091	126%
36 普雷斯頓	11,887	33,112	179%
37 牛津	11,705	20,434	75%
38 科爾切斯特	11,520	16,167	40%
39 伍斯特	11,300	18,610	65%
40 泰恩茅斯	11,136	16,926	52%
41 威根	10,989	20,774	89%
42 德比	10,832	23,607	118%
43 沃靈頓	10,567	16,018	52%
44 查善	10,505	16,485	57%
45 伊普斯威奇	10,402	20,454	97%
46 沃索爾沃靈頓	10,399	15,066	45%
47 卡萊爾	10,221	20,006	96%
48 達德利	10,107	23,043	128%
49 金斯林	10,096	13,370	32%
50 劍橋	10,087	20,917	107%
51 鄧弗姆林	9,980	17,068	71%
52 坎特伯里	9,791	14,463	48%

城鎮或都市	1801	1831	成長
53 瑞丁	9,742	15,595	60%
54 蘭卡斯特	9,030	12,613	40%
55 哈利法克斯	8,866	15,382	73%
56 福爾柯克	8,838	12,743	44%
57 馬格斯菲特	8,743	23,129	165%
58 懷特哈芬	8,742	11,393	30%
59 因弗內斯	8,732	14,324	64%
60 威克菲爾德	8,131	12,232	50%
61 南榭爾茲	8,108	9,074	12%
62 基爾馬諾克	8,079	18,093	124%
63 蒙特羅斯	7,974	12,055	51%
64 麥瑟提維	7,705	22,083	187%
65 伯利聖艾德蒙	7,655	11,436	49%
66 南安普敦	7,629	19,324	153%
67 達蘭	7,530	10,125	34%
68 惠特比	7,483	7,765	4%
69 林肯	7,398	11,892	61%
70 布萊頓	7,339	40,600	453%
71 鄧弗里斯	7,288	11,606	59%
72 哈德斯菲爾德	7,268	19,035	162%
73 格洛斯特	7,261	11,933	64%
74 索爾茲伯里	7,126	9,876	39%
75 多佛	7,084	11,924	68%
76 伯里	7,072	15,086	113%
77 北安普敦	7,020	15,351	119%
1801-31 年平均成長			**83%**

的，例如普利茅斯和泰恩河畔的紐卡索，持續依賴懸掛在鐵架上的油燈，在街道角落發光發熱，直到一八四〇年代。

深入看看這些大型城鎮，你會發現它們差異甚鉅。以利物浦為例，利物浦和布萊頓一樣，位置靠近海，坐落在默西河（Mersey）的出口，也和布萊頓一樣，人口在上個世紀大幅成長。一七〇〇年只有大約五千個居民，但是從此，每二十五年人口就會增加一倍。原因是橫越大西洋的貿易擴張，尤其糖、棉花、菸草。於是大量的投資注入碼頭，以致現在拜訪這個地區的人都不能不注意到。市政廳位於市中心的山谷街（Dale Street），雄偉華麗，於十八世紀中期興建，建築師正是設計巴斯皇家新月與圓環（Circus）的約翰·伍德（John Wood）。市政廳後方的交易所是近兩百平方英尺的大型庭院，四周環繞拱廊，商人就在這裡聚會與交易。這裡也是俱樂部和議事廳。這個城市興盛速度之快，以致英格蘭銀行於一八二七年在這裡設立分行。到了這個時候，市中心東南邊的原野已經蓋好高雅的聯排別墅和廣場。沿著這裡任何一條大道步行，或者穿越亞伯康比廣場或福克納廣場（Falkner Square），你會認為利物浦就和布萊頓一樣富裕。但是，如果你偏離這個地區，很快就會發現兩個城鎮其他方面幾乎沒有共同點。在布萊頓，可以追求娛樂、健康、奢華，反映富人的嗜好，然而在利物浦，充滿商業活動和勞工，反映商人的野心和窮人日復一日的苦難。

你在英國歷史上所見過的一切，都無法讓你做好心理準備，接受攝政時期利物浦最貧窮的人過的悲慘生活。幾乎半數人口住在地窖和庭院，或者所謂「後屋」（back houses），即面對街道的房屋後方，狹小緊密的居住場所。街上有條狹窄的通道，穿過前面的房子，通往一條十至十二英尺寬的小巷或「庭院」。裡頭有兩排磚屋面對面，各自在庭院一邊，公共廁所在遠遠的盡頭。我們之後在第八章〈棲身之處〉會再看看住在這樣的地方是什麼情況，雖然這種情況應該叫做「不棲身之處」才對。但是為了描述都會環境，當你人在利物浦，或走進任何一個這種庭院，這就是你會聽到、看到、聞到的景象。

你首先注意到的是噪音。密度極高的住房，加上毫無隱私可言的庭院與大街，意謂尖叫聲、笑聲、嬰兒哀嚎、小孩哭叫、髒話、粗話、警告等等無所不在，從窗戶傳送出來，穿越每條街道。反觀布萊頓的史汀，是鋼琴練習和僕人遛狗呢！這裡許多道路表面尚未鋪平，隨著送貨馬車而來的馬糞散布在泥土和碎石之間。這種狀態，要等待道路清潔人員或「拾荒人」，每週來一次，把這些淤泥清運到肥料倉庫。

從行人的觀點來看，利物浦的街道非常寬敞，最貧窮的地區也是。直到你轉進庭院，才會陷入黑暗之中。進入庭院的地道很長，因為面對街上的房屋很深。當你又重見天日，會感覺自己宛如爬出洞穴，臭味就會在這個時候撲鼻而來。

利物浦的富人心中，想到健康的城鎮就會想到海濱的微風，從來不會沾上這裡的惡臭。庭院的地面沒有鋪過。鎮上的拾荒人也沒來打掃過。幾乎不見排水溝，因為開發商和市政府都期待雨水沖洗任何骯髒的東西，並從地道排到街上。但是，如同一位醫學調查員，萊昂．普萊費爾博士（Dr Lyon Playfair）寫道：

> 有無數例子顯示，庭院和小巷在建造的時候，完全沒有排放表面汙水的設計。許多也沒有建設水道，而且當固體垃圾丟在這些地方，就在表面腐爛，液體物質經過吸收，便流向庭院有人居住的地窖。城鎮的北端到處是不流動的水坑，盛裝源源不絕的腐敗物質，例如死去的動物、食物和其他製造工廠的廢水；天氣熱的時候，這些地方的惡臭往往難以忍受。[16]

雨水也會下進這些汙水坑，而且大雨過後，水位上升，排泄物、腐爛的動物和其他噁心的東西隨之溢出。通常有十六間房屋的庭院會有兩間廁所，供大約八十人使用，但也有一間房屋住了二十個人的情況，所以兩間廁所可能會給兩、三百人使用。於是廁所底下的汙水坑裝了大量穢物。[17]此外，普萊費爾博士也觀察到：

> 廁所通常沒有門，而且不分性別，如果沒有導致淫亂，必定也不端正。沒有門的必要設施並不罕見，這種缺陷常見的藉口是，如果裝了門，會被拆下來當作薪柴……

一七九〇年的時候，利物浦已經有一千六百零八個這樣的庭院，多半蓋給來自蘭開夏、愛爾蘭、威爾斯的外來勞工。[18]庭院的數量持續增加，到了一八三〇年，大約已是八倍。陰森、昏暗、極其骯髒的地方住著超過七萬人，聞著令人窒息的惡臭。一七九〇年，克羅斯比街（Crosbie Street）有六十一棟前排房屋和八十四個庭院，底下還有四十二個地窖。前排房屋住了三百六十人，庭院住了四百三十四人，另有一百八十一人住在地窖，等於九百七十五人住在一百四十五間房屋，人口密度相當每英畝七百七十七人。那是地球上數一數二稠密的居住場所。不可思議的是，密度持續增加，直到每英畝一千三百人。[19]

普遍來說，快速成長的工業城鎮獲得的基礎建設極少。在利物浦，富人有俱樂部和圖書館，虔誠的人有新蓋的教堂，但是沒有大眾公園。大型的社區公園為私人擁有，付費持有鑰匙的人才能受益。唯一的公共設施是街道，但是擠滿馬車。難怪那麼多工人在酒吧消遣時間。你不會在這裡看到任何公共噴泉，也不會看到公共浴場。如果你想洗澡，必須依賴「城鎮南北端的河岸」。[20]默西河可能很大，但那也是所有下水道排放，以及工業汙染最終的去處。說到下水道，雖然政府對城鎮的下水道徵稅，下水道卻只建設在富人居住的地址。水公司也是，幾乎所有庭院都沒有供水管道。這是非常恐怖的情況——也是嚴厲的教訓，告訴我們，若把城鎮規劃交給牟取暴利的人會有什麼結果。

同時代的人怎麼看待利物浦呢？多數的富裕居民會告訴你，這是一個前瞻、進步、現代的城鎮；他們大概從沒去過克羅斯比街，更不用說走進那裡的庭院。訪客的意見倒是分歧。一八二三年牧師納撒尼爾．惠頓（Nathaniel Wheaton）從美國來，他說利物浦是「碼頭、肥胖的男女、煤煙、骯髒的街道、鑄鐵、財富和泥土的城鎮」。[21]勞勃．騷賽也類似寫道：「利物浦的郊外令人不忍卒睹；為貧窮階級新蓋的街道與房屋，完全談不上乾淨與舒適；原野被分割成其他建築物與磚場的地基，到處都有窯爐的煙。」[22]法國人路易斯．西蒙（Louis Simond）在美國待了二十年後，於一八一〇年來到利物浦，他比較這個城鎮與大致相若的紐約。[23]對他來說，利物浦的公共建築，數量較多，建築比較討喜。他也對倉庫印象深刻，有些高達十三層樓。但他沒有提到勞工的居住環境。同樣地，瑞士實業家漢斯．卡斯帕爾．愛舍（Hans Caspar Escher）只提正面的事，關於一八一四年「規劃相當良好」的城鎮。[24]這只是顯示，人們的印象往往是他們想看的，不一定是那個地方真正等待被發掘的。

從利物浦移動到其他工業城鎮，你會發現環境漸漸被那個時期的製造程序毀滅，包括工業廢棄物。從小處看，發展中的城鎮，庭院裡能做的事情沒有限制，所以人們在那裡飼養動物，也在同一個地方屠宰。英國的工程首都伯明罕有一千六百個豬圈。[25]在布里斯托，從商店店主向醫學巡官描述他家後院，可見衛生的低下程度。他的鄰居在後院宰殺愛爾蘭進口的豬隻：

> 通常那些豬隻，船載來的時候已經死了，而且我看過多達三十隻死豬同時被帶回後院。豬隻被丟進那裡的棚屋，直到有時間切割牠們，而且到那個時候，我都看到蛆從牠們身上掉出來。然後豬隻被切割，而且我相信，被做成鹽漬培根，或賣去做香腸。這樣的豬隻，內臟通常爛到不能使用，被丟進糞堆。要清理糞堆時，發出的臭味，噢！先生，真是糟糕透頂。我們被迫關上門窗，在鑰匙孔裡塞布，但是無論如何都無法杜絕。在後院宰殺的活豬，內臟會煮過後賣掉，也會發出很臭的氣味，但怎樣都不能和另外一種相比。[26]

從極大處看，工業汙染同樣難以抵抗。一八〇二年，勞勃．騷賽記錄伯明罕的景觀：

隨著蒸汽引擎的蠻力，許多地方矗立一座座的黑柱，聚集成厚重的烏煙，覆蓋整座城市……我們的周圍，不是點綴英格蘭美麗風景的教堂尖塔，而是遠方某間工廠的煙囪，正吐著火焰與黑煙，而且蒸汽堅硬如金屬，爆破周圍的一切。附近地區的人口就和倫敦一樣稠密。我們並沒有看到農舍，只看到街上破敗的磚屋，而且因為在這個慘澹的地方，煤火日以繼夜燃燒，房屋無不裹上黑煙。我從沒在其他地方看過這樣成群的孩子，也沒看過這樣不幸的。他們穿著破舊，煙灰與髒汙沾黏在皮膚上，形成薄薄的外殼。隨著我們前進，這個國家的面貌之醜陋，言語難以形容，缺乏涵養、烏黑，而且被烏煙燻燒。[27]

你會在許多其他工業城鎮發現類似景象。斯旺西（Swansea）整個地區都蒙受燃煤的鍋爐所噴出的「銅煙」之苦。當地人不明就裡——而且我不建議你向他們解釋，冶煉的過程會釋放二氧化硫與氟化氫，與空氣中的濕氣反應後形成硫酸，即我們所謂的「酸雨」。但是他們知道銅工廠是原因，而且他們家的花園什麼也長不出來。[28]住在瓦斯工廠附近的人說他們不能在外面晾衣服，因為天上一直下著煙灰。他們說，硫的臭氣「排放」出來時，比腐敗的屍體還要噁心。還有淨化器流出的石灰水；瓦斯公司讓這種水流進河裡的時候，魚也死光了。[29]

提起濃煙，就帶著我們面對這個時代最顯著的特徵：動力轉移至蒸汽。這樣的轉變速度可謂一日千里。一七八九年，曼徹斯特有十二家工廠，全都憑藉水力。一八〇一年，仍然僅有四十二家大工廠，全都還是水力推動。第一座成功使用蒸汽動力的棉花工廠直到一八〇六年才建造。但是接著短短十二年內，這裡又建造超過兩千家蒸汽動力的棉花工廠。[30] 一八三〇年代，曼徹斯特與索爾福德共有六千家棉紗工廠與紡織工廠、一千兩百家染布工廠、七百家鑄造廠和工業工廠，以及近兩千家其他各式各樣的工廠——全都採用蒸汽動力。想像這一萬家工廠，每家各有一根高聳的煙囪，再想像煙從這些煙囪升起，聚集在天空，居高臨下，怒視大地。羅奇代爾運河旁的某些工廠是巨大的八層樓建築，超過一百英尺高、三百英尺長，工人如蜂群來往。光是麥康奈與肯尼迪工廠（McConnel & Kennedy Mills）本身就僱用超過一千人。人工照明——包括一八〇九年安裝在一棟建築裡的一千五百盞瓦斯燈——意謂「砰！砰！砰！」的蒸汽引擎整晚持續運作。有人說，那些建築物是「他們那個時代的主教座堂」，當你經歷噪音、惡臭，以及隨之而來的汙染，這類浪漫的想法就會立刻煙消雲散。主教座堂和工廠都令人敬畏，但中世紀的大教堂是為了榮耀神，並且利益進入禱告的靈魂而造，向人保證救贖與永恆的平靜。然而工廠這樣的龐然大物，不是為了榮耀，而是為了利潤，而且雖然提供許多男女、兒童工作，顯然對在裡頭每天勞動十四小時的肉體無益，更遑論他們的靈魂。

小型城鎮與鄉村

如同大型城鎮，小型城鎮也會依據優雅與汙染的程度改變。某些城鎮快速擴張，獲得大型城鎮所有的設施，例如劇院、俱樂部、私人圖書館；其他幾乎沒有改變，硬是不改鄉村本色。德文郡的阿克明斯特（Axminster）在一八〇一年有兩千一百五十四個居民，三十年後仍然只有兩千七百一十九個居民：只增加百分之二十六。那裡的建築老舊，狹窄的道路也不利馬車經過。諷刺的是，儘管擴張中的城鎮湧出濃煙與汙染，小型城鎮發展落後的狀態竟然招致更多批評。倫敦的外科醫生喬治·利普斯康（George Lipscomb）一七九八年前往康沃爾的途中經過阿克明斯特，他宣布：「阿克明斯特是最悲慘的城鎮。房屋極為破敗，許多覆蓋茅草……街道無不狹窄彎曲，不便與不悅的程度是最高等級。」[31]《皮葛工商名錄》（*Pigot's Directory*）的外交辭令稍微高明，描述一八三〇年的阿克明斯特「值得尊敬但建造不甚整齊」。[32]灰塵的問題不如老舊。唯一被稱讚的只有客棧、教區教堂和一七五五年設立的地毯工廠。但是別被這樣的報導阻撓：小型城鎮對於住在郊外的人民身心健康實屬必要。例如，阿克明斯特有：

三個拍賣商、一名書商、二名傢俱木工
五個烘焙師傅、六名長靴與鞋匠、四名木工
三間銀行
三名鐵匠、一名奶油商、三名製桶工
四名女裝裁縫、三名律師、一名驅魔師
二名藥師、五名亞麻與羊毛布商、一名石匠
五間火災保險公司、二名草帽工

三名園丁和種子商、二名麥芽工人、三名外科醫生
一名大理石匠、三名公證人
四名雜貨商和茶商、三名穀物碾磨工、五名裁縫
三名水管與玻璃工、一名動物脂蠟燭商
一名美髮師、一名菸草商
一家旅館、一間郵局、一名鐘錶師傅
七間客棧、三名馬鞍師傅
一名鐵商、六名學校老師、二名車輪師傅和一名酒商
二名五金商、八名店主

在城鎮的中心，每週還有三次超棒的肉市，每年也有三次牲畜展。每天都有馬車載客到倫敦、巴斯、布里斯托、埃克塞特；去樸茨茅斯和南安普敦的則是每週三次。城鎮雖小，而且顯然稱不上上流，但是對於住在阿克明斯特腹地的人們來說，這裡是繁忙熱鬧、極為寶貴的中心。

大不列顛還有一千個左右的市場城鎮大致都是如此。[33]路易斯・西蒙一八〇九年在法茅斯登陸時，他對這個城鎮的第一印象是「小、老、醜」。事實上，他去的每個老鎮，幾乎都被他貶為「醜」。切斯特「古老蠻荒」、索爾茲伯里（Salisbury）「非常醜」、卡萊爾（Carlisle）「黯淡又很醜」，而且「蘭戈倫（Llangollen）就像這個國家與所有國家裡頭又老又小的城鎮，非常醜

陋」。[34]納撒尼爾．惠頓對於多數的小型城鎮，也同樣嗤之以鼻。根據他的說法，伍爾弗漢普頓（Wolverhampton）「老舊、骯髒，街道狹窄，沾染烏黑的煤灰」；維爾（Ware）「老舊，蓋得真糟，街道非常狹窄、彎曲、骯髒」；斯坦福（Stamford）的街道「狹窄、不規則、骯髒」。[35]但是這些地方對於他們的市民，以及住在該區的居民，都具備多種寶貴機能。

隨著你深入鄉間，會發現工業革命在最偏僻的地方也留下印記。上千英里的運河現在連接大河流過的城鎮。地方的貨運鐵路運送煤礦；到了一八二〇年代，你會發現幾座礦場也有蒸汽引擎，載送煤礦到最近的港口。最驚人的莫過於，鄉村也蓋了工廠和製造廠，有些幾乎就和曼徹斯特的巨獸一樣龐大。這些建設旁邊經常就是工人住的村落，尤其如果工廠不分日夜運作。最著名的例子是新拉納克（New Lanark），位於格拉斯哥南方二十七英里，依傍樹葉茂密的克萊德河谷（River Clyde）。那是一座大型的複合建築，有數排壯觀的四層樓廠房。實業家勞勃．歐文（Robert Owen）不只在這裡擴建他岳父的水力棉紡廠，也為兩千人蓋了房屋、農舍，以及學校、幼兒園、醫院等許多小型城鎮的設施。數十位企業家仿效歐文，雖然不完全都達到和他一樣的高標準。

如你所見，工業革命不只關於蒸汽動力的工廠和改善的交通網絡，更根本的是賺錢的欲望。證據無所不在。如果任何資產可以變得更有利潤，業主通常會盡量壓榨。達特穆爾（Dartmoor）兩百平方英里的不毛之地，你會怎麼處理？有些人拒絕接受那裡不適合耕作，而且分割成條出租。他們從蘇格蘭高地找來一大群農夫，希望能夠轉為利潤。那些硬頸的蘇格蘭佬也無法從酸性土壤和浸泡在沼澤的草叢當中生出錢財，才發現這片荒野的價值在於偏遠。普林斯鎮（Princetown）蓋了一座大型監獄，基於這片濕地與世隔絕，加上四周盡是薄霧、泥巴、沼地，是囚禁法國與美國戰犯的理想地點。在某些地方，真正的財富埋在地下。因此德文郡和康沃爾的河谷出現蒸汽動力的梁式發動機，推動幫浦，抽乾錫礦與銅礦。全國的煤田都是如此。某地若發現高嶺土，也就是十八世紀中期製造瓷器的原料，上百畝的高沼地立刻被刮得乾乾淨淨，露出明亮的白色土地。一八二〇年起，達特穆爾開採的花崗岩，裝在由馬拖拉的貨車，接上花崗岩塊鋪設的鐵路，送往斯托弗運河（Stover Canal），再從那裡由船隻運送到首都。新的倫敦橋和部分大英博物館，就是用這些花崗岩蓋的。

雖然新的工業在鄉村的景觀留下深長的傷口，然而最痛的，來自你以為最無害的事情——農耕。怎麼會呢？你也許納悶。畢竟，牛就是牛，田裡的作物就是田裡的作物。並不是。一頭攝政時期的牛，生產的牛乳是之前伊莉莎白時代兩倍以上，和牠們十四世紀的祖先相比，產量是三．五倍。[36]這些年來，農夫將他們的牲畜養得越來越大。你在中世紀養一頭牛，平均可得一百七十磅牛肉，但在一八〇〇年代初期，牛的後代身上的肉超過五百磅。綿羊的體型也比一三〇〇年代初期增加三倍；連豬的重量也翻倍。田地的生產力也差不多如此。利用新的作物輪耕方式和肥料，攝政時期的農夫在每英畝的土地上，能比他們中世紀的先人栽種超過兩倍的小麥，而且裸麥、大麥、燕麥、豆類幾乎是三倍。[37]

體型更大的動物本身不是問題，上述疼痛的傷口，其來自新的農耕方法對地景帶來的變化。現在，莊園領主漸漸結束世紀以來的公社農耕。從中世紀開始，莊園內兩、三片大片土地會切為數條，由莊園裡的男女在各自範圍耕作。小農之間可以共同合作，意謂他們可以共享公社的資產，例如犁和公牛。他們也可以利用公有地，放牧他們的牲畜，撿拾薪柴，而且割草鋪蓋自家屋頂。意思就是，即使貧窮的家庭，也能竭力維持生計。但是如果你是地主，而你的心頭要務是利潤，那麼這樣的農耕非常沒有效率。因此領主積極把那些敞開的農地圈圍起來，有些面積可能超過一千英畝。他們先是推動《國會法》通過，允許他們圈地，然後將每塊田地分成數塊四至十英畝的小塊，給一個農夫耕作，而這個農夫須付更高的租金，以獲得這塊土地的專屬權利。對於公有地，他們也是如此。他們這麼做，並非完全出於自私；事實上，這些人多數相信自己這麼做，反而對土地有利。某些方面而言，他們是對的。在小圈地更好養護牲畜，也能和生病的動物隔離；而且塊狀的土地比較容易管理，翻土、施肥、播種、收成，都比起廣闊原野上的條狀土地更有效率。於是食物產量大幅增加，而且送去餵養城鎮迅速成長的人口。有錢的農夫變得更有錢，而莊園領主日子也好得不得了。但是，圈地有個缺點。大多數的佃農，從前承租幾英畝的土地，等於僅有一、兩塊圈地，如今入不敷出。他們負擔不起自己的犁，更不用說拉犁的動物。他們再也沒有權利撿拾薪柴或乾草，而且也不能在公有地上放牧。許多人只能投靠較成功的農夫，為他們做工，或離開農村，到城鎮或都市找工作。

在我們攝政時期初期，事態已經來到緊要關頭。十七世紀的時候，很多圈地還是經過雙方合議，沒被圈圍的土地就是那些還珍惜公社農耕的。但是國會已經選擇全面倒向地主。一七九〇年代大約有四百件《圈地法》（Enclosure Acts）通過；到了一八〇〇年，英格蘭的農業土地只有百分之十六尚未圈圍。[38]接下來的二十年，又有將近一千件《圈地法》通過，將農村居民和小農驅離土地。[39]「一家之主因為比別人無能所以被迫賣掉牛和土地，告訴這位可憐的人，政府對財產極度寬鬆，又有什麼意義？」農業作家阿瑟．楊格（Arthur Young）問道。[40]一八二〇年代，那麼多住在農村的勞工在他們的院子種植馬鈴薯，不是因為他們特別喜愛那個作物，而是因為他們走投無路：那是生存的辦法。

旅人若對這些農業變化毫不知情，風景就純粹只是明媚。赫爾曼．普克勒－穆斯考王子在一八二〇年代寫信給他的妻子，提到「肥沃且精心耕種的田野」與「上千戶舒適漂亮的農舍與小屋，散布在這個國家的每個地方」。[41]路易斯．西蒙也讚揚斯托海德（Stourhead）與布里斯托之間的風景，說是「最美麗的國家，紳士的房屋和庭院彷彿綿延不絕的花園」。在威爾斯，他見到許多洗白的農舍，種植玫瑰、金銀花，還有藤蔓圍繞門前，賞心悅目。[42]但是你也無法逃避，英國的土地所有權已經越來越像占有的財產。某天，卡爾．莫里茲步行接近溫莎時，發現如詩如畫的景色。他當然決定爬上附近的山丘，打算一覽無遺，但是他一踩出道路，隨即遇到標示牌，寫著「注意！此處設有鐵夾與彈簧槍」。[43]美景就這麼被隱藏的捕人夾玷汙了，不僅可能會夾住你的腿，而且你的腳一旦踢到繃緊的線，就會觸發用來殺死盜獵人的槍。稍微較沒那麼威嚇的程度上，你會發現到處都有牆壁和柵欄圈起的新田地，以及新種的山楂綠籬分割剩下的公有地。壯觀的羊群住在田野：一八〇〇年代初期，已有超過兩千萬隻，是人口的兩倍。[44]此外也有上千間農舍，來自現在擁有大塊土地的農夫，受到圈地帶來的經濟效益而建造。

來自土地更多的收入也已經影響古代的莊園和別墅。十七世紀的正統花園多數都被拆除，改由威廉・肯特（William Kent）、萬能布朗、漢弗萊・雷普頓設計的「自然」風景取代。這些人在仕紳與貴族的公園引進裝飾建築，例如神殿、城堡、石窟、蛇形湖。他們種植之前只會在植物園看見的裝飾樹木，例如挪威雲杉、東方篠懸木、歐洲落葉松、義大利檜木、月桂櫻、橡木、挪威楓樹、紫丁香、馬栗——這些都在十六與十七世紀被帶到英國。他們也引進新的樹木，例如紅橡樹、土耳其橡樹、科西嘉松樹、道氏帝杉。萬能布朗也在他的「自然」公園種了無數的黎巴嫩雪松、倫敦篠懸木；當他想要「改善」自然的時候，也曾移除或建造整座山丘。一位同時代的人擔心，除非自己很快死去並上天堂，否則那個時候，天堂也被萬能布朗「改善」了。由此可見，景觀永遠不是停滯不動。建造越多製造廠、工廠、煙囪，並藉此獲利的人，越會在他們的周圍建造綠色的公園、花園、原野，似乎是在渴望他們幫忙摧毀的自然世界。

你可能以為，大不列顛最偏遠的地區應該可以抵擋這股潮流。但是，現代的利潤世界和傳統的地方權利習俗，兩相碰撞最為劇烈的，反而在蘇格蘭高地。部分因為傳統上，比起地主和佃農，氏族首領和族人之間的關係，更保護也更具約束力。但是現在這些氏族首領，很多人住在愛丁堡或倫敦，和他們說著蓋爾語的族人幾乎沒有共同點，也只把族人當成佃農。而且這些佃農多數仍施行自給農業，僅生產他們自己所需。隨著這幾年，牲畜的價格大幅增加，蘇格蘭的地主覺得佃農給的租金形同花生米，因此積極想把這些人請出土地，讓路給廣闊的綿羊牧場，可以賺得大把利潤。其中一位首領詹姆斯・拉姆齊（James Ramsay）寫道：「以自利為行為準則的紳士，有時賺到從前收租的三、四倍。」[45]許多農夫遷移到海岸，改為從事海藻業或漁撈業。其他人拿到前往加拿大的單程票。這就是為什麼，去蘇格蘭旅遊時，偶爾你會經過空無一人的小村莊，看到陰暗的窗戶和門口，像鬼影盯著你，或者應該說像骷髏頭的眼窩盯著虛空。

如果你在一八一四年初，旅行經過北蘇格蘭的史查斯納佛谷地（Strathnaver），會看到大約四十個小型聚落，每個都有大約十二個說蓋爾語的農家，家裡的男丁靠編織、製鞋、碾磨維持生計。那些房屋有低矮的石牆，並且覆上茅草，周邊的耕地種植燕麥，外圈則放牧黑色的牛與馬。整個谷地人口大約兩千人。這個地方的外觀與生活方式從中世紀以來幾乎沒有改變。但是一八一四年六月十三日星期一，薩瑟蘭伯爵夫人（Countess of Sutherland）的房地產經紀人派屈克·瑟勒（Patrick Sellar）來到這裡驅逐居民。他特別想要趕走威廉·奇斯霍姆（William Chisholm），鄰居們也不喜歡這個人。上午，瑟勒帶人來到奇斯霍姆的家。這位經紀人命令放火。然後他才知道，奇斯霍姆臥床不起的岳母還在裡頭，而且近一百歲的她太過虛弱，無法移動。於是瑟勒大吼：「去她的，老巫婆，活太久了，讓她燒吧！」奇斯霍姆的朋友在火勢延燒後，仍然設法救出這位老婦，儘管燒傷自己的手。但是老婦受到巨大打擊，被驅逐後，說不出一個字，五天後就死了。許多方面來說，她的命運代表所有被高地清洗（Highland Clearances）摧毀的社群。人民被驅逐，而且為了防止他們回來，還燒毀他們的房屋。他們被封口，他們的蓋爾語被拋棄，就像他們古老的農耕生活。一道一道燒焦的牆，從前是他們的家，現在成為赤裸裸的紀念碑，彷佛風中的石楠和牧羊的小徑之中一塊一塊的墓碑。一八〇七年和一八二一年之間，大約一萬人被以這種方式逐出薩瑟蘭伯爵夫人的土地，不得已搬到冷風呼嘯的海邊，住在房屋周圍的陋室。

2 倫敦

先生，為何您找不到任何人，也找不到知識分子願意離開倫敦。不，先生，當一個人厭倦倫敦，他就是厭倦人生；因為人生能做的，倫敦都有。

——山繆．詹森[1]

倫敦是英國的政府、金融、文化中心。位於一個財富和影響力不斷成長的帝國核心，意謂倫敦越來越有錢，也越來越有權，而且雖然對於所有公民，利益並不雨露均霑，但也分配得足夠廣大；除了最貧窮的地區，到處無不欣欣向榮。這裡也是大不列顛目前為止最大的城市，一八〇一年的人口將近八十六萬六千人，而且三十年後是一百四十七萬人。如果你包括郊區，本世紀剛開始的時候有一百一十萬人住在這裡，而一八三一年有一百九十萬人。在我們攝政時期的尾聲，倫敦已經超越當時的北京，成為世界上最大的城市。因為變化發生得又快又凶，所以我建議你至少拜訪三次——一七九〇年、一八一〇年、一八三〇年，確保你見證這裡不同時期的發展。

一七九〇年

想像你自己在四月明亮的早晨，從克拉珀（Clapham）的村莊走進倫敦。主要道路表面是砂石和淤泥，左右兩邊都是原野，路邊偶有報春花和野櫻草點綴。往前一些，在你的左邊，你會看到橢圓體育場（the Oval），當時還是一座農產品種植園。在你的右邊，綿羊正在肯寧頓公有地（Kennington Common）吃草，小羊在陽光底下蹦蹦跳跳。但即便在這裡，你也不會以為自己在鄉下。

十多輛載貨或載人的馬車經過，馬具當啷，馬蹄噠噠，車輪碾壓著碎石。前方有幾間房屋，一開始只有零星幾戶，但是，從紐英頓巴茲（Newington Butts）的收費站開始，整路都是密集的排屋，直到倫敦橋。隨著你繼續步行，每經過一個路口，就會看到更多沿著街道排列的房屋，後方塞進小工廠、木材堆置場、製革廠。到處懸掛手寫的廣告看板，告訴你鞍匠、傢俱木工、雜貨店或茶行的名稱。當你接近博羅商店街（Borough High Street），也就是車輛開始變多、交通開始壅塞的地方，請往右邊看，你會看見又大又新的法院和郡監獄。再過去一點，舊的馬夏爾西監獄（Marshalsea prison）也還在。現在你的面前是數排薩瑟克的紅磚屋：三、四層樓高，許多都在門前掛上店主姓名，寫成大大的字，並用紋章裝飾。這些房屋建造的時候，並沒有這樣的店鋪門面。現在每家店的老闆都用上幾十片玻璃，把樓房前門改裝成寬敞的展示櫥窗。

你抵達泰晤士河的時候，會看到從前倫敦橋上的房屋全被拆了，這麼做是為了拓寬道路，容納更多車輛。現在橋的兩側只有欄杆，所以不會遮蔽你在橋上的視線。你絕不能錯過左邊新的石材建築——黑衣修士橋（Blackfriars Bridge），大約二十年前建造，有九個典雅的拱門。還有一座優美的石橋，在流經西敏的彎頭，於一七五〇年完工。這兩座新增的固定通道，有效解鎖通往南方的土地，所以紳士和受僱的專業人士可以從他們在蘭貝斯（Lambeth）、沃克斯霍爾（Vauxhall）、克拉珀、肯寧頓的郊區住所通勤。他們的馬車每天早上會沿著橋上的石板路，喀噠喀噠進城，直到他們也在車陣之中暫停下來。

在倫敦橋上稍作停留吧。如果你曾想過測量社會的脈搏，就要在這裡做。倫敦是英格蘭的心臟，而泰晤士河是它的主動脈。如果你往下游看，會看見大量的遠洋船隻停泊泰晤士河某處，人稱「倫敦池」（London Pool）。那裡有各國的東印度貿易公司帆船，通常是三或四根桅杆，剛從孟加拉抵達，載著木藍、薄紗、香料。其他船隻來自中國，載滿了茶。西印度貿易公司的船隻則是裝滿來自巴貝多和牙買加的砂糖、蘭姆酒、糖蜜；來自地中海的雙桅帆船載了大量咖啡、藥、油；捕鯨船和拖網漁船穿越太平洋而來；運煤船載著煤從紐卡索來；法國、葡萄牙、西班牙的酒船也抵達；拖網漁船連夜捕撈之後滿載；駁船、沿海船、子船也忙著國內貿易。船隻數量之多，四、五艘船並排在河岸兩旁的碼頭。小船和擺渡船在它們之間的縫隙穿梭。矗立在河岸兩邊的桅杆彷彿森林，你幾乎看不見左邊的海關大樓，也看不見前方的倫敦塔橋或右邊的倉庫、啤酒廠。英國任何地方都找不到這麼擁擠的水道。

隨著晨光從波峰反射，海鷗拉開粗糙的嗓門，同時朝著海面俯衝，你已走到橋的另一端，並向西看。這裡看不見大型的船，反而有上百艘小船。船夫往返做著生意，划槳撐篙或順風航行他們的擺渡船，從河岸的階梯接送一、兩位客人，或停泊在碼頭三、四處，隨波漂浮。通過黑衣修士橋，就在河道彎曲的地方，有一座宏偉的新建築，穩坐並排的倉庫和碼頭的樓房之間。索美塞特府（Somerset House）是建築師威廉．錢伯斯爵士（Sir William Chambers）的傑作，最近才為了容納政府部門、皇家學院、學術團體蓋好。再往前是聯排別墅，稱為阿德爾菲（Adelphi），出自這個時代另一位偉大的建築師勞伯．亞當（Robert Adam）之手。其中最精緻的是俯瞰河景的第一排，古典廊柱撐起貴族的住所。在這些建築物後方，右邊的天際線散布教堂的塔樓與尖頂，全都在克里斯多佛．雷恩爵士（Sir Christopher Wren）建造的主教座堂大穹頂之下。眺望遠方，就可以看到西敏寺、聖瑪格麗特教堂，以及現在作為下議院的聖史蒂芬禮拜堂。繼續向前，你的左邊是南岸，你當然可以從無數的倉庫和高聳的染坊煙囪、鑄造廠、啤酒廠看出來，這裡的環境偏重工業。其中一座最搶眼的建築是艾爾比恩磨坊（Albion Mill），位於黑衣修士橋南端。這座六層樓的建築最近剛完成，有二十對蒸汽推動的磨石機；這個城市的穀物幾乎全部都在這裡碾磨。[2]同樣令人印象深刻的是公園街（Park Street）的海錨啤酒廠（Anchor Brewery），也是這個城市最大的啤酒廠。附近的中世紀塔樓就是聖救主教堂（St Saviour's church），你比較熟悉的名稱應該是薩瑟克主教座堂，在這個地區所有的煙囪之間依然稱王。

現在轉向城市的心臟。在你的正前方，倫敦大火紀念碑矗立橋的北邊，頂端有鍍金的紀念骨灰罈。紀念碑的這一面是高聳的聖馬格努斯烈士石塔，黑色的金屬懸臂從石塔伸出，在道路上方懸掛黑色的時鐘，告訴每個過橋的人，他們究竟遲到多久。像這樣的春天早晨，許多店員、辦事員、店主、商人，匆匆經過時都盯著時鐘，有時還冒著被馬車撞的風險踏上街道。一旦走進城市，立刻就會迷失在高立的房屋之間。[3]街道陰暗，建築物的煙燻磚牆也沒有幫助：這些原本是飽和的紅色，經過一個世紀的煙灰洗禮，已經變成骯髒的深褐色。確實就是因為現在是春天的早晨，你所見的建築物才沒被黑煙籠罩。

你很快就會迷路。看在這個地方的大小，不迷路真的很難。當時的旅遊指南喜歡提供令人費解的統計數值，用以強調首都規模。約翰・馬辛基（John Mazzinghi）一七九三年發行的旅遊指南第三版，寫到這個城市有超過八千條巷弄與街道、七十一個廣場、十五萬兩千一百六十九間房屋。此外，有將近五百間教堂與禮拜堂、四十三間法院、十九間監獄、二十三間醫院、三百間學校、四千間私立學院、七百四十二間酒館、五百八十間客棧、八百二十二間咖啡廳，還有幾乎八千家啤酒館。[4]這個城市已經大到任何人都不可能完全通曉：就連出租馬車的司機偶爾也會迷路。

這裡就和首都以外的城鎮一樣，「改善」是行動格言。八座倫敦的歷史城門早就已經被移開，最後一座在一七六七年拆除。城市裡外的街道表面都鋪上蘇格蘭花崗岩板，兩側有排水渠道，還有波白克石（Purbeck stone）抬高的人行道。到了一七九〇年，你在市中心很難找到鵝卵石鋪的街道，也不會有任何在路中央的排水溝。突出街道的老舊招牌也被拆除，換上商店前門的旗子，創造較為整潔的街容。街道兩旁的路燈從前只在沒有月亮的夜晚點燃，而且午夜過後就會熄滅，現在每天晚上都會點燃，而且允許燃燒到天亮。入夜之後看著整條燈火通明的牛津街（Oxford Street），簡直美不勝收。[5]說倫敦是歐洲城市當中，路鋪得最好、燈點得最亮的首都，也不意外。摩納哥的王子來訪時，他在晚上抵達，以為倫敦人民為了向他致意，點亮整座城市的燈火。[6]

家庭居住的品質也正在改善。你確實可以光憑眼睛就指出身邊房屋的年代。如果是突出到街上的木條房屋，就是一六六六年倫敦大火之前搭建。如果用的是紅磚，有含框的上下滑窗，而且窗戶與牆面齊平，沒有後退，大概就是在《一七〇九年建築法》之前。如果磚頭是深灰色，那間房屋大概是十八世紀蓋的。如果窗戶的木邊幾乎看不見——不只從牆面後退，而是兩邊都藏進牆內——那麼這個房屋是在《一七七四年建築法》之後蓋的。最後提到的法案明確規定弓形的商店櫥窗不能突出街道超過十英寸，而且除了店面和門，不得露出木工。這樣的法律是為了減少火災風險——倫敦大火的衝擊深深烙印在倫敦人的心中——結果就是倫敦聯排別墅特殊的外觀。

如同我們已經看到，「改善」把土地變成有利可圖的投資，意思就是草地現在都變成街道和廣場。這個方面的關鍵時刻是一七五〇年代興建的新路（New Road），你知道的名稱會是馬里波恩路（Marylebone Road）和尤斯頓路（Euston Road）。這條路不只快速連接舊城和倫敦西區（West End），也延長首都的北方邊界，於是人們開始注意數英畝等待發展的土地。地主當然樂意接受新的廣場和街道。一七七六年曼徹斯特廣場（Manchester Square）完工，同年貝德福廣場（Bedford Square）動工。勞伯・亞當也差不多在同一時間，把他的注意力從阿德爾菲轉向波特蘭巷（Portland Place），目標是建造一條貴族宮殿所在的街道，在馬里波恩公園（後來的攝政公園）南端接上新路。往西，沼澤之後會變成貝爾格萊維亞（Belgravia），在另一端，建築師亨利・霍蘭德（Henry Holland）正在建造漢斯鎮（Hans Town），那是為中產階級設計的樸素紅磚排屋，包括漢斯巷、卡多甘巷（Cadogan Place）、斯隆街（Sloane Street）。

一個城市提供有錢人的地區若以這樣的規模擴張，工人階級的住房也得相對成長。因此原野聖吉爾（St Giles-in-the-Fields）的貧民窟也向外延伸，住的是愛爾蘭移民。在西敏，巷弄居民被驅逐的結果，就是許多工人家庭搬到河的另一邊，主要街道之間塞進數排矮小的房屋。城市東邊，廉價排屋沿著主要道路分布，這些排屋之間充斥「禿鷹」，從地窖到閣樓，每個房間都可低價出租。通常一間房間會住數個家庭。住在地窖的，常常和他們的豬隻住在一起。[7]

倫敦中心和周圍，最負盛名的建築，當然是卡爾頓府（Carlton House）。這棟十八世紀的豪宅曾是喬治三世的父親費德里克親王的家。國王賜給二十一歲的兒子，也就是未來的攝政王，作為他的正式住所時，還是雜亂無章的龐然大物。王子委託亨利・霍蘭德重新改造。現在你會看到面對帕摩爾街（Pall Mall）整片的愛奧尼柱，而且寬敞的柱廊向內深入後方庭院，馬車能夠進入接送王子和隨從，不讓他們淋雨。朝北的門面，左右對稱的側翼品味高雅，石材建築上方有欄杆跨越整座雄偉的建築。但是，主要的裝飾在內部，尤其霍蘭德出色的橢圓樓梯與外交大廳（state apartments）*。雖然帕摩爾街再往前就是喬治三世的正式住所，即凌亂的舊聖詹姆斯宮，而且夏洛特王后多數時間待的白金漢府也不遠，但是每個拜訪倫敦的人都寧願來這裡。

若你沿著帕摩爾街往東走，想要尋找今日的特拉法加廣場（Trafalgar Square），還是省省吧。

＊譯注：宮殿之中最豪華的房間，用於接待顯要的賓客。

那個地方此時還是皇家馬廄（Royal Mews），仰望聖馬丁和教區濟貧院。走下卡斯博街（Cockspur Street），在與白廳（Whitehall）的交叉路口，查理一世（Charles I）的雕像佇立在道路中央，作為交通圓環，馬車和供給這座城市的貨車圍繞行進。白廳到底，西敏宮還是群聚在西敏廳周圍的中世紀建築，除了大約在一七六〇年代落成的新石樓（New Stone Building）。數間咖啡廳就蓋在西敏廳正前方，遮蔽這棟古老建築美麗的雕刻。回到河岸街（Strand），房屋和商店似乎在這條街的兩邊互相推擠。北邊是埃克塞特交易所（Exeter Exchange），這是上個世紀建造的購物拱廊，此時還有許多時髦的裁縫、布襪商、女帽商。樓上是拍賣行與野生動物園。有時候，當你看著櫥窗展示的商品時，會聽到大型的貓科動物大吼，或者猴子尖叫。此外，河岸街上有數百面大型看板要你注意，偌大的金色字體裝飾各種行業與名稱，從修鞋匠與帽商，到茶行與製傘師傅。這些廣告最常見的委託是「外國烈酒經銷商」。[8]

來到南安普敦街（Southampton Street），往柯芬園（Covent Garden）。一百五十年前伊尼戈・瓊斯（Inigo Jones）設計的廣場，仍是倫敦第二大市場，僅次於史密斯菲爾德（Smithfield）。[9]在這裡，柯芬園劇院和瓊斯教堂（Jones's church）之間有十幾個商家，在搖搖晃晃的房屋和棚屋底下販售花朵、水果、蔬菜。他們多數是女人，從有屋頂的攤位後方拉出裝滿貨物的籮筐，仔細陳列，吸引客人上門。男男女女推著獨輪手推車穿過購物和八卦的人群，小狗緊跟在他們身邊。四輪的載貨馬車在廣場邊緣等待裝貨。仔細聆聽，你會聽到鐵輪碾壓鵝卵石的聲音，還有市場的商家操著有力的倫敦腔，叫賣他們的花和柳橙。其他人喊著熱餡餅或最新的民謠大報（broadside ballad）*的價錢。有些年輕小伙子宣傳他們的擦鞋服務；女孩左右肩膀各挑著提桶，在巷弄兜售牛奶。從火柴到早報，所有東西看起來都在特價。

這是倫敦擴張的另一個面向：商業活動。約翰．馬辛基的旅遊指南會告訴你，首都有三十四個市場。[10]有些僅供批發，例如馬克巷（Mark Lane）的穀物交易所，還有泰晤士街（Thames Street）的煤礦交易所。其他純粹是零售市場，尤其新蓋在住宅區的食品市場，例如卡納比街（Carnaby Street）、牛津街和牧人市場（Shepherd's Market）。有幾個既是批發也是零售，包括柯芬園、比靈斯門魚市（Billingsgate Fish Market）、斯皮塔爾菲爾茨（Spitalfields）。蔬菜和水果從西邊與北邊的農產品園運送到都市。預定送到史密斯菲爾德的牲畜則被趕集過去：每年有超過九萬頭牛與將近一百萬隻綿羊與羔羊在那裡易手，還不包括三十三萬七千隻在這座城市不同市場賣出的豬。比靈斯門每年則賣出一千七百萬條鯖魚，以及上千條漁船載來的其他魚種——市場攤商會驕傲地告訴你：「除了鯨魚和金魚以外所有的魚。」內臟、魚鱗、血的氣味沖天：找尋魚市場的人會被告知，往紀念碑去，然後跟著聞到的味道。至於飲料，據說每年倫敦的善良百姓和他們的客人暢飲八千四百萬加侖的啤酒、一千萬加侖的葡萄酒、超過一千四百萬加侖的烈酒。[11]即使包括市郊和眾多遊客，那也是驚人的飲酒量。全國百分之九十的琴酒供應是倫敦生產——但你也看到，大部分沒有送到太遠的地方。[12]

＊譯注：單張印刷品，印刷民謠和社會新聞。

為了逃離都市的臭氣和喧囂，你會想去首都其中一座公園。這些公園如你預期，白天都對民眾開放，但是任何一座看起來，都和現代世界的不同。綠園（Green Park）是一片草地，周圍是高聳的紅磚牆。公園裡頭，西北角有長長的橢圓蓄水池，中央有個人造池叫泰本池（Tyburn Pool），此外還有一座圖書館。目前這裡是紳士在清晨決鬥的熱門場所；所以，端看你何時來訪，可能會見到非常戲劇化的場面。聖詹姆斯公園也被牆壁包圍，而且夜晚還會上鎖，但是持有鑰匙的人很多，不如乾脆對外開放。春天的早晨來到這裡，你可能會覺得有點普通：不過是個半圓形的土地，主要有個半英里長、一百英尺寬的大水池叫「運河」，左右兩邊分別是王后居住的白金漢府，以及白廳的騎兵衛隊廣場（Parade Ground）。然而，如果你下午的時候再來，會看到眾多有錢的倫敦人在這裡漫步；而且如果你天黑之後來，會遇到一群妓女，跟她們的顧客一樣握有鑰匙。至於馬里波恩公園就比較平靜，目前出租給農夫耕田。你不會看到面紅耳赤的人決鬥，也不會看到落難的少女——只有反芻的牛。

所有倫敦公園中，最多人在海德公園社交聚會。那裡是片廣闊的草地，沒有什麼樹木，依然被查爾斯二世建造的十英尺磚牆包圍。這個公園的景觀要歸功喬治二世的妻子卡洛琳王后（Queen Caroline），她在公園南邊創造了看似自然的九曲湖（Serpentine）。春天與夏天的週日下午，這裡就是貴族盛大展示時尚與氣派的場所。上千民眾擠在長達四分之三英里的鐵欄杆，從牛津街到海德公園角，圍觀兩排敞篷馬車遊行：一排移動緩慢，另一排朝著反方向，移動一樣緩慢。漆著黑色的馬車車門，全都露出炫耀的紋章，裡頭坐著和同伴交談的貴族名流。[13]騎在馬上的年輕紳士與坐在車廂裡的淑女或淑女的雙親對話。經常可見乘客為了和坐在對向車廂的朋友說話，要求駕駛暫停，於是整個愉快的隊伍就會停止。這樣奇異的景觀強調被人觀看的重要性——而且不僅對於那些 *haut ton* 重要，也就是騎馬圍繞公園的「上流社會」，對於鐵欄杆外面的觀眾一樣重要。

當你拜訪十八世紀末期的倫敦，也應該趁機光顧賞心悅目的茶園。這些地方提供茶點，顧客也能在草地散步。茶園通常位於古老的莊園宅院，稍微遠離城市，而且週日下午，中產階級的市民特別喜歡光顧。馬辛基列出十八個，包括伊斯靈頓（Islington）著名的白水道府（White Conduit House）；也在伊斯靈頓的卡農伯里府（Canonbury House）；位於布倫頓（Brompton）的克倫威爾園（Cromwell Gardens）；位於康伯威爾（Camberwell）的格羅夫府（Grove House）。而且，在聖潘克拉斯（St Pancras）的亞當與夏娃茶園（Adam and Eve tea gardens），業主還養乳牛，提供客人直接從奶油製作的乳潘趣（syllabubs）。[14]其他茶園專長杏仁起司蛋糕、奶油水果塔、酥餅等。伊斯靈頓的新坦布里治威爾斯園（New Tunbridge Wells garden）引以為傲的，不只是園區如畫的風景與裝飾的雕像與甕罐，這裡還有鐵質礦泉，你可以飲用這個據說具有療效的水。或者，這條路繼續走，你可以在白水道府一邊喝茶，一邊觀看板球。

遊樂花園（pleasure garden）需要更多心思打造。事實上，現代世界沒有類似的地方。這樣的花園會有噴泉、燈彩，而且音樂會、正餐、舞蹈同時進行。花園的業主想要透過花香、音樂、美酒、佳餚、場所的視覺設計，打造多重感官體驗。如果加上在洞穴或死角偷偷摸摸約會，那麼你還可以添加更多情慾刺激的感受到那張清單之中。河的南邊，沃克斯霍爾園（Vauxhall Gardens）從五月到九月底，除了週日外，每天都歡迎遊客。付了一先令的入場費並走進大門，你會看到南方步道。這條鋪上卵石的寬闊步道，長約三百碼，兩旁有修剪美觀的樹木，其間穿插花圃，沿路共有三道古典拱門，從步道遠遠的一端看來，宛若敘利亞的帕米拉古城（Ruins of Palmyra）。樹上掛了上千盞燈，入夜之後，繽紛的色彩點亮樹葉。園區中央有座中式涼亭，交響樂團每晚在那裡演奏。石柱拱廊底下，正餐餐桌已經設置妥當，客人入座，等待眾多人員服務；用餐完畢後，在所謂的「樹林」（the Grove）跳舞。食物極貴，也沒那個價值；火腿切得極薄，薄到成為話題。但你來這裡不是為了食物。在園區一角有個壯觀的圓形建築：這是一座圓形劇場，「吊燈光芒萬丈，鏡面寬廣，繪畫與雕刻隨處可見，顧盼生輝」。[15]還有一個難以忘懷的水景——每晚九點，有座巨大的瀑布會開啟十五分鐘。如你所見，這些全都為這個大型主題樂園增添奢華、新奇、享受。

沃克斯霍爾園最主要的對手是在切爾西（Chelsea）的蘭尼拉園（Ranelagh Gardens）。這裡比較小，但是更時髦、更貴。入場費是兩先令六便士，但包含茶、咖啡、潘趣酒等飲料，無限暢飲。裡頭也有數條燈火通明、花草繁盛的大道，以及著名的中式涼亭。但是這裡的主要魅力是圓形建築，比沃克斯霍爾園的更富麗堂皇。這座輝煌的古典建築直徑一百五十英尺，共有三層。一樓有十二間彩繪的拱形廂房面對中心，內有燭光照明的正餐餐桌。整座建築的中心是巨大的營火，位於像是教堂塔樓的構造底下，由四根大柱支撐。這座場館是首都其中一個奇觀。卡爾．莫里茲說，倫敦的時尚全都圍繞這座建築，還說：

入場後，我混在人群之中，和眼前不斷變換的面容（多數都美得驚奇）同時出現的，是絢爛的燈光、氣派的場地、川流不息的音樂，瞬間，我感覺像個小孩，見識童話故事的場景。16

一八一〇年

和晚春時節遊樂花園裡的萬種風情相比，二十年後的冬天再次來到倫敦，將會見到驚人的對比：燃煤的味道、刺鼻的煙霧，遠遠就能看見厚重的霧霾，籠罩整個城市。17走在街上，煙灰同時從空中飄落到你身上。就像路易斯．西蒙說的：

> 空氣充滿片片煙花，這是一種轉化的說法——煙灰似花，輕盈飄忽，不會落地。這場黑色的雪沾在你的衣服與布料，或者降落在你的臉上。你只感覺鼻子和臉頰有什麼東西，於是不自覺地伸出手指，抹成一片黑色！18

因為這個理由，那些 *haut ton* 會在十一月離開，直到春天才回來。對於留著的人，這座城市的氣氛變得不大一樣。馬車擠滿多霧潮濕的街道，每輛都有一對明亮的燈，燈光從地面潮濕的石板反射。街燈無法穿過霧氣，遑論因為充滿煙灰所以更加陰暗的霧氣。有時霧霾太過厚重，即使大白天，商店也得一直點燈。

如果沿著上次來訪的相同路線，你會看到這座城市又往南方擴張，超過肯寧頓公有地——倫敦橋以南整整兩英里。在十二月寒冷的空氣中，橋上的交通堵塞比起二十年前更是嚴重：現在每天有九萬人過橋，還有四千輛推車、貨車、客車等。[19]來自德國的克里斯蒂安・戈德（Christian Goede）描述南岸「各式各樣的黑色房屋形成不規則的聚落，頂上都有無數鍋爐散發的黑煙」。[20]黑衣修士橋底下的河流，因為接收下水道的汙水所以發黑。[21]艾爾比恩磨坊最近拆了，那裡受到一七九一年的大火打擊，從此廢棄，直到一八〇九年。原址目前正在興建房屋。海錨啤酒廠變得更大，現在重新命名為巴克利柏金斯啤酒廠（Barclay Perkins Brewery），產量是之前的三倍，每年生產二十六萬桶黑啤酒（porter），是全世界最大的啤酒廠。[22]

往東看倫敦池，那裡的船隻不如從前眾多。原因在於下游已經蓋了新的碼頭。以前南岸只有格陵蘭碼頭（Greenland Dock）供捕鯨船和運木船卸貨。其他船隻必須上來城市本身才能卸貨。但是最近在布萊克沃爾（Blackwall）新建了東印度碼頭（East India Dock），而且在稍微更靠近城市的道格斯島（Isle of Dogs），西印度碼頭（West India Dock）也完工了。倫敦碼頭（London Dock）在瓦平（Wapping）開口，而河的對面，新的東國碼頭（East Country Dock）有極多桅杆和貨物，之後會成為商業碼頭群（Commercial Docks）的第一座。這些大大小小的碼頭就連在冬天也是熙熙攘攘，大型的起重機裝載船隻貨物，工人拖拉一車一車的菸草、羊毛、棉花，進出紅磚搭建的倉庫。

你第一次來的時候，會留下一種印象：倫敦是兩個地區合而為一。往西是上流的住宅區，常稱為「西區」、「城」（town），而老倫敦，或「倫敦市」（the city），是指往東擴張的部分。兩邊的官方界線在聖殿關（Temple Bar）。這是一座橫跨街道的紀念拱門，位於艦隊街（Fleet Street）變成河岸街的交界點，代表倫敦市長的權威延伸。如果你從聖殿關出發往東走進倫敦市，天還沒亮就會看到清潔工正在燈光照明的街道打掃馬糞，同時守夜人正在巡邏，呼喊時間和天氣。載貨馬車在石板路上發出喀噠聲響，隨著守夜人的聲音，已經開始來往河邊的倉庫運送貨物。天一亮，你會聞到早晨生火散發在空氣中的煤煙，並且聽到垃圾工人的鈴鐺聲，規律呼喊「垃圾喔！」沒過多久，商人的馬車就從他們郊外的住所抵達，人行道上也充滿前往工作的行人。天色越來越亮，商店開始營業。每面空白的牆壁和工地圍籬都張貼某某東西的廣告——最有效的藥、最帥氣的外套、最準的手錶、最耐用的傘。偶爾從通往河的道路上，可以瞥見工人在駁船上工作，而碼頭邊的海鷗在他們頭上呼叫。即使新的碼頭已經分散許多城市的實際貿易，倫敦仍然依賴這裡提供內需。因此你會看到許多板條箱和籮筐堆疊在碼頭，等待推車或駁船來載。

再往東走，你會注意到幾棟新的公共建築已經豎立起來，儘管此時國家正在打仗。英格蘭銀行在約翰·索恩爵士（Sir John Soane）的手中，已經完全轉變為宏偉的古典風格建築，包括交錯的業務大廳與辦公室，外觀由氣勢壯闊的高牆包圍，完全沒有外部窗戶。沿著河往下走，你會看到比靈斯門市場周圍的建築也被取代了。比靈斯門碼頭旁邊的新街區，一樓是寬敞開放的空間，眾多攤販每天早上四點就開始擺設。在舊的市場廣場外面，你會見到數千條魚擺在桌上，或放在籮筐裡。住在那個新街區的人，必定不是非常能夠容忍味道，就是租金非常便宜。繼續往東，就在塔的旁邊，皇家鑄幣廠（Royal Mint）已經重建完畢。朝這個方向，沿著河的北岸，你會經過商人的房屋和較低階級的住宅區，接著來到一個地區，船舶用品店、木匠的工坊、船隻油漆工的店鋪、製造繩索的棚屋，接連不斷，無不瀰漫海洋粗糙的鹽味。前方，嶄新寬敞的碼頭，地面覆蓋石板，而高高在上的起重機和廣大的倉庫，被船隻桅杆聚集而成的森林圍繞。

如果你走的是相反方向，從聖殿關往西，西區的街道接近天亮仍是空的。商店緊閉，街燈在金屬燈柱頂上燃燒。惟有守夜人的聲音，以及零星的驛站馬車走進城市時，才會打破寧靜。在埃克塞特交易所，你可能仍會聽見獅子的吼聲，現在這座建築的門口有面巨大招牌，寫著「皮德科克皇家動物園」（Pidcock's Royal Menagerie）。但是沒有趕著上工的男男女女。清晨，舊貨商的聲音接替守夜人，拉著他的貨車經過大街小巷，叫著：「衣服，衣服！」接著載著煤礦的馬車來了，每戶人家門前幾乎都會停靠，等著送煤工人直接鏟起送進地下室。後面接著送牛奶的人，從緩慢移動的貨車裡頭喊著他們的商品。郵件馬車飛快到來，穿梭在幾乎靜止的車輛之間，在石板路上敲出鐵輪的宣敘調。街道清潔工移除馬糞，鏟子不時撞上石頭，鏗鏗鏘鏘。商人的貨車隆隆作響，駛進了柯芬園，那裡的婦人一邊設置攤位，一邊交談唱歌。但是，市場以外的人行道還是空的，只有幾個傭人出門採買糧食，以及穿著破舊的木工、鋪磚工、蓋屋頂的工人，從城裡較貧窮的地方步行上工。直到八點以後，街道才會活絡，店主打開店門，拉開百葉窗，將他們的精選貨品放在櫥窗。有些店家在招牌畫上或刻上皇家紋章，鍍金的文字宣告業主相當榮幸為王室服務。[23]出租馬車的馬戴上眼罩，載著留在城裡過冬的人抵達時髦的購物地區，那些人現在要去咖啡廳看報紙。漸漸地，越來越多雙輪小馬車和載客馬車出現。但和夏季中午相比，根本不算什麼。城裡這個地區有馬的紳士此時總算將他們的領巾拉直，關上家門，走到戶外互相拜訪，或去裁縫店、帽子店、販售鼻煙的商家，高貴的女性則是出門購物。接著所有街道都是馬車、客車，或是穿著制服的挑夫抬的轎。那樣多采多姿的忙碌氣氛大約持續到下午三點，此時有錢人準備參加正餐，而交通在晚上的尖峰時刻之前短暫消退。夜晚大約從六點開始熱鬧，人們動身前往燈火絢爛的宴會、明亮的商店、吵鬧的酒吧或劇院。晚上十點半，當所有的商店打烊，街道又只剩派對常客的馬車、成群快速行進的教區警察、劇院出來的人群，以及尋找酒醉顧客的妓女。

如果上次你來倫敦的時候是一七九〇年，到了一八一〇年，走在這個城市的你會目瞪口呆。克里斯蒂安・戈德在一八〇七年只是離開首都幾個月，回來的時候對於他的發現感到吃驚。「主要街道已經經過極大變化，所以幾年前製作的地圖現在對陌生人來說已經沒有用處。」他如是說。[24]對於自己位於南安普敦巷（Southampton Row）的住家附近，他說：

> 貝德福公爵參與的建案廣大無邊，且僱用好幾千個工人……我停下來問我自己，之前有沒有看過這些新的街道、新的廣場、新的花園，簡而言之，這個新的城市……南安普敦巷的對面，之前是空地，現在不僅蓋了房子，還已經住人：開了一家咖啡廳，還有一些非常氣派的商店，陳列他們的商品等待出售！[25]

戈德見證的情況類似大領主到處做的事，他們決定拆除占地寬廣的古老豪宅，並把那些地方和花園化為一區一區高級的聯排別墅，之後用可觀的價格出租。以貝德福府的情況來說，貝德福公爵找來建築師詹姆斯・伯頓（James Burton），以羅素廣場（Russel Square）為中心，開發往北的田野成為大片都會房產。[26]其他領主在整個城市都在從事相同的事情，只不過不是為了相同階級的居民。忽然間，沿著金斯蘭路（Kingsland Road）往北、麥爾安德（Mile End）往東、舊肯特路（Old Kent Road）往東南——首都的每條道路都有房屋和商店聚集。

轉向空地，茶園和遊樂花園在一年的這個時候都關閉。但是，如果你從沃克斯霍爾園的牆壁偷看，會看到工人正忙著將樹林和大道換上彩色燈籠裝飾的石柱。當春天來臨，花園再開的時候，就是遊客新的景點。至於蘭尼拉園，唉，這個驚奇的地方已經不在：這個花園在一八〇三年永遠關上大門，兩年後完全拆除。最後幾年這裡還有一些盛大的活動，例如兩千人的「午後早餐」，並以氣球飛行、音樂、壯觀的舞會畫上句點。現在這些花園部分是皇家醫院在切爾西的土地範圍。但是花園的光彩不會被人遺忘。淑女們永遠記得帥氣的軍官，整晚在圓形建築僻靜的角落向她們獻殷勤，或發福的老紳士，意味深長地嘆氣，告訴你在蘭尼拉園，倫敦最美麗的女子「像天鵝一樣游過你身邊」。[27]

一八三〇年

如果你認為到了一八一〇年已經發生很多變化，那麼你在一八三〇年的夏天回來，必定無法相信眼前的景象。你都還沒抵達倫敦橋，就會注意到，建築密集的地區又向南延伸，許多土地已被填滿，伯利恆精神病院（Bethlehem Lunatic Asylum）搬到聖喬治菲爾茨（St George's Fields），狄更斯的父親最近不開心地待了幾個月的馬夏爾西監獄也重建。在薩瑟克，你會看到商店的窗戶更高又更寬，因為製造商已經知道怎麼製作大片的冕牌玻璃（crown glass）*。但是接著你會來到橋上，忘記玻璃的尺寸，因為舊倫敦橋的西邊過去一點，現在有座極漂亮的新倫敦橋，底下是五個矮的石頭拱門，由蘇格蘭的工程師約翰・瑞尼（John Rennie）設計。舊的橋從十二世紀便矗立在此，明年八月就要拆除。往下游看看倫敦池的另一邊，你會看到塔樓過去有個新的碼頭，名為聖凱瑟琳碼頭（St Katharine Docks），而河的南岸又有更多碼頭與泊船處。從高聳的煙囪排放煙霧的明輪船，現在規律開往格雷夫森（Gravesend）和馬加門。這些船隻穿梭在風與浪之間，十五年來，吐著裊裊黑煙來到這裡的碼頭，晚上船隻的燈光「在漣漪上跳躍，就像鬼火」。[28]

轉向另一邊，會讓你同樣震驚。你和黑衣修士橋之間有一座女王街橋（Queen Street Bridge，後來叫做薩瑟克橋），也是約翰・瑞尼的設計，建於一八一九年。這座橋有三個鑄鐵拱，每個兩百四十英尺寬。水面映照夏日明亮的陽光，但是你若瞇起眼睛，可能會看到黑衣修士橋的遠端，有另一座新的石橋，叫做滑鐵盧橋，又是瑞尼的作品，一八一七年完工。如果你打算往上游航

＊譯注：將玻璃吹成中空圓球後，壓平為圓盤形，中間較厚，略具凸度，帶有同心圓波紋，見於中世紀大教堂的窗戶。

行，會經過沃克斯霍爾橋底，這是這條河的第一座鐵橋，建於一八一六年，接著是漢默史密斯橋（Hammersmith Bridge），一八一七年啟用。所有這些新橋，對擺渡船和船夫都會帶來巨大衝擊。誰會想要走下馬車，付這麼貴的錢，踏上搖搖晃晃的船，冒著被噴濺或淋濕的風險，然後到了另一邊還得叫出租馬車？直接駕駛馬車過河，既安全又從容，只要付上幾毛過路費，不是簡單多了？因此，比起一七九〇年，河上的小船少了很多。這些小船還會繼續減少：馬克·伊桑巴德·布魯內爾（Marc Isambard Brunel）帶領工人們，並在靈巧的兒子協助之下，現正建造從瓦平到羅瑟希德（Rotherhithe）的隧道——世界第一個水底通道。距離他們完工還有十年，然而，船夫的日子顯然屈指可數。

即使倉促遊覽這個城市，也會發現許多新的公共建築。現在有兩家大學：高爾街（Gower Street）的倫敦大學（後來稱為倫敦大學學院〔University College London〕）與現在正在河岸街興建的國王學院。另外一所重要的大型教育機構——倫敦學院（London Institution），在芬斯伯里圓環（Finsbury Circus）從平地起，占據之前伯利恆精神病院的位置。此外，教堂委員會（Church Commissioners）也興建數十座大型教堂。之後成為特拉法加廣場的地點已經清空；老舊的房屋和皇家馬廄都已拆除。勞伯·斯默克（Robert Smirke）設計的內科醫師學會大樓面對這個地點。斯默克也負責聖馬丁街（St Martin's le Grand）上宏偉的郵政總局，以及位於磨坊岸（Millbank）的實驗新監獄，還有正在施工的大英博物館主樓。詹姆斯·懷亞特（James Wyatt）和約翰·索恩是另外兩位傾心研究公共建築的人：兩人重新設計國會周圍的地區，所以懷亞特新歌德風格的上議院現在面對街道，而索恩的法院圍繞西敏廳，從前這裡聚集咖啡廳。如果你順便去看看柯芬園，會發現那裡現在是工地，因為新的規劃是一座花崗岩的市場大樓。如果你喜歡採購高級品，會很高興聽到伯靈頓拱廊（Burlington Arcade）連接皮卡迪利街北邊的門已經打開。又或者你的嗜好是歡宴，很多奢華的新俱樂部已經蓋好，包括三軍會（United Service Club）、旅行家俱樂部（Travellers Club）、雅典娜俱樂部（Athenaeum Club），都在帕摩爾街。

最大的驚喜，莫過於攝政公園，以及綿長、有如捲尾的攝政街。這兩個地方發展驚人。過去二十年，攝政王一直想要實現他的夢想，在他的首都，創造與巴黎匹敵的建築心臟。現在，在新路北邊，從前只有田地和花園，現在是個城中城。親王欽點的建築師約翰．納什，首先在波特蘭巷的開頭，往北面向新路的地方，興建公園新月（Park Crescent）。重要的是，他在紅磚覆上粉飾灰泥：這是一種精細的塗料，能將牆壁修飾成平滑的表面，以利增添裝飾細節。後來他在公園周圍興建壯觀的排屋，無不遵循這種形式。你在這些街道散步時，別忘看看精緻的鑄鐵欄杆和瓦斯燈。也注意道路表面，每天澆水兩次，防止灰塵揚起，嗆死騎乘敞篷馬車的人。[29]公園本身，在草承受不住夏季酷暑而枯萎的地方，中央有個苗圃，西側有個大湖。另一方面，動物學學會的用地與樓房，包括裝著老鷹的大鳥籠與獅、狼的圍欄，都在北側。東南角有座圓形建築，稱為競技場，以羅馬萬神殿為模型，你可以去那裡排隊，看倫敦三百六十度的浩瀚全景，號稱是有史以來最大的繪畫，由托馬斯．霍諾（Thomas Hornor）在聖保羅主教座堂頂端勾勒圖畫，再由愛德蒙．帕里斯（Edmund Parris）上色。貴族的排屋後方也蓋了工人的地區，納什在那裡，沿著市場店主住的房屋，規劃了坎伯蘭（Cumberland）和克拉倫斯（Clarence）市場。新的攝政運河沿著公園北邊流動，連接位於帕丁頓的大交匯運河（Grand Junction Canal）與泰晤士河萊姆豪斯（Limehouse）一帶。

王室的開發不止於此。從攝政公園南邊過來，你會經過公園廣場與公園新月，進入波特蘭巷，通往攝政街。這是一條全新的大道，連接攝政公園與卡爾頓府。這裡的建築物兼具公私用途：三間教堂；一座提供倫敦愛樂學會（London Philharmonic Society）使用的音樂廳，名為阿蓋爾音樂廳（Argyll Rooms）；一家飯店；一間銀行；許多商店和華麗的聯排別墅。一位來自約克郡的淑女安・李斯特（Anne Lister）寫道：「歐洲當然沒有這麼高貴的街道——這麼長，這麼寬敞，而且完全只有美麗的建築物。房屋就像宮殿、高級商店。」[30]這些全都讓這個都市更有歐洲氣息。赫爾曼・普克勒－穆斯考王子表示，倫敦「攝政街、波特蘭巷、攝政公園這個方向進步很多」，又說，因此，倫敦「具備政府所在地的風範，而非只有小店主的大都會」。[31]這些評論，聽在國王耳裡必定十分悅耳，因為這正是喬治四世的目標。但是，攝政街蓋好三年後，國王決定拆除整個開發計畫圍繞的中心建築——卡爾頓府。他改為重建他母親的住所——白金漢府，將那裡變成一座宮殿，正門是納什設計的白色大理石拱門（後來遷移到公園巷〔Park Lane〕）。結果這項工程耗費巨資，而且一八三〇年國王去世的時候還沒完工。

漫遊這座都市，你會發現，正在開發的地區有增無減。倫敦為了準備容納富裕的階級，新建許多廣場，例如托靈頓（Torrington）、沃本（Woburn）、尤斯頓、塔維斯托克（Tavistock）、布萊恩斯頓（Bryanston）、蒙塔古（Montagu）、多塞特（Dorset）等。這些廣場，有些用褐磚建造，並有對比的灰泥簷口；有些則在正面採用納什的粉飾灰泥。多數廣場四周是小型的私人花園，並以鐵欄杆圈圍起來。富裕人家喜歡在正面的窗戶放置木樨草，植物的芬芳也瀰漫整個人行道。[32]這些新房子中，最高雅的也許是圍繞貝爾格雷夫廣場（Belgrave Square）和伊頓廣場（Eaton Square）的房屋，然而目前還在興建。背後的推手是托馬斯．邱比特（Thomas Cubitt）：他抽乾沼澤，動手興建豪宅，和納什在攝政公園周圍的建築互為對手。確實，貴族們真的不知道應該住在城的哪一端。

並非所有在倫敦的新建築都是給有錢人住的聯排別墅。也有大量較便宜的房屋正在興建。這些很多都是蓋在之前的貧民窟。激進的社運人士法蘭西斯．普雷斯（Francis Place）徹底調查一八二四年的倫敦東區，並且寫道：

> 從倫敦塔到道格斯島，貧窮的人數之多，環境的悲慘之深，然而，除了最惡劣的地方與不幸之中最不幸的人民，仍有相當大的改善。（在瓦平）主要街道上，各方面的改善相當顯著。老舊的木屋……不是被拆除就是焚毀，這些位置蓋上磚屋。[33]

河的南邊也可以發現類似的改善。如同法蘭西斯．普雷斯觀察，「這些街道，許多都住著非常貧窮的人，但是無論街道或是房屋，都不如為了現代發展而拆除的狹窄巷弄那般骯髒，也不如從前那樣散發惡臭」。[34]

然而，如果你造訪聖吉爾（St Giles）的教區，你會發現普雷斯的正面評論並非故事全貌。清空這裡以前的庭院反而加深擁擠程度，因為人口不斷增加，但能容納他們的房屋減少。此外，不是所有老房屋都會重建，也不是所有新房屋都妥善維護。因此，在工人階級的地區，你還是會發現庭院和低廉的出租房屋，讓你想到利物浦的貧困地區。霍威爾先生（Mr Howell）的工作是調查員，他曾遇過非常噁心的建築，甚至走不進去。某次，他檢查聖吉爾商店街（St Giles High Street）某些房屋，走進第一間房屋底下的通道，就看到以下景象：

> 庭院都是廁所溢出的夜香，深達約六英寸，上面放著磚頭，以便居民經過不弄濕雙足；此外，汙物依傍牆壁堆積，眼前景象令人難以苟同至極。房屋內部情況大抵相同，其他房屋檢查結果亦同，我認為詳盡的調查並不可行，不得不止於提出概括觀察。身為消防單位的調查員，我因職責之故走訪城鎮各區，而我始終震驚不已，並且幾乎無法忍受，我國人民有極大多數無奈陷入骯髒與痛苦的境地，患染疾病，生活悲哀。[35]

倫敦生活還有另一個面向，說不定比溢出的汙水池更不愉快——過分擁擠的墓地。火化違法，所以首都人口暴增，意謂古老的教堂墓園現在擠滿分解的屍體。有份報告寫到，萊姆豪斯布倫瑞克禮拜堂的墓穴和墳場情況極糟。

> 根據鄰近居民的說法，臭氣顯然來自那裡，尤其夏季月份墳墓剛好打開時，最具毒害。曾有

人描述，一聞到就噁心嘔吐，而且凡有疾病流行，經常歸咎於此。有些人說，因為他們住的地方，距離禮拜堂的地面之近，所以從來沒有哪天是健康的。依據我的觀察，所謂地面，大約是周遭範圍水平面五英尺高的地方，而且非常泥濘——以致幫浦常常用來抽走從墓穴流入街道的水。[36]

體驗完惡臭的排泄物和腐化的屍體後，你終於走到陽光照耀的公園，雖然草地多少因為酷暑枯萎，但你一定非常開心。在聖詹姆斯公園，你會看到從前那條從白金漢府到騎兵衛隊閱兵場的筆直運河，寬一百英尺，現在已經重新設計，有波狀起伏的河岸，就像自然的湖。閘門附近有數座碩大的銅製大炮。[37]隨著你走向海德公園，你不可能不注意到海德公園角新的勝利拱門，以及進入公園之前的入口，寬闊如屏幕，皆由德西穆・伯頓（Decimus Burton，詹姆斯・伯頓的兒子）設計。兩者面對面，因此創造公園與白金漢宮深刻的連結。走進公園，你會看見九曲湖上蓋了一座橋，還起一座保衛者阿基里斯的雕像。這座雕像乃為紀念威靈頓公爵的成就，資金則由一群英國淑女募集，而且很多人竊笑著，這位希臘英雄巨大的男性特徵，就這麼大剌剌地展示在所有愛國的淑女面前，以致後來必須巧妙地蓋上無花果葉。往下走向河流，切爾西仍是許多農產品園的所在地，在那裡，上百畝的土地生產供給這座城市的蔬菜。千萬別想穿越這裡，柵欄上的告示寫著：「注意捕人夾與彈簧槍」。[38]至於沃克斯霍爾園，傷心的是，他們現在招攬顧客困難。夏季每週只營業三天，而且門票已經漲到四先令六便士。新的老闆想方設法吸引上流人士，包括找來一千名士兵重現滑鐵盧之役，但事實是，這樣的場所榮光不再。

最後，要完整欣賞一八三〇年的倫敦，必定不能錯過夜晚。長達兩英里的牛津街曾經燃著油燈，而現在，瓦斯燈的火焰在所有紳士的房屋與娛樂場所外面熊熊燃燒。從倫敦橋上，可以看到船隻的燈光隨著泰晤士河的波浪搖曳，也可以看到數排街燈照亮北邊的河岸，阿德爾菲的私人住宅窗戶透出微光，整座橋上都有瓦斯燈。在河岸街，人們聚集在阿克曼印刷店（Ackermann's Repository），依著點燃瓦斯燈的窗戶，閱讀最新一期的諷刺漫畫。附近的藥局有顆大玻璃球，裝著發亮的液體，有深紅色、藍色、綠色。[39]大街上，瓦斯街燈下，腰子餡餅和牡蠣的攤販爭相吸引路過的客人。這些客人正三三兩兩從劇院出來。出租馬車每輛都有一對頭燈，正前往特魯里街（Drury Lane）準備接送劇院的客人。你注意到一家打烊的店，高掛大禮帽的廣告招牌，寫著「比任何人高兩倍」。河岸街已經沒有獅子的吼叫聲，因為埃克塞特交易所已經拆除。那個地方現在包圍著鷹架，興建未來的埃克塞特廳（Exeter Hall），於是你思索不斷變化的時代。二十二英里外，在溫莎，國王喬治四世命不久矣。從他剛被推舉為攝政王開始，四十年來，改變了多少？

3 民眾

在這個國家，比起任何我曾見過的國家，富裕與匱乏的兩個極端較為驚人，而且總是較為顯著。

——約翰．昆西．亞當斯（John Quincy Adams，一八一六年）1

攝政時期的英國有多少人？在倫敦的俱樂部和咖啡廳，這是個熱門話題，因為這個國家的人口從未見過像現在這樣的成長幅度。一七九一年，人口只有不到一千萬人，到了一八三一年，已經達到一千六百三十萬人——四十年間增加三分之二。過去人口不曾成長得這麼快速，未來也不會再次這樣。好極了，你可能這麼以為：這當然象徵更好的衛生與更繁榮的社會？某些方面而言，是的。然而只是片面。如果你的國家資源有限，同時人口增加三分之二，你就不能期待每個人的日子都和以前一樣好過。如果所有因素維持不變，國家的資本資產會與多出來的三分之二人口分享，因此每人的實質財富會依比例下降。當然，現實中，其他所有因素**不會**維持不變。更多的勞動力會增加生產。進出口的質與量會成長。技術改良，製造過程更有效率。然而，有個因素維持不變：資產所有權。農地、礦井、工廠、碼頭，依然掌握在相對少數的有錢人家手中。隨著人口持續成長，而且對於食物與消費商品的需求提升，這些家族也就更有錢。同時，除了勞力以外沒有其他東西可賣的人相對更窮。他們被迫和更多工人競爭工作。在工業城鎮，經濟活動吸引大批外地人，社區非常繁榮的結果，可能是過度擁擠、工資降低、勞動人口普遍貧窮——我想你會同意，聽來真是諷刺。

了解這個時期的剝奪問題，關鍵是食物。瑪麗・安東尼在法國大革命期間說「讓他們吃蛋糕」，雖然是假的（這是更早以前法國一位公主說的），但是那句話確實能夠提醒我們，窮人不總是有足夠的食物，而富人不總是知道這個情況——這點英法皆同。[3]這也是為什麼，在一七九八年，有位認真的神職人員托馬斯・勞伯・馬爾薩斯（Thomas Robert Malthus）發表《人口學原理》。他擔心的是，雖然國家整體愈加富裕，但是窮人會比之前更苦。有些人相信政治改

大不列顛人口（百萬）[2]

	英格蘭	威爾斯	蘇格蘭
1791	c. 7.8	c. 0.5	c. 1.5
1801	8.30	0.59	1.60
1811	9.49	0.67	1.80
1821	11.19	0.79	2.09
1831	12.99	0.90	2.37

革是銀色子彈，*會減輕無土地的勞工與他們家庭的苦難。馬爾薩斯不同意，他反而將根本問題視為「自然律」，或說得更明確，「人口增長多於食物供給的恆常的趨勢」。[4]他認為大不列顛的人口，若非缺乏食物與疾病，每二十五年就會加倍，就像最近獨立的美國。在人口眾多的島嶼，例如大不列顛，糧食生產根本不可能趕上。到了一八〇六年，這個國家每年都在進口價值六十萬英鎊的奶油和起司，以及兩百二十萬英鎊的穀物。[5]進口和運輸沉重的關稅致使價格高抬。因此窮人的困境每年不斷加深，就是因為人口持續增加。若發生歉收，結果就是普遍的營養不良以及真正的苦難。

馬爾薩斯的文章引起大量批評。確實，馬爾薩斯沒有給予技術足夠的考量。此外，他高估社會整體有多關心窮人的苦難。工廠老闆當然歡迎人口成長所伴隨的低廉工資。政治改革者也不喜歡馬爾薩斯的經濟學理論，因為他會威脅他們呼籲的改革：他們想將目前的剝奪程度歸咎政治系統，而非「自然律」。還有其他人因為專業理由貶低馬爾薩斯的理論。統計家約翰・李克曼（John Rickman）認為某部分而言，人口成長是人民更長壽的結果。他估計英國人口每年死亡的比例從一七八〇年每四十人一人，下降到一八一〇年每五十人一人。[6]但是也有人支持馬爾薩斯。勞勃・騷賽是其中之一，而且他對這個主題的評論帶有無奈的幽默：

＊譯注：比喻強而有力、一勞永逸的解決方案。

> 已經有人發現，這個世界有太多人，而且必定總是如此，來自自然建構的錯誤；那條律法說「增加且倍增」的時候，並未給予足夠的考量；簡而言之，創造世界的祂並不知道怎麼妥善管理，因此有人嚴正要求國會從祂手中接管這項事務。[7]

現在幾乎只有一件事情所有人都會同意，就是政府需要知道精確的人口數值。據此，國會通過《人口普查法》（Census Act）。一八〇一年三月十日星期二，政府官員開始調查王國之中每間房屋住了多少人。他們也彙整各教區每年有多少人受洗與下葬，因此他們可以決定人口成長率。約翰·李克曼受命監督這個程序，從此之後每十年重複一次。

十九世紀初期的人口普查顯示攝政時期的社會和二十一世紀的社會非常不同，足足有三分之一的人口低於十五歲；二十一世紀可不到五分之一。[8]在年齡光譜的另一端，二十人當中只有大約一人超過六十五歲：比例比都鐸時期還要少，更不可能和二十一世紀每六人就有一人相比。[9]簡單來說，這個社會比現代世界年輕更多。

老年人口微小的比例似乎不符合約翰·李克曼人民更長壽的

英格蘭社會之年齡結構（百分比）[10]

英格蘭	0-14 歲	15-24 歲	25-44 歲	45-64 歲	65 歲以上
1801	36.40	17.71	25.37	15.52	5.00
1831	38.76	18.75	24.72	13.49	4.28
2011	17.68	13.08	27.53	25.37	16.34

主張。但是，真相總在細節中。總體來看，在英格蘭，出生時的預期壽命在一七八〇年至一八一六年之間，大約增加五歲，從三十五歲提高到四十歲。[11]但是，這個赤裸裸的統計資料並未區分鄉下與都市。在倫敦，新生兒可以期待大約二十五年的壽命。在里茲，出生時的預期壽命是二十一年；在曼徹斯特是二十年；在波爾頓是十九年；在利物浦只有十七年。[12]大型城鎮是疾病的溫床和生命的終點站，而工業城鎮更是嚴重。但這樣的地理區別仍看不出故事的全貌。如果你出生在倫敦的富裕家庭，可以期待活到四十五歲；如果你家是做小生意，可能會在二十五歲入土；而如果你的父母是工人，能活到二十三歲算你幸運。儘管如此，倫敦的工人整體還是比工業城鎮好過；在普雷斯頓，工人階級的平均死亡年齡是十八歲，而在利物浦是十六歲。生活環境當然是主因，如同我們在第一章所見。伯里或阿什頓安德萊恩（Ashton-under-Lyne）的工人平均可以活到十九歲，但如果你住在這些地方沒有水溝的貧民窟，那麼你的預期壽命只有十三歲。[13]這些數值也許可以和千里達島（Trinidad）奴隸的死亡率比較，他們的平均年齡是十七歲。[14]

這些平均年齡這麼低的其中一個原因是，死亡的很多是嬰兒。整個英國人口，每三個小孩就有一個活不過五歲。[15]可想而知，工業城鎮的嬰兒死亡率最高。在利物浦，百分之五十三的人口五歲之前死亡；在普雷斯頓，百分之五十七。同樣地，這些數值可以和西印度群島的奴隸比較，在那裡，百分之五十五的男孩和百分之五十八的女孩五歲之前去世。[16]雖然約翰・李克曼宣稱，他注意到，整個國家窮人的壽命必定也更長，但你會忍不住覺得他最好親自去普雷斯頓看看。這裡，馬爾薩斯的論點指出的真相再清楚不過。隨著城鎮人口劇烈攀升，預期壽命卻大幅減少——從一七八三年的三十一歲到一八二一年的十八歲。[17]

所以在攝政時期的英國，什麼才算「老年」？根據以上所述，如果你活到成年，覺得自己「老」也不奇怪。確實，如果你在一八二〇年代，有辦法活到二十五歲，已經比一半的人口還老。一位農夫的女兒伊莉莎白．哈姆（Elizabeth Ham）寫道，「我們在十五和二十五歲之間，已經活了大半輩子」。[18]拜倫勛爵在二十五歲的時候也同樣說過「生命較好的部分已經結束」。[19]如果你覺得他是為了效果而誇大——他確實經常這樣——不如想想，儘管他享受榮華富貴，也是三十六歲就死了。但是人們真的在三十歲的時候就覺得自己「老」嗎？不。「老年」的概念不是那樣用的，而且理由相當有趣。現代的世界，出生時的預期壽命，男性是七十九歲，女性是八十三歲，而死亡人數最多的年齡，即男女活過嬰兒期後最常死亡的年齡，男性是八十五歲，女性是八十八歲。具備良好醫療照護的文明社會，典型上會見到平均數和眾數緊密相關。在十九世紀初期，出生時的預期壽命只有大約四十歲，最常死亡的年齡超過七十歲——比出生時預期壽命多了三十年。因此聖經上說「三個二十歲再加十歲」是可能達到的，而且那個數字也是所謂「老年」。你需要是好運。有幾個非常好運的人活到一百歲。菲比．赫索爾（Phoebe Hessel）在一七一三年四月十三日於倫敦斯特普尼（Stepney）受洗，於一八二一年十二月十二日去世，享壽一百零八歲。一七四五年，她和愛人在豐特努瓦戰役（Battle of Fontenoy）作戰時被刺刀刺傷，但她還是活到這個年紀。[20]《泰晤士報》定期報導這種極長壽的案例。一七九七年八月五日，報紙用小字印了丹尼爾．布爾．馬卡第先生（Daniel Bull Macarthy）的訃聞，他去世的年齡是一百一十一歲。文章將他長壽的原因歸功每天都和他的靈猩犬散步超過八英里，而且飲用大量的蘭姆酒和白蘭地。我懷疑他的第五任妻子影響較大。他們結婚的時候，他八十四歲，而她只有十四歲。接下來二十年，他們生了二十個小孩。

社會階級

對你來說比較重要的是什麼？地位還是財富？你可能會回答兩者差不多。但是，在攝政時期，地位比財富重要更多，而且財富並不保證地位。例如，政治人物托馬斯·克里維（Thomas Creevey）的個人收入不比自耕農（yeoman）＊多，但他還是進入最高級的社交圈，上流社會的成員一直都把他當成「自己人」。相反地，你可能是身價百萬的工廠主，但卻發現 *haut ton* 都躲著你，因為你的錢是做生意賺來的。雖然看起來很奇怪，但是社會接受你的財產來自中世紀屠殺別人的騎士，但不接受你賺的錢來自生產改善人民生活的物品。這就是為什麼人們大肆宣揚他們的地位，一有機會就展示他們的紋章，舉凡馬車車門、刀柄、帽盒、鼻煙盒、手杖、圖章戒指、藏書票、成套餐具，而且為了紀念傑出的祖先，還會製作肖像、出版書籍、舉辦教堂紀念會。家族史的證據也是地位象徵。然而，說了這麼多，就連最古老的貴族有時候也會遇到困難，而且一旦如此，他們很快就學會吞下祖先的驕傲，接受白手起家的富豪，彷彿他們是失散已久的堂表兄弟。很多古

＊譯注：擁有小片土地且親自耕種，並賴以為生的農夫。

代的家族，就是因為繼承人娶了暴發戶的新娘，才得以獲救，沒有瓦解。

這些關於地位和財富的觀點也影響普羅大眾對於社會階級的想法。你有沒有能力租一間房屋、僱一輛馬車，甚至在店裡賒帳，都取決於你看起來像不像來自有頭有臉的人家。進入客棧的時候，店主會根據對你的印象決定給你什麼房間。如果你在星期天去教會，你會看到地方仕紳（gentry）*坐在私人包廂，而如果你不是和他們一起，就會和他們的租戶坐在大眾的長椅。你能不能在國會選舉投票也和階級有關：只有擁有自由保有地（freehold land）每年價值兩英鎊的男人，或公簿保有地（copyhold land）†價值十英鎊，或曾上過英格蘭的大學的男人，才能參加選舉。這樣的投票人只有大約四十五萬個。[21]雖然現代社會熱愛爭論階級，相較攝政時期對這個主題的執著，只是浮光掠影。

國王

論地位，國王是大不列顛聯合王國地位最高的個人（一八〇一年起，王國正式成為大不列顛與愛爾蘭聯合王國）。他有權力組織政府並解散政府。他是英格蘭教會的首領。他可以創造領主，因此直接把人送進國會。他的支出權力比任何個人都大，因為皇家建築計畫和贊助都是為了整個國家利益而進行，因此可由一般稅收擔保。但是他的統治威權也不是沒有限制。他不可以奉行羅馬天主教，也不可以和天主教徒結婚；他不能在軍隊或大學提拔天主教徒的職位。他不能解除任何法官的職位。雖然理論上他可以否決任何國會通過的法案，但是自從一七〇八年以來，就沒有君主做過這種事。一八〇七年，喬治三世威脅阻撓允許天主教徒在軍中任官職的法案，但是在他真正阻撓之前，他的大臣就撤回了。因此，國王是沒有成文憲法的王國內的憲政君王——施展威權時，必須自行拿捏分寸，就像他的大臣施展威權時，也須謹慎行事。

然而，皇家的威權逐漸讓路給大臣的威權。國王越久不否決國會法案，他事實上可不可以這麼做，也就越可疑。同時，媒體的力量越來越大，迫使國王和他的政府傾聽民意。王室成員發覺一七八九年在法國的革命也可能在英國爆發，而且他們也不懷疑，一旦爆發，誰的人頭可能落地。但是，王室權力衰退最重要的原因是政府的複雜程度越來越高。到了一八〇〇年，已經無法期待國王了解各個部門的所有政務，更不用說監督。因此他不得不選擇本身懂得治理的大臣，不能只是任命他的朋友。國家打仗的時候，需要大量的專業知識，才能領導軍隊、擬定外交策略。同樣地，隨著英國的海外影響力不斷增加，意謂對外政策再也不能交給愛國的業餘人士。然而，王室歷史非常諷刺的是，國王越是將權力下放，他的地位越是提升。國家財富越多，領土與影響越往外擴張，君主的聲望越高。一八〇二年，討論喬治三世是否應該放棄古英格蘭對法蘭西王權的主張，有人建議他也許可以稱呼自己「不列顛群島皇帝」。雖然他拒絕這麼自命不凡的頭銜，但在十九世紀初期，其

＊譯注：擁有土地，以收租為收入來源，但不具貴族頭銜。

†譯注：農奴向領主提供農役而保有的土地。

實也不是那麼格格不入。君主的地位越來越依賴在子民的權力和財富，而非本身的威權。

話雖如此，國王本人的影響力還是很大。因此你有必要知道這段時期統治大不列顛的兩個男人是什麼個性：首先是喬治三世，接著，從一八一一年起是他的兒子喬治親王，並於一八二〇年登基為喬治四世。

英國歷史上，沒有哪位君主像喬治三世那樣遭人誤解。現代世界經常認為，因為他是世襲的漢諾威選侯，所以骨子裡是德國人。然而，喬治是徹徹底底的英格蘭人，一七三八年出生在倫敦聖詹姆斯廣場，一輩子沒去過漢諾威。事實上，他甚至極少踏出英格蘭東南部。如果他有，通常只是去多塞特的威茅斯海邊渡假和沐浴。另一個對他的誤解是，他是暴君。這是美國人的迷思，起源於美國獨立戰爭。他生性樸實，言行持重，是個虔誠的聖公會（Anglican Church）教徒，忠於妻子梅克倫堡－史特立茲的夏洛特（Charlotte of Mecklenburg-Strelitz），兩人生了十五個孩子。不像他的祖先，他沒有情婦。因為他對鄉村的熱愛，人們給他取了綽號「農夫喬治」。他寧願與家人共餐、騎馬、打獵，也不過度狂歡作樂和賭博。他熱衷天文、鐘錶學、西洋棋、美術、音樂、紙牌遊戲、劇院、藏書。他累積了一座國王圖書館，是有史以來最大的私人圖書館，共有六萬五千二百一十五冊印刷圖書，以及將近兩萬本短文、小冊、圖表、地圖。這是他個人對國家文化的貢獻。總的來說，很難找到比喬治三世更不像暴君的君王。

然而，他是一個運氣不好的國王。他的兄弟姊妹尤其讓他失望，搞出無數外遇，逼他引進《王室成員婚姻法》（Royal Marriages Act）。任何王室成員未經他的允許不得結婚。可惜這並沒有阻止他的兒子祕密與不適合的女人結婚，而且公然包養情婦。你可以想像，這樣的事情帶給國王莫大壓力。他的心智也不夠堅強到承受：從一七八〇年代開始，他便間歇出現精神狂亂。你還要考慮他所有的政治麻煩。法國大革命的過程當然引發很大的焦慮，尤其法國國王與王后在一七九三年被送上斷頭台。雪上加霜的是，他漸漸喪失視力。他主要的安慰是他年幼的孩子，尤其么女愛蜜莉亞。但是，厄運也在這裡招手。一八一〇年夏季，愛蜜莉亞病重不起，同年十一月去世，引發這位君王最後一次精神崩潰。一八一一年二月七日，《攝政法》（Regency Act）通過，賦予他的長子王室權力。一八一八年，他深愛的王后去世，這個時候喬治三世不僅瘋癲、失明，也失聰，而且也許不能理解這個消息。他自己則在一八二〇年一月二十九日嚥下最後一口氣。

喬治四世和他的父親形成天大反差，是有史以來數一數二懶惰、沒用、被寵壞、傲慢、自我放縱、揮霍、冷漠、自負的英國人。他是好色的老粗，是暴飲暴食、自命清高、勢利的人。他確實有些優點，但完全被他的缺點掩蓋；硬要抬舉那些優點，等於不尊重被迫忍耐他的人。而且任何人，必有哪些方面必須忍耐他——從他惱怒的父母，到他欺凌的政治人物、羞辱的朋友、統治的人民、與身形越來越臃腫的他一起過夜的女人。

我們先從那些女人說起。從青少年時期就勤於嬉戲調情的威爾斯親王（Prince of Wales）＊，第一個認真交往的情婦是女演員瑪麗・羅賓森（Mary Robinson）。他們的關係大約從一七八〇年

＊譯注：英國君王傳統上會賜予正室所生的長子這個頭銜，即王位繼承人。而這裡指的就是喬治四世。

開始，親王十八歲，她二十三歲。接下來四年，他的床上換過一個又一個過夜的訪客，直到他愛上一個信奉天主教的寡婦瑪麗亞・費茲赫伯。喬治狂戀她，乃至當她想要離開英國避嫌，他可悲到拿刀刺自己來挽留。最後她答應牴觸《王室成員婚姻法》，祕密和他結婚。但他很快又有更多外遇——當時重要的政治人物墨爾本子爵的妻子墨爾本子爵夫人；女演員安娜・瑪麗亞・克勞奇（Anna Maria Crouch）；年長他九歲，而且育有十個孩子的澤西伯爵夫人（Countess of Jersey）；英國駐莫斯科大使的情婦奧爾加・熱列布佐娃（Olga Zherebtsova）；赫特福侯爵夫人伊莎貝拉・西摩－康威（Isabella Seymour-Conway）。喬治和侯爵夫人的關係從一八〇七年延續到一八一九年，深深惹怒這位夫人的丈夫。她似乎滿足親王對豐乳熟女的慾求，能夠縱容、寵愛、嬌養、支配他。只有最後一任情婦科寧罕侯爵夫人（Marchioness of Conyngham）比親王年輕，不是這個類型。

從感情生活毫無節制與缺乏忠誠的一面，可見喬治大致的個性。他一刻也無法忍受無聊，而且痛恨任何費力的工作。他無視他的宗教義務。他狼吞虎嚥大量油膩食物，於是身形痴肥。他豪賭、狂飲，他也攝取大量的鴉片酊——一種含有鴉片的藥酒，有時候一天飲用兩百滴。他沒空理會窮人。赫爾曼・普克勒－穆斯考王子描述他是「鬧劇的男主角，在一群他極瞧不起的觀眾面前演出」。[22]可惜這齣「鬧劇」一點都不好笑。一八一九年八月十六日，在曼徹斯特，和平示威的民眾遭到攻擊，導致多人死亡或受傷，是眾所皆知的彼得盧大屠殺（Peterloo Massacre），而喬治恭喜下令的地方法官。個人方面，他對待妻子布倫瑞克的卡洛琳（Caroline of Brunswick），冷血至極，令人恐怖。結婚當天，他醉到恍惚，摔進臥室的火爐。到了早上，他恢復到足夠爬進床裡，和妻子洞房，懷上他們命運多舛的女兒夏洛特。從此之後他們再也不曾同床。他反而回去費茲赫伯太太的溫柔鄉。遭受那樣的迴避與羞辱，卡洛琳不免和丈夫的政治對手交朋友。喬治的回應就是調查她的通姦行為。雖然沒有發現任何逾矩證據，他還是想在上議院離婚——結果失敗。但是當他終於加冕為王，他禁止王后參加典禮，反而邀請當時的情婦科寧罕夫人。卡洛琳王后幾週後去世。

這位親王的「鬧劇」，最令人討厭的部分是他隨時準備負債。當國會建議這位墮落的親王二十一歲後每年可領十萬英鎊，他有良心的父親大吃一驚。最後這位親王得到一半，加上康沃爾公爵領地的收入（每年一萬二千英鎊）、一筆六萬英鎊和卡爾頓府。不出多久，這麼一大筆錢就花光了，而這位親王還寫了惡毒的信給他父親，怨恨沒有得到更多錢。那些錢都拿去花在牌桌、賽馬、馬廄、在倫敦與布萊頓的房屋，以及滿足他的肉慾。到了一七八五年，他欠下大約二十七萬英鎊。國會同意償還這筆錢的主要部分，但是十年內，他又可以把債台高築到六十三萬英鎊。他的收入遠遠不及這樣的負債。就連一八一二年已經是攝政王，他每年也只有十七萬兩千英鎊可以支配。[23] 如我們稍早看過，這些債務許多來自改建卡爾頓府。但是當他終於成為國王，就把卡爾頓府拆了。一切就這麼付諸東流，等於向同時代的人宣布，他就是個揮金如土的國王。

人人都對喬治四世感到失望。輝格黨的政治人物鄙視他，因為他不讓他們進入國會。他的保守黨朋友也不信任他，因為他反覆無常。一般人把他當成敗家子、貪吃鬼，一顆無花果也不會給任何人，除了富豪。天主教徒痛恨他，因為他拒絕授予他們身為普通市民的基本權利。激進的政治人物嫌惡他，不只因為他們根本上反對這個體制，還因為他頑固地阻撓改革。一八三〇年七月十六日，喬治四世葬禮隔天，《泰晤士報》的訃告描述他是「根深蒂固的酒色之徒……最自私的人類」，而且宣布「從來沒有人，比已故的國王更得不到同伴惋惜……如果喬治四世曾經有過朋友——真誠的朋友——無論行業，我們斷言，未曾聽說她或他的姓名」。樞密院的辦事員查爾斯・格萊威（Charles Greville）在一八二九年一月二十九日的日記寫道：「沒有更卑劣、懦弱、自私、無情的狗存在……過去曾有優秀睿智的國王，但為數不多……而這個，我相信是最差的。」勞伯・赫榮爵士（Sir Robert Heron）只用三個詞總結他的性格：「無信、無用、無心」。24

為求公允，喬治確實有些可取之處。他對倫敦建築的貢獻相當可觀。你可以說，如果喬治三世的主要文化遺產是創造偉大的圖書館，那麼喬治四世便是創造偉大的城市。他贊助的建築師和開發商眼光卓越，使倫敦幾乎成為巴黎的對手。把白金漢府變成白金漢宮的人是他，於是接下來好幾世紀的君王都以此為家。他委託傑弗里・威亞維爾（Jeffry Wyatville），斥資改建溫莎城堡。他對於時尚的間接影響重大，尤其透過與極度講究打扮的「美男子」布朗梅爾（Beau Brummell）友好。他花了很多錢贊助劇作家暨政治人物理查・布林斯利・謝立丹（Richard Brinsley Sheridan）；謝立丹的文化影響延伸到劇作以外。喬治四世將父親的圖書館贈與大英博物館時，鼓勵興建大樓藏書，從此那棟大樓象徵英國人寬廣的文化領域。他為皇家收藏品增添最高品質的藝術，並向民眾公開。雖然卡爾頓府最後拆除了，但他千金一擲的裝飾並非完全喪失，許多繪畫、時鐘、雕像、織錦、地毯都在其他皇家收藏品中。自從查理一世之後，英國沒有哪位國王是這樣厲害的收藏家和藝術贊助者，只可惜他也是這麼麻木不仁又自私的豬。

貴族

社會階級的下一層是貴族——用政治作家愛德蒙．柏克（Edmund Burke）的話來說，是「體面社會的科林斯柱頭」。王室公爵是所有貴族的最高階級——喬治三世和喬治四世風流的弟弟——接著，依照階級高低，是非王室公爵、侯爵、伯爵、子爵、男爵。一八一二年，地方法官暨統計學家帕特里克．柯洪（Patrick Colquhoun）計算，在大不列顛與愛爾蘭共有五百一十六個貴族家族，每個家族的年平均收入大約一萬英鎊。[25]事實上，多數的貴族家族收入少於此：最不富裕的三百個，年收入平均四千英鎊。但是，某些卻遠遠超過。王室公爵享有一萬八千英鎊，然而有幾個領主年收入超過十萬英鎊，包括諾森伯蘭（Northumberland）、德文郡、紐卡索公爵、斯塔福侯爵（Marquess of Stafford）、格羅夫納伯爵（Earl Grosvenor），以及艾格勒蒙（Egremont）與布里奇沃特（Bridgewater）公爵。[26]這些驚人的收入主要來自在攝政時期翻倍的農業租金。[27]因此你可能會遇到真正的百萬富翁，即使是以十九世紀的幣值來說。昆斯伯里公爵（Duke of Queensberry）的房地產價值約一百萬英鎊，斯塔福侯爵的超過一百二十五萬英鎊，白金漢公爵的是一百八十萬英鎊。整個王國最有錢的男人大概是克里夫蘭公爵（Duke of Cleveland）威廉．范恩（William Vane），他的財產價值大約四百萬英鎊，包括一百萬英鎊的銀器與珠寶。[28]如果你鼓起勇氣走進金匠倫德爾與布里奇（Rundell & Bridge）在倫敦的商品陳列室，看看標價五萬英鎊的全套餐具，然後納悶到底是誰買得起這種相當領主平均年收入五倍的東西——現在你知道了。[29]

除了財富與地位之外，貴族也享受某些特權。他們不能因為債務而入獄，某些情況還真是幸好。然而，最重要的權利，是在上議院的永久席次。這不只賦予他們政治權力，相較下議院選舉出來的同事，也賦予他們更大的安全感。這個時期治理英格蘭的九位首相，有五位從上議院領導國家。甚至那些在下議院主持內閣的領袖，也受世襲貴族支配。一八〇四年五月，威廉．皮特二度當選首相，當時內閣成員僅有兩位透過選舉，他是其中之一。其他人全都是上議院議員，除了霍克斯伯里勛爵（Lord Hawkesbury），他是利物浦伯爵的兒子。

人們容易認為，貴族的政治影響力，只是他們財富和特權的延伸。儘管這個階級的某些人享樂耽溺，但是許多貴族對於

聯合王國的首相

年度	執政黨	首相
1783–1801	保守黨	威廉．皮特（William Pitt）
1801–1804	保守黨	亨利．阿丁頓（Henry Addington）
1804–1806	保守黨	威廉．皮特（William Pitt）
1806–1807	國民團結政府	格倫維爾勛爵（Lord Grenville）
1807–1809	保守黨	波特蘭公爵（The duke of Portland）
1809–1812	保守黨	斯賓塞．珀西瓦爾（Spencer Perceval）
1812–1827	保守黨	利物浦伯爵（The earl of Liverpool）
1827	保守黨	喬治．坎寧（George Canning）
1827–1828	保守黨	戈德里奇子爵（Viscount Goderich）
1828–1830	保守黨	威靈頓公爵（The duke of Wellington）

他們的職責兢兢業業、無私奉獻。如同美國大使理查・拉什（Richard Rush）一八一七年至一八二五年在倫敦的時候，他的回憶錄清楚記載：

在法國，大革命之前，貴族總計約三萬。在英格蘭，大概六到八百。這群少數的人比法國那三萬人處理的國事更多。在法國，他們做騎士的工作，在陸軍或海軍打仗。在英格蘭，除此之外，你仔細一查，他們不僅贊助藝術，還有道路公司、運河公司、各種慈善與公共事業，更不用說他們的政治事務；後者，不只內閣大臣，還有議長、常務委員、其他苦工。[30]

仕紳

仕紳是上層階級擁有土地的家族，但沒有貴族爵位。他們最高的社會等級是準男爵（世襲的爵士封號）；下一個是騎士；最後，單純是紳士（gentlemen）或淑女（lady）。你一定發現了，這是吸引珍・奧斯汀的階級：她很少談貴族，但注意力都放在賓利先生、達西先生的世界，他們的年收入分別是五千和一萬英鎊。相較同時代的多數人，他們的生活都非常優渥，但是距離他們的階級當中最有錢的成員還差得遠。這些人當中的頂端，幾個擁有房地產的，他們的收入就和貴族一樣多。人稱「阿克頓府守財奴」（Acton Place）的威廉・詹寧斯（William Jennens）據說是英國最有錢的平民。一七九八年，他九十七歲去世時，在倫敦五間銀行共存了十萬七千英鎊，加上帳冊上八千英鎊的租金，還有每年付給他十五萬英鎊的股份。[31]約翰・蘭姆頓（John Lambton）繼承達蘭郡的煤田，每年可以生產八萬英鎊。托馬斯・克里維問蘭姆頓要多少錢才能成為紳士，他回答，他可以準備四萬英鎊「慢跑前進」。這件事情太好笑了，而且從此之後每個人都知道蘭姆頓是「慢跑傑克」（Jog along Jack）或「慢跑王」（King Jog）。

當然，「紳士」一詞涵蓋廣大的財富光譜，而且雖然蘭姆頓有權利表達他的看法，但是多數人會說，你帳冊上的租金達到每年一千五百英鎊，就稱得上是地主仕紳。帕特里克・柯洪認為，一八一二年有八百六十一位準男爵，平均收入是三千五百一十英鎊，但是另外約有一萬一千個家族，可能可以被歸為地主仕紳，土地租金每年平均兩千英鎊。這些家族通常在城鎮和鄉村各有一間房屋，遵守某些行為準則，例如當名譽受損時會決鬥。他們年紀尚輕的兒子通常會從四項公共服務之中選擇一項作為職業：國會、文官（國內或海外）、軍隊、教會。想在任何一項當中晉升，都取決於財富和地位。你需要付很大一筆錢才能讓你的兒子當上軍官，而且金額隨著官階和軍團的社會地位增加。例如，步兵團的上尉要花一千八百英鎊，但騎兵團的上尉是三千兩百二十五英鎊，禁衛軍的少校是八千三百英鎊。政治人物也差不多昂貴。一個年輕人若想進入國會，需要某個「擁有自治區」的人支持，才能安排對他有利的選舉，而這通常要花上好幾千英鎊。

了解仕紳家族的社會地位，還需要知道一件重要的事——他們擁有土地多久。如果你只是做生意賺了很多錢，決定讓自己成為鄉村的紳士或淑女，所以買了鄉村的土地，你會發現，想在上流社會的圈子獲得認可，並沒那麼簡單。有人說要花上三代。其中一個理由，單純是上層階級嫌惡貿易：必須工作才能生活的汙點，不是說擦去就擦去。另一個理由是，在當地其他仕紳家族之間站穩腳步，需要花上很長時間。他們會固定擔任郡上的地方法官或郡尉（lord lieutenant）*，為民眾利益主持委員會或社團。如果你沒有付出相同的努力，會被視為偷懶，他們便不會邀請你去舞會、打獵、音樂會或其他社交場合。需要那麼長時間的第三個理由是，你必須花上很多年在你的社區建立信任關係。有些時候，你的租戶必須依賴你的寬容與慈悲，才能勉強過活。當他們付不出租金，或侵犯你的權利，例如盜獵或捕撈，你對你的財富持有什麼態度，此時非常重要。問題是：你這個人，像不像勞伯．赫榮爵士，在艱苦的一八一四年，提供他所有貧窮的租戶生活必需品。[32]或者你是那種地主，下令獵場看守人在他的土地周圍放置捕人夾，用來夾斷盜獵者的腿，然而絲毫不去考慮，他的家庭在養家餬口的人殘廢之後，要怎麼度過困難的生活。同樣地，夏天你會和你的租戶在村裡的草地一起打板球嗎？如果他們並不真的認識你，他們不會信任你，閒話就會傳到附近其他的地主。那麼無論你擁有多少土地，也永遠無法享受高尚的社會地位。

鄉紳

不管約翰．蘭姆頓怎麼想，你不需要每年收入四萬英鎊才會被認定為「紳士」。有相對高的收

＊譯注：代表君主，負責在郡內組織民兵。

入就足夠——只要你的錢不是來自從商或親自勞動。**不為收入工作**這點很重要：德文郡公爵就曾宣布，他的堂弟亨利・卡文迪許（Henry Cavendish）＊不是紳士，因為他受人僱用。[33]但是假設你真有個人收入，多少才夠資格呢？柯洪認為每年七百英鎊。少於這個數字，你的紳士招牌就會掉落。在《理性與感性》中，達斯伍太太描述，憑著每年五百英鎊的收入，她的家人無法奢望享受好的生活。「他們將沒有馬車，沒有馬，也沒有任何傭人；他們將無法參加聚會，無法買任何東西！」但是，在鄉村地區，這個數字就能讓你成為紳士，尤其在威爾斯或蘇格蘭。如果你撙節支出，擁有適當的社交關係，受過良好教育，那麼鄉村宅院的大門就會為你而開。如果你還擁有紋章就更沒問題，還能因此在你的姓氏後面得到「esquire」的頭銜。你會被稱為「先生」（Mr），而且被視為「當地」的仕紳成員。若用一七九〇年代為這個階級創造的新詞，你就是「鄉紳」（squirearchy）。

鄉紳是專屬鄉村的階級。其實在多數的教區，你找不到常住的貴族，而且只有一、兩個仕紳，所以那些填補下一個社會階級的人，就被賦予領導社區的角色。鄉村的紳士擔任地方法官，主持醫院和其他慈善機構的董事會。他們在倫敦沒有房屋也無妨；他們的重要性完全關於當地。地方的英格蘭教會神職人員也差不多如此。他們的地位幾乎取決於郊區內的人際關係，以他們的情況，賺多少錢並不特別重要。詹姆斯・伍德福德（James Woodforde）是諾福克（Norfolk）威斯頓隆韋爾（Weston Longville）的教區長，每年的生活費只有四百英鎊。[34]儘管如此，他也是鄉紳。

柯洪估計這個階級大約有三萬五千名紳士和淑女，每年收入約八百英鎊。加上大約一萬兩千名英格蘭教會的神職人員，大約有四萬七千個家庭屬於鄉紳階級。他們形成鄉村的中高階級。他們有足夠的錢送兒子上大學，地方教會有職缺的時候，他們甚至可能介紹自己的兒子。但是他們的地位，和仕紳還是不同。例如，他們不能假設他們的兒子可能迎娶貴族的女兒。儘管如此，他們整體的收入超過三千萬英鎊，不輸有土地的仕紳和貴族兩者相加。

實業家與金融家

白手起家的現象對上述已經成熟的階級一直都是問題。領主與仕紳，他們就在那裡，全都舒舒服服坐享權力——住在祖先的城堡或鄉村宅院，透過對公共利益的貢獻證明他們高人一等。這個時候，來了一群新貴，似乎也沒為國家或社會做過什麼，卻得到大筆財富。簡直無恥！這些實業家和金融家，他們不只比古老的伯爵和男爵有錢，他們改變所有的規則！金錢變得比血統越來越重要。

柯洪估計，一八一二年，英國約有三千五百位顯赫的商人和銀行家，平均收入估計兩千六百英鎊。此外，另有大約七萬個平凡的商人、製造商、倉庫業者、造船業者，平均收入大約八百英鎊。而且近九千名船東每年收入約六百英鎊。和上層階級一樣，這些謙虛的平均數暗藏某些富豪。年收入五十萬英鎊或更多的，有紡紗機的發明人理查・阿克萊特（Richard Arkwright）；威爾斯的銅礦企業家托馬斯・威廉斯（Thomas Williams）；瓷器製造商約書亞・威治伍德（Josiah Wedgwood）；保

＊譯注：一七三一－一八一〇，英國物理學家和化學家，第一個區分空氣中二氧化碳和氫的存在的人。

險仲介約翰・朱利斯・安格斯登（John Julius Angerstein）。據說，啤酒商山繆・懷布瑞德（Samuel Whitbread）一七九六年過世時，他的身價是一百萬英鎊。[35]倫敦銀行家托馬斯・顧資（Thomas Coutts）一八二二年臨終前身價一百萬英鎊。隔年經濟學家大衛・李嘉圖（David Ricardo）死的時候也是這個價值——想到三十年前他的父親和他斷絕關係，他真的很了不起。＊阿克萊特的兒子小阿克萊特在一八三〇年的時候身價也大約一百萬英鎊，其他相當的人有金融家哈德遜・葛尼（Hudson Gurney）、菲利普・麥爾斯（Philip Miles）、納森・梅爾・羅斯柴爾德（Nathan Mayer Rothschild），以及綢布商詹姆斯・莫利森（James Morrison）。更有錢的一群包括蘇格蘭火藥商約翰・法可（John Farquhar），一八二六年去世時身價一百一十萬英鎊；珠寶商菲利普・倫德爾（Philip Rundell），他是倫德爾與布里奇純金珠寶首飾店的主要合夥人，一八二三年退休時身價超過一百四十萬英鎊。人外有人的還有：約克郡鐵器製造商理查・克勞謝（Richard Crawshay），一八一〇年時身價高達一百五十萬英鎊；里茲亞麻紡紗商約翰・馬歇爾（John Marshall），一八三〇年退休時，財產共約兩百萬英鎊。如你所見，攝政時期英國的「富豪名單」，實業家就和貴族一樣多。

所以，你有多大機會加入超級有錢人的行列？其實不小。他們很多人其實出身卑微。例如詹姆斯・莫利森是漢普郡客棧老闆的兒子，從小就失去父母。他重大的突破來自二十歲時加入倫敦的男仕服飾業，娶了資深合夥人的女兒。接著他帶領這家公司在國外闖出名號，隨著財富累積，證明他相當有海外投資的眼光，尤其美國。一八五七年他過世的時候，是六倍以上的百萬富翁。菲利普・倫德爾來自索美塞特叫做諾頓聖菲利普（Norton St Philip）的小鎮，是麥芽工人的兒子。他的職業生涯始於十四歲，從巴斯珠寶商的學徒做起。這些人能從這麼低的出身晉升到這麼高的財富水準，至少會讓某些建制派的成員停下來思考。這些人，真的因為他們為了生計而**工作**，就可以被看扁嗎？如果一個地方城鎮的學徒可以成為百萬富翁，同時一名紳士一年只靠七百英鎊過活，難道不該修正禮節規範嗎？

專業人士

在攝政時期，「專業」不只是職業，而是需要高度知識，並且獲得文憑或同等級的教育，或者正式委任。因此，這樣的職位只對男性開放。普遍來說，法律相關的職位獲利最多。根據柯洪，英國約有一萬九千個法官、訴訟律師、事務律師、代理人和其他律師與事務員，平均每年賺得四百英鎊。當然，某些律師的收入高於這個數字，有幾個法官超過一萬。洛伊德．凱尼恩（Lloyd Kenyon）每年賺得的律師費有六千英鎊。一八〇二年過世時，他已是凱尼恩勛爵，財產價值二十六萬英鎊。約翰．史考特（John Scott）賺的甚至更多。他出身小康之家，在家中排行第三，父親是紐卡索的煤商。他被拔擢為埃爾頓勛爵（Lord Eldon），並在一八〇一年成為大法官。他每年固定進帳超過一萬五千英鎊。用不著說，多數公僕沒有賺那麼多錢。高階官員可能會賺一千英鎊，但多數

＊譯注：李嘉圖出身猶太家庭，但與貴格會的妻子私奔，因而與雙親疏遠。

若有將近三百英鎊，就該滿意了。[36]

教會作為專業，大受眾人歡迎，顯示並非所有中產階級的男人都想賺大錢。很多人樂於領取兩百至五百英鎊的生活費，加入地方的鄉紳階級。比較有企圖心的人，會以高階的職位為目標，例如主教、副主教、主任牧師。他們的薪水範圍大概是七千英鎊（坎特伯里大主教）或六千英鎊（達蘭主教），少至六百英鎊（輔佐他們的高階神職人員）。切記，想要被任命為這些有利可圖的職位，需要等待一些時間：教會的晉升和公職一樣，差不多是有人死了才有機會。這群人的最底層是助理牧師，可能比鄉下的教區牧師還慘，要靠每年不到五十英鎊過生活。因此你不妨考慮另一條出路，去大學當研究員，在劍橋或牛津的學院教書可賺超過六百英鎊。唯一的缺點是他們不允許你結婚。

如果你被醫藥吸引，而且可以拿到必要的證書和推薦函，也能賺到不少錢。內科醫生伊拉斯謨斯・達爾文（Erasmus Darwin）一年大約可賺一千英鎊，一八〇二年死的時候身價超過三萬三千英鎊。約翰・雷特桑（John Lettsom）不分日夜工作，從來沒有休假，在他的行醫生涯累積更多財富，到了一八〇〇年，他每年已經可賺一萬兩千英鎊。然而他死的時候並不富裕，因為他把他的財富都捐給慈善機構與事業。[37]

除了之前提到的傳統專業，新的專業也正興起，由具備高度專業知識的男人展現特殊技術能力。建築師、造船師、測量員、營造商、工程師，全都往前踏入專業人士的階級。因為需要依賴能力，比起由來已久、等級較高的專業，這些職位比較不會存在成見，因此也向廣泛背景的男人開放。傑出的土木工程師托馬斯・特爾福德（Thomas Telford）由守寡的母親在蘇格蘭的綿羊牧場撫養長大。一開始他是付出勞力的石匠，三十歲的時候，腳踏實地的他成為工程事務員與建築師，開始畢生的任務：重新設計碼頭、建造運河、抽乾沼澤、鋪設鐵路、造橋，以及上千英里的新路。他的傑作梅奈橋（Menai Bridge），是長五百七十九英尺的吊橋，連接安格爾西島（Isle of Anglesey）和北威爾斯，花了七年建造，於一八二六年完工。儘管出身卑微，他在一八二〇年成為土木工程協會的主席，一八三四年去世時，財產價值超過兩萬英鎊。

店主與都市工匠

法國的革命人士稱英國是「小店主之國」，而且他們這麼說，不是稱讚的意思。然而，第一個用這個詞的是經濟學家亞當．斯密（Adam Smith），其實他用這個詞在《國富論》中解釋英國的帝國野心——一個小店主的國家，需要一個消費者的帝國。話雖如此，大不列顛的店主和都市工匠，就個人而言，並未享有高尚的社會地位，只在作為群體才扮演重要角色。柯洪認為，這個國家有二十三萬五千個店主和店員，加上四萬四千個裁縫、女帽商、女裝裁縫；七萬個蕾絲工、刺繡工、洗衣女工；大約八萬七千五百名酒吧老闆和客棧老闆。如果你也把三萬五千個學校教師加入這個範疇，因為他們的收入相當，這個團體的人數在一八一二年大約有五十萬——占據人口相當大的比例。

他們全體收入超過六千兩百萬，大約等於所有的貴族、地主仕紳、鄉紳三者收入總和，某方面確實印證「小店主的國家」一說。

個人層次來說，成功的店主一年大約可以收入超過兩百英鎊，而他們的店員七十英鎊。學校校長每年估計可拿兩百英鎊回家，酒吧老闆一百英鎊。儘管如此，某些生意人依然累積可觀的財富。你已經聽過詹姆斯・莫利森的故事。政治改革家法蘭西斯・普雷斯也是另一個從苦工做起的人。他是倫敦客棧老闆的非婚生子，十四歲時在及膝褲店當學徒。十九歲時，他娶了十六歲的愛人，但她也同樣身無分文。當時及膝褲的需求萎縮，法蘭西斯和他的新婚妻子幾乎挨餓，唯一的生存辦法就是典當他的謀生工具。但他堅持不懈，並在一八〇〇年開了自己的裁縫店。接下來的三十年，這家店成為這個行業在倫敦的知名店家，每年為普雷斯賺得超過兩千五百英鎊——絕對比他多數的客人更多。

鄉村中低階級

攝政時期的農夫是完全不同的一群。某些雖然還是需要工作賺錢，但相當富裕。路易斯・西蒙說，在諾福克，他們「騎馬到處監督他們的工人，看起來像有錢的製造商，完全不像農夫。農業在這裡，顯然不是鄙賤的行業」。[38]諾森伯蘭的農夫喬治・卡利（George Culley）是煤炭車夫的兒子，他憑著創新的育種技術賺進大錢，綿羊尤其成功。到了一七九〇年代，他承租七座大型農場，每年付出的租金是五千英鎊，但是農場的營利也將近這麼多，他將多數營利再次投入生意。一八〇七年，他已經可以買下四萬五千英鎊的大片土地，因此以自己的能力晉升為地主仕紳的階級。

鄉村大約有二十八萬個農夫是擁有土地的自耕農；沒有土地的佃農數目也差不多。柯洪估計，四分之一的自耕農平均年收入是兩百七十五英鎊，其他靠著大約一百英鎊勉強過活。佃農承租土地有特定年限，或者，在英格蘭西部，承租期間是三個人的「壽命」。這三個人都死的時候，土地就歸還地主。因為這個理由，多數人會把他們最小的兒子寫進租約。如此一來，如果你家十歲的兒子活到七十歲，你們就可以享受六十年的低廉租金。這也說明為何佃農常常比借錢買地的人好過。柯洪認為佃農平均年收入是一百二十英鎊。但是，可以注意到，喬治．卡利靠著承租農場累積財富；他只在契約和租金開始上漲的時候購買土地。

農夫的社會地位落在哪裡呢？這個問題有點爭議。一方面，仕紳、鄉紳、專業人士瞧不起他們，把他們當作未受教育、粗魯的鄉巴佬。在珍．奧斯汀的著作《艾瑪》中，有錢的艾瑪．伍德豪斯就說，自耕農是「完全和我無關的階級」。因此，自耕農和佃農越來越努力提升自己。他們會買書畫，教育自己的孩子，整修農舍，彷彿他們屬於鄉紳階級。爭議來了。雖然有些人欣賞這些上流社會的象徵，但是社會較高階層的人堅持這種優雅是裝模作樣，非常膚淺。某些他們的同儕也這麼認為。政治記者威廉．科貝特（William Cobbett）走進一間佃農承租的老舊農舍，為眼前的景象震驚：玄關的石板鋪著地毯，桌上沒放啤酒壺，而是放了玻璃水瓶和葡萄酒杯，客廳還有「有點招搖的椅子和一張沙發」。[39] 確實，那間房屋有個房間叫「客廳」，就是告訴科貝特，那個農夫想要冒充自己是鄉紳。這也是為何日記作家伊莉莎白．哈姆這麼特別。她描述自己：

身為自耕農和小店主正直的後代；這個階級現在已經所剩無幾，他們在社會維持自己的地位，習慣和附近的神職人員與仕紳來往，常在鄉紳家裡吃飯，一年娛樂他個一、兩次。[40]

因此，諷刺的是，社會階級較高的人，反而比較尊敬不用紳士行頭提升地位的人。同時，階級又更低下的人，只能夢想嫁娶那些向上流動的農夫子女。工人階級的織布工山繆．班福德（Samuel Bamford）夢想結婚的女孩是個農夫的女兒。但是，女孩的母親斬釘截鐵告訴他，她的女兒不會嫁給無法騎著自己的馬來迎娶的人。對某些人來說，標準是客廳，對其他人是一匹馬——總之就是有某種標準。

工人階級

一八一二年大不列顛有八百萬人是工人階級——占總人口略多於百分之七十。[41]其中包括至少一百萬個男人是一般勞工和工匠，另外七十四萬兩千人受僱為農工或礦工。某些工匠具備專門技術：石匠、傢俱木工、馬具工、鐵匠、車輪修造工。這個階級的女人多數也是工人。她們和她們的小孩受僱於工廠、磨坊、礦場，或者紡紗織布，或者當家庭傭人，刷洗門階和鍋具，或者在市場或挨家挨戶兜售商品或小飾品。

他們賺多少錢呢？最高的那端，富裕家庭的男傭人每年可能領到二十英鎊或更多。德文郡公爵的侍者每年的工資是三十五英鎊，資深馬車夫是六十英鎊，男管家是八十英鎊。但是，這樣的工作機會很少。一個神職人員不大可能付給他的男傭人每年超過十英鎊，如果是童工，可能只有區區兩畿尼。[42] 一七九〇年，一個工廠工人，若遇到像約書亞・威治伍德這樣的好雇主，每週可能賺七至八先令，而他的公司裡頭，幾個較有經驗和技術的，可以期待十二先令或更多。但是這樣每年也僅介於十八至三十英鎊之間——幾乎無法養活一個家庭。更不用說，幾乎很少工人階級的工資高於此。煤礦工人每週領到十至十五先令。一八二〇年代的倫敦營造商，熟練的工人口袋每個月大概可見二十先令或更多，但也不常有。一七九〇年的農工幸運的話，每週能夠領到七先令。即使在一八三〇年代，夏天只會得到十先令，而冬天九先令。

因此，女人和小孩往往不得不從事和丈夫與父親一樣危險而且有害健康的職業。一八一三年，作家理查・艾頓（Richard Ayton）下去坎布里亞（Cumbria）靠近懷特哈芬的一處煤坑。他坐在煤斗裡，搭著絞車往下六百三十英尺後，伸手不見五指，在通道裡頭摸黑找路，直到遠方出現一盞燈。這盞燈固定在一匹馬的身上，馬拉著好幾節貨車，「牽馬的是一個年輕女孩，全身覆蓋汙垢」。事後，他重述：

> 我們前進的路上，經常遭到這樣行走的馬匹阻擋。這些馬匹拉著大量煤礦前往通風井，牽馬的都是女孩，全都相同——衣著破爛，外觀如獸，行為舉止下流不知羞恥。在黑暗與孤寂之中，一個接一個，令人生畏、毛骨悚然，因此這個地方宛如地獄。所有我們遇到的人，無不非

常悲慘；不當的勞動與有害的空氣，在他們的面容留下疾病和腐爛的印記；他們多數半裸，全身覆蓋烏黑的塵土，全體外貌毀損，身心受虐，實為悲慘，以致他們像是從平民世界墜落的種族，在某種煉獄之中，在這樣悽慘的陰影之中，耗盡他們的生命，在劫難逃。[43]

對於在這樣的環境之中成長的青少年，社會地位和財富的問題似乎無關緊要，而且荒唐。這些人兩者皆無。受僱在礦場的男孩或女孩通常一個禮拜的酬勞是一先令。三、四歲的小孩有時也會「下去礦坑」，但願他們能夠趕走父母午餐周圍的老鼠。[44]

許多工人階級的家庭，每天生活都很吃力。一七九五年，牧師大衛・戴維斯（Revd David Davies）出版《農牧業勞工案例與研究》（*The Case of Labourers in Husbandry Stated and Considered*），詳盡檢視鄉村工人階級的收入與支出。他以自己的教區伯克郡的巴克罕（Barkham）為例，有位農工和妻子每週收入分別是八先令和六便士，每年的家戶收入總共二十二英鎊二先令。這樣的收入，他們不僅必須養活自己，還有五個八歲以下的孩子。他們多數的錢都拿去買麵包；食物總開銷是二十三英鎊四先令九便士。此外，他們還須負擔房租、燃料、衣服，並支付醫藥費、應付妻子的產期。戴維斯計算，每年他們的收入和必要支出相差七英鎊二先令九便士。或者，換個方式說，他們只能賺到所需費用的百分之七十五。[45]整個國家都有處境類似的人民，而且每況愈下。大不列顛約每五個家庭就有一個沒有足夠的錢吃飯、住房、穿衣，無法不讓自己挨餓受凍。[46]

赤貧的人

有工作的人僅能賺得微薄的工資，而完全無法找到工作的工人階級，不分男女，大有人在。某些人可能因為生病，或任何個人變故，於是就丟了工作。喬治·彭內爾（George Purnell）的故事告訴我們那有多麼容易發生。他曾經是個紳士的傭人，但是，六十六歲的時候，他失去妻子也失去工作。他沒有養老金，每週只靠園藝兼職賺得兩先令。憑著這麼一點錢，他無法維護他的農舍，最終房屋倒塌。因為他骯髒不堪，教區的濟貧院拒絕收容他，於是不得不棲身客棧搖搖晃晃的乾草棚。他在那裡住了幾個月，直到某些喝醉的礦工和他們的小孩發現他，為了好玩朝他丟石頭，弄傷他的腿。之後他就睡不好。一八一二年十一月，他被發現死在路邊，得年七十一歲。[47]

你還是會發現一些人，他們相信因為窮人工作不夠努力，所以他們的處境只能歸咎他們自己，但是越來越明顯的是，真的有某些問題逼近這個社會。隨著人口增長，工人階級不可避免以極快的速度增加，但是就業機會的腳步並未跟上。一八一二年，不列顛群島有超過三十萬八千個遊民、三十八萬七千個貧民；一八二九年，光是倫敦就有三萬個乞丐。[48]但是人民能怎麼辦？遊民被逮捕，送回他們出生的教區。他們可以向教區的濟貧監察員尋求「院外紓困」每週得到一小筆津貼，讓一個人或一個家庭留在他們自己的家，做些工作，因此減輕社區負擔。牧師大衛·戴維斯提供一個例子。有個女人被丈夫拋棄，留下她和六個孩子。她每週只賺一先令，家中最大的兩個孩子另賺三先令。濟貧監察員每週發給她五先令，因此這個家庭的年收入是二十三磅八先令。[49]然而這個家庭的基本需求是二十八英鎊十五先令，雖然並不足以應付，但是至少表示他們不會挨餓。就這方面而言，這個系統有所效用。唯一的問題是，有這麼多需要救濟的人，貧窮紓困金之於社會其他人，於是成為越來越大的財政負擔。到了一八〇〇年，超過四分之一的人口依賴教區的紓困金。一七八四年，全國紓困支出總計兩百萬英鎊，但一八一八年，高達七百八十萬英鎊。[50]當收成不理想，或小麥價格上漲，發給赤貧家庭的固定金額就會不足。男人沒有選擇，只能冒著踩到捕人夾和被獵場看守人舉槍瞄準的風險，設法餵養他們的家庭。

院外紓困只適用身體健全的人。老弱與孤兒，則被迫向「院內紓困」求助，也就是濟貧院（workhouse）。濟貧院在過去一百年激增，現在每個大型城鎮和許多鄉村地區都有。例如布里斯托濟貧院在一七九七年收容六十一個男人、一百九十個女人、三十六個小孩。多數成人都是瘸腿、精神失常、年老或眼盲。他們唯一的工作是挑撿用來填塞甲板木條空隙的麻絮。他們睡在十二到十五人的宿舍，必須忍耐大群蝨子和其他害蟲。[51]不意外地，進去濟貧院是實實在在的恥辱，因此人們盡其所能避免。但是往好的一面看，他們有地方住，有食物吃，有衣服穿，生病還有藥吃。如果他們死了，聖公會的牧師會幫他們安葬。可別小看最後一點。慈善家約拿斯．漢威（Jonas Hanway）估計，四歲以下的幼童進入倫敦濟貧院後，預期壽命只有一個月。他說「教區官員從來不打算讓教區嬰兒活著」。理由很簡單，如果他們活了下來，從此以後更是社區負擔。某些濟貧院，官員的傑出表現令人憂慮——嬰兒死亡率是百分之百。[52]

於是我們看到貧窮最重要的一點：最年輕的人受害最深。顯然沒有吃飽的孩子就無法好好長大。但那還不是最嚴重的。有時絕望無助的父母會把小孩賣給煙囪清掃工、職業乞丐或老鴇，只差不是叫做奴隸。如你想像，有販賣兒童的市場，意謂他們有可能被偷——而且你會很驚訝，一八一四年之前，偷小孩並不違法。[53]可憐的小孩還有更可憐的命運等著。父母可以向葬儀社幫小孩保險，每年付一小筆費用。如果被保險的小孩病了，而這個家庭正值窘迫，父母可能不會送小孩去看他們付不起的醫生，而是順其自然，這樣他們可以得到保險理賠。某次，蘭開夏郡一位富裕的淑女聽到她的乳母說小孩病了，好心提議派她自己的醫生去幫忙，但是那位母親回答：「喔，不要緊的，夫人，有兩間葬儀社。」[54]某些極端的案例，嬰兒被餓死或悶死，為父母掙得多達二十英鎊的現金。收租人表示，有時候租戶要他們等到有保險的小孩死掉。攝政時期的英國，赤貧的人的孩子不僅沒有社會地位，有時候他們活命的權利也被否決。

女人

一般來說，一個女人的社會地位，在她未婚時，取決於她的父親；丈夫活著的時候，取決於她的丈夫；成為寡婦後，取決於她的收入。因此，雖然女人被剝奪非常多的法律資格，也因為性別遭受歧視，但是比起社會地位較低的男人，她們的身分還是較為優越。例如，一位公爵夫人和一位紳士同時抵達一間客棧，即使那位紳士是準男爵，公爵夫人依然會被安排到最好的房間。身為公爵夫人，論正式的級別高低，她勝過他。同樣地，即使約克郡地主仕紳認為安・李斯特是很奇怪的淑女

——公然單身，有點自大，性傾向上喜歡女人——他們全都十分尊敬她，就因為她是女仕紳，身價一年大約一千五百英鎊。[55]社會可能禁止女人從事各種活動，但全體一致承認她們的社會地位。

在攝政時期的英國，如果妳是女人，會受到什麼歧視？妳不能上大學，也不能從事需要正式資格的專業。貴族女人不能進入上議院。妳不能競選成為國會議員。傳統規定女人不能投票。但是，真正限制自由的不是這些制度偏見，而是有關婚姻的法律。根據十八世紀的法學家威廉．布萊克斯通（William Blackstone），丈夫和妻子是單一個體，在法律上完全由男人代表。這對女人來說有一些優點：丈夫在法律上對妻子的債務負有完全責任；妻子可以期待丈夫贍養；妻子的任何子女都是他的後代，即使他相信她和別的男人私通。但是這也帶來許多限制。妻子必須完全服從丈夫。她所有的財產依法屬於他，包括任何她以勞力賺得的錢。如果他們分居，她對他們的子女沒有任何權利。她不能未經丈夫同意立下遺囑。她不能未經丈夫同意允許任何人進入她的房屋。而且因為她不能控告他或在法庭上做出對他不利的證明，她的丈夫有權利強迫她性交，或者毆打她，甚至使她殘廢。

女性在工作場所也是弱勢。即使她們做的工作和男人一樣，通常只會得到相當男性同事大約一半至三分之二的報酬。在約書亞．威治伍德的工廠，負責在瓷器上鍍金的男人，每年的工資是三十一英鎊四先令，但做同樣工作的女人只有十九英鎊十先令。[56]在布里斯托的富裕人家，女性廚師的烹飪技術可為她賺得每年十五英鎊，但是遠遠不及同一家庭男傭的三十五英鎊。[57]通常從事家事服務的女性工資遠低於此：女傭每年三英鎊也不奇怪，而且五畿尼已經算好。[58]低薪還不是女性勞工唯一的侮辱。在蘇格蘭，家庭女傭需要赤腳工作。[59]在許多英格蘭的大宅第，女性傭人一律叫做「貝蒂」或某個名字，個人身分也被否決。[60]然後還有性的問題。所有雇主都要求女人和女孩童貞未損——當然，除非是他們自己誘姦她們。牧師詹姆斯．伍德福德開除懷孕的女傭，即使她們的男友承諾會娶她們。每個都是限時二十四小時內離開。[61]年輕女人因此除了嗷嗷待哺的小孩以外孑然一身，而且名聲毀壞。沒有人會想要僱用沒結婚而且顯然失去童貞的女人。

因此攝政時期的女人經常需要妥協。有錢、獨立的女人妥協最少，窮女孩妥協最多。威廉．傑克森（William Jackson）十七歲的時候，從後面的樓梯爬到傭人房間，想要強暴他母親的女傭，結果被人逮到。他的父親大怒，與他對質時，這個年輕人並不否認他的意圖，甚至拿「她長得又不漂亮」來為自己辯護。[62]一八二二年，拜倫勛爵寫信給瓦爾特．司各特爵士（Sir Walter Scott），談到「有時候，和我們自己等級的美麗女人做愛，為她投入真情真意，那種無比的心煩意亂令人顫抖——但是我們不帶……任何悔恨的情感，攻擊青澀的傭人」。[63]這些男人真應該感到羞恥：別人的人生就這麼毀了。但是「紳士」的態度可能就是如此，這個事實告訴你，為何許多女人樂於為求婚姻中的安穩、贍養，不惜犧牲自由。重點在於找到一個丈夫，能夠且願意提供那樣的贍養與情感。離婚幾乎是不可能的事：需要為你個人立下一條《國會法》，除非富可敵國才負擔得起。對多數年輕女性而言，選對丈夫當然是人生大事。

許多父母知道這個決定多麼重要，因此承擔這個責任，為女兒安排婚姻，而且可想而知，有時候他們太過強調新郎的社會地位，不夠重視他可能提供女兒的贍養和情感。但是，如果妳想嫁給一個夢想中的男人，而非父親為妳安排的歪鼻糟老頭，該怎麼辦？如果妳已年滿二十一歲，妳可以嫁給任何妳喜歡的人。但是如果妳未滿二十一歲，在英格蘭和威爾斯，需要妳父親同意。這種情況下，妳的殺手鐧是蘇格蘭。過了北方的邊界，只要妳年滿十二歲，而妳的新郎年滿十四歲，就不須父母同意。這就是為何這麼多年輕的淑女和紳士私奔到格雷納格林（Gretna Green）。柴爾德銀行的所有人勞伯・柴爾德（Robert Child），他的獨生女莎拉・安・柴爾德（Sarah Anne Child）十七歲的時候和第十代威斯特莫蘭伯爵，即帥氣的約翰・法恩（John Fane）私奔。喬姆利侯爵（Marquess of Cholmondley）的非婚生女韓莉葉塔（Henrietta）未成年便愛上約翰・蘭姆頓，她也做了相同的事。連埃爾頓勛爵也在十九歲時在格雷納格林結婚。後來他變成一個頑固的老古板。想像當年他騎在馬上，等著十六歲的愛人從樓上翻牆，爬下樓梯奔向他的懷中，還真是有趣。

對某些女人來說，嫁給有錢的男人是提升社會地位最好的方法。雖然對其他人而言，**不結婚**反而更好——賣弄性感，處處留情，無視社會眼光，拿名聲換取財富。最好的例子是十八世紀最了不起的性感尤物——奇蒂・費雪（Kitty Fisher）。雖然她死於一七六七年，攝政時期還沒開始，但是她的故事成為後代女性追隨的模式。她年紀輕輕就被一位有錢又英俊的軍官誘惑，年僅十七歲便因活潑、美貌、魅力，成為倫敦人的話題。之後，她與許多傑出又良善的人，以及沒那麼良善，惡毒又壞得徹底的人，分享她的一顰一笑。她的情夫名單包括許多顯赫人物，你不禁覺得，不是他們征服她，相反過來才是。男人爭相把他們的名字加入她的「愛人名錄」，但你需要頭銜、財富和某些與眾不同的標籤，才能受邀進入她的菁英俱樂部。某天她在聖詹姆斯公園落馬走光，隨即出現她暴露雙腿直到長筒襪頂端的印刷品。然而這張半裸美女圖只是令她的名聲更加響亮。約書亞・雷諾茲（Joshua Reynolds）為她畫了不止一次肖像，而是四次——此舉也引來流言。傳聞她曾把一張一百英鎊的紙鈔放在塗了奶油的麵包，然後吃了下去；她禁止愛德華王子進入她的房屋，因為他過了一夜卻只付她五十幾尼。悲慘的是，她活不長，二十六歲便去世，因此成為傳奇。[64]

攝政時期跟隨奇蒂・費雪腳步的女人，多數是在劇院吸引富人眼光的女演員。瑪麗・羅賓森演出珀迪塔（Perdita）一角，*不僅虜獲年輕的喬治親王的心，也開啟她與富豪名流交往的大門。她因此能夠出版詩集、小說、散文與劇作，成為時髦、有名、獨立的女人。[65]然而，攝政時期所有的交際花中，最有名的哈莉葉特・威爾森（Harriette Wilson）完全不靠舞台。她十五歲時前往布萊頓，為自己尋找有錢的情人。她成功吸引許多人注意，包括克雷文勛爵（Lord Craven）、費德里克・蘭姆（Frederick Lamb，墨爾本子爵之子）、斐德列克・卡文迪許－本廷克勛爵（Lord Frederick Cavendish-Bentinck，首相波特蘭公爵之子）、羅恩勛爵（Lord Lorne，阿蓋爾公爵之子）、龐森比勛爵（Lord Ponsonby）、赫特福勛爵、布勞漢勛爵（Lord Brougham）、伍斯特勛爵（波福公爵之子）、迪赫特勛爵（Lord Deerhurst）、德文郡公爵、倫斯特公爵（Duke of Leinster），甚至威靈頓公爵。近四十歲時，哈莉葉特從步步高陞的陸地退休，揚帆寫起她的回憶錄，並公開宣布，任何願意付兩百英鎊的紳士，姓名就不會被寫進去。據說此話引來威靈頓公爵著名的回應：「就公開然後

＊譯注：出自莎士比亞《冬天的故事》。

被譴責吧！」一八二五年，這本書問世，一共四冊，轟動一時：第一年就再版三十次，幫她和她的出版商賺進一萬英鎊。[66]顯然不是每個貧窮的女人都能這樣——或願意這樣——賺大錢，但是那些這麼做的，顯示性別歧視的社會可以化為她們的優勢。確實，那些成功的女人通常會發現，她們人生後來最大的阻礙，其實來自其他女人——永遠不讓她們忘記她們如何賺錢。

這一章結束之前，不得不提到這個時代白手起家最厲害的故事。女主角並不是情婦，但是她的階級晉升之路不可思議，而且圍繞著她的刻薄閒話、羨慕言論、尖酸謾罵，同樣不少。她的名字是哈莉奧特．梅隆（Harriot Mellon），而她的出身是你能想像的低。她的母親是愛爾蘭科克（Cork）的農婦，她是非婚生的女兒。哈莉奧特的母親在英格蘭北部，靠著幫巡迴劇團的男演員照料服裝賺取生活費用。而聰明伶俐的她在這群人之中長大，自然也想登上舞台。她在十歲首次登台，儘管是在穀倉，她的表演驚為天人，馬上就被認定為明日之星，最終引起理查．布林斯利．謝立丹的注意。一七九五年，謝立丹找她演出《情敵》（*The Rivals*）。雖然哈莉奧特不是天生的女主角，但是她的美貌、聰敏、活力，以及鄉村的樸實，令她廣受歡迎，二十年後，她的舞台表演已經能夠為她帶來每年六百英鎊的收入。然而，這只是她的零用錢。這個時候她已經有個年長的仰慕者，正好就是顧資銀行的主要合夥人托馬斯．顧資。顧資的妻子羅患失智，一八一五年去世後，七十九歲的顧資向三十七歲的哈莉奧特求婚。她答應了，而且顧資人生剩下的七年，兩人幸福快樂。顧資的三個女兒可就沒那麼高興，因為她們害怕父親會剝奪她們的繼承權利。她們決定為難這位新來的顧資夫人。得知女兒對待妻子如此惡劣，顧資感到非常失望，於是將所有財產遺贈給哈莉奧特，包括銀行百分之五十的股份。她也不負他的信任，將事業經營得有聲有色。她對他的女兒依然慷慨，給她們每人每年一萬英鎊。儘管如此，報章嘲笑她，社會批評她。*haut ton*視她為侵門踏戶的暴發戶，想要進入有錢人的世界。接著，一八二七年，她嫁給比她年輕二十三歲的聖奧爾本斯公爵。守護英國貴族社會門面的淑女們，見不得哈莉奧特青雲直上，覺得這實在太過分了。但是她的第二段婚姻也很幸福。因此愛爾蘭農婦非婚生的女兒，不僅從身無分文變成公爵夫人，更是王國數一數二的富豪，她的個人財產大約兩百萬英鎊。她透過銀行的股份親自管理個人財產，不須受到丈夫支配，即使她的丈夫是公爵。[67]這也許是個男人的世界，但哈莉奧特・梅隆成功克服貧窮、性別偏見以及各種程度的階級勢利，凌駕之上——而且從來不必放棄品格換取尊敬。

4 性格

發狂、眼盲、受人唾棄的垂死老王；
王子，他們愚笨血統的沉渣，
流過公眾的鄙夷——春天浮濫的泥巴；
統治者無視、無感、無知，
但是寄生在他們疲弱的國家，
直到無須打擊便掉落，瞎眼淌血。
人民在未耕種的田地挨餓、被殺；
軍隊扼殺自由、掠脂斡肉，
願為雙面刃，任人揮舞；
律法閃耀金光，引人上鉤接著殺害；
宗教無主、無神——聖經封緘；
上議院，歷代深沉的陋習，屹立不搖——
從這些墳墓，燦爛的魅影破棺而出，
照亮我們風雲變幻的時代。

——〈英格蘭一八一九〉，珀西．比希．雪萊[1]

所有社會都有大量互相衝突的傳統、信念、志向，但是攝政時期的英國又是特別充滿矛盾。美國大使理查．拉什公開表達他對一個存在這麼多明顯異常的國家感到擔憂：何以有人，遑論外國人，可能希望了解一個財富之多而窮人之多的國家；惡意之多而善行之多的國家？他寫到，一下遇到「普及而令人震驚的愚昧與犯罪」，沒多久又遇到「天才、知識與美德」。[2]答案，如同勞勃．騷賽解釋，就在不去試圖調解這兩個極端，但是了解攝政時期的英國人民本身就是矛盾。如同他說：

這種矛盾的精神就是這個國家的性格。他們熱愛打仗，但是不愛為愉悅付出代價；而且現在他們處於平靖時期，開始抱怨報紙不值得一讀，挑剔法國人，彷彿他們真的希望再次開戰。世界上沒有人比英格蘭人更真心喜愛王室成員，但是會在諷刺畫上用最公開粗魯的方式描繪他們。他們吹噓報章自由，但是必定大舉撻伐任何可憎內容的作者、販賣的書商……。他們疾呼社會容忍，同時燒掉他們認定異端人士的房屋。他們熱愛自由，但是因為鄰居選擇共和而且堅持黑奴權利，所以跟他們作戰。他們厭惡法國人然後模仿法國人全部的穿著，奚落他們的新詞然後習慣新詞，嘲笑他們的發明然後採用，大肆反對他們的政治措施然後模仿……而且尋常百姓，荒謬這方面，不想落後比他們更優越的人，發自內心吹噓老英格蘭的火烤牛肉，好像他們不是被迫安於麵包與馬鈴薯。[3]

騷賽無疑是對的。英格蘭人是自我矛盾的一群，而且，可以加上，他們在威爾斯和蘇格蘭的鄰居也是，所以把攝政時期的英國變成非常複雜的地方。試著了解這個時期的這個國家，不大像是公園散步，而是叢林探險。

時代精神

如果你請一個攝政時期的人總結這個時代的精神，他可能會用「邪惡」這個詞。這並不必定是因為我們會譴責為「邪惡」的任何事物，例如性別歧視、種族歧視、兒童死亡、無知或暴力。以上所有事情在攝政時期都可以因為自然或天譴而成立。對許多人而言，真正的邪惡是改變，或很多人會驚恐地稱之「創新」。引進機器奪走人的工作是邪惡；煙囪噴出的煙是另一個邪惡；法式革命的可能性是更大的邪惡。威脅古代地主階級的地位，也是邪惡。簡單來說，人民害怕未來。如同瑪麗·雪萊在《科學怪人》書中寫的，「在人類心中，沒有什麼如同重大劇烈的改變那麼疼痛」。雖然珍·奧斯汀的著作一直被視為攝政時期的典型，但是《科學怪人》更適合用來總結這個時代的精神——壯闊又恐怖、強大又可憐。該書於一八一九年出版時，提出一些令人不安的問題。如果法蘭克斯坦博士能夠創造生命，他豈不就像神？他豈不也對他的創造物的道德福祉負責？當法蘭克斯坦博士，準備幫他的怪人做一個伴侶，他害怕女性可能會和男性一樣造成破壞，而且如果他們生下小孩，就會繁衍而且摧毀人性。但是博士有什麼權力創造生命，然後否決他尋找幸福的手段。因此科學家背負重大責任。任何想要改變社會的人也是。瑪麗·雪萊的丈夫也在一八一九年寫了「燦爛的魅影破棺而出」，輝映英格蘭，但她自己畫出遠更令人擔憂的圖像——而且預測人類遠更令人震驚的未來。史上頭一遭，我們成為自己命運的建築師。

與此同時，也有將創新視為「新黎明」而歡迎的人。對他們來說，真正的邪惡是工廠與礦坑惡劣的工作環境、富人不道德的行為，以及對窮人的剝削。如同雪萊的詩，普通人現在可以夢想他們的苦工、侮辱、苦難減少，甚至消失的那天。他們可以希望，隨著法國大革命，統治階級的日子屈指可數。如同他們所見，英國人民的共同利益一步一步推倒特權的堡壘，而且，逐漸地，舊的世界會讓路。

在後者的陣營，許多領頭的知識分子靈感來自孔多塞侯爵的著作《人類精神進步史表綱要》（*Outlines of an Historical View of the Progress of the Human Mind*）。這本書的法文原著於一七九五年出版，並於同年發行英文版。孔多塞將人類歷史分為十個紀元，每一階段包含一項人類進步。例如，第三紀元見證我們從農耕「進步」到發明寫字。然而，孔多塞的最後一個紀元對同時代的人造成最大影響。他主張，基於人類過去的行為，我們可以如同物理定律那般建立人類本質的定律，因此「幾乎確定」預測未來。[4]在一七九〇年代，這是出奇的宣言。人們單純不期待未來和現在或過去有太大的差異。他們必定無法想像預測差異。但是最驚人的是孔多塞預測的未來，尤其包括三件事情：不同國家之間消除不平等；同一國內邁向平等；最後，人真正的改善。[5]而且這裡的「人」，他也意謂女人。用他的話，「那些目標當中，對全體福祉至關重要的，必須包括完全消除建立在性別之間不平等權利的偏見」。[6]這真的非常激進。他對於奴隸制度不可避免將會廢除的預測也是。還有發展全國保險系統，支給老年人養老金。他認為，這樣的政策最終會裨益整個系統，這個事實意謂普遍採用是遲早的事。

孔多塞主張改變**不可避免**，某些人聽來迷人，其他人聽來恐怖。希望女人和男人擁有平等權利的人，讀了孔多塞後，知道**未來**就會實現。所有人都能投票的想法啟發激進的政治人物例如托馬斯・哈代（Thomas Hardy），他亦是倫敦通訊社（London Corresponding Society）的創辦人。知識分子如瑪麗・沃史東柯拉夫（Mary Wollstonecraft），歡迎男人和女人不可避免的平等。反對奴隸制度的社運人士威廉・威伯福斯（William Wilberforce）受到孔多塞的著作鼓勵。但是有些人看著這些預測發抖。如果你是種植地的主人，聽到奴隸制度將不可避免終結，等於收到恐怖的警告。如果你是你的教區少數幾個可以投票的人，聽到所有社會地位比你低下的租戶都可以選擇你的議員，你會嚇呆。有些男人不希望他們的妻子擁有平等權利。對這樣的人，孔多塞和他代表的每個創新，都是另一種「邪惡」。

宗教狂熱與傳福音

宗教依然滲透生活的每個面向。在二十一世紀，你的宗教觀點幾乎是你個人的事，而世俗主義是社會規範。攝政時期的英國則截然不同：共同的宗教認知是社會規範，任何非宗教的想法通常作為隱私。一七八九年，多數的人依然相信，根據十七世紀大主教烏雪（Ussher）從聖經計算，地球是在西元前四〇〇四年十月二十三日下午被創造。雖然一位自由思考的古物研究者約翰．弗雷（John Frere）在一七九〇年提出，從薩弗克郡的霍克森（Hoxne）挖出的燧石斧可見人類比聖經所寫的更古老。針對這點，他寫信給倫敦古物學院，但被他們忽視。主流的神造天地論一直完好持續到十九世紀，而且一路解釋例如性別不平等與財富多寡等普遍接受的社會差距。如同十八世紀英格蘭詩人亞歷山大．波普（Alexander Pope）想要證明神為世界的計畫是正確的時候，他表示：「無論什麼，都是正確。」[7]人們相信是神的旨意，因此有貧窮和富裕、脆弱和強壯、男人和女人——而且他們不認為自己有權利質問事物神聖的秩序。

當然不是每個人都用同樣的方式看待宗教。英格蘭教會裡頭，對於神的旨意就有許多不同的詮釋，在猶太教、羅馬天主教、非英格蘭教會的基督教等會眾也是。儘管如此，雖然他們互有差異，但全都相信世界上有神。對於多數不虔誠的人也是：他們不願上教會，主要原因是懶惰，或不信任威權，而非不相信神。實際上，沒有無神論者。第一本英文的無神論的著作出現在一八一一年，兩頁的小冊《無神論之必要》（*The Necessity of Atheism*），作者是十九歲的詩人珀西．比希．雪萊（Percy Bysshe Shelley）。這本小冊導致他被牛津大學開除。攝政時期結束之前，沒有其他人在英格蘭公開宣揚無神論。

除了這種深植的宗教虔誠，主要的教會是英格蘭的聖公會和國界北邊的蘇格蘭教會（亦稱科克〔the Kirk〕），這兩個教會依然負責國家每日大部分的運作。許多公眾服務都在傳統教會的架構中實施，包括遺囑認證、死者埋葬、教育。為了成為法官、地方法官、大學講師或國會議員，你必須宣誓基督教的誓詞。因此非英格蘭教會的基督徒、猶太教徒、羅馬天主教徒都不能擔任這些職位（雖然對非英格蘭教會的限制在一八二八年解除，對羅馬天主教在一八二九年解除）。如果你不上教堂，還是會受到微詞，尤其鄉下地方的教區：正式的罰款是每星期天缺席一次一先令，但此外每個月還會被罰二十英鎊。[8]索美塞特郡喀麥頓（Camerton）的礦工與勞工如果星期日沒有出現，教區長斯金納先生會定期勸告。他們告訴他，他們沒有足夠體面的衣服，或說他們現在都去衛理公會的禮拜堂，但是往往，他們真正的理由是不喜歡教會威權和建制派的連結。

道德，根本上依然是宗教事務，而且持續受到英國清教徒歷史影響。「巴斯的星期天，就像英格蘭任何地方的星期天，」克里斯蒂安．戈德寫道：「沒有音樂、沒有跳舞、沒有紙牌；而且俱樂部只開放散步和交談。」[9]蘇格蘭甚至更虔誠。瑞典實業家漢斯．愛舍（Hans Caspar Escher）一八一四年拜訪格拉斯哥，他注意到「就連我們飯後在另一間房間喝咖啡，之前先禱告，之後又禱告。我認為我們今天已經做了四個小時的禮拜，而且聽了八次感恩祈禱」。[10]同時，十八世紀的福音運動，對於許多人的道德觀念，以及宗教可以從事的社會公益，無不產生重大影響。約翰．衛斯理（John Wesley）強調閱讀聖經並過道德的生活——和有錢人的淫逸、驕傲、貪汙形成顯著對比——吸引數十萬平民。他的講道啟發他們展開自己的道德東征。如果你想要聽他最後的布道，可以在一七九〇年十月，到薩塞克斯郡的文契爾夕（Winchelsea），就會見到高齡八十七歲的他在白蠟樹的巨枝底下。

福音主義的狂熱不限非英格蘭教會的信徒，也出現在主流教會。牧師托馬斯．查爾莫斯博士

（Revd Dr Thomas Chalmers）一八一五年從偏遠的法夫（Fife）搬到格拉斯哥中心，他很訝異他的新教區裡，竟有個大貧民窟，住了一萬一千人。既然他不可能挨家挨戶照顧他的會眾，這位好博士便盡他所能：傳道。而且這麼做的時候，他試圖教導民眾，基督宗教的信仰是窮人的信仰，如他所言，「她能在他們簡樸的住所點燃永恆的希望」。因此，「穿著破爛的人在信仰上也可能變得富有」。[11]這番話發揮作用。金錢財富稀少的人發現自己能從數著天國的祝福得到滿足。查爾莫斯博士興建學校，敦促人民成為傳教士。他也宣說科學發現和技術進步的好處，這麼一來，人民信任的宗教，就能與「創新」產生的社會利益結合。很快地，他憑一己之力成為名人，吸引上百人來聽他布道。

在英格蘭，許多虔誠的中產階級，也認同基督宗教、道德、社會進步，彼此之間相輔相成。他們有些來自克拉珀教派（Clapham Sect）：這是一群富裕、人脈顯赫的男女，他們共同合作，支持刑罰改革和廢除奴隸等目標。還有其他編輯與作家，來自新興的宗教刊物，向都會大眾傳播精神救贖的訊息。此外，也有人在國內外成立新的機構，提倡道德或宗教目標，例如反墮落協會（Society for the Suppression of Vice）、福音宣教會（Missionary Society for Propagating the Gospel in Heathen）、聖愚國度（Unenlightened Countries）。如你可見，雖然攝政時期半數的青英都是「瘋癲、敗壞、危險」，另一半似乎盡其所能「清醒、良善、救助」。

激進主義與鎮壓

身為時空旅人，你會再三被人告誡，避免涉入政治。畢竟，所有政治鬥爭都不關你的事。但是，你也無法忽視某些議題，尤其廢除《穀物法》（Corn Laws），以及下議院改革。因此我建議你筆記為何人民變得如此焦慮不安，以及動亂之中遭到逮捕會有什麼後果。

我們必須先回到人民能不能吃飽這個問題，並由此下手。威廉．科貝特在他的《政治週記》（*Weekly Political Register*）伶牙俐齒地說：「我倒要看看你能不能煽動任何吃飽的鄉民。」一七九五年，國王前往上議院的途中，倫敦暴民攻擊王室馬車，擊碎玻璃，起因便是對法戰爭引發糧食不足。同樣地，一八一一年約克郡的盧德暴動（Luddite riots），是因為懼怕長期失業。上百名熟練的織工和布工宣稱追隨一個俠盜羅賓漢般的神祕人物「內德．盧德」，闖入工廠，砸壞動力織布機並放火燒掉大樓。他們看著自己的工作被人奪走，薪水被沒有經驗但懂得操作新機器的人力侵蝕。政府的回應是將破壞機器的人處死，此舉絲毫無法減輕工人的焦慮。一八一二年四月，衝突越演越烈，危機一觸即發。在哈德斯菲爾德，有個公開擁護機器的人，名叫威廉．霍斯福爾（William Horsfall），他遭到攻擊並被人殺害。當地地方法官授權使用武器，而工廠主人為了保護他們的財產，將槍炮交給信任的工頭。

雖然盧德暴動隔年就平息，但是一八一五年，對法戰爭結束後，出現大量失業的士兵與水手。工匠與工人的處境已經非常艱難，薪水已經減少，此時這些人加入就業市場，只會讓他們的日子更加難過。雪上加霜的是，政府通過《調節穀物進口法》（Act for Regulating the Importation of Corn），當價格低於某個程度時，對進口穀物課稅，防止商人從國外廉價買入。雖然立法目的在於保護農業，但是法令導致糧食價格上升，都市工人負擔沉重。倫敦爆發暴動，凡有政治人物被認為支持法令，市民便攻擊他們的住家。一八一六年歉收時，穀物價格又攀升更高。肉類價格也跟隨。糧食暴動從諾福克延燒到德文。在薩弗克，一千五百名農場工人破壞打穀機，火燒穀倉和乾草堆。他們洗劫麵包店和肉店時大喊「麵包或鮮血」。隔年年初，群眾擠進林蔭街，包圍攝政王的馬車，接著某人丟了石頭，擊破其中一面窗戶。一八一二年，英國首相斯賓塞・珀西瓦爾（Spencer Perceval）遇刺後，人民恐怕革命發生。如同上層階級的威爾斯陸軍軍官里斯・格諾羅（Rees Gronow）後來在回憶錄寫道：「在那段紛擾的時候，滋事的民眾真的非常胡來。當時如果他們習慣使用武器，加上好好操練，說不定會犯下有如一七九三年法國那些暴徒的放肆行為。」[12]

儘管乾草堆被燒了，織布機被砸了，還是沒人傾聽抗議者的心聲。因此一八一七年，一群紡織工人決定從曼徹斯特遊行到倫敦，將請願書交給攝政王。這個事件後來成為所謂「覆毯遊行」（March of the Blanketeers），因為每個工人身上都披著一張毯子，不僅保暖，也象徵他們的職業。這個遊行被國王龍騎兵衛隊（King's Dragoon Guards）無情瓦解，許多示威人士遭到逮捕，或者被迫逃亡。三個月後，名叫耶利米・布蘭德雷思（Jeremiah Brandreth）的失業布工圖謀從德比郡推翻政府。這場叛亂後來稱為彭特里奇起義（Pentrich Rising），最終仍然化作泡影，但是提醒人民，法式革命多麼可能在英國爆發。布蘭德雷思和兩名同夥被斬首，但是這樣殘忍的刑罰也無法鎮定激

攝政時期奢侈的一面：1825 年布萊頓海濱，可見上流社會的房屋長長一排面對大海，以及皇家鏈條碼頭和開往法國迪耶普的蒸汽船。整個攝政時期的英國，布萊頓是比例上成長最快速的大型城鎮。

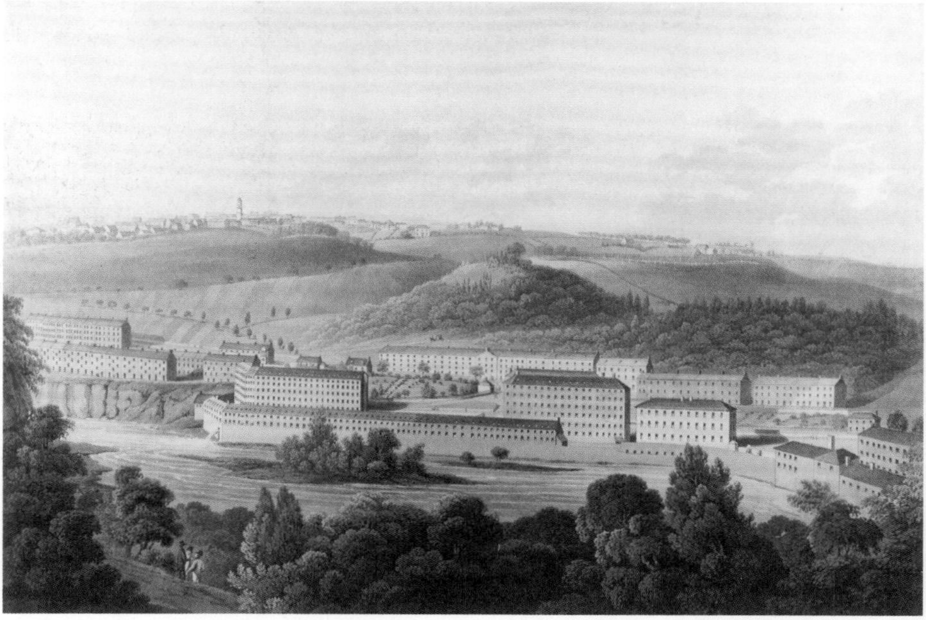

攝政時期做工的一面：蘇格蘭的新拉納克工廠，約於 1815 年。其商業成功的因素在於重視工人的福利、健康、教育，故成為企業善盡社會責任的典範。

1829 年，位於曼徹斯特聯合街的軋棉廠。數千人每日在這樣的建築裡頭輪班工作 14 小時，忍受鬱悶的高溫、灰塵，以及紡紗機與蒸汽引擎不間斷的噪音。

1750 年之前，舊倫敦橋（左）是唯一的渡河通道。1830 年，新倫敦橋取而代之時，還有其他六座橋。城市因為這些通道得以往河的南方發展。E．W．庫克的這幅雕刻也顯示，在攝政時期尾聲，量產的圖畫可以多麼精細。

1828 年俯瞰攝政街，左邊的建築是阿蓋爾音樂廳，是倫敦愛樂學會 1825 年 3 月 21 日舉辦貝多芬第九號交響曲首演的地方。

19 世紀初的聖詹姆斯公園，注意到湖依舊是半英里長的運河，從白金漢府（之後的白金漢宮）前延伸到白廳的騎兵衛隊閱兵場。

托馬斯・特爾福德是這個時期傑出的工程師，儘管出身貧困，他在威爾斯、英格蘭、蘇格蘭建造數千英里的道路，以及港口、運河、橋梁。這是他橫越梅奈海峽的吊橋，長579 英尺，於 1826 年完工。

The Point of Honor decided, or the Leaden argument of a Love affair.

1825 年在海德公園的決鬥。雖然現代人看起來荒謬，然而決鬥是證明尊嚴，極為嚴肅的事。這個時期有兩個在任的首相與人決鬥。你不得不佩服願意拿生命捍衛原則和政策的政治人物。

位於史密斯菲爾德的舊市，一直是倫敦主要的牲畜和綿羊批發場所。然而，旁觀的人越來越常被這裡圈圍動物的方式嚇到，最終促成皇家防止虐待動物協會成立。

誠如史密斯菲爾德代表食物販售舊的方式，建於 1823 至 1826 年的紐卡索魚市展示新的方式。越來越多的市場有屋頂，提供有錢人更舒適的購物經驗。

1834 年，曼徹斯特的印花棉布工廠告訴你什麼是危險的工作環境。想像這些機器在微弱的燈光中發出震耳欲聾的聲音，室內灰塵瀰漫，炎熱難耐。你也可以看見袖子或裙子多麼容易被齒輪夾住，工人就會斷了手指或四肢。

1819 年，倫敦的雜貨店，或稱「水果店」，這樣的商店逐漸成為購買新鮮食物的地方，而非在傳統的舊市。這個時期倫敦的舊市幾乎關閉一半。

詹姆斯．雷金頓位於芬斯伯里廣場的「繆思神殿」。這是英國最大的書店，據說有五十萬本書。

帕摩爾街的哈丁與豪威爾商場，是幾家最早的百貨公司，用玻璃區分五個部門。

赫爾曼・普克勒－穆斯考王子於 1826 年來到英格蘭，尋找富裕的結婚對象以重建財富。他當時深愛的妻子露西（Lucie）也知道這個計畫，甚至離婚幫助他。他寫給她眾多書信，正好大量透露上流社會的生活。

25 歲的拜倫勳爵。這位特立獨行的詩人有許多肖像，很少像這一幅一樣透露他的個性。出自理察・韋斯托爾（Richard Westall）之手。他大方坦率告諸世人攝政時期的紳士最好與最壞的一面。

安・李斯特。在現代世界以女同性戀的身分著名，大量書寫她的感情生活。她的日記鉅細靡遺描述攝政時期仕紳階級的生活，一樣有趣。

德翁騎士。法國國王要求他在流亡英國期間男扮女裝，才能得到養老金。你可能會常見到他展示擊劍技術——當然，是穿著連衣裙。

動的氣氛。接下來兩年衝突持續高漲，並在一八一九年八月十六日達到高峰。六萬人聚集在曼徹斯特的聖彼得廣場（St Peter's Fields），聆聽亨利・杭特（Henry Hunt）演說國會改革與近期的《穀物進口法》（Importation of Corn Act）。地方法官看到大批民眾，以及「拒絕穀物法案」和「平等代表或死」等布條，下令騎兵協助逮捕領頭的人。十分鐘後，廣場散布屍體和受傷的男女老幼。十一人當場被殺，六百人受傷，其中多人不久後去世。其中一位受到重傷的，是滑鐵盧之役的宿將約翰・里斯（John Lees）。四年前他在戰場英勇殺敵，此刻苟且屠殺手無寸鐵的抗議人士，兩相對照令人震驚。這樁暴行很快就以彼得盧大屠殺傳開。

窘迫的工人和失業的織工試圖逼迫政府傾聽他們對於失業和糧食價格的請願，另一方面，其他人期待改變政治體系。上層階級完全控制國會的兩院，這怎麼可能合理？貴族和仕紳不只坐在上議院；他們任命自己的親友，控制下議院超過五百席。此外，某些團體不能投票或競選，尤其羅馬天主教徒和猶太教徒。這麼多人希望看到國會改革，一點也不令人驚訝。某些激進人士呼籲所有人都可以投票，其他人要求特殊改變，例如廢除反天主教或反猶太教的法令。最激進的思想家訴求流血革命，因為他們相信唯有全面改組，這個社會才有可能公平對待工人。

除了被剝奪選舉權利的人、被處決的人、失業的人，這個國家還有做夢的人。人民對於更好的社會充滿期待。他們的靈感來自例如托馬斯・潘恩（Thomas Paine）的《人的權利》（*Rights of Man*）；這本書分為兩部分，分別於一七九一年與一七九二年出版。此外，威廉・戈德溫（William Godwin）一七九三年出版《政治正義論》（*Enquiry Concerning Political Justice*）。潘恩的訴求是成文憲法、廢除貴族、成立共和取代君主、分級所得稅、窮人教育、引進老年養老金。戈德溫率先提出無政府主義，主張政府存在唯一的正當理由是對抗不公不義、暴力、貪汙，並且提供安全的環境，所以如果政府本身反而促進這些，那麼政府就不是解答，而是問題所在。邊沁（Jeremy Bentham）提出效益主義，即能對最多數人帶來最大幸福的行為就是道德正確的行為，追隨他的人也想改革國會。另外一位社運人士少校約翰・卡特萊特（John Cartwright）在全國各地成立漢普頓俱樂部（Hampden Clubs），旨在團結中產階級自由主義者和工人階級的革命人士，追求新的憲法。一八二〇年，蘇格蘭一個「臨時政府」發布宣言，提倡激烈的戰爭和大型罷工行動，以爭取平等權利。威廉・科貝特從他的《政治週記》提倡改革，而亨利・杭特持續在示威當中呼籲，要求普遍的男性投票權、每年國會選舉、不記名投票。

那麼多人呼籲政治方面的改變，為何沒有革命？理由之一是，改革者分歧之深，無法在任何議題取得共識。法蘭西斯・普雷斯稱亨利・杭特是「無知、吵鬧、為非作歹的傢伙」。邊沁描述威廉・科貝特是「微生物，跟一群和他一樣低階的同類在一滴水裡掙扎」。[13]英國本身的地理也是原因。中部與北部的工業地區距離西敏千里迢迢，改革者不大能夠前進到首都還保有大批人馬，如同覆毯運動的命運所見。但是抑制革命浪潮最主要的力量是普遍的「害怕創新」。法國大革命最後變成恐怖行動，人民看著曾經承諾平等的笑臉，後來在斷頭台上因驚恐而呲牙裂嘴，許多人於是失去政治改革的信心。對他們而言，一八〇四年拿破崙加冕為皇帝是最後一根稻草。如果權力只是過到另一個獨裁者的手裡，革命又有什麼意義？至於有財產的階級，他們準備支持任何程度的鎮壓，以求降低革命的威脅。英國政府因此能夠強硬對付激進主義，就地僱用特務，以鐵拳對付手掌朝上的飢餓工人。

殘酷與慈悲

人類一直在做殘酷的事，而且用不著我告訴你，現在還是。但那不代表社會本身殘酷。許多駭人聽聞的行為，在攝政時期，就像在今日一樣，而且甚至在任何時代，都會引發大眾譴責。反而是那些他們**不覺得恐怖**的殘酷行為，讓那個時期比現代的英國更殘忍。

例如，奴隸制度。攝政時期多數的人渾然不知西印度群島被奴役的人們處於多麼惡劣的環境。但是，每個人都知道奴役意謂個人失去自由。儘管如此，大西洋彼岸的奴隸貿易持續到一八〇七年，而且就連人口買賣已經禁止，海外的奴隸制度依然公然實施。理由是，奴隸首先被視為財產，其次才被視為人類；而且多數的人同意保護財富比維護地位低下的個人權利更重要。如果農場主人的人力被解放了，誰去賠償他們的損失？誰去做必要的苦工？一八二三年，當時英國統治的德梅拉拉（Demerara）*發生大規模的奴隸反抗。上百名奴隸抗議生活條件惡劣，結果被殺。數十人在英國總督命令下以絞刑處決。但是英國大眾首先同情奴隸的主人，而非那些受苦的人。

＊譯注：位於今南美洲蓋亞那。

另一個生活當中你會見到的殘酷行為，但是人民習以為常的，是重罪犯的刑罰。過去，女人只是犯下無足輕重的叛國罪，就會被綁在木樁上燒死。雖然這個做法已在一七九〇年六月廢除，最後一次是前一年，凱瑟琳．墨菲（Catherine Murphy）因為偽造錢幣被處以此刑，但是無論男女，仍然常見絞刑。十八世紀的法律對超過兩百種犯罪判處死刑，稱為血腥法典（Bloody Code），整個攝政時期幾乎依然盛行。你會因為縱火、殺人、強姦、叛亂、搶劫、偷竊，被判死刑。你可能會說，以上並不意外，但你也會因為夜間臉部塗黑出門、偷羊、破壞魚池、從養兔場抱走兔子、扒竊、偽造、砍樹、與吉普賽人來往、破壞道路、隱瞞死產（如果你是未婚婦人），被處以絞刑。青少年也會被處死。約翰．歐德（John Old）和派屈克．墨菲（Patrick Murphy），一八〇三年因為竊盜被吊死，兩人都是十七歲。十八歲的莎拉．申士頓（Sarah Shenston）在一七九二年因為殺死非婚生的嬰兒被吊死。一七九四年，十五歲的伊莉莎白．馬許（Elizabeth Marsh）因為殺死祖父被吊死。[14] 此外，幾乎每個死刑犯都是公開行刑。這不僅增加個人的屈辱和家屬的痛苦，也令那些目睹刑罰的人變得更殘酷。公開絞刑往往吸引上千人圍觀。父母帶著小孩去看；年輕的女店員和男學徒還會特地休假。等待行刑的喧鬧和刺激，就像參加嘉年華會。大眾把某人痛苦的死亡過程當作娛樂。

話雖如此，社會逐漸變得比較人道。某些刑罰，例如頸手枷和女性鞭刑，在這個時期已經減少。一八二六年禁止使用捕人夾，雖然一八三〇年又重新引進，從此以後必須申請許可。然而，社會變得較不殘忍，最明顯的指標，從三個重要的人道運動可以見得：監獄改革、死刑限制、廢除奴隸制度。

關於監獄改革，我們必須回到一七七〇年代，才能理解事情全貌。一七七三年，貝德福郡的郡長約翰・霍華德（John Howard）發現，有些人已經被宣告無罪，但還是被關進監獄，他非常震驚。原因是他們付不起等待審判時產生的獄卒費。他成功改變那條法律，所以若非必要，不再拘留清白的人。但是，他在調查的過程中，發現英國監獄的環境非常恐怖。不只建築物本身骯髒、潮濕、密不通風，現存的制度也莫名嚴酷。囚犯需要隨時穿戴沉重的鐵鍊。霍華德訪視時，沒有幾個獄卒敢陪他進入牢房，因為他們害怕感染。離開時，他的衣服臭氣熏天，以致無法乘坐馬車。[15]儘管如此，他視察了兩百三十間監獄，並在一七七七年將結果寫成《英格蘭與威爾斯之監獄情況》（*The State of the Prisons in England and Wales*）。讀過的人都大為震驚。國會議員山繆・羅米利爵士（Sir Samuel Romilly）是律師，也是法律改革人士，他描述此書「世界上無論年代都少見的作品——只為人類利益而書」。[16]從那個時候開始，人們要求改善監獄情況。

和監獄改革有關的另一個名字甚至更有名氣。伊莉莎白・弗萊（Elizabeth Fry）是貴格會的教徒，她見到新門監獄（Newgate Prison）的情況，嚇得目瞪口呆。數百個女人和她們年幼的孩子被關在卑劣擁擠的監獄。一八一六年，她在那裡設立一所小學校，為兒童與母親引進數項規則和活動，從監獄制服與督導，到教育、閱讀聖經、道德規範。她特別成功的地方在於感化數位非常強硬的女性。隔年她建立協會，幫助改革新門的情況，這個協會在一八二一年變成英國淑女促進女性囚犯改革協會（British Ladies' Society for Promoting the Reformation of Female Prisoners）。和霍華德一樣，她到全國各地訪視監獄，建議改善環境的方法，也在一八二七年發行手冊鼓勵其他監獄改革人士。

「當一個生命被殺害，另一個生命也立刻被緩慢痛苦地剝奪；而行刑的人，他們的雙手充滿無辜的血，卻相信他們做了善行。」瑪麗．雪萊在《科學怪人》中總結，思想較開明的人對於絞刑抱持何種態度。死刑的反對聲浪數十年來逐漸累積，而在攝政時期，動力與改革人士同在。陪審團如果知道「有罪」的判決會導致死刑，就會經常認為某人「無罪」。同樣地，法官會以流放澳洲代替絞刑。但是改革人士仍有高山要爬。控制國會的地主積極保留他們射殺小偷的權利，或看見他們被絞死的權利。領導反對死刑運動的是山繆．羅米利爵士。一八〇八年，他成功說服國會廢除扒竊判處絞刑的法令。兩年後，他在下議院公開指責血腥法典，宣布「世界上沒有其他國家像英格蘭，有那麼多種犯罪依法必須處以死刑」。[17]一而再，再而三，他提出法案，欲將死刑犯罪從法規移除。一八一〇至一八一八年，他五次嘗試廢除店內行竊的死刑，每次都失敗；但是他的毅力提升民眾意識，而且就連最頑固的地主也發覺，他們贏了眼前的戰役，卻輸掉整場戰爭。羅米利在一八一八年去世，但是他留下的影響深遠：一八二三年，法令通過移除超過五十項犯罪的死刑。更重要的是，從那個時候開始，每個法官都有合法的權力，對宣判有罪的重罪犯處以較輕的刑罰。只有叛國和殺人維持唯一死刑。

說到廢除奴隸制度，至今仍然響亮的名字是國會議員威廉．威伯福斯。一七八七年五月十二日，在肯特郡一棵老橡樹下，他和威廉．皮特談話。他告訴這位首相，他即將提出廢除奴隸貿易的法案。皮特鼓勵他，而他的終身任務從此展開。威伯福斯受到許多人幫助，最著名的是格蘭維爾．夏普（Granville Sharp）和托馬斯．克拉克森（Thomas Clarkson），他們兩人都是廢除奴隸貿易協會的創始人（Society for Effecting the Abolition of the Slave Trade），以及克拉珀教派的漢娜・莫爾（Hannah More）與友人。他們遊說政治人物與貴族，寫書、講課，宣揚他們的目標。但這個運動最終成功，多半歸功威伯福斯的領導、魅力、深厚的基督宗教信仰、合群、雄辯，以及專注的決心。一八〇七年奴隸貿易廢除後，威伯福斯將重心轉向完全根除奴隸制度。逐漸地，他改變輿論。一八三三年七月，他在倫敦住所臨終之際，廢除奴隸制度的法案正在下議院辯論，並在二十五日通過。隔天清晨，威伯福斯得知這個消息。三天後，他離世，他的終身任務總算完成。

動物虐待與保護

既然人與人之間都能如此惡毒，也不難想像人對動物可以多麼凶殘。財產原則同樣適用動物，所以動物的價值比牠們的福利重要。這就是為何你會在漆黑的礦坑看到從來不見天日的驢子與馬，在地底下被迫拖拉砂石或煤礦，直到死去。同樣地，工作的馬被鞭打到垂死——確實，外國人經常注意到，英格蘭是「馬的地獄」。安・李斯特一八二一年聖誕節前出遊，旅程一開始，就為了她的老母馬「鑽石」心煩。這匹可憐的馬兒，前一天才拉著她的雙輪馬車越過山丘，走了三十二英里，但是安表示她「從沒看過這麼無所事事又行動遲緩的動物」，因而對這可憐的畜生「鞭得比昨天更重」。[18]一個月後，安叫人結束鑽石的生命，竟是拿刀刺牠的心臟。可憐的馬兒折騰了五分鐘才死。

當然，你會遇到不去虐待動物的人。「我還沒學會走路，就受我的母親教導，對待最凶猛的生物應溫柔和善，」詩人山繆．羅傑斯（Samuel Rogers）寫道：「而且，不管人們如何嘲笑，有時我會打開窗戶，小心翼翼釋放迷路的蚊蟲或黃蜂。」[19]有幾匹馬特別得到獎勵與照顧：威靈頓公爵最愛的坐騎，也是他在滑鐵盧之役騎的馬「哥本哈根」，就是很好的例子。某些狗也深受寵愛。一八○八年，二十歲的拜倫勛爵就在紐斯特德修道院（Newstead Abbey），為他「最忠實的朋友」紐芬蘭犬包斯溫立了豪華的紀念碑，並在墓誌銘宣布這條狗「美麗但不浮華，強壯但不傲慢，勇敢但不凶猛，擁有所有人類的美德，沒有他們的缺陷」。豢養具有異國情調的寵物，比起從前更受歡迎。許多家庭會驕傲地展示籠中的鸚鵡或鳴禽。一八五○年，一個在德文郡東邊的旅人和一個帶著木盒的男孩交談：他很驕傲自己養了一隻天竺鼠和三隻安哥拉兔。[20]

然而，真正的測試不在人們如何對待他們的珍禽異獸，而在他們如何對待牲畜。在此，你會再次發現英國是個極端的國家。勞勃．騷賽寫道：「殺牛的方式粗糙殘暴至極，屠夫拿起榔頭猛敲牲畜的額頭；多次之後，頭部因敲擊而腫脹，導致後續敲擊無效，最後靠著割喉結束。」[21]美國的神職人員納撒尼爾．惠頓一八二四年六月去了史密斯菲爾德市場，說到那裡如何運送動物。他看到小牛被對待的方式特別難過：

> 牠們的四隻腳被綁在一起，繩子繫得很緊，血液無法循環。牠們就被那樣堆在手推車上，像是一落已經屠宰的豬，運送二十或三十英里遠，牠們的頭垂掛在推車兩端，每次車身震動就撞擊貨車邊緣，苦不堪言。我經常在路上見到牠們受到那樣的折磨，兩眼一翻，痛苦地死去。許

多其實在路上就已經斷氣，史密斯菲爾德市場營業的日子還可能看到牠們散布在路邊，被賣給牛犢餡餅或香腸的工廠。如果有人的精神足夠強大，能夠忍耐各種方式、各種程度的殘忍暴行，就讓他去牲畜市場看個幾天，之後他看待屠夫、司機、搬運工等，這整個族群就是鐵石心腸、心狠手辣的惡魔，只差披著人皮。我深信英格蘭最低的階級，不是先天就是後天，殘忍至極。[22]

這個故事的另一邊倒是非常鼓舞人心。英格蘭正領頭促進更好的動物待遇。契機來自福音派的想法：因為神愛萬物，所以尊重並關愛生物是每個基督宗教教徒的責任，而且在牠們身上加諸痛苦就是罪惡。世俗的哲學家邊沁支持這個道德教條，他在一七八九年的著作《道德與立法原理》（*Introduction to the Principles of Morals and Legislation*）寫道：

有非常好的理由允許我們食用我們喜歡吃的非人類動物：我們因此過得更好……有非常好的理由允許我們殺死攻擊我的：牠們活著讓我們過得更壞……但是有任何理由允許我們折磨牠們嗎？就我所知沒有。有任何理由**不允許**我們折磨牠們嗎？有的，數個……總有那麼一天，非人類的萬物會得到除非在暴君手裡，否則永遠不能拒絕給予的權利……所有成熟的馬匹或狗兒都較一日、一週，甚至一個月大的嬰兒遠為理智並且可以交談。就算不是，又有什麼差別。問題不在**牠們能否思考？**或**牠們能否說話？**而是**牠們能否受苦？**[23]

接下來的二十年，有許多法案送交國會，禁止鬥牛、鬥雞以及其他虐待動物的形式。那些法案都沒成功，直到一八二二年，《防止虐待家畜法》（Cruel Treatment of Cattle Act）通過。趨勢終於轉變。一八二四年六月，防止虐待動物協會成立（即後來的RSPCA）。成立首六個月，協會就進行六十三件起訴。諷刺的是，這個協會成立所在的咖啡廳，店名就叫做「老屠宰」（Old Slaughter's）。

對待動物的態度變化，最鮮明的例子是河岸街皮卡克皇家動物園（Pidcock's Royal Menagerie）的大象春尼（Chunee）。牠被關在樓上的籠子長達十四年，從未見過其他大象，從不允許外出。一八二六年，牠再也無法忍受，想要衝破圍困牠的鐵欄。動物園的業主愛德華．克羅斯（Edward Cross）嚇壞了，決定殺了春尼。首先，他嘗試毒死這頭大象，結果無用。接著，他想射殺牠，於是找來軍隊幫忙，但是一百五十二顆子彈也殺不了春尼。最後，克羅斯拿軍人的佩劍從脖子了結這頭可憐的巨獸。[24]有些人覺得應該適可而止。很快地，《泰晤士報》刊登以下來信：

> 將一頭大象或任何野獸，孤單囚禁在不比身軀更大的籠中，相當棺材裡的屍體，這是不人道的行為；而且禁閉和對同伴的需求無疑引發狂暴，導致必須摧毀在埃克塞特交易所從前那頭巨大有趣的動物。
>
> 在法國……巴黎植物園（Jardin des Plantes）內有個動物園，既人道又安全，而且是個全國風景。那裡有一對大象供人觀賞，在園裡漫遊，園區內有水池（牠們經常踏過）、棚舍等。牠們

怡然自得，受到極少限制，沒有令觀眾作嘔的難聞氣味，也沒有動物囚禁在不比身體大多少的飼籠裡，那種殘忍的場面。[25]

皮卡克皇家動物園再也無法恢復從前的榮景。克羅斯在一八二八年關閉動物園，將剩下的動物運到他在倫敦南方新的薩里動物花園，動物可以在戶外漫遊。

決鬥

攝政時期的英國是暴力的地方嗎？是的，到處充斥對打、毒打、毆打，但可不常以殺掉彼此收場。每年每十萬人的凶殺率只有兩人。[26]這個數值約是今日英國的兩倍，但只是二十一世紀美國的三分之一。所以你應該還算安全。但是，有個特殊的風險，旅遊時必須謹記在心，因為那可能會要你的命。

決鬥攸關上流社會男性的名譽。沒有紳士會屈尊俯就去跟中產或工人階級的人對決，那樣有失他的身分。此外，較低的階級有較不危險的方法解決他們的糾紛：中產階級帶對手上法院，工人階級直接互揍。至於女人，沒人期待淑女應該訴諸暴力，反而期待她們不應訴諸暴力。這個時期唯一著名的女性決鬥是所謂的一七九二年襯裙決鬥（Petticoat Duel of 1792），勉強說是決鬥，原因是奧美利亞・布拉鐸克女士（Lady Almeria Braddock）錯估她朋友愛爾芬斯東太太（Mrs Elphinstone）

的年紀。她們相約在海德公園，對彼此開了一槍，但是沒有受傷。接著她們舉劍，直到其中一位女士手臂被刺傷。之後她們和好，又是朋友。

如果有人要求與你決鬥，應該遵守什麼禮節？首先，在你的對手要求與你決鬥前，應該要求你書面道歉。當然，有些羞辱不能這樣調解：如果他逮到你和他的妻子同床共枕，不可能靠著一張寫了「抱歉」的紙賠罪。但是，所有能夠減少對決需求的必要步驟，他都要做好做滿。這不只因為你可能會殺了他，還因為，如果他殺了你，他可能會因過失殺人或殺人罪而受到審判。決鬥是違法行為，而且有時候給出致命一擊的人最後會被處以絞刑。[27]

假設你拒絕為有損對方的名譽道歉，接著他應該寄信給你，詳列決鬥細節，而這封信將由他「決鬥副手」或私人助理送出。見面的時間通常很早，大約清晨五點，避免被人發現。如果你拒絕出席，人們就會認為你是懦夫，因為你不打算維護**你的**名譽。如果你接受戰帖，你就需要指定決鬥副手。如果你殺了你的對手，副手會受到同樣處罰，所以你只會選擇非常親密的朋友，你也願意為他這麼做的人。你大可假設你們會拿手槍對決。通常你會帶上兩把手槍，可以發射兩次而不須重裝子彈。男人從一七八〇年後就很少持劍決鬥，只有那些堅決用利刃殺死對方的人才會，還有那些開了兩槍還不夠滿足的人。

到了約定的那天早上，你會和對手面對面，聽兩位副手正式請求以和平的方式解決齟齬。如果你拒絕，你和對手就會相隔一段兩位副手說好的距離，面對彼此，通常介於八到二十步。注意，這並不是西部荒原的槍戰，兩人不會同時拔槍射擊，雖然副手可能同意。下戰帖的人通常先開槍。被瞄準的時候，明智的做法是側身，從肩膀看著你的對手，以求最小的目標面積。如果第一槍沒事，接著你就可以對他開槍。不要伸出手臂固定手槍，也不要花太多時間瞄準，你必須快速舉槍、瞄準、發射，一氣呵成。根據詹姆斯．吉爾克里斯特（James Gilchrist）一八二一年寫的文章，過去六十年有一百七十二起決鬥，其中三次兩人都身亡，六十六次一人死亡，九十六次嚴重受傷。[28]雖然這無疑低估決鬥總數，也許仍然可以代表死亡比例。因此，如果你與人決鬥，有百分之二十一的機會死亡，百分之二十八的機會受傷。很少見到這麼裝模作樣又這麼發自肺腑、這麼節制又這麼瘋狂、這麼光榮又這麼荒唐的事情，在同一時間發生。[29]

究竟是什麼讓紳士這樣不惜喪命或殘廢？通常，是女人的貞潔。一八〇三年三月，一位海軍上尉向一位陸軍上尉下戰帖，理由是後者玷汙前者的妹妹，兩人的仇恨大到他們告訴自己的副手，沒有必要調解。像這樣的決鬥最危險——為了第三方的名譽，其中一人代表第三方，決心殺掉另一人。這種情況，兩人同時朝對方開槍，而且兩槍。第一槍，海軍上尉的手槍被從右手炸飛，他失去兩隻手指。他拿出手帕包住流血的殘肢，向他的副手保證神給他另一隻手是有理由的。他的左手握槍，等待信號。當他聽到「兩位，準備好了嗎？開槍！」他擊中那位陸軍上尉的頭，但是大約同時，胸口吃了一顆子彈。他躺在地上，臨死之前，聽到副手說，他已經殺了誘惑他妹妹的人。他求副手從他的手指拿下戒指，送去給他的妹妹，「向她保證這是哥哥最幸福的時候」。[30]

決鬥也經常為了更微不足道的事，軍人尤其不能接受自己的名譽受到任何質疑。一七八八年六月，上尉通格（Captain Tonge）要求和上尉帕特森（Captain Paterson）決鬥，因為後者在河岸街一直踩到他的腳踝；結果上尉通格被射傷大腿。[31]一七九四年三月，上尉帕克赫斯特（Captain Parkhurst）和中尉凱利（Lieutenant Kelly）為了劇院的座位決鬥，兩人在交戰時都受了傷。[32]一八〇三年四月，皇家海軍上校詹姆斯・麥克納馬拉（James Macnamara）在海德公園遛他的紐芬蘭犬時，這隻狗和另一隻屬於勞伯・蒙哥馬利上校（Robert Montgomery）的紐芬蘭犬扭打。蒙哥馬利氣得要求知道那是誰的狗，威脅「撲滅」任何攻擊他的狗的人。麥克納馬拉指控他傲慢，蒙哥馬利也回以同樣的指控，於是兩位軍官同意在查爾克農場（Chalk Farm）決鬥。兩人都開槍擊中對方；蒙哥馬利傷重不治。

我相信你會同意，有更好的方式解決與他人的糾紛，而非讓他拿著上膛的槍指著你，而且扣動扳機。然而這件事情比表面上還要複雜。以上提到的決鬥，真正的理由不是某人踩到別人的腳踝，或者一隻狗攻擊另一隻狗，而是因為紳士承擔不起他們的名譽受到公開質疑。一八二二年，當白金漢公爵與貝德福公爵決鬥時，他告訴他的對手：「公爵閣下，你是我最不希望衝突的人，但你必須知道，一個公眾人物的生命，若缺少名譽，就不值得保留。」[33]在攝政時期的社會，如果你不為了你的信念挺身而出，就無法成為公眾人物——即使代價是死亡。於是你的名譽越響亮，你就越有必要不惜一切捍衛。王子也可能與人決鬥。一七八九年，里奇蒙（Richmond）公爵領地的繼承人雷諾斯上校（Colonel Lennox）要求與國王的二兒子，約克公爵費德里克王子決鬥，而王子答應了。兩人在溫布頓公有地（Wimbledon Common）見面，雷諾斯上校先開槍。子彈「掠過他的鬈髮」，但是沒有流血。王子殿下拒絕回擊，因此贏得更多讚美，一方面重視他的名譽勝於皇室頭銜，二方面並不尋求報復。

攝政時期菁英重視名譽的觀念從以下案例更可見一斑：不止一個，而是兩個現職首相，和兩個主要的內閣大臣，都曾與人決鬥，而後者是互相決鬥。一七九八年，首相威廉．皮特接受國會議員喬治．蒂爾尼（George Tierney）的決鬥要求，解決關於王國防禦的爭執。兩人都開槍，兩人都沒射中。儘管如此，重點是首相如此看重他的名譽，以致不惜拿命保衛。我個人非常敬佩。畢竟，多少現代政治人物如此正直，為了辯護自己的政策，願意面對一個舉槍對著自己的人？而且皮特不是唯一這麼想的首相。一八二九年，他的繼承人威靈頓公爵也仿效他——即使他已年近六十，而且人人都知道他不屑英雄作為。公爵欲改革反天主教的法令，然而不滿溫奇爾西伯爵（Earl of Winchilsea）回以嘲弄的評論。身為提出決鬥要求的人，公爵先開槍，而且沒射中；接著伯爵故意射偏。[34]但是最出奇的政治決鬥是在一八〇九年，陸軍大臣卡斯爾雷勛爵（Lord Castlereagh）和外交大臣暨未來的首相喬治．坎寧（George Canning）。這兩位大臣來自相同政黨，也任職相同內閣。卡斯爾雷知道坎寧密謀拉他下台，於是決定清晨拔槍。此外，兩位大臣都無意射偏：他們說好同時朝對方開槍。第一輪，兩人都沒中。第二輪，陸軍大臣擊中外交大臣的大腿，迫使他回家接受醫療。

感性

這些關於名譽和盯著槍管的行為，可能會讓你有種印象，攝政時期的紳士都有鋼鐵般的神經。

有些人有。但是，現代那套「強壯、寡言的類型」，在這個時代幾乎找不到；威靈頓公爵是極少數。男人情緒化的程度超乎你想像。當然，威爾斯親王聽見深愛的情婦費茲赫伯夫人威脅拋棄他，於是流下眼淚，也許不令人驚訝。但你不會期待同一個親王，在他的朋友美男子布朗梅爾當眾批評他新大衣的剪裁時也落淚。你也不會期待像理查．布林斯利．謝立丹這樣的男人，得知他的兒子將會繼承他的政府肥缺，於是哭了——價值每年八百英鎊。有時法官宣讀判決時會在法庭流淚。一八一五年，國會議員山繆．懷布瑞德自殺，許多起立致紀念詞的下議院議員難掩淚水。那就是「全場感動落淚」名符其實的例子。[35]輪到喬治．蒂爾尼說話時，他泣不成聲——也許有點令人訝異，畢竟他有決鬥的名聲在外。

堅守名譽的男人和泣不成聲的政治人物，這樣的對比似乎又是攝政時期另一個矛盾特點。然而，我想，那兩件事情都是許多男人共同擁有的赤誠與玻璃心。容易哭的敏感男人，也容易因為一句侮辱大動肝火。畢竟，這是浪漫的時代，用拜倫勛爵的話來說：

> 生命的偉大目標是情感——去感受我們存在，儘管痛楚。正是這種「渴求的黑洞」驅使我們打獵、戰鬥、旅遊、放縱，然而每種追求都有強烈的感受，與成就密不可分的激動正是引人入勝之處。[36]

有時候，當我們思考先人辛苦的生活，我們想像他們的情緒和他們的身體都比我們強韌。他們強大的生活精力確實不可否認，然而，當你檢視他們的情感，其實就和我們一樣脆弱，如果不是更甚。這個時期有多少紳士用極其誇張的方法自我了結，必定令你大吃一驚。拿刮鬍刀割喉的大有人在。山繆・懷布瑞德、山繆・羅米利爵士、卡斯爾雷勛爵都選擇這個方法。對女人而言，相當的方法就是跳水自盡，像本書一開始提到的珍・托爾明。雪萊的第一任妻子哈莉葉特・威斯布魯克（Harriet Westbrook）也是，她寫了感傷的訣別信給家人和丈夫，不久即被人在九曲湖發現，得年二十一歲。這樣極端的激情會令你深深悲痛，並且意識到，生命真正的強度無法涵蓋在一本歷史書籍或一本小說的頁面。

閃閃發光的不確定性

攝政時期的人很愛賭博。賭博之於他們的日常生活，就像電視之於我們一樣自然。而且，普遍來說，享有最多特權的人往往最敢冒險。許多花上數個世代建立的財產，一夕之間會在倫敦的俱樂部輸掉。人們就愛這種狂喜，如同拜倫勛爵解釋：

> 我有一個看法，賭徒就和多數的人一樣快樂——永遠**亢奮**。女人、美酒、美名、佳餚，甚至野心，時而滿足，但是每次紙牌一翻，骰子一丟，都讓賭徒活著……（我愛）這種閃閃發光的不確定性，不只是好運或壞運，而是什麼運氣都有可能。[37]

全國上下，在倫敦的俱樂部、大型城鎮的俱樂部、有錢人家的宅邸，男人下賭注的時候，都和在教堂領聖餐禮一樣隆重。鴉雀無聲，只有旁觀者在牌桌周圍窸窸窣窣。玩家坐下，為求好運將外套反穿，頭戴帽沿寬大的帽子以遮掩情緒。[38]女人也會賭博，下高賭注；她們在自家舉辦沙龍，男人女人一起賭博。這會帶來另外一種興奮。當你和不同性別的玩家對上眼，兩人都感受到大筆賭注令人頭皮發麻的喜悅時，風險本身也開始具有性感的意味。

最常見的賭博形式是骰子和紙牌，但任何事情都可以下注，從國會決議，到某個公眾人物死亡。莫爾登勛爵（Lord Malden）打賭一千幾尼，他的朋友沒人可以誘惑他的情婦——演員瑪麗・羅賓森。真是愚蠢的賭注！他賠了夫人又折兵——尤其當她發現他以為她會一直在他身邊。當然，後來兩者都被塔爾頓上校收割了。如果你去倫敦聖詹姆斯一家叫做布魯克斯（Brooks's）的男士俱樂部，那裡的賭注簿還寫著更奇怪的打賭。紳士們打賭某兩個會員誰會先得痛風；謝立丹先生會不會在某日期之前結婚；貝克福德先生會不會被任命為貴族。[39]等到新的娛樂活動出現——乘坐熱氣球，俱樂部會員又有新的東西可以打賭。韋伯斯特先生跟德比勛爵打賭一百幾尼，他不會在熱氣球裡上升一百碼。喬姆利勛爵賭得更大，他下了五百幾尼，應支付——賭注簿裡是這樣寫的——「只要（德比勛爵）在距離地面一千碼的熱氣球上一個女人」。[40]

雖然骰子和紙牌是最常見的賭博，男人幾乎所有東西都樂意賭。大胃王的打賭又是特別受到歡迎。一八一二年，兩個紳士在東倫敦的雷特克里夫高街（Ratcliffe Highway）遇到一個煤礦搬運工，他們打賭這個男人在四十五分鐘內無法吃完九磅烤公牛心、三磅馬鈴薯、一又四分之三磅的麵包，以及一壺黑啤酒。這名搬運工接受挑戰，在女王頭（Queen's Head）附近號召人群來看他大顯身手，觀眾每人都要下注六便士。這名參賽者在指定時間內完賽，還要求追加蘭姆酒，一口氣喝了四杯。[41]其他打賭就沒那麼開胃。牧師詹姆斯．伍德福德得知兩個男人為了賭注在吃牛腿，把骨頭也吃了，還有人喝了半品托玻璃杯的啤酒，然後把玻璃杯也吃了。[42]一八一一年五月二十六日，《晨間記事報》（*Morning Chronicle*）記錄斯特勞德（Stroud）一個鐵匠「為了微不足道的賭注，星期二那天，在十分鐘內吃了一品脫的帶殼海螺。他想再次挑戰這個噁心的壯舉，很快又再做了一次，但現在他已經病危，可能無法復原」。[43]《體育雜誌》（*The Sporting Magazine*）報導一個男人為了賭注，在一七九〇年一月活吃一隻貓。因為這隻可憐的動物頑強抵抗，導致這個賭徒滿頭鮮血，但最後還是只剩骨頭。[44]

性放蕩

道德與不道德在攝政時期並不像兩個界線分明的國家，可以讓人不是住在這裡，就是住在另一邊。交際花哈莉葉特．威爾森幾乎不能當作道德準則，但是她的回憶錄出版時，大眾讀得不亦樂乎。人們讚嘆她的「美德」，因為她任何時間從不接納兩個以上的情人（雖然她的情人偶爾確實會撞期，甚至有兩個公爵同時出現在她的門口）。威靈頓公爵是她其中一個床伴，也是較受敬重的公眾人物，但是**他的**名譽卻因追求女色而染上汙點：人們期待，像他那樣強壯、正直的指揮官，對於性的胃口能更節制。另一個海軍英雄納爾遜勛爵，雖然和威廉．漢密爾頓爵士（Sir William Hamilton）的妻子艾瑪公開外遇，卻躲過批評。他人反而挑剔他的妻子納爾遜夫人無法容忍丈夫「三人行」。看來想在道德與不道德之間畫一條線，就像想要畫出風的形狀。俄羅斯大使的妻子利文公主（Princess Lieven）抱怨她在英格蘭一場舞會見到的行為，她發現「好多對男女遊蕩進入樹叢，結果跳舞跳到最後，還留在舞廳的，幾乎只有初次參加的人、年長女伴和主人」。但是她自己也和奧地利的外交官梅特涅王子外遇。[45] 美德與罪惡，在以前的世紀似乎是絕對，然而現在就像美女，端看旁觀者怎麼看待。

王室成員在這方面有很多經驗可以提供。你已經聽過威爾斯親王和他眾多的情婦。他的弟弟費德里克王子也有一個情婦，名叫瑪麗．安．克拉克（Mary Anne Clarke），但在一八〇九年，她因承認以王子的名義販賣軍階而鬧出醜聞。國王的三子，威廉王子，也就是克拉倫斯公爵（之後的威廉四世），準備一棟房屋給名演員桃樂絲．布蘭德（Dorothy Bland），她更廣為人知的名稱是「喬登夫人」（Mrs Jordan）；他們在一起二十年，生了十個子女。但在一八一一年，威廉拋棄了她，因為他負債太多，需要娶一位有錢的女繼承人。這裡，令人震驚的道德罪惡不是「未婚同居」，而是他的殘忍和損人利己的卑鄙作為。國王的四子，肯特公爵愛德華王子，也有相同的故事。他和已婚的聖羅蘭夫人同居二十八年，後來離她而去，為了生下王儲，去娶更年輕的女人。還有少提為妙的五子，恩內斯特王子，即坎伯蘭公爵。他不像他的哥哥們，他並未公開出軌，但是祕密進行。很多人認為這樣更糟，尤其在他的貼身男僕約瑟夫．賽爾利斯（Joseph Sellis）直接在公爵的住所拿刀割喉之後。人們懷疑坎伯蘭引誘賽爾利斯太太，導致這齣悲劇。國王的六子，薩塞克斯公爵奧古斯都王子，違反《王室成員婚姻法》，娶了奧古斯塔・莫瑞女士（Lady Augusta Murray），和她生了兩個小孩。後來他也離開她，每年給她四千英鎊的贍養費。國王所有的兒子當中，唯一沒有與濫交沾上邊的，是七子劍橋公爵阿道弗斯王子（Prince Adolphus）。至於諸位公主，她們被約束在宮廷裡面，無法認識任何合適的男性。所以她們愛上不合適的人，好像也不意外。蘇菲亞公主（Princess Sophia）在二十二歲的時候瘋狂迷戀一個比她年長三十三歲的退休上將，甚至傳言為他生下一個不合法的孩子。

有王室成員這樣的榜樣，你就能想像上層階級的行為。如果貴族想要找情婦，他們就會去。如果他們希望情婦換過一個又一個，什麼也阻止不了，除了他們雙手插腰、跺腳的妻子。而如果這些妻子自己選擇大玩特玩，就等於雙方都在背後繫上自由戀愛的緞帶，悠遊社會。牛津與莫蒂默公爵夫人哈利女士（Lady Harley），有過非常多的婚外情，以致她的子女全體被稱為「哈利集錦」，因為沒有人非常確定自己的父親是誰。史賓塞伯爵（Earl Spencer）的女兒——喬治亞娜小姐與哈莉葉特小姐——都嫁得很好，並與貴族的丈夫生下後代，但是接著又在上流社會處處留情。哈莉葉特和數個人外遇，其中一人是理查・布林斯利・謝立丹，而且她也生下兩個格朗維爾伯爵（Earl Granville）的小孩。喬治亞娜狂飲也狂賭，還是大受歡迎的時尚象徵，她和反對黨的領袖查爾斯・詹姆士・福克斯（Charles James Fox）外遇，也和之後的首相查爾斯・格雷（Charles Grey）生下一個女兒，接著，還加入丈夫和伊莉莎白・福斯特女士（Lady Elizabeth Foster），長期「三人行」，而且福斯特女士也與多塞特公爵、里奇蒙公爵、丹雷文伯爵私通。說真的，關於這些有錢人，誰和誰發生了關係，要持續跟上八卦還真是不容易。

問哈莉葉特和喬治亞娜，已婚女人可不可以像她們的丈夫一樣找情人，你會得到明確的答案──「可以」。其他人就沒那麼肯定。詹姆斯·博斯韋爾（James Boswell）一七九一年的著作《詹森傳》（*Life of Dr Johnson*），其中一段對話傳達可能的多數觀點，也就是，不忠對丈夫而言，不比對妻子而言來得罪惡。如同詹森博士所言，「男人不會強迫妻子接受雜種」。[46]許多女性也承認男性與女性不忠的差別，即使是某些思想非常自由的女人。博斯韋爾一位女性友人對他說：「我不知道為什麼，我不該和我的丈夫享有平等的自由，縱情於風流，只要小心不讓私生子混進他的家庭。」[47]多數社會地位高尚的女人會據此計畫，提供「繼承人與備胎」。此外，響亮的頭銜和巨大的財富被私生子繼承的事，也不是沒有聽說。如同第二個墨爾本勛爵威廉·蘭姆（William Lamb）。他的母親生下第一個墨爾本勛爵作為繼承人，但沒有「備胎」，所以當這位繼承人不幸去世時，是她與艾格勒蒙伯爵的兒子繼承她丈夫的財產與頭銜──後來還成為首相。

在這麼篤信宗教的社會，人們怎麼說明此事？蘇格蘭哲學家大衛·休謨（David Hume）提供一個答案，他主張壓抑任何欲望都不自然，包括性慾。另一個答案來自博斯韋爾的女性友人，如上述的引言，她認為這關乎她與丈夫的「平等」，她應該和他一樣自由縱情於「風流」。博斯韋爾自己的情婦吉恩·荷莫（Jean Home）則給了第三個答案，當她的丈夫因為通姦與她離婚（和另一個情夫，不是博斯韋爾），她說：「我希望神不會因為我犯下的唯一罪惡懲罰我，就是滿足祂親自在我本性中種下的激情。」[48]

人類激情的神性也許可以幫助你了解性放蕩較不尋常的一面：紳士的性俱樂部。這些俱樂部比較不是為了安排性行為而成立——找妓女就可以輕易解決——而是為了歌頌性。你來的時間太晚，沒能參加法蘭西斯．達許伍德爵士（Sir Francis Dashwood）的「梅德漢曼僧侶團」（Monks of Medmenham）。直到一七七八年，這些僧侶崇拜裸體的仙女、在狹小的宿舍房間通姦、飲酒過量、逞各種色慾、瀆聖，有時候晚上也在梅德漢曼修道院的遺跡從事邪惡之事。然而，你還是可以去看他們的維納斯神殿，蓋成一個巨大的陰道。[49]你也還是可以讀到國會議員約翰．威爾克斯（John Wilkes）不朽的文字，他的《論女人》（*Essay on Woman*）是為這個俱樂部所作：

> 讓我們（既然人生只能讓人好好相幹幾次，然後我們就死）
> 自由闡述男人愛的場景；一座巨大的迷宮！供巨大的屌探索。[50]

此外，至少有一個性崇拜的社團，你還可以加入（如果你意願極高），就是一七三二年在蘇格蘭安斯特拉色（Anstruther）成立的「最古老與強大的乞丐班尼森與馬里蘭教團」（Most Ancient and Puissant Order of the Beggar's Benison and Merryland）。紳士會員拿著陰莖形狀的酒杯或雕刻陰莖的潘趣酒碗一起喝酒。他們對著彼此朗讀色情詩詞與文學，描述最近的性奇遇，看著年輕女人輕解羅衫、裸體表演。他們通常以集體自慰並射精在鉛錫合金的「測試大淺盤」結束輕浮的夜晚，淺盤上面刻著「男人與少女之道」。[51]

你應該可以想像，不是每個人都贊成這種好色的活動。尤其當你往社會階層下面看，更是如此。中產階級的男人可能會去找妓女、讀色情小說、買色情刊物，但是非常少人養情婦。普遍認為，妓女不會危害婚姻，但情婦會破壞丈夫的婚姻忠誠，令妻子遭受卑屈的痛苦。中產階級的女人若是喜歡找情夫，同樣也會讓她的丈夫變成「烏龜」，破壞她的家庭在社會上的名聲。吉恩・荷莫告訴博斯韋爾：「我愛我的丈夫作為丈夫，而你作為情夫，在各自的範圍。我向他履行所有良善妻子的義務。與你，我放縱自我，沉浸情慾。」[52]上層階級也許玩得起，畢竟他們的社會地位和財富堅不可摧；但是對於在社會力爭上游的人來說風險太大。「良善妻子的義務」和「沉浸情慾」兩相結合，並非中產階級女人可以負擔。

社會階級再往下，還有其他考量。窮人之間，名聲問題不比每日生存重要。未婚女人為了吸引有意願照顧她們和她們的小孩的男人，可能降低她們的道德標準。巡官訪視利物浦、曼徹斯特、阿什頓安德萊恩、普雷斯頓的貧民窟時，在這些人口擁擠的地方，看見窮人如何安排睡覺的床位，發現一張床上可能睡著四個或更多人——父親和女兒、兄弟和姊妹、男性和女性房客、女人和已婚的姊妹、姊妹夫。很難做什麼阻止普遍的亂交。在赫爾，有位巡官問一個妓女，她是如何變成這樣。她告訴他：

她和一個已婚的姊姊住，和姊姊與姊夫睡同一張床，因此發生不適當的性交，而從此之後，她越來越墮落；最後被趕到城鎮，因為，失去她的品格後，城鎮是她唯一的資源。[53]

到了一八〇〇年，每十二個小孩就有一個非婚生。[54]機率最高的地方，不意外，就在被剝奪程度最高的地方。例如，在阿什頓安德萊恩，教區記事簿記載每八個小孩就有一個非婚生。[55]而且，那些每天都會發生的性侵，使人們的道德墮落到恐怖的程度。倫敦一間監獄就有個囚犯，把他十六歲女兒的貞潔賣給獄友——出獄之後付錢。[56]這些以外，當然還有更多恐怖的故事。整體來說，你可以用沙漏的形狀描繪社會的性墮落：上方寬大，中間狹窄，到了下面的底層階級又迅速擴大——對他們來說，那根本就是日常生活。

教育

一八〇八年，愛爾蘭作家理察．埃奇沃斯（Richard Edgeworth）觀察到：「頑固的無知和想像的自負曾是英格蘭仕紳可笑的性格，但是……無知、打獵、酒醉、固執、樂天、愛好自由的暴君已經不見，除了古老的小說和戲劇裡頭。」[57]他說得對：紳士現在更是覺得無知令人羞恥，事實上，所有階級的人都覺得他們和同儕受過的教育應該均等。因此，一七五四年至一八四〇年間，英格蘭的男人識字率從百分之六十提高到六十七，女人從百分之四十提高到五十。邊界以北甚至更高：到了一八〇〇年，幾乎所有蘇格蘭男性都可以讀寫，這要歸功那裡優良的教區教育，儘管女性識字率相較之下低很多。[58]至於成人教育，教育設施興建的規模前所未見：多數城鎮現在都可自誇他們的文學社團、出租書館、讀經班、科學機構與辯論社。

雖然聽起來全都非常正面，然而一如往常，有些相反論點不能忽視。很多人不去上學。在某些地方，對於無特殊技能的工人，教育的眼界不斷萎縮：隨著每天只會操作一台機器，上工、下工，他們的技能不斷消失。一八三〇年代，在阿什頓安德萊恩，只有百分之十二的新郎可以在結婚證書上簽自己的姓名——從一七六〇年代以來下降百分之七十。[59]女人的識字率在同一時期也減半，掉到百分之八。而這裡的預期壽命已經掉到十八年，這個事實足以解釋為什麼：人們單純有更要緊的事。在社會的最底層，無知的程度令人咋舌。攝政時期剛結束的時候，針對普雷斯頓一間監獄調查，百分之四十的囚犯說不出國王的名字，也無法念出主禱文；百分之五十的人不能說出一年的十二個月；百分之二十的人不能數到一百。[60]

關於追求更好的教育，其中一項更鼓舞人心的發展是身障人士的教育。一七六四年，托馬斯·布瑞德伍德（Thomas Braidwood）在愛丁堡開設王國第一所聾人學校，他在那裡教授手語，也教授讀寫。一七八三年，這所學校搬到倫敦附近的哈克尼（Hackney）。一七九二年，學校和倫敦聾啞教養院（London Asylum for the Deaf and Dumb）合併。至於視力損傷的人，一七九一年利物浦貧困盲人學校（Liverpool School for the Indigent Blind）開張。這裡強調的是教導學生特殊技能，例如製作窗簾綁繩、籮筐、拖鞋，演奏音樂，校正樂器。很多人因為天花導致失明，這樣的機構象徵一大進步。[61]

男孩教育

既然富人和窮人的知識落差如此之大，教育作為社會地位的指標，應該也不意外。有錢的父母從六歲或七歲就會開始兒子的教育，請私人家教或在預備學校待上幾年。無論哪種都不便宜。私立的日間學校一年可能花費二十英鎊，有時候甚至兩倍，而家教收費通常更多。寄宿學校可能花費兩倍。牧師約翰・司金納（John Skinner）在一八二三年三月某天，看到三個小孩的學校帳單才發現，一年加起來竟要三百零四英鎊。[62]全部最貴的是古老的公學或所謂「基礎學校」，那些學校都很有名：溫徹斯特公學（Winchester College）可能要花兩百英鎊。[63]那麼你的兒子會相對得到什麼？品質低下的食物、斯巴達式的生活管理、早上五點半就敲鐘起床、疲憊（必須當學長不給薪的僕人），還可能經常被英格蘭某幾個超級大地主的兒子毆打。還有，一流的古典文學教育。

你可能會很驚訝，學校非常重視古希臘和拉丁文的文本。即使來了大肆改革的校長——一七九八年，舒茲伯利（Shrewsbury）的山繆・巴特勒博士（Dr Samuel Butler）以及一八二八年拉格比（Rugby）的托馬斯・阿諾（Thomas Arnold）——多數課程依然以古典文學的原文為主。主要理由是，古典文學包含某些有史以來最偉大的演說家、思想家、領袖等等的哲學、道德、策略文章。學校教師迫不及待告訴學生，他們是西塞羅、柏拉圖、凱撒的繼承人，而且他們利用古文傳授學生外交、責任、明辨。全面教授拉丁文和希臘文的另一個理由是，透過研讀，男孩將會學到文法的基本規則以及如何組織資訊。第三個理由是，古典文學歷史悠久，可與聖經相提並論。也許在我們眼中，在世界上最先進的工業化國家，對於他們未來的領袖，拉丁文的西塞羅和古希臘文的荷馬可能不是最恰當的教育形式，但是這些文本提供社會的世俗觀點，平衡神學偏重內省的影響。

財富階級的下一層，最好的選擇是文法學校（grammar school）。這些學校多數也都非常強調古典文學和聖經。你的兒子會先學習閱讀英文文本，接著進階到拉丁文，再進階到希臘文，以準備大學入學考試。如果你希望他接受比較現代的教育，學習地理、歷史、現代語言、科學，你必須送他去非英格蘭教會主持的私立學院。另一個選擇是私立的營利學校，在都會地區有很多所，通常由一個校長經營，而他的妻子就是舍監。這些學校每年收取三十到五十英鎊，包含住宿和教育。但是，有些營利學校的品質非常可疑。商人之子約翰．寶靈（John Bowring）被送到德文郡一間小學校，有八個調皮的小孩把他們唯一的老師耍得團團轉，而他是其中一個。他們把老師的手杖剪成小段，小心地接回去，放在他的桌上，等著老師拿起手杖打他們。他們在他的滅燭鉗沾上火藥，鋸掉通往教師宿舍最後兩節樓梯，又在宿舍灌水。[64]這樣大概可以稍微彌補他們在更大的學校可以受惠的體育教育。但這是不是你想要給兒子的教育，我就留給你決定。

如果你沒什麼錢花在教育，別氣餒。可以選擇送你的兒子去全國都有的藍袍慈善學校（Bluecoat charity school）。此外，一七九八年，約瑟夫．蘭卡斯特（Joseph Lancaster）創辦一種免費的教育系統，由年長的男孩教導年幼的男孩讀寫與算數。你也可以送兒子去這種學校。一八一一年，「英格蘭與威爾斯教會全國促進窮人教育協會」（National Society for Promoting the Education of the Poor in the Principles of the Established Church in England and Wales）成立，在所有的大型城鎮推廣「國立學校」。到了一八三〇年代，光利物浦就有五十七間慈善學校，照顧兩萬五千名年輕人的需求。[65]在沒有慈善學校的鄉鎮你也可以找到每週只收兩便士的日間學校。[66]有些地方也單售學習課程，例如三個月的讀寫課程是一先令六便士（不含筆、小刀、墨水和紙），拉丁語課程是兩先令六便士。

其他可得的教育形式是學徒制。有兩種形式：私人和公家。私人學徒制會教導某個特定行業的知識。在開始之前，男孩通常已經上過學，學會基本讀寫和算數。大約十四歲的時候，他會簽一份學徒契約，依據這份法律文件，他需要服侍一位師傅七年，直到二十一歲，同時學習如何從事某個行業，相對地，師傅要提供食物，而且普遍來說，也要負責他的健康。費用通常一次付清。如果你要兒子去南佩瑟頓（South Petherton，位於索美塞特）當磨坊的學徒，要花十英鎊；在切特西（Chertsey，位於薩里）當傢俱木工要花五十英鎊。如果你希望他去阿斯克（Usk，位於南威爾斯）當律師，就要掏出兩百一十英鎊。[67]

公家學徒是社會紓困的一種。七歲開始，弱勢或孤兒會被教區督導送去當地的有錢人家，他們接收這些孩子作為傭人，教導他們農牧，或其他未來可以賺錢的技能。如果主人剛好是紡紗廠的業主，那麼男孩可能就會在他的工廠睡覺、吃飯、做工。這是完全不給薪的勞動，也很難稱得上教育。直到《一八〇二年工廠法》生效，工廠業主才必須教導學徒讀寫和算數。學徒二十一歲以前不能離開。你也看得出來，一八〇二年之前，公家學徒制，與其說是教育，不如說是苦勞刑罰。

男孩高等教育

如果你非常有錢，學業結束後，也許會考慮來趟壯遊。這是一趟長期旅行，前往歐洲各地，通常有朋友或家庭教師陪伴，對於了解風俗、文化、歷史必不可少。時間可以長達一到四年。理想上你會經法國去義大利，但是革命以及隨之而來的戰爭，會使法國成為一個有問題的目的地，不適合年輕的英格蘭貴族，所以必須改經德國下去義大利。或者，如果你偏好留在家鄉，你可能會在倫敦某個律師學院完成教育，取得律師資格。或者，如果你選擇從軍，你可能會去伍爾威治（Woolwich）的軍事學院學習炮術；或一八一二年起，在桑德赫斯特（Sandhurst）的皇家軍事學院接受職業軍官訓練。然而，如果你不是那麼熱衷判斷別人或殺掉別人，而且負擔不起到歐洲旅行幾年，也許可以考慮去拿大學文憑。

攝政時期剛開始的時候，大不列顛有六所大學：神聖莊嚴的牛津與劍橋，以及位於蘇格蘭，較小但高貴程度只差一點的大學：聖安德魯斯、格拉斯哥、亞伯丁、愛丁堡大學。但是大學對於你的生涯有多少幫助，答案有點爭議。如果你看看牛津大學的職員名單，馬上就會發現大學就和公學一樣傳統。他們任命的教授，有神學、希伯來文、希臘文、阿拉伯文、民法、普通法、醫學、臨床醫學、古代史、現代史、植物學、天文學、幾何學、自然哲學、實驗哲學、音樂和詩歌。清單看起來厲害，但注意，裡頭沒有數學和經濟，或任何與機械和工業有關的科目。問題就在牛津大學絕大部分由神職人員主導，而他們認為自己的主要責任是培育國家未來的神職人員。此外，非常古老又獨樹一格的大學，適應的步調非常緩慢。一七九五年和一八三〇年之間，牛津大學設立的教授職位有盎格魯-撒克遜文、解剖學、化學、礦物學、地質學、政治經濟學、道德哲學、梵文，但是，總體而言，大學如何回應多變的時代，最好看他們對蒸汽機的反應。一八二八年，牛津大學的校長在學校展示一台火車頭模型——不是要學生研究火車頭的機械運作，而是要以此作為年度拉丁文最佳詩作獎的主題。[68]

從這樣的頑固不化可見，教育改革的動力從古老的大學轉移到新建的大學。改變從蘇格蘭開始。格拉斯哥大學的安德森學院（Andersonian Institute）以及愛丁堡大學的藝術學院，分別於一七九六年與一八二一年成立，兩所學院都提供技術和科學的學科課程。一八二六年，傑瑞米・邊沁和朋友創立倫敦大學。這所大學的學科眾多，而且現代，教授法文、義大利文、德文、中文、中國文學與其他東方語言，也教授古典文學。你還可以研讀歷史、政治經濟學、地理、數學、邏輯學、自然哲學、天文學、化學、植物學和動物學。新的大學尤以自己的醫學教育為傲：解剖學、生理學、外科、臨床外科、「病理解剖學」、助產學、藥學、醫學法理學以及醫學原理和實踐——這些學科都聘請了教授。[69]最重要的是，學生不必要是英格蘭教會的成員。教會領袖見狀，唯恐世俗主義逼近首都聰明的青年，遂於一八二九年成立聖公會的分身——國王學院（King's College）。

對於某些富裕的青年，大學教什麼並不重要。他們上大學的主要理由不是教育，是社交。拜倫勛爵在劍橋大學的生涯就是經典的例子。他在一八〇五年進入三一學院（Trinity College），立即過著奢華的生活。他會買書，也付學費，但你不大可能在講堂見到他。身為貴族，他不需要坐下來考試。他描述他在劍橋的生活「充滿骰子和酒醉，邪惡又混亂，只有冒險、勃艮第、打獵、數學、新市（Newmarket）＊、暴動、賽馬」。[70]他買了一輛馬車，養了好幾匹馬。最出名的是，他為了反對不能在大學養狗的規定，所以帶了一頭熊來，名叫布魯因；然後他又宣布，布魯因要進入董事會，藉此嘲諷學校。但是他在劍橋的時間可沒有白費——正好相反。他結交很多好朋友，包括某些後來陪伴他的人。他提升出席公開場合與主持談話的技巧。他寫詩，並出版第一本書《賦閒之時》（*Hours of Idleness*）。他剛到時候是個過胖的十七歲小子，離開的時候是個優雅、修長、斯文、時髦、浪漫的二十歲詩人——自信滿滿踏入倫敦社會，並且開始他的壯遊。換句話說，劍橋教導拜倫勛爵怎麼當拜倫勛爵。而且你真的不能反對，對他而言，沒有比那樣更適當的教育了。

女孩教育

你可能會以為，威廉·霍蘭德（William Holland）身為索美塞特上斯托伊（Over Stowey）的教區牧師，會熱烈擁護女性教育，尤其他是一個天才少女的家庭教師，自己也有一個女兒。但是他表示：「我不希望任何女人理解拉丁文與希臘文。這種賣弄學問的學習令她們驕傲自大。」[71]他的偏見非常普遍。多數男人和女人相信女孩需要的教導只有宗教責任、道德，以及符合她們未來生活的技能。對有錢人來說，包括刺繡，彈奏鋼琴、長笛、豎琴，跳舞，說法文和義大利文，書法。對窮人來說，適當的技能不會超過家事、烹飪、織補襪子、縫布、協助務農。即使聰明的中產階級女孩，她們的教育也會被人忽視。瑪麗·沃史東柯拉夫的家裡栽培她的大哥奈德當律師，但她幾乎沒有學過讀寫。她因此非常不高興。她後來回憶：「這種做法確實就是偏見，他的活力和機智，在我身上就是魯莽與冒失，被殘忍地壓抑。」[72]

你若想讓你的女兒接受教育，應該怎麼做？如果你很有錢，通常會聘請全職的女家庭教師，還有兼職的法文老師，以及音樂、繪畫、跳舞的大師，教導她所有你希望她習得的技能。如果你沒有那種錢，許多新的慈善學校也為女孩開設課程。此外，也可以參加私人和公家的學徒制。因此，雜貨店的女兒可能在慈善學校學習讀寫，然後，十一、二歲時，報名縫紉或時裝裁縫課程。窮人家的女兒可能會在六、七歲就進入公家的學徒制。這幾乎就是學習家事，更不用說，不會教導讀寫，只是去到大戶人家做免費的髒活。童年時期只有麵包和床板，直到她找到家庭傭人的工作，或結婚。

如果你對女兒寄予厚望，但是負擔不起女家庭教師，就得送她去私立的自費學校。一八一五年，布萊頓有九所「女子學院」（相較七所男子學院），還有一所「週日女子學校」。[73]女校的學費比男校便宜，因為比起受過古典訓練的男性教師，這裡聘僱的女性教師薪水非常微薄。至於你的女兒實際學到什麼，多數學校除了以上所列的「技能」以外，不會教授更知性的知識。伊莉莎白·哈姆回想她在提弗頓（Tiverton）私立女子寄宿學校的時光：

＊譯注：歷史悠久的賽馬場，位於薩福克。

> 我們的學習不是非常廣泛，也沒什麼教化作用。我們靠死背學習，背辭典、文法或地理。不寫練習題，也不會問我們任何課程相關的問題。我們上午讀聖經，下午讀英格蘭或羅馬的歷史。十一點到十二點，有個老師來教我們寫作和計算。每週兩次有位舞蹈老師。[74]

至於居住環境，女子學校就和男子學校一樣惡劣。女孩須與別人同床，食物也稱不上足夠。「家庭學校」（dame school）*的婦人揮舞棍棒的頻率就和男子學校的老師一樣多。安·李斯特在里朋（Ripon）上學時甚至被**鞭打**過。[75]

女子學校不教拉丁文或希臘文，更不用說，高等教育不收女孩。如果你希望你的女兒接受像男生那樣的古典教育，就得自己教。這就是牧師暨蒂因（Dean）與史蒂文頓（Steventon）的教區長喬治·奧斯汀（George Austin），為女兒做的事。其中一個女兒珍在寄宿學校待不到二十個月，十一歲的時候離開，由父親教育。後來她閱讀法文流暢無礙，習得基礎義大利文，也相當程度學習英國歷史。[76]結果顯示這樣的教育相當適當。事實上，三十年後，奧斯汀小姐的作品《傲慢與偏見》是威爾斯親王的睡前讀物。

自學

這個時期最可觀的教育進步，也許不是來自任何學校老師，而是自學的成長。上千人渴望今日我們視為理所當然的事，珍惜所有零星的學習機會。其中有些人成為這個時代非常了不起的人物。像托馬斯・特爾福德和理查・特里維西克（Richard Trevithick）等工程師大部分靠自學；喬治・史蒂芬生最初的教育在礦場。但是這些人當中，最厲害的也許是來自德文郡莫頓漢普斯特德（Moretonhampstead）的天才兒童，「計算男孩」喬治・帕克・比德（George Parker Bidder）。大約從七歲開始，他自己學會快速計算非常複雜的總和。他的父親發現兒子這個本領後，帶他到鄉村市集，讓紳士與淑女付錢問他他們所能想到最難的問題。「如果馬車車輪的圓周是五英尺十英寸；跑了八億英里後，轉了幾圈？」喬治花了五十秒回答：「724,114,285,704 圈，還剩二十英寸。」「119,550,669,121 的平方根是多少？」這題喬治花了三十秒：「345,761。」這件事情非常驚人，畢竟他連讀寫都還不會。一八一五年，九歲的時候，他被帶到王后面前，王后問他：「從這片土地的終點康沃爾，到蘇格蘭的法瑞黑德（Farret's Head），根據測量，是八百三十八英里；如果一隻蝸牛，每天爬八英尺，要爬多久？」「五十五萬三千零八十天。」他只用了二十八秒就回答問題。[77]

比德大師可不只是數學園遊會的景點。他後來和喬治與勞伯・史蒂芬生父子一起工作，建設多條鐵路，成為世界上第一家電報公司的共同創辦人，監督廣大的倫敦碼頭建設，最後成為土木工程協會的會長。如你所見，自學在十九世紀的英國，可以帶你走得很遠。

＊譯注：在鄉鎮或教區，由當地婦人主辦的學校。

對外國人的態度

英格蘭人怎麼看待他們歐陸的堂表兄弟呢？一八一六年出版的一本書，論英格蘭禮儀，提供一些答案。「我們毫無顧忌認為法國人，整體而言，多變、多嘴、無禮；德國人呆板、冷漠；西班牙人浮誇、傲慢、懶惰。」[78]那麼他們怎麼看待美國人？悉尼．史密斯（Sydney Smith）說出很多人的心聲：

> 他們不過最近從英格蘭搬過去；而且應該將這件事情對後代子孫大肆說嘴，他們和培根、莎士比亞、牛頓同文同種……地球的四面八方，誰讀美國的書？誰看美國的戲？誰看美國的圖畫或雕像？世界感謝哪位美國的醫生？他們的化學家發現什麼新的物質？……誰喝美國酒？誰吃美國菜？還是穿美國的大衣或長袍？還是蓋美國的毛毯？最後，歐洲古老的暴君政府，在哪個統治之下，每六人就有一個奴隸，他的同胞會買賣而且虐待？[79]

從以上這些，你大概知道，英格蘭人看待外國人，不外乎以下方式：如果他們來自新世界，那麼他們比英格蘭人下等；如果他們來自歐洲，英格蘭人比他們優越。

話雖如此，個人對待外國人的方式，取決於他們的社會地位、教育，以及對其他文化的熟悉程度。雖然低下階級對陌生人總是懷疑——對法國人尤其敵對——中上階級通常張開雙手歡迎階級高貴的旅客。從他們身上得到金錢利益的人也是，例如客棧老闆和船夫。倫敦人通常也歡迎外國人——並不意外，畢竟每五十個市民就有一人在海外出生。[80] 一七九〇年代，這個城市有五十四間法國基督教教堂，加上八間德國基督教教堂，此外，有六間荷蘭、三間瑞典、四間瑞士、四間丹麥、八間羅馬天主教和四間希臘東正教的崇拜場所。因此，你會遇到各種態度。有些人認為，只要高唱「天佑吾王」、吃烤牛肉、喝溫啤酒，就是厭惡外國人。倫敦人和受過良好教育的人，對海外訪客慷慨大方，也是一種不同的愛國主義：強調聯合王國是偉大的世界強權，並讚揚這裡的統治階級是高級的男人和女人，每個文明國家都應羨慕他們的品味和氣質。

英法關係依然反覆無常。這可能也不令人意外，因為，到了一七九三年，英格蘭和法蘭西在過去六百年已經交戰幾乎兩百年。之後，他們又不斷出兵二十一年。一七九三年通過《外籍人士法》（Aliens Act），控制所有國家的人民移入，除了法國，近來有四千人因為革命流亡到英格蘭。這些新來的人多數出身高貴，但是完全沒有收入，所以在布萊頓的餐廳，你可能會遇到法國貴族幫你端盤子，或者發現 *chevalier*（騎士）幫你清潔窗戶。當然，大量法國人湧入，並不討平民百姓歡心。路易斯．西蒙因為「出生於法國的罪」——他是這麼說的——一再受害，也只能嘆氣。持續的戰爭也導致人民恐懼入侵。帕爾森．伍德福德（Parson Woodforde）在他的日記記錄，一七九八年四月，所有年齡介於十五到六十三歲的男人都被放進儲備名單，因為法國軍隊隨時都會登陸。[81] 這種恐懼，當然又因為一件事實加深。在恐怖統治期間，法國的革命人士屠殺自己的人民——旺代省（Vendée）的農夫，以及整個國家的貴族與中產階級專業人士。勞伯．詹金遜（Robert Jenkinson）

在成為首相（利物浦勳爵）之前，親眼目睹法國大革命，因此深信法國人單純是「強盜和刺客……殺人犯和弒君者，他們的雙手還散發著被屠殺的君主流血的腥味」。[82]

然而，法國仍是英國眾多的靈感來源。人們崇拜法國的時尚，尋找法國的傢俱——法國的繪畫也是，而且法國的料理，對於不只想要簡單火烤、烘焙、水煮，也追求其他烹飪樂趣的人，更是一大享受。我們也別忘記法國葡萄酒無法超越的優異。兩國人在一起時，貴族不講英語，而講法語——部分顯示他們有此能力，部分不讓傭人懂得他們在說什麼。如果可以，他們也會去法國旅行。一八〇二年，《亞眠和約》（Peace of Amiens）暫時允許他們蜂擁越過海峽，去看知名景點，採購法國服飾和繪畫。但是休戰的時間太短：戰爭隔年又重新開始。英格蘭人又得等到一八一五年六月。拿破崙戰敗後，英國的中上階級把法國當成某種樂土。他們攜家帶眷穿越海峽，興高采烈去看巴黎的風景；或去比利時看滑鐵盧，那裡很多戰場的導遊，可以買到下頷骨或破碎的制服作為紀念品。

對愛爾蘭人的態度就不是同樣的路線，在英格蘭尤其不是。一七九八年的愛爾蘭起義，聯合愛爾蘭人會（Society of United Irishmen）發起美國那樣的獨立戰爭，試圖脫離大不列顛。結果失敗，而且損失數萬人命。此外，近幾十年，愛爾蘭人口暴增，愛爾蘭人在英國並不受到歡迎。愛爾蘭工人數以千計搭船到利物浦，住在城市的貧民窟。聽說他們「習慣非常骯髒，臭名在外……英格蘭的工人不會想住在同個庭院」。[83]在倫敦，愛爾蘭人占人口百分之九，他們的工人願意拿英格蘭人一半的工資，導致英格蘭工人暴動，大喊「打倒愛爾蘭人！」然後砸破愛爾蘭人家的窗戶。[84]

大不列顛裡頭的三個國家彼此之間比較輕鬆。倫敦特別歡迎蘇格蘭人：一七九〇年代，他們占人口百分之七。[85]雖然相對少的英格蘭人會往邊界北方旅行，而且去的人，如果看到那裡的窮人生活環境，往往不會舒服自在，但是蘇格蘭人仍然歡迎他們。到了一八二〇年代，許多蘇格蘭的領主都效法英格蘭的方式，甚至住在英格蘭。反過來，瓦爾特・司各特爵士的小說大受歡迎，打開英格蘭人的眼界，窺探浪漫的古蓋爾文化。因此，你偶爾會在倫敦或布萊頓的社交場合遇到蘇格蘭的氏族領袖，穿著他們傳統的方格呢，侃侃而談高地生活——也許還會告訴你，他和他的國人對英格蘭人多少還有輕蔑。[86]

同性戀與女同性戀

你可能覺得，如果一個社會，紳士可以縱情於手淫聚會，對同性戀應該也會相對容忍。若是如此，請重新考慮。反對男男性行為的態度嚴厲得驚人：**沒有**什麼比這件事情更可能讓你招致千夫所指、萬民唾棄。被宣告雞姦有罪的人，下場通常是死刑：一八〇五年至一八三〇年，至少四十五人因為這項違法行為被絞死。[87]無論你多老，多麼位高權重，絕不寬貸。一八一〇年，年僅十六歲的托馬斯・懷特（Thomas White）和四十二歲的約翰・赫本（John Hepburn）被控性交，這個男孩和這個男人都被絞死。[88]隔年，尊敬的威廉・科特奈閣下（the Honourable William Courtenay）——未來的德文伯爵——為了躲避犯罪起訴被迫流亡國外，因為二十五年前，十六歲的時候，他被威廉・貝克福德（William Beckford）雞姦。一八二三年，紐卡索公爵意外打開一封信，來自一位名叫亨利·哈凱特（Henry Hackett）的年輕人，寫著：「我親愛的班傑明……」公爵馬上發現這封信是寫給他的貼身男僕班傑明·昌德勒（Benjamin Chandler），原來昌德勒是同性戀集團的成員，這個集團圍繞著十九歲的哈凱特。公爵立刻向地方法官檢舉，昌德勒和他的同性戀友人遭到逮捕。他們都因哈凱特的信被絞死。[89]

雖然女人生活的多數面向都不比男人輕鬆，但是同性之愛恰好相反。人們才不理會女同性戀。當時認為，古希臘的女詩人莎孚（Sappho）可能寫過一首關於女人的性愛詩，幾乎等於公開承認此事存在。另外兩位知名的「蘭戈倫淑女」（ladies of Llangollen）——艾蓮娜·巴特勒（Eleanor Butler）和莎拉·龐森比（Sarah Ponsonby），兩人隱居在北威爾斯多年，維持非常謹慎的「浪漫關係」。她們都在年輕的時候逃離壓抑的家庭，她們住在一起，睡在一起，穿著男性服飾，並稱呼對方「親愛的」和「另一半」。但是沒有人認為她們可能是女同性戀，或用這時候的話來說是「莎孚主義者」。同樣的情況還有女詩人安娜·西沃德（Anna Seward）和她的親密友人婀娜拉·埃奇沃斯（Honora Edgeworth），女雕刻家安·德莫（Anne Damer）和她的愛人伊莉莎白·費倫（Elizabeth Farren）。除了並不違法，兩個女人在一起，在公眾眼裡完全無害。

獨立的淑女安·李斯特在她的日記寫下許多戀愛與性的生活。從這些紀錄來看，她在住家約克郡的希布登府（Shibden Hall）和許多女人發生過關係。真的，你發現後會很驚訝，從她的文字透露多少攝政時期的女人願被說服嘗試女女之愛。我們也不能說，她完全沒有得到負面批評：當她經過工人階級的男人，有幾次他們會這樣羞辱她：「妳的屌會硬嗎？」女人有時也會彎起手肘攻擊她的胸口。[90]

但是沒人真的嚴重威脅她的名譽。她的一位愛人問她，她們這麼做算不算有罪，安告訴她，聖經裡並未像男同性戀那樣禁止莎孚的行為。[91]有時候她必須非常小心——尋找可以上鎖的房間，或只能和她的女伴快速擁抱——其實她唯一真正的擔憂是太快向某個女人進攻，可能嚇到對方。但是，安很幸運。而且顯然對女人很有一套。二十五歲的時候她寫道，她「從沒被任何人拒絕」。[92]

變裝

變裝對女人來說不是問題，但是可以毀了一個男人。穿著女人的衣服本身倒不是原因。而是，如果這麼做是為了引起其他男人的「性趣」，等於是在誘惑同性，因此須為不法行為受罰。一七九二年，倫敦的地方法官收到一封匿名信，於是突擊倫敦聖克萊蒙巷（St Clement's Lane）一家變裝俱樂部。報告寫著：

官員衝進樓上的房間，發現兩名無恥之徒穿著女性服裝，臉上化妝，跳著小步舞曲。其他十六名墮落的人士此時坐在圍繞房間的長椅，不知羞恥笑著觀看，彼此之間親暱輕佻；他們立刻遭到逮捕，送至看守所：昨日上午在大批暴民連聲撻伐之中，移送至弓街（Bow Street）＊。

＊譯注：十八世紀起地方法官法庭、志願警隊等執法機構的所在地。

後續審判中，被告承認，在他們的俱樂部，一律以女性名字互相稱呼，例如高汀女士、帕皮利恩伯爵夫人、方便小姐、血盆大口奶奶、福里斯基小姐、衝動貝姬、情婦莫菲、花俏小姐、小鸚鵡。現實生活中，他們是鞋匠、裁縫、傭人和其他普通行業的男人。然而他們的犯行羞恥惡劣至極，以致無人為他們辯護。無人認為變裝是無害的樂趣。「憎惡」確實就是正確的用詞。[93]

截然不同的對比是，有位男性變裝者，每天都能在倫敦公開穿著連衣裙。他就是法國紳士夏爾・德翁・德・博蒙（Charles d'Éon de Beaumont），人稱「德翁騎士」（Chevalier d'Éon）。他是前法國外交官與間諜，有過輝煌的軍事生涯，現在以女人的姿態出現，進入俄羅斯伊莉莎白女皇的社交圈。他在凡爾賽宮的舞會扮裝成女人，並引誘龐巴度夫人（Madame de Pompadour）。他收藏一些信件，握有路易十五涉入某些祕密犯罪事件的證據。國王死後，他的兒子路易十六付給這位王室騎士養老金，買下他的祕密，但奇怪的是，堅持他餘生都要穿著女性服裝。夏爾接受——唯一條件是他可以繼續配戴他的軍功勛章。於是，接下來三十年，每天他都扮成女人，大部分的時間都在倫敦展現他的擊劍技術。社會敬重他，而且他在一八一〇年過世的時候，大眾真心為他哀悼。

有幾個男人，單純只想過上女人的生活，安安靜靜，低調度日。考慮女性面對的劣勢——性別歧視、對自己的財產沒有權力、各種機會有限——你必須承認，這不是什麼輕鬆的決定。設身處地想想，在這個時期認同自己是女人的男人，一生都要活在被發現的恐懼，至死方休。在科爾切斯特，有個女傭在同一戶人家工作三十年，直到一八一一年去世，才被發現她是男人。[94]在約克郡，一八二〇年，有位廚師兼管家，人稱盧斯賓太太，和另一位女傭相戀，兩人爭執過後，女傭一氣之下離開。盧斯賓太太前去找她，並帶她去倫敦，向她坦白自己不是女人。兩人很快結婚，一起開了小餐館，於是，我們可以希望他們從此幸福快樂。[95]

裝扮成男人的女人，這麼做通常有什麼特殊原因。劇作家華勒斯女士（Lady Wallace）想要觀察下議院的會議程序，於是穿上男人的服裝，走進旁聽席，因為女人不准進入議院。許多女演員在舞台上穿著男性服裝，而觀眾很愛她們這樣。然而，女扮男裝最常見的理由是去海邊，或參加陸軍遠征。之前我們說過菲比・赫索爾和她的愛人在豐特努瓦戰役並肩作戰的故事；她女扮男裝在陸軍服役七年。漢娜・斯奈爾（Hannah Snell）從軍二十一年，還在戰役中失去部分手指。[96]瑪麗・雷西（Mary Lacy）在《女性造船工》（*Female Shipwright*，一七七三年出版）一書寫到自己在海軍工作的經驗，一開始在軍艦上當傭人，後來在樸茨茅斯當「男性」造船工。還有瑪麗・安・塔爾伯特（Mary Anne Talbot），她扮成普通水手和愛人出海，結果在一七九七年參加坎伯當海戰（Battle of Camperdown），膝蓋被子彈打碎，結束她的軍旅生涯。儘管如此，《瑪麗・安・塔爾伯特的人生與驚奇冒險》（*The Life and Surprising Adventures of Mary Anne Talbot*）一書，還是在一八〇九年上架。

攝政時期所有化身男人的女人之中，不能不提到詹姆斯・貝瑞（James Barry）。從十歲起，她的穿著打扮與行為舉止就像男孩，因此可以接受古典文學教育，後來在愛丁堡大學研讀醫學——這是身為女人不可能做到的事。取得學位後，她加入軍隊擔任醫師。行醫期間，她創新護理方法，並在軍隊護理引進嚴格的衛生標準。但她人生的大日子是一八二六年七月二十五日，地點是南非。剖腹手術，通常是母親在生產過程垂危時，為了拯救嬰兒實施的手術。過去只有一次，一八一八年在蘇黎世，剖腹生產後，母親保住性命；而詹姆斯・貝瑞自己的指導教師在愛丁堡嘗試過兩次，但是均以失敗收場。然而那天，貝瑞醫生不只救了孩子，也救了母親。至於身為女人這件事情，她從頭到尾保密，直到死去那天。儘管如此，有人為了實現救人的使命，必須公然違抗社會習俗到這樣的程度，也許還是會令你感到哀傷。[97]

種族主義與反猶太主義

十八世紀末，英國大約有一萬五千個黑人，如果你剛好是其中之一，在你所能想像的方方面面，都會遭到歧視。[98]基本假設是，你直到最近都還是奴隸，或者你是棄船的水手。你會遭到言語羞辱和肢體暴力——而且沒有任何公權力會在乎。人們叫你黑鬼（nigger）或黑種（negro）是稀鬆平常，也會叫你「黑仔」（Blackey）或「黑奴」（Mungo）。你很難找到工作。喀麥頓的一間礦場，管理員就公開宣布，他「樂意聘僱任何人，除了黑人」。[99]如果你是混血，你的日子也不會比較好過，因為人們會假設你是白人主人和黑人奴隸非婚生的後代，因此加倍汙染——一是你的血統不純，二是你的非婚生身分。

其中一個處境特別艱難的女人來自科伊桑族（Khoisan），又稱「霍屯督人」（Hottentots）。她和許多科伊桑女人一樣，臀部脂肪肥厚，因此特別突出，大腿以上呈現誇張的圓形。在南非的荷蘭農夫叫她莎契・巴特曼（Saartjie Baartman），她在一八一〇年來到英格蘭時，被稱為「霍屯督的維納斯莎拉」。她被帶到公開的展覽裸體示眾，所以人們可以看到她巨大的臀部，檢查她特別大的陰唇，他們認為那是分開的器官，只有霍屯督人才有。諷刺漫畫也以她的體型為主題，表現觀者看到她後產生的性慾或厭惡等強烈感受。一八一六年，她悲慘死去時，還遭受驗屍的羞辱，比殺人犯的待遇更糟。她的身體被做成石膏模型，她的性器官也被做成蠟模。然後她被支解，骨頭被拿去展示。

雖然有這樣可憐的個案，攝政時期英國黑人的處境比以前好得多。被帶到英國的奴隸，法律上是否還是奴隸，首席法官曼斯菲爾德勛爵（Lord Mansfield）斬釘截鐵回答這個問題。一七七二年，他裁決，奴隸制度不存在於英格蘭普通法，隨後也不因聖旨或《國會法》成立。因此，奴隸的所有人沒有權力強迫現職的奴隸上船回去西印度群島。奴隸主們嚇壞了，立刻請願國會通過承認奴隸制度的法令。國會拒絕。一七七八年，蘇格蘭的法官也在蘇格蘭做出類似的法律裁決，宣布西印度群島認同奴隸制度的法律不適用於蘇格蘭，就像維吉尼亞州的法律不適用於英格蘭。因此，如果你是個奴隸，當你的雙腳踏在攝政時期的英國，在所有方面，你已自由。因為這個理由，數個有才華的黑人作家和藝術家來到英國，他們希望在此不受他們在其他國家的汙名，獨立謀生。奧拉達・艾奎亞諾（Olaudah Equiano）曾經是奴隸，後來是水手，而且定居在倫敦。一七八九年他出版自傳，成為暢銷著作。一七九七年他去世的時候，能夠留下價值一千英鎊的財產給他的女兒。一八二五年，非裔美國演員埃拉・奧爾德里奇（Ira Aldridge）在倫敦的舞台首演，開始漫長的職業生涯，見證幾乎所有開放給有色人種的角色。非裔歐洲小提琴家喬治・布里奇陶爾（George Bridgetower）——貝多芬其中一首奏鳴曲是為他而作——也在一八二〇年代來到這裡表演。[100]

必須要說，多數的黑人藝術家與表演家，還是依賴白人贊助者的支持和保護。朱利斯・蘇比斯（Julius Soubise）原本是奴隸，他充滿魅力，擅長騎馬、劍術、歌唱、演奏，而且穿著時尚；他在昆斯伯里公爵夫人贊助之下闖出名聲。約翰・林賽爵士（Sir John Lindsay）和黑人女性非婚生下女兒，她在叔祖父的家裡長大，想不到她的叔祖父是首席法官曼斯菲爾德勛爵；你可能知道她著名的肖像畫。即使當時有名的黑人拳擊手也須感謝開明的貴族資助。比爾・里奇蒙（Bill Richmond）在紐約出生時是奴隸，被諾森伯蘭公爵領地的繼承人休・珀西（Hugh Percy）帶到英格蘭。他接受教育，並在約克當傢俱木工的學徒，但是比爾因為膚色受到羞辱，與人大打出手。某天，妓院的皮條客看見他挽著一位白人女性，便叫他「黑色魔鬼」。比爾要求和那個男人單挑，很快皮條客就倒地，後悔自己說過的話。比爾的名聲逐漸傳開，他到倫敦，成為職業選手。他越來越出名，有時賽事長達一小時以上，他依然勝出，還會教授當時上流社會的紳士入門技巧，包括威廉・赫茲利特（William Hazlitt）和拜倫勛爵。

在大型城鎮繞一圈，你會發現很多非白人的群族在英國生活。倫敦碼頭附近有拉斯卡（lascars），即印度水手，他們在航行期間，一次會在這裡停留幾週或幾個月。倫敦和利物浦也有少數中國水手，有些長期定居於此。[101]威廉・馬交（William Macao）是中國人，他留在愛丁堡，並在稅務局工作超過四十年。[102]吉普賽人是另一個少數族群，雖然他們從未定居在哪個鄉鎮。他們在鄉村四處漫遊，全年居住在戶外。他們特別容易遭受種族暴力。一七九七年八月《泰晤士報》報導，三十個吉普賽男女、兒童在諾伍德公有地（Norwood Common）的帳棚遭人襲擊，因而失去住所。他們全都以遊民的身分遭到逮捕。人們不喜歡他們沒有宗教信仰，他們的語言不同（羅姆語〔Romani〕），而且他們不上教堂，結婚也不去。很多人因為他們不識字輕視他們，或因為他們居無定所不信任他們。他們當然也不可能有固定工作。不會繳稅，不會貢獻教區收入。

猶太人代表英國最大的少數族群，到了一八〇〇年，倫敦約有一萬五千至兩萬個猶太人，其他城鎮或鄉村大約分布五千至六千人。其中四分之一是塞法迪猶太人（Sephardic Jews），他們從西班牙和葡萄牙被驅逐來到英國，已經一百四十個年頭。其他四分之三是來自東歐、德國、土耳其的阿什肯納茲猶太人（Ashkenazi），他們的祖先在一七〇〇年後來到英國。對猶太人的偏見形形色色。猶太人不能在選舉中投票，不能在大學或聖公會的學校任公職。他們也不能取得醫療的從業執照。他們不能申請貧窮紓困，也不能進入基督宗教的醫院。但這些還只是政府的歧視。更大的傷害來自個人攻擊。法蘭西斯．普雷斯記錄他看過非常多的猶太人「被人吼叫、被人追逐、被人毆打、被人拉扯鬍鬚、被人吐痰，在大街上遭到暴力攻擊，路人或警察都視而不見……狗也不能這樣被對待。」[103]卡爾．莫里茲寫到，某天他搭著擁擠的驛站馬車，停在肯辛頓：

有個猶太人想搭車，但是裡面沒有位子，而他不想坐在車外。同車的人為此抗議。他們不能理解為何一個猶太人要對坐在車外感到羞恥；總之，他們說，他不過是個猶太人。我注意到在英格蘭這裡，這種反猶偏見比我們德國人還要強烈。[104]

但是猶太人的故事不總是這麼可憐。首先，某些猶太商人，例如班傑明與亞伯拉罕・戈斯密兄弟（Benjamin and Abraham Goldsmid）、利維・巴倫特・科恩（Levi Barent-Cohen）、摩西・蒙蒂菲奧里（Moses Montefiore），開始打破倫敦這座城市的反猶高牆。納森・梅爾・羅斯柴爾德更是出奇成功。一七九九年，在曼徹斯特建立紡織事業後，他搬到倫敦投資純金，成為成功的國際商業銀行家，和他在德國的親戚合作。這個家族的事業蒸蒸日上。一八一五年，羅斯柴爾德的公司價值十三萬六千英鎊，而納森的股份價值九萬英鎊。但是才過短短三年，他們坐擁一百一十七萬英鎊的財產，而納森的股份成長到五十萬英鎊。一八三六年他過世時，身價超過一百萬。[105]英國猶太人的社會地位因此提升不少。中產階級的人很難想像「不過是個猶太人」，但是財富勝過公爵。

工人階級的猶太人有丹尼爾・門多薩（Daniel Mendoza）當他們的英雄。一七八七年他以職業拳擊手的身分出現，在倫敦與周邊許多知名比賽獲勝，之後開設自己的學校，教導防身術。法蘭西斯・普雷斯寫道，因為他的成功，人們開始小心不要侮辱猶太人，他們正在學習拳擊技術。[106]猶太作家也開始興起，包括艾薩克・迪斯雷利（Issac Disraeli），他是未來的首相班傑明・迪斯雷利（Benjamin Disraeli）的父親。他的著作《文學珍談錄》（*Curiosities of Literature*），以及歷史著作，受到讀者和學者歡迎；他也獲頒牛津大學榮譽博士學位。但是最令人驚訝的，應該是非猶太人的作者，開始用正面的角度描繪猶太人，因此反映新的尊重與思維標準。瓦爾特・司各特爵士一八一九年出版的著作《撒克遜英雄傳》（*Ivanhoe*），浪漫的女主角蕾貝卡是猶太人，而且比她的戀愛對象——被社會接受的撒克遜男主角，更勇敢也更有趣。拜倫勛爵為他的著作《古代和現代希伯來旋律精選》（*Selection of Hebrew Melodies, Ancient and Modern*, 1815）寫了一系列美麗的詩；這些詩作是為回應一則猶太作曲家艾薩克・納森（Isaac Nathan）刊登的廣告，而且由知名男高音約翰・布拉罕（John Braham）演唱，他也是猶太人。拜倫甚至在他的《希伯來旋律》加入一首詩，馬上就成為讀者的最愛：「她的步伐優美，彷彿晴朗的天，多星的夜……」因為拜倫的詩，加上司各特塑造蕾貝卡這個浪漫的角色，清楚可見對猶太人的尊重正在改善，儘管他們持續受到限制與歧視。

妻子買賣

你還記得上一章，工人階級的女性在法律與社會數個面向遭受處罰。不幸的是，她們受到的侮辱不只如此。她們還是經常被迫坐上浸水椅（ducking stool，詳見第十一章）。另一個教訓女人，要她們有自知之明的習俗是罩衫婚禮（smock wedding）。這是基於一個信念，如果男人娶一個裸體的女人——也就是她最初來到世界的模樣——就不須為她的債務負責。就像浸水椅，罩衫婚禮逐漸減少，而且可能在這個時期完全消失，但確實還有。一七九七年，一個伯明罕的新娘穿著一件寬大的斗篷抵達教堂，她在那裡等待，直到結婚典禮準備進行。典禮一開始，她就脫掉那件斗篷，如同《德比水星報》（*Derby Mercury*）描述，以「和夏娃一樣的狀態」站在祭壇前。她顯然非常堅決要洗刷她的債務，因為教堂無論什麼情況都很冷——況且當時是十二月。107

羞辱女性的陋習，最極端的例子也許是全國數百件的妻子買賣。細節依據地區略有不同，但大致的模式如下：首先，開始販賣前，會事先宣布。不是藉由沿街呼喚傳報消息的人，就是印刷海報。妻子必須公開出售——在市場或酒吧——所以大眾可以目睹整個過程。接著她的脖子會被綁上繩子，某些地方綁在她的腰間，將她牽到販賣地點。有時候繩子會綁在鐵欄杆或柱子上。她必須被賣給出價最高的人，而且不可預約。只有未婚男人可以競標，因為得標者會帶這個女人回家，成為他的事實婚姻妻子（common-law wife）＊。價格可能是幾法尋（farthings）†，如果是年輕漂亮的女人，可以賣到一百英鎊。有些時候，丈夫還會順便丟包他們的小孩。把小孩跟母親一起賣掉，或是把小孩留在身邊，真不知道哪種情況比較慘。

這個習俗最驚人的地方是，不像其他的羞辱陋習，這件事情**並未減少**。事實上，越來越多人認為這是解放女人的方式。你問，怎麼會？一八二七年一月十五日的《泰晤士報》提供一個清楚的例子。普利茅斯一個客棧老闆，好幾次發現他的妻子和某個老王躺在床上，而且多次原諒她。某天，老闆發現妻子帶著他們的小孩離家出走。他得知她去了隔壁鄉鎮；他追到那裡，卻發現她在那個老王懷中。他能怎麼辦？他**可以**把她拉回家——他有那個權利——但是這樣兩人都不會快樂。他們不能離婚，因為那需要私人的《國會法》。於是他同意拍賣她和他們的兩個小孩，並叫老王來拍賣會場，解決這件事情。這整樁生意的關鍵是妻子必須同意。根據婚姻的法律，這並不合法，但是這是女人逃離不快樂的婚姻，同時找到別人為她和她的小孩負責，乾淨俐落的方法。因此，販賣妻子事件越來越多，也就不奇怪。[108]

女性權利

你還記得，女人不能接受能讓她們變得和男人一樣知性的教育。她們不會學到古典文學，因為社會認為她們永遠不會成為重要的演說家、思想家、政治家。出身良好的女人，若能真的習得深厚的文學知識，通常會建議她們「隱藏所有妳學的東西」。如同珍・奧斯汀在《諾桑覺寺》（*Northanger Abbey*）中（半開玩笑）寫道：「女人尤其，如果她不幸學富五車，應該盡其所能隱藏。」那正是許多聰明的女人做的事情。她們彈奏鋼琴或豎琴，不只為了娛樂他人，而是為了展現才智，但又不會因為太過博學和聰明，威脅到其他人。

有些女人不接受這種事情。凱瑟琳・麥考利（Catharine Macaulay）就是其中一個。她堅決成為嚴肅的歷史學家。但是，女人能夠展現知識必要的嚴謹、智慧、判斷，並且貢獻人類知識，這種想法在攝政時期多數的沙龍會令人笑掉大牙。她著作的《英格蘭歷史》（*History of England*）一共八冊，第一冊發行後，《每月評論》（*Monthly Review*）表達他們的希望：「同樣程度的資質與勤奮

＊譯注：不經婚姻儀式，而以婚姻雙方口頭承認的婚姻。

†譯注：英國舊硬幣，值四分之一舊便士。

能運用在**更適合的工作**，因為書寫歷史不是『我們親愛的婦女國民』恰當的職業。」[109]她的作品一次又一次被貶低為「那位**美女**麥考利」或「我們的**美女**麥考利」。你看多瞧不起人！而且是在她奉獻人生研究自由概念的興起之後！麥考利相信全都是因為女性缺乏教育的緣故。如她所言：「荒謬的是……女人接受的教育類型應該和男人相反。」[110]

當時所有「藍襪社」（Blue Stocking Society）還活著的成員，都抱持相同想法。這個社團是在一七五〇年代，由伊莉莎白・蒙塔古（Elizabeth Montagu）成立。她們是上流社會的女人，不因自己身為知識分子感到羞愧，熱烈希望擴展她們的知性視野，並與男人平等辯論。但是她們的野心經常受到阻撓。確實，「藍襪」很快就成為罵人的詞彙，而且整個攝政時期都是如此。[111]女人唯一可以公開展現知識卓越、不用擔心成為笑柄的領域，是以其他女人為題，書寫小說和詩。因此不意外，女人產生知識劣勢的情結，於是互相貶低，並且告訴她們的女兒隱藏自己的學問和意見。而且那還是在有錢人家。社會光譜往下，女人的知識被減損到功能程度。你會忍不住為伊莉莎白・哈姆感到難過，她在回憶錄寫道：「我知道我自己在面對所有人時，有著非常沉重的自卑感，而這種感覺，我相信，已經影響我的整個人生。」[112]

顯然這裡有顆火種等待火花點燃——而且法國大革命提供許多這樣的火花。其中之一是孔多塞侯爵一七九〇年發表的專文《論承認女性公民權》（*On the Admission of Women to the Rights of Citizenship*），其中他表示「人類物種，抑或無一擁有任何真正權利，抑或全數擁有相同權利，而投票否決另一方的男或女，無論因為宗教、膚色、性別，因此放棄自己的權利」。另一本書是奧蘭普・德古熱（Olympe de Gouges）的著作，《女人與女性公民之權利宣言》（*A Declaration of the Rights of Women and the Female Citizen*），在宣言的第一行強調「女人生而自由，並和男人享有平等權利。社會區別僅因公共利益成立」。這幾句話對法國的憲政制度沒有作用，但這樣的思想和膽量在英格蘭某些人的心裡熾燃。

其中一位積極投身女性公民權的是瑪麗・沃史東柯拉夫，她後來嫁給激進作家威廉・戈德溫，並生下瑪麗・雪萊。一七九二年，她出版《女權辯護》（*A Vindication of the Rights of Women*），在書中描繪一個願景，革命可以為整個人類種族帶來更大幸福。對她而言，女性遭受阻撓，又因無法接受合理的教育，被塑造成蠢樣，因此被迫以更多理性與感性定義她們的美德。但是，她主張，強調女性多愁善感，只是暗示她們比男人軟弱，如此一來，又進一步破壞她們的地位。為了調解這個問題，沃史東柯拉夫堅持，社會必須建立更多平等，否則道德永遠不會進步。她得到其他女性支持，例如法蘭西斯・萊特（Frances Wright）譴責宗教組織和各種形式的不平等，並且提倡免費教育與女人性解放。某些男人熱烈支持她的理念，尤其因為她擁護自由戀愛。《激進》（*The Radical*）雜誌的編輯理查・卡萊（Richard Carlile）認為做愛是「人類幸福的泉源」，並表示「真正的道德家不把自然的事情當作犯罪，而且永遠不會譴責兩性之間的性交，那並不引發任何暴力或傷害」。[113]但是決心改革的男人和女人都未必接受這樣的支持，何況普羅大眾。漢娜・莫爾對《女權辯護》的反應，是典型的中產階級反應。「這個標題有些不切實際與荒謬，」她表示，而且之後她寫道：「就讓我們感到欣慰吧，社會大眾還沒實踐這些駭人聽聞的原則。」[114]因此女性解放的火焰，並非一時之間熊熊燃燒，而是微小、激烈，留待之後的十九世紀。

迷信

所有你在攝政時期會遇到的矛盾，最極端的，莫過於迷信和科學並存這件事。為了防止厄運，人們依舊避免在樓梯上交會、在梯子下行走、殺掉錢蛛、砍冬青樹、在聖經上放書。報紙越來越常見到各種廣告，針對「行星運行影響……婚姻、遺產、錢財、達成任何特殊目的，或者，在陸上或海上失蹤的朋友」提供建議。[115]人們還是深深相信他們最喜歡的預兆。牧師詹姆斯．伍德福德記錄所有的夢，相信那是未來的指示。吃正餐的時候，他會忽然告知你，天氣即將變化，因為他的貓在早餐之後，自己清潔**兩只耳朵**。[116]

雖然《巫術法》（Witchcraft Acts）在一七三六年已經廢除，人們還是會在家裡掛上「女巫球」。這種球形的鏡面會強迫屋裡任何女巫面對她們的倒影，她們會受不了。一七九五年在薩弗克，你甚至可以目睹最後幾宗暴民要求女巫嫌疑人在水中接受神裁。那個可憐的女人腰間會被繫上一條繩子，被丟進河裡：如果她浮起來，就是有罪，因為受洗的水拒絕她；如果她沉下去，就是無辜，可以拉她上來。不用說，如果群眾已經做到把她浸在水裡這一步，早就認定她有罪。[117]你會發現許多這樣的迷信，仍堅不可摧、根深柢固在人民心中。迷信漸漸減少的原因，不是因為科學改變他們的想法，反而是因為捍衛這種知識的老人漸漸死去，剩下接受不同教育的下一代，他們對世界如何運作的知識，已經經過科學校準。

科學

對於科學懷抱興趣的人，這個時代可令他們興奮了！如同瑪麗．雪萊說的：「只有親身經歷的人可以想像科學的誘惑。在其他學問，你和你之前的人走差不多的路，但在科學這一行，一直都有發現和驚奇作為你的食糧。」一七八九年，幾乎沒人理解「化學」這個術語。但是，那一年，安東萬．拉瓦節（Antoine Lavoisier）出版《化學基本論述》（*Elements of Chemistry*），隔年就有英文版。這裡，首次被人提出的是一個現代理論：所有物質都由複合的元素構成。拉瓦節的職業生涯悲慘地被斷頭台斬斷後，其他科學家延續他的工作。其中一位是一八〇三年，發展原子量理論的約翰．道耳呑（John Dalton）。五年後，他在他的著作《化學哲學新系統》（*New System of Chemical Philosophy*）第一卷，假設所有物質都由特定數量的元素構成；原子無法被創造也無法被摧毀；一個元素的原子全都相同。歐洲的科學家也貢獻發展飛快的化學，包括義大利人阿密迪歐．亞佛加厥（Amedeo Avogadro）創造「分子」一詞；瑞典人永斯．貝吉里斯（Jöns Berzelius）發現元素鈰與釷，並建立以元素名稱首字母為主的元素記法；另一位瑞典人約翰．阿韋德松（Johan Arfwedson）發現元素鋰；還有博學的丹麥人漢斯．克里斯蒂安．奧斯特（Hans Christian Ørsted）首次分離元素鋁。這些發現，全都沒有封鎖在他們自己的國家，反而餵養集體的科學知識旋風，在歐洲和美洲流通。在英國，約翰·道耳吞是化學家群當中最傑出的，發現鈀、銠、鋨、銥、鉀、鈉、鈣等元素。

許多科學分支也有相同的故事。天文學在威廉·赫歇爾（William Herschel）與家人在巴斯的住所突飛猛進；威廉發現自古以來第一個新的行星——天王星，而且他和妻子建造一個更大更好的望遠鏡，可以更深入太空，記錄越來越多月亮、星座、星系。雖然動物學和植物學的研究已經行之有年，直到一八〇〇年，「生物學」這個術語才有了現代科學的意義。這個時候，內科醫師伊拉斯謨斯·達爾文已經發表《Zoonomia，或有機生命之法則》（*Zoonomia, Or the Laws of Organic Life*）。他在書中提出演化的基本理論，包括某個程度的天擇，還有所有動物共有、一系列的原始衝動——性慾、飢餓、安全——因此不只預示他的孫子查爾斯·達爾文（Charles Darwin）的工作，還有西格蒙德·佛洛伊德（Sigmund Freud）的工作。如果伊拉斯謨斯·達爾文於演化論的研究成果對創世神話提出嚴重疑問，那麼有兩個蘇格蘭人也是，他們扭轉人們對於地球地質學的認識。一七九五年詹姆斯·赫頓（James Hutton）提出，我們的星球不是單純被創造出來，而是經過自然過程的演化，例如數千年的侵蝕、沉積。就在攝政時期的尾聲，一八三〇年，查爾斯·萊爾（Charles Lyell）承接這個主題，進一步著作《地質學原則》（*The Principles of Geology*），造成重大影響。再一次，一七八九年幾乎不存在的科學學科，已經受到大眾注意。

「電是英格蘭人的玩具。任何能對此表達意見的人，必定造成轟動。」卡爾·莫里茲一七八二年來到英國旅遊時這麼說。[118]而他說的這句話，到了十九世紀仍然為真。電力令人們驚奇：神祕又奇異。設想你找到某個新的方式，能夠移動物體但不碰觸，或者點燃東西但不用火柴。光是研究這個領域的人名就能讓你知道電的重要性。你可能聽過路易吉・伽伐尼（Luigi Galvani），他在一七九一年做了一個知名實驗，用電刺激死青蛙的腿，結果腿抖動，告訴人們電可以讓東西活起來。你八成也聽過伽伐尼計（galvanometer）*，是安德烈－馬里・安培（André- Marie Ampère）以伽伐尼的姓氏命名。安培是研究電磁學性質的科學家，這個名字回過頭來讓你想到電流的單位，正是以他命名。然後你又知道亞歷山德羅・伏打（Alessandro Volta）這位創造伏打電池的物理學家，電壓（voltage）和電壓的單位伏特就是由此而來。至於電阻的單位歐姆，就要感謝德國物理學家蓋歐格・歐姆（Georg Ohm）。他也提出歐姆定律：電壓（伏特）等於電流（安培）乘以電阻（歐姆）。這些人在這幾年全都在歐洲各地工作，與英國的科學家分享知識，開啟科學發現嶄新的可能。

如果你要選擇一個時間和地點當發明家，攝政時期的英國是個很有競爭力的地方。漢弗里・戴維（Humphry Davy）在一八〇七年發明弧光燈——第一座實用的電燈。麥可・法拉第正準備統整他在電磁領域的發現，並在一八二一年據此得出電動機的原理。而且誰又不會被法蘭西斯・羅納茲（Francis Ronalds）的作品驚豔。他的姓名在現代世界可能不是那麼響亮，但在一八一五年，他打造世界第一台電子鐘。隔年他在漢默史密斯的自家花園裝配長達八英里的電線，發出世界第一則電報訊息。如果你納悶，他為什麼不大出名，答案就在當他向海軍部提出這項技術時，海軍部的反應。約翰・巴羅爵士（Sir John Barrow）代表政府回答，這樣的發明「完全無必要」。武裝部隊有

＊譯注：即檢流計。

旗子和旗語，不需要長途即時通訊的**電力**工具。

如果要選一個發明，代表這個時代是個科技卓越的時代，就是蒸汽火車頭。早在火車頭成真之前，人們已經可以見到那個代表未來的交通工具。伊拉斯謨斯・達爾文在他一七九一年的詩作《植物園》（*The Botanic Garden*）寫道：

> 很快你的雙臂，無敵的蒸汽，從遠處
> 拖拉緩慢的駁船，驅動快速的車廂；
> 或者承載戰車，展翅高飛，
> 劃過原野的天空。

挑戰在於如何讓蒸汽引擎具備足夠效能，不只驅動自己的重量，也驅動它必須拉的各種東西。但是達爾文先生不須等待太久，就能見到他的預言成真。一八〇一年，理查・特里維西克解決這個問題，在康沃爾建造世界上第一台蒸汽火車頭，叫做「噴煙惡魔」（Puffing Devil）。四年後，他的其中一台引擎拉著十噸的鐵和幾個男人，走了十英里，直到南威爾斯的潘尼達倫（Penydarren）。這台引擎的繼承人叫「誰能追上我」（Catch-me-who-can），一八〇八年，憑著只到倫敦北邊的環形軌道，進行一系列示範搭乘，而且大賺一筆——費用每人每次一先令。六年內，在紐卡索地區四、五個礦場已經應用蒸汽火車，而攝政時期結束之前，火車也在載客了。忽然之間，一切似乎都有可能。人們可以搭乘熱氣球飛行，利用電流移動物品，沿著鐵路快速拉動極大重量。一八二四年，拜倫勛爵回想多少科學知識，自從牛頓的時代以來已經進步，表示「從那時到現在，不朽的人已經發光／憑藉各種機械，而且很快／蒸汽引擎會帶他上月亮」。[119]雖然「月亮」有點半開玩笑，卻也告訴我們，想像和科技密不可分。基本上，如果你能想像，有天就可能成真。在田裡，以前你看到人力拍打，現在你看到脫穀機。一八〇〇年，亨利．莫茲利（Henry Maudslay）發明螺絲切割車床，能在螺帽和螺栓上切割標準螺紋，生產可以互換的零件。佛德寧爾兄弟（Fourdrinier）一八〇三年在赫特福德郡（Hertfordshire）的弗若格摩爾（Frogmore）設置第一座現代造紙工廠，紙張能在長筒機器上快速生產。而瞥見未來最驚人的一刻，是在一八二七年，法國人約瑟夫．尼塞福爾．涅普斯（Joseph Nicéphore Niépce）帶著六張他的「照相製版」——相片——來到皇家學會。為了展示這項即將轉變人民生活的技術，還開了多次展覽會。一八二八年七月，赫爾曼．普克勒–穆斯考王子在倫敦參觀過一次，他看見：

> 一台機器，自己把視線之內可見的物體都畫出來，而且用了透視法；一台鋼琴……自己彈奏一百多首曲子，你可以隨性地「幻想」琴鍵；一台非常簡要的家用電報機，省去傭人大半的勞動……（還有）一台洗衣機，只要一個女人就可以洗大量的亞麻布。[120]

從現在開始，日常生活的技術和變化會越來越緊密。到了一八三〇年，整個國家的人民都發現，無論他們對於「創新」有何感想，都不能回頭了。

浪漫主義與歷史

有些人不是非常樂見舊時的生活方式飛快消逝。機械化、工業化、標準化，對某些人來說代表利益，對另一些人來說，尤其以個人的方式創造獨一無二作品的工匠，形同敲響喪鐘。同時，世世代代在土地上作主的家族，感覺城市那些要求人人有票投的激進人士，現在正在威脅他們。就像有人叫牧師帕蒂康伯不要再寫鉅細靡遺的喪禮記事，直接填寫印好的表格，所以人們的人生也跟著標準化。許多人出於直覺堅守自己的個人特性。於是他們的眼界結合個人自由與政治自由，瞻前也顧後，並在自然世界的光芒與浪漫愛情的火熱之中尋找靈感。最重要的是，他們希望逃離庸庸碌碌的日常生活，追尋自我定義的高貴目標。

你可能會說，這是法國大革命點滴灌溉的，是腐朽的舊世界與新黎明之夢兩相接頭的最後一刻。在政治改革的號召之下，兩者狠狠碰撞，如同我們在本章開頭所見，雪萊的短詩〈英格蘭一八一九〉。所有國家某天將不再受到外國統治，這樣的夢想吸引許多想要成為革命家的人。一七九八年的愛爾蘭暴動也夢想某天愛爾蘭會獨立而且統一。同樣的理想帶著拜倫勳爵去希臘，支持希臘從鄂圖曼帝國脫離的心願。他也剛好在一八二四年死於希臘，確保他最後的名聲是浪漫運動的英雄，以自由之名犧牲他的生命。這是政治浪漫主義的極致——為他人理想而死的事業，和決鬥一樣嚴肅，但是充滿自由、平等、博愛的現代價值。

瀟灑獨立的人，無視規矩、律法、習俗，就會成為浪漫的英雄。如果你在暗巷遇到攔路強盜，他們是危險的盜賊，但是現在某些人把他們當成楷模，單純因為他們是法外之徒。十八世紀的海盜也被當成偶像崇拜，雖然實際上是在加勒比海殺人越貨。人們依然讚揚狂野的蘇格蘭領主，因為他不理會命令，在他不受拘束的沼澤上，像老鷹般自由自在生活。最重要的是，你有浪漫的情人。在古希臘神話裡，每天晚上，利安德都游過達達尼爾海峽和他的甜心相會。人們相信，在他們自己的時代，熱情的英雄同樣會比平庸的凡人更衝。因此拜倫在一八一〇年效法利安德游過達達尼爾海峽。浪漫的愛情也讓戀人比任何平民百姓更加偉大。依照自己的感情行事，就是真正的英雄。

浪漫主義還有另一面向，強調自然之美。這也是藝術家登峰造極的年代，尤其在自然世界。可能是完美的日落或山景，或是海上的驚濤駭浪——任何令你心生激動的情況。畫家也為優美的風景著迷，尤其是高地的野性之美、威爾斯河谷、月光下的修道院廢墟、漆黑的森林或懸崖頂端的城堡。他們所畫的肖像畫，上流社會的男女通常搭配自然的鄉村風景，用以表示他們懂得背景當中樹木、山巒、溪湖之美。

這些對自由的欲望出現意外的後果：人們開始對歷史更感興趣，尤其羅馬以前和中世紀歷史。他們深受古代遺跡與埋葬遺址的考古吸引。為了滿足大眾對中世紀時期的好奇心，學者很快產出各種古代詩作與編年史。對許多人而言，當時的殺戮、迷信、恐懼、威猛，正好呼應他們自己的理想。他們開始造訪毀壞的修道院、城堡，驚嘆光陰荏苒、歲月如梭。一百年前，人們看著粉碎的中世紀遺跡，覺得只不過是沒有價值的碎石堆；現在他們想像這裡光芒萬丈，並且覺得難以想像更美麗的場景。121

幽默感

在這一章，我們已經深究攝政時期的精神，也一窺許多陰暗角落。我們看過凶殘、性別歧視、道德敗壞、無知、種族主義，以及許許多多的悲慘。你可能會問，人要怎麼忍受這樣的事？答案顯然就是他們別無選擇。但是幽默感一定有所幫助。笑聲是人類其中一項天賜的福氣。有時候我們也只有笑聲。

阿萬利勛爵（Lord Alvanley）得知愛爾蘭天主教政治人物丹尼爾．歐康諾（Daniel O'Connell）說他是「臃腫的草包」，覺得深受侮辱，向他發出決鬥戰帖。歐康諾拒絕——他已經在某次決鬥殺過一人，他懊悔至極，發誓永遠不再與人決鬥。但是他的兒子摩根意見不同。阿萬利勛爵想把老歐康諾從倫敦的布魯克斯俱樂部除名，藉此羞辱他，反而是小歐康諾覺得自己的父親被人貶低，因此要求與阿萬利決鬥。那天晚上，阿萬利勛爵搭上出租馬車，到城外不遠的地方，慎重赴約。他請駕駛在原地等他。副手勸說兩人和解。他們不要，堅決對彼此開槍，於是阿萬利的副手宣布流程：相隔十二步後，兩人同時開槍。年輕的歐康諾沒有等待，立刻開槍，但是子彈射歪。兩位副手同意剛才那槍是意外，允許他再次上膛。他們兩人都開槍，兩人都沒有受傷。他們再次開槍，同樣沒有濺血。此時他們同意，名譽已經保住，並且決定撤退。阿萬利勛爵回到他的出租馬車，請駕駛載他回家。抵達家門後，他伸手進口袋，掏出一畿尼給駕駛。駕駛見他如此慷慨，大吃一驚，並且表示這趟路並不遠。阿萬利勛爵回答：「朋友，這畿尼不是因為載我出去，而是因為載我回來。」122

攝政時期的生活在笑話、嘲諷、滑稽中打轉。這也是政治漫畫家風行的時代——詹姆斯・吉爾雷（James Gillray）、托馬斯・羅蘭森（Thomas Rowlandson）、喬治・克魯克香克（George Cruikshank）——他們的諷刺幽默不受約束，針砭富人、名人、上流的人，逗得全國哈哈大笑。一切事物都可以嘲笑，沒有什麼神聖不可侵犯。妙語如珠，無所不在——從好笑的、恐怖的，到罵人不帶髒字。政治人物約翰・威爾克斯問某個朋友，即將到來的選舉會不會投票給他，得到這樣的回答：「我寧願投給魔鬼。」威爾克斯接著說：「理所當然。那麼，如果你的朋友決定不參選，我可以指望你的票嗎？」又有一次，威爾克斯惹怒桑威治伯爵（Earl of Sandwich），他大吼：「先生，我不知道你會死在絞刑架上還是死於天花！」聽了之後，威爾克斯淡定回答：「大人，這要視情況，看我是擁抱你的原則，還是擁抱你的情婦。」珍・奧斯汀保守的意見又特別有趣。你可能聽過她在《諾桑覺寺》對歷史寫作的見解：「我常認為那很奇怪，而且應該非常無聊，因為很大部分一定是捏造的。」有時正是這些私下的俏皮話，完全不打算說給所有人聽，才會真正令你發笑。「芬登小姐快要四十了。」安・李斯特在她的日記寫道。「臃腫肥胖，幾乎誰都可以嫁。她這顆水果不用搖就會掉。」勞勃・騷賽開了一個男人玩笑，這個男人拿出至少七十件專利，但都是些無意義的發明：其中最有用的，他說，是「打獵剃刀，拿著這刀，就可以在你快馬加鞭的時候刮鬍子」。123

而且誰看了丹尼爾・歐康諾描述勞伯・皮爾爵士（Sir Robert Peel）不會發笑？「他的笑容就像棺材上的銀盤。」

然而，令人難以忘懷的，大概會是當時最有名的才子說的話。所以這一章的最後，有兩個男人，我說幾個他們的妙語，他們絕對讓攝政時期的英國變成更快樂的地方。

牧師悉尼・史密斯是某種誇張的詹森博士。他的專長就是把平凡事物和即興演出推向極致的荒謬。因為他過度熱愛他的食物，而且有點肥胖，所以醫生要他嚴格吃素。某天，某個客人無意間聽到他抱怨：「噢，真希望我可以吃肉，火烤蝴蝶的翅膀也可以。」他又被諄諄告誡，如果想要減肥，必須空著肚子走路，他立刻頂嘴：「誰的肚子？」他總是可以找到非常優雅的方法貶低某人。他對歷史學家托馬斯・巴賓頓・麥考利（Thomas Babington Macaulay）的見解有點俏皮也非常惡毒：「他偶爾會閃過沉默，他的談話因此賞心悅目。」還有一天，他對一個朋友說：「我正要去聖保羅教堂幫你祈禱——但成功的希望不大。」

最有希望拿下「攝政時期機智王」頭銜的，是理查・布林斯利・謝立丹。他筆下的文字遊戲和格言源源不絕。「比起法院、法官、牧師，來點好酒會更快結束比賽。」「妙語沾到怨念就走味了。」「憐憫那些被自然虐待的人，不用憐憫虐待自然的人。」謝立丹就是那個，聽到約克公爵在法國進攻之前就撤退，於是站起來舉杯的人：「敬約克公爵，以及他勇敢的追隨者。」某天一個保安官發現他酒醉躺在街上，於是粗魯地搖他，盤查他的身分。「國會議員。」謝立丹回答。保安官不理他，叫他說出姓名。謝立丹回答，要他說的條件，就是絕對保密。保安官答應，於是謝立丹在他的耳邊小聲說：「威廉．威伯福斯」。

啊，謝立丹……謝立，他的朋友都這麼叫他。許多方面，他都是攝政時期紳士的典型，熱情洋溢投身他的所有志業。凡事應過度！他為了想娶的女孩跟人決鬥，而且成功——只是他跟同一個男人又得再次決鬥，因為那個無賴告訴別人第一次輸的是謝立丹。不幸的是，第二次，謝立丹雖然成功，卻身受重傷。他是多麼浪漫的人啊！「您願意來花園嗎？我希望我的玫瑰能夠見您。」這是他對一位年輕女子說過的名言。這位寫下多部知名戲劇的人，不惜舉債買下特魯里街劇院的股份。他受邀至所有大貴族的府邸，在倫敦所有的俱樂部飲酒，從拜倫勛爵到威爾斯親王，無不對他印象深刻。進入下議院後，謝立丹幾乎單手豎立政治語言的標準。某次他回應亨利．丹達斯（Henry Dundas）的話流芳百世：「這位正直尊敬的紳士，說笑話要靠記憶，說事實要靠想像。」令人眼睛一亮的是，他超越他的時代徹底的性別歧視，在他的幽默中，對女人的尊重，也許比同時代的男人都要更多。他在他的戲劇《情敵》寫道：「所有的戲劇裡——無論糟糕與否——愛情為場景鍍金，女人為情節指路。」他熱衷的事業之一是女性教育。因此有了這句美妙的台詞：「自然靠著女人在男人的心上書寫。」

即使面對財產毀滅這種個人災難，謝立丹也可以寫出一句話，不費吹灰之力逗樂聽眾。一八〇九年二月二十四日晚上，特魯里街劇院燒毀，他說了也許是他最佳的俏皮話。幸運的是，當時沒有任何演出進行。消息傳來時，謝立丹還在下議院辯論西班牙的戰爭。他隨即請假，直奔柯芬園。熊熊烈火仍在燃燒，他退到對街的廣場咖啡廳，點了一杯飲料。他坐在那裡，若有所思看著大火。一位朋友打斷損失慘重的他，問他如何能夠冷靜坐在那裡。謝立丹看著他，然後回答：「人當然可以在自家火爐旁邊喝酒。」[124]

5　日常生活

你喜歡日常生活的細節，經常告訴我，多數的旅遊書都缺乏這些，而且異國的經驗，沒有什麼比這個更生動。因此，如果我說起瑣事，敬請見諒。

——赫爾曼．普克勒－穆斯考王子（一八二六年）[1]

我們研究歷史時期時，非常容易被大的圖像淹沒，忽略小的細節。然而，如果靠近去看，你會發現，你以為不可能有其他做法、非常簡單的日常事務，其實有各式各樣的執行方式。你該怎麼去買一品脫牛奶？你每次都用錢幣付帳嗎？你家失火時該怎麼辦？這些生活細節，當我們想到不停流轉的歷史時，可能無關緊要，但是如果你在那個時間，位在那個地點，就相當重要。而且，往往是在詢問最直接的問題時，讓你發現自己對於過去多麼無知。假設你必須寄信給人在蘇格蘭的母親，要花多少郵資？路上有郵筒嗎？考驗我們的知識的正是這些「瑣事」，從中也會透露某些相當有趣的面向。

天氣

從這個時期多數的繪畫來看，可見天空晴朗、陽光普照。但是別被騙了。攝政時期的英國比現代更常下雨。例如，曼徹斯特平均年雨量是三十六英寸，而今日是將近三十二英寸。[2]有幾年，天氣非常嚴酷。一八一六年的夏天特別糟糕。史上數一數二大的火山爆發之後——印尼的坦博拉火山——全球氣候型態大亂。在英國，六月不僅積霜，而且洪水氾濫；倫敦八月下雪。[3]因此人們說一八一六年是「沒有夏天的一年」。天氣不是非常寒冷，六、七、八月均溫只比現代低三度，但是淫雨霏霏。糧食短缺與物價上漲不可避免接踵而來。經濟蕭條就會迎來絕望。冬天來臨，夜間溫度降到攝氏零下二十度，窮人比任何時候都還無助。[4]

攝政時期的人民談論天氣的頻率就和現代人一樣高。[5]最能團結人民的只有這件事情：雨會下在窮人的菜園，也會下在仕紳的土地。因此滿多紳士特別研究天氣。他們買了氣壓計、溫度計，並為後代子孫記錄測量的數值。因此我們會知道，這個時期英格蘭中部的平均溫度約為攝氏八至十度，但有三年低於這個範圍（一七九九年、一八一四年、一八一六年），有三年超過（一八二二年、一八二六年、一八二八年）。如果你想知道這些數值和現代相比：過去三十年（一九八九年至二〇一八年）有二十一年年均溫超過十度，沒有任何一年低於八度。[6]

攝政時期的冬天非常嚴酷，尤其這個時期初。一七八九年開始就是嚴重的霜凍，從一七八八年十一月二十四日到一七八九年一月十三日。泰晤士河結冰，河上甚至舉辦冰凍遊樂會，有木偶秀、旋轉木馬、攤販、滑冰、鬥熊。甚至在冰上烤公牛。[7]五年後，一七九四年一月，牧師詹姆斯・伍德福德看到水銀溫度計掉到他前所未見的低溫。雪下得很大，風也很強，他家屋頂的磁磚和穀倉的茅草蓋都被吹走。當地兩個女人從家裡去市場的時候，在路上活活凍死。[8]一七九五年，外科醫師暨藥師馬修・弗林德斯（Matthew Flinders）在他的日記寫道，冬天「異常嚴峻」，因為已經連續下了三個月的雪。[9]那年一月的平均溫度是攝氏負三・一度——英格蘭**有史以來**最寒冷的月均溫紀錄。在諾福克鄉下，詹姆斯・伍德福德在他的乳品場發現，牛奶鍋結凍，穀倉的蘋果覆蓋厚厚一層霜。烏鴉和禿鼻烏鴉在他家廚房門口，排在雞的旁邊等著吃飯。最令人不安的是，他早上起來發現，昨晚夜壺裡的尿都結凍了。[10]

天氣溫暖的時候呢？人們很少寫到陽光，也許也不意外：太陽出來的時候，他們就往外跑，盡情享受。我特別推薦一七九八年、一八〇八年、一八一八年、一八二六年的夏天到英格蘭。但我要附帶說明，攝政時期只有那四年的六、七、八月平均溫度超過攝氏十六度。非常少的時候會像一七九四年七月七日，伍德福德先生的溫度計是華氏一〇二度（攝氏三十八・九度）。[11]

一日的時間

在現代世界，你和朋友約好十點過去，他會期待你準時出現（或差不多時間）。攝政時期的英國，事情稍微複雜：你和你的朋友都知道，雖然你們兩人都有時鐘，但是時間不大一樣。問題不在時鐘不準——人們擁有可靠的擺錘鐘，已經超過一百年——而是缺乏標準。安．李斯特寫到朋友抵達的時間「廚房的時鐘是下午五點，哈利法克斯的是四點三刻，里茲與約克的是四點一刻」，指的是鄰近幾家驛站馬車公司的時鐘。[12]時間可能是普世的，但是時間的推算卻因地制宜。如果你在旅行時帶著懷錶，抵達某個新城鎮的第一件事，就是找出外觀最誇張的公共時鐘，校對你的時間。

對於時間，心裡有了這樣的警告後，你應該什麼時候起床？農場工人通常天亮之前起床，徹底利用日光。要賣牲畜的農夫甚至更早出門去市場。雖然倫敦新門市場早上六點才開始零售，那裡的攤販兩點就開始批貨。在史密斯菲爾德，牲畜從半夜開始買賣。[13]家庭傭人也在天亮之前起床，遠比他們的男主人和女主人早。建築工人的工作時間是早上六點到下午六點，教區教堂的鐘聲會報時。一般都市勞工大約早上五點起來，從六點工作到八點，暫停下來吃早餐，又工作到中午或下午一點，此時他會休息一個小時吃正餐（一天主要的一餐），之後再工作到下午五點。店員會持續工作到晚上八、九點。詹姆斯．雷金頓（James Lackington）在當書店學徒時，每天從早上六點工作到晚上十點，即使冬天也是。[14]雖然倫敦的商店，營業時間通常是上午七點到晚上八點，但是有些雜貨商和縫紉用品商不到十點或十點半不會拉下大門。如果營業場所需要大掃除，員工可能要在那裡待到午夜。[15]多數工作的人此時都上床睡覺了。

有錢人不會這麼早起。仕紳階級的人通常睡到早上七、八點，然後起來更衣。十、十一點的時候悠閒吃個早餐，之後「早晨」正式開始。正餐的時間就看你的地位多高級：四、五點並不罕見，如果你非常尊貴的話，甚至更晚。[16]之後，上流社會的世界才甦醒過來。對有錢人來說，社交活動可以持續到很晚。如果你要參加舞會，我建議你去之前，大約六點的時候，先吃正餐。飲酒和跳舞會持續到午夜，接著你會吃晚餐，之後又有歌曲和其他娛樂。然後又會再次跳舞，直到馬車抵達，大約是清晨三到五點之間。[17]

聖誕節

攝政時期沒有國定假日這種東西——那是維多利亞時期的產物。儘管如此，到處都會慶祝聖誕節，只是並非如你所知那樣。聖誕卡直到一八四三年才會發明。聖誕節前也不會像現代有各種商業活動；其實，很多人當天還要工作。你也不大可能看到聖誕樹。雖然夏洛特王后過去曾經設置，但是要到一八四〇年代王室再次帶動流行，才有這個習俗。[18]不過，百果餡餅、烤栗子、葡萄乾布丁都很普遍，人們也喜歡保留舊的習俗，用綠色的植物，例如槲寄生、冬青、常春藤裝飾房屋。他們懷念「快樂的英格蘭」（Merry England）＊，莊園領主敞開前廳的大門，讓他的租戶進去，提供他們豐盛的大餐。攝政時期的人民可能會在聖誕節那天邀請朋友來到家裡，和家人一起過節，吃烤牛肉、火雞或鵝，說不定還有醃豬肉、香腸、牡蠣，以及蘋果、柳橙、梨。主顯節前夕會烤主顯節蛋糕，用麵粉、蜂蜜、薑、胡椒製成。禮節日那天，雇主也會在小盒子裡放禮物或金錢給員工，有些

＊譯注：泛指中世紀以後至工業革命開始之前的時期。

人也會給窮人小禮盒。那也許就是聖誕節最堅固的傳統：慷慨的精神。人們傳達善意的方式可能隨著時間改變，但是慷慨的心情不變。因此，攝政時期的英國，在十二月二十五日當天，你會比那年任何日子都更感覺賓至如歸。

室內照明

雖然城鎮在這個時期開始使用瓦斯照亮街道，但是私人房屋並非如此，他們還是繼續使用蠟燭和油燈。在有錢人的家裡，精緻的蠟燭和樹枝狀的純銀燭台通常是裝飾正餐餐桌的主角。在客廳和飯廳，每天晚上，裝著十二枝或更多蠟燭的吊燈會降下來，僕人點燃後，接著拉上去，金黃的燈光便會照亮房間。大戶人家的蠟燭是蜂蠟做的；較普通的人家就用獸脂（牛、豬、羊）做的蠟燭。蜂蠟蠟燭的火焰明亮，而且無異味。獸脂蠟燭會臭，而且火焰的顏色汙濁；如果不定期修剪燈芯，也會開始忽明忽滅。蜂蠟被當成奢侈品課稅，因此價格更貴。最好的蜂蠟蠟燭每磅要價三先令三便士，相對獸脂蠟燭每磅只要六便士。有鑑於普通人家每週大約要消耗二．五磅的蠟燭，你可能會想省著用。

最常見的替代物品是油燈，在盆裡倒入植物油或鯨油後，點燃油芯。常見的形式是附有短小支柱的金屬盤，並有「壺嘴」放油芯。你也會看到金屬或玻璃材質的精美油燈，形狀五花八門，尤以一七八〇年代發明的阿甘德燈（Argand lamp）受到都市中產階級歡迎。阿甘德燈用網狀的棉花圍繞中央細小的金屬管，形成一個圓柱形的燈芯，上方有個玻璃通風口，空氣能夠從底下進入，因而提升亮度，比一根或兩根蠟燭更亮。缺點是十二個小時就能燒掉一品脫的油。建築師約翰．索恩在他倫敦的家用鯨油，他購買的價格是每加侖七先令六便士，加上替換的燈芯，每小時的花費大概是使用蜂蠟蠟燭的兩倍。但是為了更亮的照明，這樣的價格值得。

相較之下，窮人的夜晚黯淡許多。事實上，非常窮的人家夏天月份傾向完全不用人工照明。冬天他們不用蠟燭，而用燈芯草燈。他們將長長的燈芯草剝除樹皮，露出乾燥的木髓，並留下一小截作為支柱。接著將木髓浸在獸脂後，綁在金屬製的燈架。亮度只是普通，然而非常便宜。每根燈芯草可以燃燒三刻，所以貧窮的家庭花上三先令就有一千兩百小時的光，三十小時不到一便士。[19]約翰．索恩的油燈要花三十倍。

火柴呢？攝政時期初期，人們習慣用火種盒——拿一片金屬刮板摩擦一顆火石，產生火花。這種方法經過時間考驗。但是一七八八年，有位瓦特先生（G. Watts）告訴《晨間郵報》（*Morning Post*）的讀者他的發明：

> 各式各樣方便攜帶而且耐用的裝置，包含普羅米修斯之火、紙、火柴，精心設計，用以預防最不愉快的重大事件，經常發生在半夜沉寂的時候，例如小偷突然闖入、火災、病痛，只要購買瞬間點亮的燈，便可預防最慘的災禍與劫掠。[20]

呃……瓦特先生的「普羅米修斯之火」並不真的點燃世界。甚至不完全原創——硫磺頭的火柴來自中世紀的中國——但他還是做了四十年的生意。此時，倫敦的藥商山繆・瓊斯（Samuel Jones）開始在他河岸街的商店販賣類似的火柴。他直接偷取瓦特先生的點子，也稱這是「普羅米修斯之火」。瓊斯甚至拿他的普羅米修斯之火去申請專利，宣稱自己是發明人。住在蒂斯河畔的斯托克頓（Stockton-on-Tees）的約翰・沃克（John Walker）在一八二六年發明「摩擦光」，他稱為「路西法」（Lucifers）＊。於是瓊斯開始生產那種火柴，也借了那個品牌名稱。想不到瓦特也賣起「路西法」。所以，在一八三〇年，如果你想要輕鬆點火，有普羅米修斯和路西法兩個選擇。兩種都是一盒一先令，內含五十枝火柴。

在此提供安全警語：攝政時期的火柴非常危險。首先，直接暴露陽光底下的路西法火柴可能爆炸。此外，化學物質可能致命。普羅米修斯的頭是裝著硫酸的玻璃球，外有點火的媒介，例如磷。火柴的概念是拿鉗子敲破玻璃球，讓兩種化學物質互相作用而點火。但是，有些人在漆黑之中找不到鉗子，就會用牙齒咬破玻璃球。如果他們沒有被火焰燙傷，也很可能被酸或磷燙傷。至於路西法，就連不擇手段的山繆・瓊斯也在包裝印上健康警語：「肺部敏感人士請勿使用路西法」。總而言之，我看還是把老派的火種盒放在伸手可得的地方吧。[21]

火災和火災保險

火災的風險巨大無比。某天晚上，詹姆斯・雷金頓在白鑞酒壺上立了一根蠟燭後，打起瞌睡，醒來發現酒壺的把手已經融化，蠟燭掉到椅子上，當時已經差不多燒完。[22]就連拿著燈到你的房間也很危險。如果火焰擦到窗簾或床架的帷幕，整個鄰近地區都會被煙嗆醒。女士的衣服非常脆弱，尤其棉紗製的洋裝。十七歲的伊莎貝拉・科特奈（Isabella Courtenay）在父親位於格羅夫納廣場的宅邸，她站在火爐前面，一顆火花點燃她的裙子。她驚慌失措，在屋裡狂奔——她的衣服變成一件著火的大衣。八個小時後她「極為痛苦」地死去。[23]

每年倫敦都有數百間房屋失火，上千座煙囪失火。[24]這個城市的產業又另增風險。一七九四年七月，載著硝石的駁船在拉特克利夫（Ratcliffe）起火燃燒。猛烈的大火隨即摧毀碼頭四百間住家與二十間倉庫。但是最易發生火災的地方也許是劇院。從一八一〇年代末期開始，為了輔助並加強當時流行的歌德式主題，常在舞台上製造怪異恐怖的顏色效果。劇院經理若是買了克勞德－福瓊・魯杰里（Claude-Fortuné Ruggieri）的《煙火原理》（*Principles of Pyrotechnics*），一八〇一年的法文版或一八二五年的英文版，就會知道如何製造各種搶眼的光彩——然後燒掉他們的劇院。混合硝酸鍶、氯酸鉀、硫化亞銻之後燃燒，就會得到「紅火」，讓整個舞台充滿紅光。若以硝酸銅取

＊譯注：原意為光之使者。

代硝酸鍶，就會得到「藍火」，非常適合重建地獄場景。把石松粉丟進火裡，就會創造明亮的閃光，而且為了音效，舞台經理也會使用少許火藥。[25]然而，每天晚上在漆黑之中丟擲爆炸物質，等於是在調製災難。柯芬園劇院在一八〇八年燒毀，特魯里街劇院在一八〇九年燒毀，萊森劇院（Lyceum）在一八三〇年燒毀。大型城鎮的場地也一樣危險：一八二〇年，埃克塞特的貝德福圓環劇院，因為瓦斯燈燃燒屋椽起火。格拉斯哥的皇家劇院據說是倫敦之外最大最美的場地，一八二九年彩排之後也被大火吞噬。

保險是部分解決辦法。自從一六六六年倫敦大火，財產所有人會選擇保險。商品或建築物每價值一百英鎊，費用大約介於兩先令六便士至五先令。[26]你會很驚訝，到了一八三〇年，竟然有這麼多間火災保險辦公室。德文某個三千兩百人的小鎮霍尼頓（Honiton），商店街上有十六間火災保險經紀公司（相較一家銀行、六家肉販、六所學校）。[27]不得不說，那算例外，但是多數那樣大小的地方，會有三、四間辦公室代理一家倫敦的大公司，例如安聯（Alliance）、攜手（Hand in Hand）、鳳凰（Phoenix）、遠慮（Provident）、太陽（Sun）。一七八八年，英格蘭有保險的財產，價值共一億三千五百萬英鎊；到了一八三〇年，增加到四億八千兩百萬英鎊。蘇格蘭的比例成長更大，從一百九十萬英鎊到三千四百萬英鎊。[28]

因為可能經常需要付出大筆理賠金，以致保險公司在大型城鎮成立自己的消防服務。許多城鎮也有自己的消防車。因此到了一八〇〇年，大部分的聚落都有管道取得消防服務。但是，效率還是很差。首先，當你發現失火，必須通報最近的消防隊長。等待義勇隊集合完畢，而且馬匹就緒後，他們還得拖拉沉重的木頭消防車和皮革水管到達火災地點。抵達之後，取得足夠的水源是一大問題，尤其城鎮。建築物密集的地區附近通常沒有河或湖，因此消防員需要打開水管裡的消防栓，連接供應當地住家的水管。但是私人水公司並不認為消防是他們的責任，因此很少在水管裡頭設置消防栓。即使有，供水也會斷斷續續，可能需要花費二十分鐘，水壓才足以操作水管。[29]在鄉下地方，消防隊採取行動時，可能已經過了**好幾個小時**。一八一六年十月二十六日晚上，貝爾沃城堡（Belvoir Castle）失火的時候，最近的消防隊在格蘭瑟姆（Grantham）和麥爾頓（Melton），兩個都在八英里之外，消防員花了超過九個小時抵達。[30]因為這個原因，許多鄉村大宅的屋主都有自己的消防車，通常在馬廄附近，以備不時之需。

時間一到，人就來。這裡的時間是一八二四年十一月十五日，大約晚上十點。地點是愛丁堡商店街附近的巷子，一家位於二樓的雕刻工坊。而那個人是二十四歲的詹姆斯．布瑞德伍德（James Braidwood），這個城市新上任的消防隊長。他的隊員訓練不足、設備不良，難以對付那天晚上眼前的火海。愛丁堡許多房屋都超過十層樓，又位於狹窄的小巷，消防車進不去。因此，火勢從工坊延燒五天。但是年輕有為、認真負責的布瑞德伍德，經歷這場愛丁堡大火後痛定思痛。接下來六年，他擬定新的訓練方法、設計新的消防車、研發效率更高的水管，而且創新使用呼吸設備，以便進入濃煙瀰漫的建築物。他也進行火災預防調查，檢查起火原因，避免火災再次發生。一八三〇年，他出版第一本消防手冊，書名是《論消防車與器材建置、消防員訓練、滅火方法程序》（*On the Construction of Fire Engines and Apparatus, the Training of Firemen and the Method of Proceeding in*

Cases of Fire）。某些他宣揚的原則兩百年後仍被引用，拯救數萬人的生命。當然，如果你造訪攝政時期的英國，會覺得這本書出得太晚。但是如果你想和攝政時期所有對世界有所貢獻的人握手，就像你握其他偉大的社會改革家和工程師那樣，記得去握詹姆斯·布瑞德伍德的手，而且一定要非常用力。

報紙

這幾年，每日報紙的數量與發行量顯著增加。一七九〇年在倫敦，你有十四家晨報可以選擇，包括特別有影響力的《先鋒晨報》（*Morning Herald*）、《信號晨報》（*Morning Advertiser*）、《晨間記事報》、《泰晤士報》，每家發行量大約介於兩千至三千份。[31]此外也有晚報，例如《倫敦晚報》（*London Evening Post*）與《聖詹姆斯記事報》（*The St James's Chronicle*）。甚至也有——上帝不容！——週日報。是的，儘管宗教人士不悅，第一份週日報《英國公報與週日監督》（*British Gazette and Sunday Monitor*）出現在一七七九年，這份報紙在世紀轉換之際仍然非常強大，啟發數個破壞安息日的刊物，包括一七九一年曝光的《觀察家》（*The Observer*），以及一八二二年第一次以這個名稱發行的《週日泰晤士報》。[32]漸漸地，《泰晤士報》與其他對手拉開差距，一八一四年十一月，轉型為蒸汽印刷機時，發行量達到五千份。一八二一年，每日銷售量更達七千份，同時最接近的對手只賣三千一百份。[33]

這些報紙，多數是全開印刷，只有四頁——一大張紙，對折一次。一七九七年之前，一份要價三或四便士，印花稅大幅增加後，多數報紙都漲到七便士或更多。大部分的讀者採訂閱方式，付完年費後，每天報紙都會送到他們家門口。一七九〇年代的年費是四英鎊八先令，一八二〇年代則是十英鎊。許多倫敦的報紙提供出租——雖然這樣侵犯政府的印花稅，因此違法。有些會賣到大型城鎮給書報商。因此倫敦的報紙觸及人數比發行量多。勞勃・騷賽計算，如果每份賣出的報紙有五個人讀，英格蘭每天至少有二十五萬人讀倫敦的報紙。[34]

除了倫敦，幾乎每個大型城鎮，若不是日報，至少也會發行一份週報，到了一八一〇年，共有超過一百種。其中你會認得的有《索爾茲伯里日誌報》（*Salisbury Journal*）、《約克郡郵報》（*Yorkshire Post*）、《格拉斯哥先鋒報》（*Glasgow Herald*）、《蘇格蘭人報》（*The Scotsman*）、《威斯特莫蘭公報》（*Westmorland Gazette*）、《曼徹斯特衛報》（*The Manchester Guardian*，後來重新命名為《衛報》）。這些報紙和倫敦的報紙一樣，一七九七年之前，四頁的報紙每份多數收費三便士，之後因應印花稅上漲，每份價格變成兩倍，是六便士或更多。漲價自然衝擊報紙的發行量：例如，《里茲水星報》（*The Leeds Mercury*）每週銷售量從一七九四年三千份，掉到一八〇一年八百份。儘管如此，這個產業持續成長。到了一八三〇年，市面上大型城鎮的報紙有一百五十種。[35]

攝政時期的報紙需要花點力氣適應。字體細小不易閱讀，遣詞立意可能會正式得令你詫異，也沒有任何標題。除了驛站馬車或保險公司奇怪的廣告圖片，其他都是文字。如果你在一八二三年二月十五日星期六拿起一份《泰晤士報》，你會看到整個頭版和幾乎三分之二的背面都占滿小廣告。宣傳的東西無奇不有，從搭船航向好望角的地點到「撫養格林威治窮人」的合約；從豎琴課到招聘啟事與值錢的終身持有房地產待售。《晨間郵報》特別的地方在於頭版其實會刊登新聞。他們經常報導法庭案件，尤其背後有些精彩故事的，例如計畫周延的謀殺，或愚蠢的走私或攔路搶劫。多數倫敦的報紙都很熱衷報導有錢人家的女兒和門不當戶不對的男人私奔，尤其如果她們盛怒的父親此時正好追到蘇格蘭。

傳播速度

用不著說，產出新聞的速度取決於得知那件新聞的速度，而在這個時期，只跟人旅行的速度一樣快。儘管如此，訊息傳播的速度可以非常驚人。在倫敦，某個夏天晚上，納撒尼爾．惠頓報導：

現在我的窗戶底下有個小販正在兜售，他大喊「斯賓和蘭根對打，獎金五百英鎊，實況報導」。*這件事情發生在今天下午三點，距離倫敦六十英里的地方。現在是晚上十點。七個小時之內，這場比賽已經打完，情報已經傳遞六十英里，千張傳單已經印出來，正在城鎮的大小角落販售。36

這樣的發行速度真的很快。就連最佳的長途騎士，中途換兩次馬，也很難在不到五個小時涵蓋六十英里，對決之後還要留下不到兩個小時寫稿、排版、印刷、運送。儘管如此，發生在倫敦一百英里外的事件隔天就刊登在報紙上，這種情況並不罕見。夏洛特公主在伊歐爾（Esher）克雷爾蒙府（Claremont House）去世的消息，發生在一八一七年十一月六日清晨，八日上午就送達兩百英里外哈利法克斯的北門（Northgate）。[37]

歐洲的新聞傳播也是類似的速度。拜倫勳爵一八二四年四月十九日死於希臘邁索隆吉（Missolonghi）的消息，五月十五日就出現在《泰晤士報》，若以刊登前一天上午抵達計算，一趟將近兩千英里的旅程，相當一天傳播八十英里。通常，假設星期三在巴黎發行的法國報紙，會在兩天內旅行兩百三十四英里，星期五到達倫敦；法國的新聞就會於星期六刊登在《泰晤士報》。個人通訊時間也差不多。一八一八年，安・李斯特在約克郡的家中收到一封來自布魯塞爾的信（距離大約六百七十英里），和信寫好的日期距離六天。[38] 一八一五年六月十九日晚上，滑鐵盧戰役結束隔天，威靈頓公爵發送著名的捷報給巴瑟斯特勳爵（Lord Bathurst）。抵達倫敦的時候是二十一日剛過午夜——兩百二十七英里加上跨海。不幸的是，傳令兵不知道巴瑟斯特勳爵在哪裡。他問第一個遇到的紳士，藝術家班傑明・海登（Benjamin Haydon）。興奮的海登指錯房屋，讓他跑去一個深夜派

＊譯注：一八二四年英國拳王湯姆・斯賓（Tom Spring）和愛爾蘭人傑克・蘭根（Jack Langan）在伍斯特賽馬場的拳擊比賽。

對。這個新聞隔天早上出現在《倫敦公報》(*London Gazette*)靠的不是判斷正確，而是運氣。[39]

跨洲的新聞雖然有時傳播得異常迅速，然而通常是慢得令人灰心。紐約每日的新聞，發行三週後會在倫敦販售。[40]拉丁美洲的新聞要花更久的時間。一八二六年十二月十日在墨西哥發生的動亂，一八二七年二月十日在費城的報紙報導，三月十日才在倫敦的《信差報》(*The Courier*)刊登。換句話說，消息要花兩個月穿越美洲兩千五百英里，然後花一個月穿越三千五百英里的海洋到達倫敦。個人的訊息傳播要花更長時間。五月七日從里約熱內盧寄出的信可能要花四個月才會到達林肯郡的多寧頓(Donington)，讓馬修·弗林德斯在一七九五年九月十一日收到。一七九七年來自澳洲傑克森港(Port Jackson)的兩封信花了十個月才到他手上。[41]這是異常地慢。話雖如此，如果你寫信給住在對蹠點*的朋友，十二個月內收到回覆，真的算你好運。

郵政系統

攝政時期的郵政系統是數一數二複雜的人類發明。首先，同時運行的有兩個系統：第一，由郵政總局為整個大不列顛管理的皇家郵政(Royal Mail)；第二，地方管理的便士郵遞(Penny Post)。複雜的地方才正要開始。你會發現，對寫信的人來說，沒有郵筒，也沒有郵票，其實是最小的問題。我為接下來的複雜程度道歉，但針對這個主題，若是簡單帶過，恐怕會誤導讀者。

我們假設你在倫敦。郵件發送會在晚上八點離開朗伯德街(Lombard Street)的郵政總局，但是下午六點就會關門整理，所以如果你希望當天晚上送出，就要在那個時間之前去寄。如果你不能去到郵政總局，可以拿去這座城市的四百間郵局。只要你下午五點之前去寄，信會轉送過去總局；下午六點之前也可以，但要多付一便士。如果你很急，最晚在七點之前，多付六便士，可以請郵政總局大門的人幫你拿去。請注意，週日不收信也不送信。[42]

目前為止還沒什麼問題。難的地方在於，除了這些收信費用外，郵資怎麼計算。國會通過的每個相關法案，不只改變規定，也改變費率，只是令人更加頭痛。重大變革發生在一七九四年、一七九七年、一八〇一年、一八〇五年、一八一二年。必須牢記的是，兩張信紙郵資是一張的兩倍，三張是三倍。四張以上，費用以重量計算：每四分之一盎司，費用等於一張信紙。因此，一七九〇年從倫敦寄一張信紙到短程地區，費用是兩便士；兩張信紙是四便士；五張信紙（重一又四分之一盎司）費用是十便士。然而，如果你的地址比倫敦多一站——一站就是郵差或郵件馬車換馬的客棧——就需要付更多。一七九〇年，兩站以下，每張三便士；超過兩站但少於八十英里，每張四便士。一百五十英里以下，每張五便士；超過一百五十英里，六便士。謝天謝地，一七九七年的時候，距離標準化，所以你不用再猜你的信要經過多少站。從那時起，寄信少於十五英里，每張三便士；少於三十英里，四便士；以此類推，英格蘭境內一百五十英里以上八便士，進入蘇格蘭多加一便士。一八〇一年，多數收費又改變了，長途費用更高，取消蘇格蘭額外的一便士。一八〇五年和

＊譯注：地球直徑的另一端。

一八一二年，規定再改。一八〇五年三月十二日之後，寄送兩張信紙一百五十英里要花一先令六便士；一八一二年七月九日之後，相同距離三張信紙要花兩先令六便士。

便士郵遞背後的概念相當簡單：從倫敦、西敏、薩瑟克區大約五百七十個收信站集合信件，同區任何地址或距離十英里以內收取一便士，十英里內的偏遠地區則多收一便士。多收的一便士由收件人支付。這個系統便宜、效率高。城市邊界內寄出的信一天收四次（上午七點、十一點，下午三點、七點），同天就會送出。寄去郊區的信，多數的收信站一天會收兩次。一開始這個系統只在倫敦運作，但從一七九三年起，伯明罕、布里斯托、曼徹斯特、愛丁堡都有自己的便士郵遞，格拉斯哥也在一八〇〇年跟進，利物浦在一八〇一年，許多城鎮也從一八〇八年起設置。但是郵資費率就是從這裡開始變得**非常複雜**，因為地方費率要加上全國費率，才會產生郵資總和，另加上寄送費用。而且一八〇一年，便士郵遞的費率上漲到兩便士，更添困擾。有些人因此開始稱之「兩便士郵遞」，但是寄到偏遠地區現在要加價三便士，因此怎麼稱呼都不對。

目前我們只討論從倫敦寄信。可想而知，大型城鎮之間還更複雜。如果你寄的信必須經過倫敦，例如從南安普敦到諾里奇，你要付兩次郵資——到倫敦一段，到目的地一段。從南安普敦寄到蘇格蘭的亞伯丁，你要付三段——到倫敦一段，接著倫敦到愛丁堡一段，最後到亞伯丁一段，而且每多一張信紙，就會增加郵資。此外，你要記得，如果你希望你的信件經由倫敦，測量距離時，不是測量直接路線，而是測量沿途經過的城市。接著你必須考量大型城鎮地區實際的寄送花費。所以，一八一一年從摩佩斯（Morpeth）寄兩張信紙到托基（Torquay），要花兩先令兩便士：先從摩佩斯到倫敦，再從倫敦經牛頓阿伯特（Newton Abbot）到托基——總共四百六十二英里，不是直接路線三百九十二英里。然後你還需要額外加上當地寄送的一便士，這是收信人要付的。[43]

所以你就知道，郵政系統完全是惡夢。而且路上這麼多攔路強盜，甚至無法保證你的信或包裹能夠抵達目的地。郵件馬車可能遇到的危險也會連帶波及你珍貴的信，例如在夜間的公路遭到雷擊、衝進溝渠、車軸因為路上的石頭或坑洞斷裂。但是，某方面而言，皇家郵政非常隨和。安・李斯特寫到一八二一年利用郵政系統寄了活的刺蝟。[44]我無法告訴你刺蝟的郵資，但我能保證計算方法極其複雜。

語言和禮貌

以前的年代，你會發現在英國旅遊有點困難，因為那裡說著數種不同語言。在攝政時期，你會很高興得知，那不再是個問題。除了某些說蓋爾語的高地人和說威爾斯語的人，多數攝政時期的人都聽得懂你的英語，反之亦然。雖然某些方言仍有點棘手——沒有人會假裝蘇格蘭和德文郡的方言簡單——但是早在攝政時期開始之前，詹森博士就寫道，在蘇格蘭，「偉大的、博學的、進取的、自負的，都學習英格蘭的語句、英格蘭的發音，而且和達官貴人為伍時，很少聽到蘇格蘭語，僅僅偶爾從老婦人口中」。[45]

但是，有幾個問題——俚語當然是其中之一。不只較低的階級會講俚語，有錢人也有自己的縮寫怪癖。例如「crim.con.」代表「犯罪談話」（criminal conversation），意思是通姦的證據。你也會聽到上層階級的人說「*haut ton*」（上流社會）、「chaney」（中國）、「Corinthians」（時髦、善交際的男人）。一般的倫敦人什麼都有俚語代表，尤其是放蕩的女人。隨口幾舉個例子：Lady-birds、wantons、trollops、bachelor-fare、light-skirts、barques of frailty、Paphians、Cythereans、demimondes。此外，男性對話當中，straw-chippers是普通女人：bit of muslin 是更有魅力的女人；fair Cyprian 是相當特別的年輕淑女：prime article 是奇蒂·費雪投胎轉世。如果你聽到 blue ruin、strip-me-naked、flashes of lightning，那個人是在說琴酒。flash house 是罪犯去的酒吧。Free-traders 是走私販。Gingerbread、blunt、dibs、rhino 都在說錢。windsucker 就是討厭的人。snyder 是願意讓你賒帳買新衣，但之後才跟你敲詐利息的裁縫。gullgroper 是借錢給別人的人。Punting on River Tick 是欠錢的意思。Tap-hackled 和 bosky 指的都是喝醉。這個時期我個人最喜歡的俚語「to lush some slop」，意思是「喝茶」，以及「Slubberdegullion」，根據一八一一年格羅斯上尉（Captain Grose）的著作《粗俗語言辭典》（*Dictionary of the Vulgar Tongue*），意思是「齷齪的傢伙」。

但我似乎太急躁了。我們在這裡討論粗話，我卻還沒告訴你怎麼自我介紹。真是抱歉。

在一個像這裡這樣階層分明的社會，真的是動輒得咎。如果你和某個位階高於你的人太過熟絡，起初留下的負面印象會很難消除。同樣地，對某個階級明顯低你很多的人太過親切，也可能會在你的階級成員心中形成嫌惡的感受。安·李斯特看到她的父親貴為地主仕紳，竟和區區酒吧老闆握手，大吃一驚。[46]最好的行動方針，還是打安全牌。見到地位非常高的人，趕快脫下你的帽子鞠躬或行禮，而且不要背對他們。同樣地，面對王室成員或公爵、主教，離席前你也應該鞠躬或行禮。如果你在街上遇到認識的人，你不需要像歐洲大陸的人那樣脫帽；只要點個頭，或手碰帽沿，示意就已足夠。[47]如果你在室內見到認識的人，假設他的階級和你相同，見面和離開時，都是握手。注意，女人也是這麼做，雖然沒有那麼活潑。紳士通常會給朋友一點鼻煙，表示問候。拍別人的背也是致意的方式，但只限非常友好的男性朋友。同樣地，親別人的手（見面或離開時的正式問候），只有家人和親密友人之間才會這麼做。除非你和某人非常熟，否則不要親他的手。你當然也不應親他們的臉頰。

如果是你不認識的人呢？據說如果一個英格蘭紳士看到另一個紳士溺水，彼此還沒正式介紹之前，他不會救他。[48]美國人納撒尼爾・惠頓注意到英格蘭的紳士認識別人的時候「冷漠又拘謹」：

> 英格蘭人很少向面前的人伸出手。他莊重並稍微鞠躬，神色鎮定，給人一種相當排斥的感覺，直到你想起來，這是英格蘭人的舉止，不盡然意謂冷漠。直到經過兩、三次面談，你已經得到認同，成為他家火爐邊的客人，你才讚賞他其實擁有溫暖的情感。[49]

當然，即使你已從握手進步到鼻煙，你們還是只會以姓氏稱呼對方。一個紳士考慮叫另一個紳士名字，往往要過很多年——有時候是幾十年。至於淑女，介紹經常事先透過信件，裡頭寫滿禮貌用語，確保收信的女士不會感覺受到打擾。和男人一樣，直呼名字是極少朋友會有的親密程度。

一位淑女，對家庭以外多數的熟人而言，永遠都只會是「——女士」、「——小姐」、「——夫人」。

平民百姓比較不拘泥形式。男人和女人會在第一次見面就稱呼對方名字，因為他們沒有別的選擇；他們不能使用「——先生」或「——女士」，因為那樣代表的社會地位太高。他們第一次見面就會毫不猶豫握手。同樣地，你和人做生意也會握手，例如酒吧老闆、拍賣人、市場商人。較低階級的個人不被那些優雅高貴或矯揉造作束縛。你也許會覺得，他們不拘禮節這方面，反而令你鬆一口氣。

錢

你必定意識到，錢的形式是英鎊、先令、便士、法新：四法新等於一便士；十二便士等於一先令；二十先令等於一英鎊。有錢人也承認畿尼（一英鎊一先令），因為金幣是這個面額的倍數。那是簡單的部分。困難在於，這些硬幣並非全部都可得到。部分因為皇家鑄幣廠在喬治三世在位時期產量稀少：一七八八年至一八一五年間，只生產價值一千八百英鎊的銀幣。一七九七年，金價上漲到畿尼的金屬價值比硬幣面值更高，金幣鑄造也完全停止。至於銅，一七九七年引進蒸汽動力，鑄造大量新的銅幣便士，俗稱「大車輪」，以及兩便士的硬幣；這些錢幣非常漂亮，但人們不喜歡攜帶，因為很重。[50]直到一八一六年，戰爭結束，政府開始處理這個問題。

與此同時，人們該怎麼辦？他們找得到什麼錢幣，就用什麼錢幣。包括銀元和半銀元，是西班牙八里爾（Real）的銀幣標記喬治三世的頭像，以四先令九便士的價值流通。皇家鑄幣廠開始發行三先令和一先令六便士的「銀行代幣」當作臨時措施。商人也發行自己的銅製代幣：便士、半便士、法新。驚人的是，英國在全盛時期，竟然無法鑄造足夠的基本錢幣因應每日需求。

面對這樣的現金短缺，有錢人開始依賴銀行紙鈔。一七八九年，英格蘭銀行發行十英鎊倍數的紙鈔，直到一百英鎊——所以你可能會看到九十英鎊的紙鈔，還有更大面額的，直到一千英鎊。在蘇格蘭，蘇格蘭銀行和蘇格蘭皇家銀行發行的紙鈔少至一英鎊，多至一百英鎊。低面額的紙鈔最有用。大型城鎮的英格蘭銀行發現這點，於是開始製造他們自己約定支付的小額紙鈔，通常是一英鎊、一畿尼或五畿尼。一七九三年，英格蘭銀行模仿他們，發行五英鎊紙鈔，一七九七年又發行一英鎊和兩英鎊。不可避免，偽造貨幣的人也傾盡全力「幫忙」：一八〇一年至一八一一年間，英格蘭銀行查到的假鈔價值超過十萬英鎊。[51]這令購物的人很傷腦筋，因為有時如果你用紙鈔付錢，商人會收你溢價。而且，使用偽鈔，即使並不知情，也是等同流通偽鈔，會被處以死刑，或某些特殊案例會被流放。只要你的財產裡有一英鎊的假鈔，就足以保證換來一張去澳洲的單程票。[52]如果你擔心這件事情，而且你又有錢到可以在銀行開戶，那麼你就寫支票吧！到了一八〇〇年，支票左邊錯綜複雜的設計，讓偽造的人吃盡苦頭。支票也有編號，以免你需要停止支付。

另一個解決貨幣短缺的辦法是賒購。你可以輕易發現為什麼所有階級都愛用這個方法：就連拿一英鎊的鈔票去買一便士的一品脫牛奶都嫌麻煩，牛奶工也不會謝謝你，因為你要他找你十九先令十一便士的零錢。因此多數顧客無論買食物、飲料、煤炭，都不會給他們固定的供應商錢幣。商人提供賒購，將每筆交易記在他們店裡的「帳冊」。你的帳戶應該定期結清，不是每季，就是每年聖誕節的時候。

若你需要大量賒購，就需要銀行。一七八四年，倫敦之外大概有一百間；到了一八一〇年，銀行遍地開花，總數上升到七百二十一間。但是，他們全都面臨一個問題，法律限制的合夥人最多六個，而且對於合夥人的負債沒有限制。因此，經濟較差的時候，許多較小的機構倒閉。一八二五年發生股市崩盤。接下來的銀行擠兌中，六家倫敦的合夥銀行和數百家大型城鎮的銀行破產，帶走客戶所有的錢。風暴過後，大概只有五百家仍在營業。所以，雖然支票和紙鈔某方面解決國家的貨幣問題，還是先別放棄金幣和銀幣。

購物

購物是文化高低的標記。我們瀏覽新奇奢華的物品，想要提升生活品質，和我們只買必要物品，表示兩者處境非常不同。在這方面，論選擇、種類、享受、豪華的商店和服務，十九世紀是黃金時代。在市場的頂端，如同路易斯．西蒙說的：「因為你有錢，所以有人愛撫你。」[53]

在倫敦，老街（Old Street）的市場，大約每兩年關閉一處。到了一八三〇年，三十四處中會有十五處走入歷史。人們選擇去商店，而非光顧露天攤販。他們越來越願意花錢買方便，即使可能很貴。例如買一條鯖魚，在高檔地段附近的魚販，要花零售市場兩倍的價錢。[54]有錢人也開始享受逛街的樂趣，可能因為此時的玻璃工廠已有能力製作更大的窗戶玻璃。商店現在也有遮篷，天氣不好的時候可以拉出來保護你。市場業主看見這些進行中的改變，也在他們的攤位搭建屋頂，想和商店街的購物體驗抗衡。利物浦頗為豪華的聖約翰市場（St John’s Market）在一八二二年的時候，已經在二十三英尺高的鐵柱上方完全覆蓋屋頂。部分屋頂採用透明的玻璃窗片，其餘的地方則安裝瓦斯燈。[55]這就是市場銷售想要繼續存在的方法，難怪許多其他市場紛紛仿效重建。

想在倫敦享受最佳的購物經驗，就要去倫敦西區專門的零售店。說不定有些你已經去過。貝瑞兄弟（Berry Brothers）是喬治三世的葡萄酒供應商，自一六九八年起就在聖詹姆斯街三號營業；洛克公司（Lock & Co.）一七六五年開始在聖詹姆斯街六號販售禮帽；福南梅森（Fortnum & Mason）一七〇七年起在皮卡迪利街的店鋪陳列雜貨。你也會見到倫敦的拍賣行：佳士得和蘇富比在攝政時期的時候已經開業數十年；邦瀚斯（Bonhams）和富藝斯（Phillips）也分別在一七九三年和一七九六年加入拍賣事業。但是還有很多大型專賣店是你不知道的。位在伯克利廣場（Berkeley Square）的根特茶館（Gunter’s Tea Shop）是必去的店鋪，只有在那裡，你才能嘗到新鮮的義大利冰淇淋和冷凍慕斯。威治伍德在約克街豪華的商品館也會給你驚奇的購物體驗：正廳裝設大片窗戶，寬敞明亮；天花板挑高；展示的木櫃正面是玻璃，內容物一目了然，呈現最精緻的成套餐具、碗、壺、盤、燈——應有盡有。另一家精緻的專賣店是詹姆斯．雷金頓的書店，又名「繆思神殿」，碩大的拱型窗戶面對芬斯伯里廣場（Finsbury Square）。進去之後，你會發現彼端的書櫃從地板延伸到天花板，形成一面書牆。中央是一張圓桌，店員在這裡收下你的錢，包裝你的書。請注意，雷金頓並不接受賒帳。因為他的書已是優惠價，所以他理直氣壯收你現金。[56]

雖然這些商店個個奢侈豪華，但是有錢人最喜歡的購物地點是騎樓市場，像是「巴剎」（bazaars）和「商場」（magazines）的地方。這個想法來自倫敦市古老的皇家交易所（Royal Exchange），也就是一棟建築物裡有許多小店，店裡有漂亮的女店員拿著精緻的商品吸引顧客。其他交易所陸續開張，包括河岸街的埃克塞特交易所。交易所裡，室內的地板兩旁是裝設玻璃門面的商店，而中央走道左右是玻璃展示櫃，陳列待售的小玩意兒。到了一八〇七年，大家都習慣稱呼的「交易所」，開始廣告成「巴剎」，這是東方人的用語，說的是有屋頂的市場，但是名稱帶有異國風情。一八一六年，約翰．特羅特（John Trotter）在蘇活廣場（Soho Square）一間閒置的倉庫開了一家蘇活巴剎（Soho Bazaar）與交易所競爭。他將這個寬敞的販賣空間掛上紅布，四處裝設大面鏡子，周圍環繞桃花心木的櫃台，販賣女帽、手套、蕾絲、珠寶、花卉。倉庫最後面有個攀緣植物裝飾的隱密空間和廚房，提供富裕的顧客餐飲。那裡甚至還有女性更衣間。同時，其他高檔的購物地區有樣學樣，也建設這種從交易所改造而來的單排騎樓商場，例如皇家劇院拱廊、連接皮卡迪利街的伯靈頓拱廊。倫敦以外的地方也有這樣的設施——布里斯托的下拱廊（Lower Arcade）和黑斯廷斯的佩勒姆拱廊（Pelham Arcade）。這些巴剎和拱廊就是未來百貨公司的原型。而類似百貨公司的場所，其實老早就開始做生意了，例如布萊頓的漢寧頓（Hanningtons），一八〇八年的部門有亞麻布帷幔、綢布、男仕服飾、針織襪類；帕摩爾街哈丁與豪威爾公司（Harding, Howel & Co.）的時尚大商場（Grand Fashionable Magazine）用玻璃區分五個部門：毛皮與扇子，男士服飾，珠寶、裝飾品、時鐘，香水，女帽與連衣裙。

萬萬稅

每隔一段時間你就會在現代的報章雜誌讀到，攝政時期的某些稅收是有史以來最「荒謬」、「愚蠢」、「奇怪」的稅。其中一定有例如窗戶稅、壁紙稅、時鐘稅、手錶稅、帽子稅、鹽稅、髮粉稅、蠟燭稅、肥皂稅、打牌稅、磚頭稅。沒錯，這些東西都曾在某個時候課稅，但是現代的記者似乎從沒注意到，在我們的時代，同樣的東西也都透過加值稅向我們徵收。真是如此，如果你去告訴攝政時期的人，未來某天，除了少數幾樣必需品，「所有東西」都會課稅，他們絕對也會搖頭表示不可置信。對他們來說，徵收壁紙稅有理，因為只有有錢的中高階級家庭負擔得起壁紙。貼身男僕稅和紋章稅也是同樣的道理。如果你僱用一個穿著制服的傭人，例如馬車後面的侍者，你會被徵收一畿尼或更多的稅。至於紋章，從一七九八年起，在你的馬車畫上你的盾形徽章需要費用兩畿尼的許可證。其實這樣相當合理：賦稅系統並不傷害窮人。

在這個時期，徵稅是非常重要的主題。理由是，英國為了戰爭耗費巨資。即使在和法國打仗之前，每年就需要九百萬英鎊支付國債的利息——政府因為美國獨立戰爭仍然負債超過兩億三千萬英鎊。對內閣大臣來說，這是個真正的大問題，因為政府的四項主要收入：關稅、貨物稅、印花稅、徵稅，在一七八四年全體可得大約一千三百萬英鎊。不幸地，似乎沒有什麼機會可以從經濟活動當中擠出更多金錢。關稅系統的效率已經高得驚人——任何行李被海關官員搜刮過的人都可以作證。政府也不能繼續提高貨物稅，唯恐導致更多走私。所以選擇所剩無幾。這個國家可能一年比一年富有，但是政府實質上是破產。

針對這件事情上緊發條的是首相威廉·皮特。他決定募集更多金錢，部分透過放款，部分透過印花稅和徵稅，尤其特別強調對富人的奢侈品徵稅。一七八〇年代，他提高許多已經存在的稅金，也引進新的徵稅項目，包括磚頭、磁磚、馬鞍、馬車用馬匹、賽馬用馬匹。他也對撲克牌遊戲的執照、當鋪的執照、男帽、手套、合指手套、造型髮粉、香水、化妝品，都徵收印花稅。他降低茶的關稅，因為走私茶葉就跟喝茶一樣普遍，相對地，他提高窗戶稅。對於男傭的徵稅，他除了提高，還規定僱用兩人以上應該增量繳納，如果僱用十一人以上，費率增加到每人三英鎊。他的招數有用。到了一七九〇年代，政府運作得到預算盈餘。但是後來，一七九三年，與法國的戰爭爆發。

皮特決心在軍事上、經濟上都要打敗法國，迫使他發明越來越多的徵稅項目。他對不工作的狗徵收費用。他嘗試對時鐘和手錶徵稅，但是結果傷害產業，於是他改對紋章收取印花稅。隨後每項預算，他都增加現有的徵稅。然後在一七九七年，他宣布增加「所有」的估定稅額。大幅增加。如果你為你的男傭、馬車、馬匹，付出的稅不到二十五英鎊，那麼你應付的稅是三倍；如果你付出超過二十五英鎊，是四倍；如果你的估定稅額超過五十英鎊，則增加為五倍。同時他引進所得稅，採浮動計算。所得收入六十英鎊以上者，從一百二十分之一遞增，直到所得超過兩百英鎊者徵收百分之十。這是英國史上首次對所得徵稅。皮特的錯誤是信任人民自己的估定稅額——一大堆人決定他們每年收入**差點**就到六十英鎊。隔年，他指定獨立的專員仔細估定應負稅額。同時設立自願捐獻，所以如果人民願意，他們可以付更多的稅。驚人的是，這個項目為財庫賺進兩百八十萬英鎊。所以在一七九八年，你會遇到這種奇景，一邊有人抱怨收稅的人來敲門，數他們家的馬匹和窗戶，問他們賺多少錢；同時，愛國的貴族寫下三千英鎊或更多的支票，自願為戰事捐獻。[57]皮特跌跌撞撞，總算穩住財政。之後接任的首相也是，他們徵稅但是沒有毀了國家。如同經濟學家李嘉圖在那場戰爭之後說的：「人民的年度收入，即使付了稅後，可能仍比我們歷史上任何之前的時期多。」[58]

必須要說，新的徵稅並不受到歡迎。根據詹姆斯．伍德福德，所得稅尤其「人人唾棄」。[59]一八〇二年短暫的和平期間一度暫停，但是一八〇三年重新開戰後又恢復（所得一百五十英鎊者徵收百分之五）。一八〇五年又增加，當時每年可為國庫收入超過五百萬英鎊。所得稅持續到戰爭結束，在一八一六年停止。男傭稅同樣無人欣賞。應負金額越來越多、越來越多，直到一八一二年，一戶人家男傭若有十一人以上，每人要付七英鎊十三先令的稅。加上馬車稅、馬匹稅、土地稅、所得稅、窗戶稅，導致許多中產階級減少僱用男傭，男性整體失業人數上升。他們也減少飼養的馬匹數量，因此連帶減少照顧馬的馬夫和馬童。他們還封閉窗戶。馬修．弗林德斯在一八〇〇年寫道：「現在的稅很高，我們已經把閣樓備用空間的窗戶封起來，每年可以省十二先令。」隔年他把四扇小窗換成兩扇大窗，「花了二十英鎊，但是每年可省二十二先令」。[60]

也許唯一不受「人人唾棄」的稅是政府經營的彩券：例如政府經營的「國家彩券」（National

Lottery），從一七八四年運作到一八二四年，獎金兩萬英鎊。祝你好運。否則，你可能會同意悉尼．史密斯說的，他在一八二〇年嚴詞譴責徵稅：

> 學童打著被徵稅的陀螺；乳臭未乾的年輕人，操作被徵稅的轡鎖，在被徵稅的路上，控制被徵稅的馬；將死的英格蘭人把他被徵收百分之七的藥倒在被徵收百分之十五的湯匙，躺在付了百分之二十二的印花棉布上，並在付了一百英鎊才（拿到執照）有特權令他斷氣在藥師懷中結束生命。他全部的財產立刻被徵收百分之二至十。不只驗證遺囑，將他埋入祭壇要大把的錢；他的美德刻在被徵稅的大理石上供後人緬懷；終於他與他的祖先團聚——再也不用被徵稅。[61]

6 服裝穿著

服裝無論何時都是無意義的區別，擔心過度往往破壞穿著本意……如果許多淑女得知，無論她們的衣著多麼新潮昂貴，男人的心絲毫不受影響，必定感到非常難堪……

——珍．奧斯汀，《諾桑覺寺》（一八一八年）

你穿什麼衣服重要嗎？珍．奧斯汀似乎不那麼認為。無論一個女孩對於她的棉紗禮服剪裁多麼心煩，她最想吸引的男人可能都不會注意到。然而，吸引異性注意可不是判斷這個問題的唯一標準。穿著很大部分代表你的階級，而階級**當然重要**。階級影響你的商店信用、房屋租賃、舞會進出。如果妳是一名年輕女子，華美的衣裳對任何想要占妳便宜的紳士會是警告；另一方面，臨時湊合的衣服，就是告訴別人妳沒有強大的後台。而且，服裝也關係政治觀點。浮誇賣弄的服裝可能激怒支持平等主義價值的人。法國大革命爆發之後，當走投無路又飢腸轆轆的倫敦人民憤而攻擊皇家馬車，這時穿著金線刺繡的西裝背心走在皮卡迪利街上並非明智之舉。此外，時尚是國際焦點，而巴黎一直是領頭羊，英國、歐洲、北美跟隨在後。因此，法國大革命在整個西方世界帶動新的男裝哲學。上流社會的男性放棄繽紛的異國服裝，改採低調優雅的風格。

當然，時尚一直在變。可以選擇的天然材料只有五種——絲、羊毛、亞麻、大麻、棉，而裝飾布料的扣帶、毛皮、羽毛種類也有限，因此，你的衣服剪裁與顏色必定需要保持時髦。每月月初，《泰晤士報》會出版一份倫敦女性時尚報導，詳細描述「正式禮服」、「外出禮服」、「旅行禮服」，以及頭飾，並且提供色彩好感的觀察。也在這個時候，開始可以訂製個人服裝。時尚雜誌從一七九〇年代開始出版，例如《淑女雜誌》（*The Lady's Magazine*）、《時尚藝廊》（*The Gallery of Fashion*）、《仕女博覽月刊》（*The Lady's Monthly Museum*）。有的甚至還有手工著色與雕刻插畫。當然，什麼都比不上親自去倫敦或布萊頓看看有錢人家穿些什麼，了解最新的風格究竟怎麼展現。很多東南部的人完全照著做。

紳士衣著

威爾斯親王的衣櫥顯示上流社會頂級的紳士如何驚豔眾人。一七九〇年，他的母親生日當天，他穿著褐色的絲絨外套，以及相同布料但有藍色小圓點的及膝褲，充滿金線和銀線刺繡，而且他的背心和外套袖口都覆上金色薄絹。那天晚上後來，他換上「一件褐色與粉紅圓點的絲絨外套和及膝褲，搭配銀色的薄絹背心，鑲滿大量銀色寶石縫飾與七彩貼箔」。[1]他去上議院時，穿的是粉紅與金線刺繡的黑色絲絨外套，以及粉紅高跟鞋。這些全都價值不菲。他的某些外套要花三百英鎊，而且一八一一年成為攝政王之前，他已訂做過上百套西裝。他每年平均購買五十件新襯衫，每條手帕要花十二英鎊，加上至少三百條皮鞭；真金和羽毛製作的肩章每個要花十六畿尼——所以你就知道，為何親王一輩子的服裝都吸引注意。[2]

人們傾向模仿社會階級高於他們的人，但是，即使你很有錢，最好還是學習其他紳士，不要想著模仿親王。例如，如果你在一七九〇年代初期去下議院，你會看到那裡的人，幾乎都穿平底、黑色、上面有個銀扣的皮鞋，白色長筒襪；及膝褲稍微過膝，短背心外面穿著高領、長度至大腿的圓角外套，白色領巾；頭髮往後梳，灑上銀灰色的髮粉或隱藏在銀灰色的鬈髮假髮底下。至於帽子，你可能會看到幾頂早期的寬邊高帽，否則最普遍的是「尖頂帽」——帽緣折起三邊，形成一塊「大陸」（後來被稱為「三角帽」）或折起兩邊變成一隻「船」（後來的「雙角帽」）。及膝褲、長筒襪、背心、外套——紳士生活的方方面面都是這種形式的穿著。

一七九〇年，夜間穿著和日間穿著因為材質和服裝的裝飾有所不同。例如，你的禮服襯衫會有鬆垮的袖口和蕾絲裝飾。同樣地，參加盛大場合時，你穿的背心會有刺繡圖案，但你的日常背心會是素面。達官顯要正餐都會盛裝，即使獨自旅行或下榻客棧；適當的衣服會是絲絨背心或較俐落的圓角外套。至於鄉間打獵，你需要較寬鬆的騎馬外套，領口外翻，袖口合身（又稱禮服大衣），以及耐磨的寬鬆及膝褲。別忘帶上你的硬底長靴；你在都市穿的那種柔軟平底皮鞋，在鄉下可不管用。

在時尚界昂首闊步的是喬治．布萊恩．布朗梅爾，較為人知的稱號是「美男子」布朗梅爾。生於一七七八年，在伊頓公學接受教育，並短暫待過牛津大學（他在那裡學習明顯無視低階同窗的藝術）。攝政王注意到他，一七九四年，任命他在自己的軍團，第十驃騎兵團，擔任軍官。接下來四年，年少的布朗梅爾成為親王的密友，獲得時尚、幽默、極為厚顏無恥的名聲。二十一歲時，他從已故的父親那裡繼承三萬英鎊，並在梅菲爾（Mayfair）住下，成為全職的紈褲子弟。他和他的朋友坐在懷特俱樂部的弓形窗邊，評論每個膽敢走過或騎過聖詹姆斯的人。想當然耳，他們到處樹敵。格諾羅上尉認為這群人「無法形容的可憎」，因為「他們討厭每個人、侮辱每個人……說很多粗話，從來不笑，有他們自己的俚語」。[3]你還可以加上他們從來不工作或對他人福祉做出任何貢獻。然而，憑著超群的時尚品味，布朗梅爾大勝多數自負但穿著失敗的男人。「貝德福，你叫這種東西外套？」某天他大嘆，正是對著貝德福公爵。

所以布朗梅爾對時尚的貢獻是什麼？他遺留給後人什麼，而且持續兩百年？世紀以來，男人必須藉由奢侈的衣著展現權力、財富、威望。而且中世紀末期以來，他們一直刻意穿著礙手礙腳的衣服，顯示他們並不需要從事勞動工作。布朗梅爾觀察到，法國在大革命之後，時尚潮流如何反其道而行。他發現，從現在起，想要展現指揮權的男人應該穿著實用的衣服，像個行動派。此外，他認為這種新的法式風格和傳統的英格蘭價值非常相似，尤其熱愛矜持、厭惡高調，幾乎像個清教徒這幾個方面。因此他融合法國後革命的時尚與典型的英式節制，將浮誇與粗俗從男士日常穿著之中驅逐。他堅持，衣服，應該因為剪裁完美而且適合穿著的人而受到讚揚。就這方面，布尺的發明幫了他一把。從前裁縫使用長條羊皮紙或普通紙描繪客戶的身形，[4]但是現在他們輕輕鬆鬆就能快速準確丈量，剪裁完美合身的布料。而且，布朗梅爾不接受完美以外的標準。

在布朗梅爾的帶領下，紳士應該乾淨、纖細、高雅，到一絲不苟的程度。他的日間服裝應該具備不言而喻的細節：暗黃色的緊身褲或長褲，素色背心，黑色或深色的外套，自然、未灑髮粉的頭髮。如果你想要明亮的鈕釦，應該是黃銅，而不是金或銀。及膝褲和長筒襪現在不穿了，除非你要參加非常正式的場合，需要遵守老舊的社交禮儀。如果你穿的是緊身褲，應該長至小腿肚，鹿皮材質，緊貼身形。這樣的服裝搭配低跟、黑色的赫斯皮靴（Hessian boots），就是前高後低，正面高至膝蓋，有流蘇裝飾的長靴；或者「雙色長靴」（top boots）——黑色的馬靴，靴頂連接一塊顏色較淺的皮革，前後高度齊平。襯衫的領子應該潔白挺立，領巾應該固定在下巴下方。鹿皮或牛皮色的長褲外面，可以穿著顏色對比的深色長大衣，製造強烈的視覺效果。或者，你可以穿著短的實用大衣，沒有背後的長尾，那樣的大衣稱為「史賓塞」。發明的人正是史賓塞伯爵。他在火爐前面睡著的時候，把他的燕尾服燒焦，因而得到靈感。但是無論你選擇什麼，切記低調節制，切忌浮誇俗濫，這點非常重要。紳士應該**穿著**衣服，並且透過行為、禮儀、語言展現美德與優點，而非只是將財富和權力披在身上。

這種新的風格大受社會改革人士與活躍的年輕紳士歡迎。然而，並非立刻人見人愛。攝政王已經習慣，無論出席什麼場合，都被《泰晤士報》稱為穿著最佳的男人——多半因為他花的錢——所以他不大情願放棄鑲滿珠寶的背心。但是隨著越來越多紳士開始追隨布朗梅爾低調的風格，就連親王也不得不注意。於是他發現，他根本無法達到布朗梅爾的標準：那需要相當的自制，尤其在維持身材纖細這方面。結果，這兩個人的嫌隙越來越深。當然，分手的是布朗梅爾，而且他分得非常帥氣。一八一一年某天，他和莫伊拉勛爵走在聖詹姆斯，遇見攝政王。親王向莫伊拉勛爵問候，但刻意無視布朗梅爾。此時，布朗梅爾說了那句名言，就像斷頭台的刀片劃過親王的脖子。他轉向莫伊拉勛爵，大聲說：「請問，你這位肥胖的朋友是誰？」

親王絕對不是唯一不願接受新風格的人。大學教職員繼續穿著神職人員的服裝或學院長袍。學校依然要求學生穿上黑色及膝褲、白色長筒襪、藍色背心和白色領巾。及膝褲和白色長筒襪，正是因為老派，所以顯得正式，因此專業人士還是這麼穿著，以示莊嚴尊重。老人當然拒絕採納年輕公子的風格。因此，如果你在一八一〇年前後拜訪英國，穿著打扮要看你的年紀和想去的地方。如果你漫遊到皇家學院（Royal Academy），那裡所有年輕人都會穿著「民主」的外套和長褲，而且不會使用髮粉。而在海軍的會議室，所有軍人不僅會穿著及膝褲和白色長筒襪，還會戴上灑了髮粉的假髮。走進任何高級商店，顧客比較可能穿著長褲，而店員穿著老派的及膝褲和長筒襪。

往後跳到一八二〇年代，情況已經改變。街上和商店、政府部門、圖書館和會議室，幾乎所有男士都穿著長褲。雖然此時布朗梅爾已經離開英格蘭，去了法國加萊，他的風格繼續留在這裡。但是時尚並不因為他離開而停滯。近來，城裡帥氣的年輕男子穿著加上墊肩的外套，而且腰線甚至比布朗梅爾自己強調的更窄。許多紳士量身訂做束腹或胸衣，以求上半身是理想化的健美、倒三角身形。他們的長褲在狹窄的腰際下方會稍微膨起，臀部的地方略寬，褲管由上往下逐漸變窄。[5]單排扣、膝蓋長度的禮服大衣受到歡迎：這樣的大衣在腰間合身，但不會剪成燕尾服，而是完全遮蔽大腿；翻領通常會以皮毛裝飾。這樣穿著的人通常會戴高帽、拿手杖。襯衫永遠是白色，材質是亞麻，袖口用金色鈕釦或袖扣收緊。布朗梅爾認為，領巾應該永遠是純白色的亞麻，但是現在有時會染色，甚至以絲綢製作。綁法也可以不同：一八二八年，布朗先生（Monsieur le Blanc）出版《領巾繫綁藝術》（*The Art of Tying the Cravat*）一書，詳列三十二種圍繞脖子的結。騎馬仍然流行雙色馬靴，但現在你還可以選擇威靈頓馬靴。這種馬靴是威靈頓公爵創造的馬靴，正面長度及膝，但是背面稍微較低，以便活動，而且，和現代的威靈頓鞋不同，這是皮革做的。現代的威靈頓鞋（wellingtons）是橡膠或塑膠雨鞋。

你可能好奇，這些全部要花多少錢？在一七九〇年代，一套高級西裝——包括外套、背心、及膝褲——在倫敦的裁縫店要四畿尼。如果品質較差的布料你也欣然接受，三英鎊十先令即買得到。白色的棉質或亞麻襯衫通常是自家製造，由妻子、姊妹、女兒深情縫製。如果你想穿著倫敦師傅製作的時髦襯衫，大概會花一英鎊十先令或更多。領巾通常是三至七先令。一雙日常的襪子要花你一大筆錢，四至五先令，可能是棉或羊毛做的。長筒襪可能更貴，尤其如果材料是絲，八到十先令可以買到好貨；無論如何，至少都得花上四先令。最後，你可能會考慮穿內褲。內褲有兩種：長的和短的。長的就像現代的衛生褲，穿在緊身褲和長褲底下。短的是為了穿在及膝褲底下。價格在三至五先令之間，視長度決定。但是，不是每個人都穿內褲：許多男人會將襯衫的尾巴紮進後方當成內褲。

一七九〇年，你會發現社會地位崇高的男人多半戴假髮，或在天然的頭髮灑上髮粉。後者的情況，你必須先在頭髮擦上髮蠟（成分是牛或羊的油脂、蜂蠟和香水），幫助髮粉附著。接著你要請你的貼身男僕拿來兩個風箱，把髮粉吹進頭髮。髮粉本身的原料是澱粉，再根據希望的效果染色，最受歡迎的是銀灰色。當然，每次使用都會浪費一堆。儘管如此，一七八〇年代，這個國家幾乎每個紳士都會遵循這個昂貴的慣例。一七八六年，皮特引進髮粉稅，某個程度減少使用。而且一七九五年起，為頭髮上粉也需要執照，費用一畿尼：沒有執照的罰款是二十英鎊。到了這個世紀的尾聲，越來越多紳士剪成貝德福平頭，不用髮粉了，而且布朗梅爾的民主風格也不崇尚髮粉。到了一八一二年，只有老紳士和他們的傭人會灑髮粉。同時，只留鬢角，下巴不留的鬍鬚，即所謂的「羊排鬍」（mutton chops）開始流行。那個時候，多數紳士都在家裡自己刮鬍，如果你想去理容院，花上一先令，出來的時候就有光滑的臉頰。[6]

眼鏡

一七二七年之前，眼鏡只有兩片圓形鏡片和外框，掛在鼻梁上。但是那一年，倫敦的製造商愛德華．斯加雷（Edward Scarlett）開始幫眼鏡加上金屬手臂，或稱「兩邊」。[7]那是微小但重要的改變：如果一直戴著眼鏡，眼鏡就成為穿著的一部分，但是如果只在需要的時候戴，眼鏡就是實用的工具，每個人都可能用到。因此，設計開始特別注重那個改變。想要經常戴著的人選擇銀框或拋光的鋼框。因為戴眼鏡的多半是老人和讀書人，所以漸漸與智慧聯想在一起。於是講究打扮的人也開始攜帶長柄眼鏡（有個把手將眼鏡舉到眼睛前面），或把長柄的單片眼鏡用緞帶綁著，可以看細小的事物。這樣的用品也暗示他們認為自己精確、嚴謹地看待世界。你忍不住覺得，當一個上流社會的公子舉起長柄眼鏡檢視年輕淑女的照片，他其實不大關心自己在看什麼，比較關心別人怎麼看他。[8]

平民男子的服裝

平民男子的衣服，該說的其實已經說得差不多，因為人通常會模仿社會階級高於他們的人。有工作的男人，自重的話，多半會穿著外套、長筒襪、及膝褲，直到十九世紀初期，因為中高階級就是這樣穿。但是，價值四畿尼的西裝在剪裁和布料上，和大型城鎮店主穿的西裝，有非常大的差異。如果你在一八二三年，打開普利茅斯染房老闆威廉·莫蒂默的衣櫥，你會看到他的四件外套，二手價值大約都是三至六先令。同樣的，他最好的棉布襯衫只價值一先令六便士，他的長褲全都五先令或更少。他有三件法蘭絨襯衫、四雙羊毛長筒襪、一件內褲，總共價值九先令。我想，威廉·莫蒂默不是每天都得穿內褲的人。至少我希望不是。[9]

也許以上的普遍印象——工人模仿社會階級高的人——最重要的例外在鄉下，即使中高階級已經改穿長褲很多年了，他們還是繼續穿著及膝褲。此外，他們通常必須穿著保護的衣物。一八一八年，理查·拉什注意到，「我們見到少數農夫，穿著完整、保暖的衣服」。他們穿著及膝褲與沉重的鞋子，鞋帶綁到腳踝以上，雙腳看起來不大靈活；外套外面穿著亞麻連衣裙，工作時戴著厚實的手套。[10]五年後，納撒尼爾．惠頓觀察到的情況也是類似：

勞工階級清一色穿著及膝褲，材質常見粗糙的燈芯絨。雙腳被羊皮綁腿包圍，從腳跟到腿肚，有時高過膝蓋。鞋子的尺寸和重量都非常可怕，釘滿鞋釘，這就是勞工衣著的下身。外套外面，通常穿著褐色的亞麻連衣裙，胸前有非常多的細辮——難以猜想用途為何。[11]

這裡的「連衣裙」也稱為長罩衫（smock-frock）。用粗亞麻製成，露出頭部，覆蓋整個身體，直到膝蓋，甚至更長。胸前的細辮可讓整件罩衫伸縮，覆蓋裡面寬大的衣服，因為這種罩衫的主要目的是為保護各種天氣底下工作的人——牧羊人、放牛人、貨車車夫等等。較短，而且沒有袖子的罩衫則方便工作量大的男人活動。鄉下多數的男人還會戴上寬邊帽。

罩衫、及膝褲、羊皮綁腿、滾釘靴也許是英國最常見的勞工衣著，但也有其他種類。水手寬鬆的條紋褲、短版藍色夾克、襯衫、背心，經常不穿鞋子或襪子，也很容易辨識。你應該很熟悉肉販的圍裙，但看到酒吧老闆、織布工、理髮師、木工、泥瓦匠、石匠、築路工穿圍裙也不奇怪。辨識度更高的職業服裝包括木工的紙帽、運煤工人蓋住脖子後方的扇尾帽。從事煤礦工作的工人都穿白色衣服。採煤工人穿白色衣服；把煤礦從船上卸到籮筐的卸煤工人也穿藍色條紋的白色上衣，並戴著扇尾帽。

上層、中產階級和工人穿著另一個重要區別在於脖子的裝飾物。理髮師、肉販、店主有時候會戴領巾，為了向他們的顧客顯示自己是體面的人，但是絕大多數的普通工人脖子周圍不會穿戴任何東西。如果他們要戴任何東西，會是一條手帕，像水手那樣，寬鬆地綁在臉頰下方。織布工山繆·班福德描述一八〇〇至一八一〇年間和叔叔一起出去，他的叔叔「腰間綁著一條綠色羊毛圍裙；背心開口露出乾淨的襯衫；脖子圍繞褐色絲質的手帕；嘴裡嚼著菸葉，頭上戴著寬大而且下垂的帽子」。同時，年輕的山繆自己則是穿著「粗糙的夾克、及膝褲、牢固的長筒襪和鞋子、敞領襯衫……」。[12]和多數工人一樣，山繆不須面對外人，可以省去頸部飾品和其他非必要的穿著。

淑女服裝

英國女性透過穿衣——或者不穿衣——傳達的訊息，是普遍的語言，或專屬她們時代的語言？你可能會認為，如果女人在攝政時期穿著低胸上衣，她是在吸引別人注意自己。但是僅僅因為這是現代的解釋，不代表攝政時期也是正確的解釋。穿著透露的訊息多變。在西方世界某些時期，裸露手臂、肩膀、腿是禁忌。其他大陸，接近全裸可能是每日的穿著。此外，穿著傳達的訊息遠大於性吸引。如同我們在男性衣著看過，穿著某些衣物傳達的社會地位與政治觀點，儘管對遊客並不立即明確，對那個時代的人卻意義重大。

社會期待女性整天都穿著得體。意思就是上午穿著晨禮服，或「便服」，正餐之前換上晚禮服或「全禮服」，參加正式宴席或出席舞會。這些期待內含許多限制。淑女只有在家的時候穿晨禮服；必須完全覆蓋手臂、手腕、脖子。因此上午的衣服是高領、長袖，而且可能會戴不正式的帽子或頭罩。但是，如果離開家門，妳會穿著「半禮服」，比較正式、豔麗，甚至暴露。「全禮服」允許女士暴露更多，事實上有點近乎色情，她可以暴露手肘以上的手臂，如果她敢的話，也可以露出乳溝。低胸洋裝會煽動情慾，但不是禁忌。那個時代的人也知道這種諷刺，女人穿著「全禮服」比穿著「便服」更暴露，穿著便服時看見的皮膚只有她的手指和臉。

一七八九年，女人通常不穿內褲，而且淑女**必定不穿**。這是因為內褲令人聯想到娼妓，她們「展示商品」（但不完全暴露）藉以引誘男人。女人最親密的衣物反而是她的長筒襪或寬鬆的襯衣。長筒襪如你所知，穿到膝蓋以上，再由絲質的吊襪帶固定，有時還有刺繡的格言（等待年輕男人發現）。襯衣長度通常到大腿，剪裁低胸，袖子寬鬆，大約在手肘上方收緊。

如果是比較涼的月份，妳的女傭會幫妳穿上襯裙，通常是素色而且管狀，但是需要的時候也可以填充棉花保暖。襯裙外層是妳的裡裙（petticoat）。如果妳穿著全禮服，會有數個圓箍加強妳的裡裙，從腰際層層往下，顯出立體的輪廓。圓箍通常是金屬絲或竹子做的。裡裙可能很寬，雖然不至於像十八世紀的時候，有些女人沒有辦法通過門口，必須將裙子傾斜一邊。圓箍裡裙的其他選擇是裙撐（paniers，但是現在漸漸過時），從臀部左右延伸裙子的寬度。如果妳只打算穿半禮服，可以省去圓箍和裙撐，穿臀墊（bustle）就好。這是一個穿在腰際，圍繞腰後的圓筒，裡面塞著軟木，撐起妳的裙子。回到上半身，女傭會在妳的襯衣外面穿上胸衣，並從背後用繩子束緊。這件鯨骨加強的衣物會製造腰圍纖細的效果，使身形呈現圓錐狀，當時女性追求這種風潮。我也希望可以告訴妳，胸衣不會痛，但那是謊話。伊莉莎白・哈姆回憶她的第一件胸衣，「幾乎就像煉獄，而且我質疑，我當真懂得這樣的好處，願為苗條的身形受到懲罰」。[13]因此不意外，許多淑女晨禮服底下的胸衣鬆綁，或乾脆不綁，這樣就可以自由活動。

現在來談談最外面的衣服。這件衣服可能是一件前開的禮服、後背綁緊的連衣裙、戶外活動的騎裝外套，或者「袋背」（sack）禮服——這種禮服並不如聽起來古怪，指的是背後打褶的優雅洋裝。某些年長的女士可能還是喜歡曼圖亞（mantua）這種類似寬鬆禮服的衣服，背後連接延伸的外裙。這些衣服的材質，可能是緞、羊毛、棉紗、絲，並以刺繡或其他精緻的飾品、褶襉等等裝飾，製造華麗的效果。最高級的禮服可以價值連城：妳願意的話，一件晚禮服可以花上一百幾尼。然而，多數的淑女花費二到五英鎊就可以滿意。女性禮服另一個諷刺是，最昂貴的是那些低胸、裸露、最不能遮蔽妳的。

時尚的淑女可不僅止於穿上外衣。和現在一樣，晚禮服需要搭配項鍊和耳環。妳層層堆疊的裙子包括箍上圓環的裡裙，而且裙襬拖地，所以鞋子的外觀不是那麼重要。多數女人穿著舒服的低跟鞋或平底鞋，全皮革或布做的鞋面亦可。手套當然是社交禮儀的一環，即使妳只是拿著不戴。如果是正式的禮服，妳會戴上上等的絲質長手套，覆蓋裸露的手臂，只露出上面一小段皮膚。口袋和洋裝分開，例如掛在腰際的亞麻袋，但是口袋會收在裙子底下，從外面看不見，必須從衣服的縫隙伸手進去。

當然，除了外衣，妳的整體服裝最引人注目的，會是妳的髮型和頭飾。淑女和紳士一樣，直到一七九〇年代初期，會用髮蠟和髮粉，最受歡迎的顏色是灰色。有時候，為了特殊場合，會將襯墊塞進頭髮裡面，再將鬈髮和長髮梳成一座龐然大物，真的可以非常高。此外，還會戴上一、兩根長羽毛。即使不把妳的頭髮梳成高塔，只是戴寬邊帽或流行的頭巾，也會用高立的羽毛裝飾。最常使用的羽毛有白鷺、鴕鳥、天堂鳥、孔雀。當然，淑女們為了豔冠群芳，羽毛和頭飾越疊越高，所以不出幾年，俱樂部必須設置更衣間，讓淑女抵達之後戴上羽毛，因為沒有馬車可以容納高聳的頭髮加上三、四英寸高的羽毛，還有底下的淑女本人。

所以有了荷葉邊、絨毛、羽毛，妳散發的光彩耀眼奪目，然後法國大革命來了。和男士穿著一樣，人們忽然重新思考何謂適當。巴黎時尚的仲裁者發現，他們的外觀必須避開任何華麗的物品，也不能炫耀自己的貴族身分。但是，如果不能凸顯貴族的階級，又該如何展現高貴與優雅呢？當社會以所能想像最血腥的方式殘殺仲裁者，品味又扮演什麼角色？

巴黎人回溯古希臘——民主的搖籃，並在那裡找到答案。古典的女性雕像不依靠圓箍襯裙或羽毛，而是自然的女性身材，披上輕薄布料就能迷倒眾人。晨禮服和半禮服現在都採用這樣的美學，而且很快就傳到海峽彼端的倫敦。一七九〇年代初期開始，淑女的日間服裝明顯轉為新古典風，頂級棉紗做的「襯衣禮服」蔚為風潮，尤其年輕女性。這樣的風格甚至延伸到夜間穿著。禮服的剪裁必須自由擺動，腰線極高，直到胸部以下，讓束帶支撐胸部，產生更好的效果。領口偏低，並以細繩收起，製造禮服正面的褶襉。棉紗的材質之好，服貼身體並隨之飄逸，給人纖薄布料底下裸體的感受。珊瑚珠是理想的陪襯：歷久彌新的粉紅與紅色光澤襯托白晰的肌膚與雪白的棉紗洋裝。

毫不意外，新的風格大受男性歡迎。女人從來沒有在公眾面前穿得這麼單薄。但是多數女性也很樂意不受笨重的裡裙阻撓，她們可以自由活動。如果妳天生纖細，甚至不用綑綁胸衣。噢！自由！棉紗從四肢自然垂下，層次優美，不須費工又花錢的刺繡，褶襉和束繩即可凸顯禮服的精緻。許多女人自己製作棉紗禮服，那比一七八〇年代的曼圖亞、袋背禮服、連衣裙簡單多了。這樣的希臘風格時尚，在英國成為時尚的日常穿著，長達二十年之久。

新的風格也讓淑女的頭髮可以橫向發展。妳可以向古羅馬時代致敬，剪成短髮，或像提圖斯或布魯圖斯那樣拂亂頭髮——古典時代以來，首次接受社會地位崇高的女人剪成短髮。如果妳偏好留長髮，可以在後腦杓紮成圓髻，就像古羅馬某些淑女那樣。另一個受歡迎的髮型是，模仿希臘的雕像，用梳子將額頭上方的頭髮固定，並讓長髮自然垂掛在臉頰——就像某位時尚作者描述的「自然髮型」。[14]當然，在這樣的髮型灑上髮粉會很可笑，時髦的淑女很快放棄髮粉。對古典風格的愛好，意謂世紀以來，女性第一次出門不需要戴帽子、頭罩或任何形式的頭飾，更不需要四英寸的羽毛，就可以展現上流社會的風采。

法國大革命隨後而來的時尚變化亦影響女性可以暴露多少皮膚。一七九八年六月十八日，《泰晤士報》報導，巴黎女性「每天都從自己身上褪下幾件傳統衣服。而**裸體**風潮如火如荼，巴黎的記者甚至擔憂，很快她們就會厚顏無恥地以純粹的自然狀態公開示眾」。而且對巴黎好的，對倫敦就好：棉紗禮服有時非常輕薄，甚至可以看見女士的吊襪帶。不是那麼熱愛暴露的人開始思考棉紗禮服底下該穿什麼，然而需要小心，任何衣物都會折損布料的流動效果。因此，薄的裡裙問世，以維持端莊。口袋也無法藏在棉紗禮服裡。「現在不能帶著那些沉重的小東西，頂多在束腹放鑰匙。」《泰晤士報》這麼說，還說：

時髦的淑女都把錢包放在工作包中。她來訪的時候，總是帶著她的手帕、剔牙盒、手錶和鑰匙；而且既然她勻稱的身形不受舊時裙撐改變或隱藏，無論走到哪裡，都能享受將所有的個人物品擺在桌上的樂趣。

這位記者所謂「工作包」，也就是我們現在所謂手提包，當時常用的詞是「reticule」，不可避免被反對新時尚的人蔑視為「ridicule」（嘲笑）。

隨著女性穿著獲得更大的自由，上流社會的女人開始穿著內褲。一七九六年，在一場舞會中，一位時髦的女士穿著「膚色的緊身褲，外面是一件網狀裡裙，打褶塞進左右，自然垂下，所以能夠看見兩條大腿」。[15]這種風格立刻流行，而 pantaloons 一詞，原本為男性緊身褲，立刻女性化為 pantalettes。緊身褲和內褲的差別在於，緊身褲延伸到小腿肚，而且是一項情趣商品——褲腳滾上蕾絲，要被人看見。相對地，內褲剪裁寬鬆，由亞麻布製成，在這個時期長度及膝，也不該被人看見。到了一八一五年，體面的已婚女士，例如建築師約翰．索恩的妻子伊莉莎白．索恩，會在襯衣下面穿著「長的棉布內褲」。然而，有鑑於色情的言外之意，穿著這種衣服還是頗為大膽。一八一七年，某位淑女寫了一封信，說到她因穿著外露的緊身褲，在社交聚會遭人「侮辱」。毫不意外，安．李斯特完全不怕：她不僅自己穿，還收到緊身褲作為禮物，並借給女性朋友讓她們模仿。[16]

妳會忍不住覺得，長的內褲之所以受到女性歡迎，原因之一是保暖效果。妳真的不會想在寒冷的天氣穿著單薄的棉紗禮服。因此希臘風格也搭配印度披肩、毛皮、羽毛圍巾，以及各種動物毛皮做的暖手籠。女人和男人一樣穿著短的史賓塞外套，並改良全長的騎裝外套當成大衣，穿在單薄的襯衣禮服外面。一七九〇年代也為了保暖發展出斗蓬：這是羊毛或絲絨製作的高腰外套，可以穿在禮服外面，但順從禮服的剪裁。當妳私下在妳自己家裡走動時，可能只會在內衣褲外穿著斗蓬。一八一七年，安．李斯特只須脫掉斗蓬和內褲，就可以抓緊七分鐘的時間和她的女友做愛。[17]

隨著十九世紀進入第二個十年，對古典世界衣著的迷戀延伸至英國歷史。「民主」的熱潮退燒，女人開始效仿蘇格蘭女王瑪麗和伊莉莎白一世的服裝，甚至在她們的整套服裝加入模仿都鐸的襞褶。高腰線的棉紗禮服持續流行，但是通常是短袖，而且在一八二〇年變成澎袖。棉紗底下半透明的裡裙在裙底發出微光，並有亮片和昂貴的珠寶陪襯。珊瑚珠依然流行。頭髮還是常見中分並捲過，所以鬈髮便一綹一綹排列臉頰兩旁。

從一八二一年開始，禮服的腰線開始逐年下降，直到一八二五年，大約降到自然腰線以上兩英寸。一八二〇年代，如果想要氣派地走在倫敦的龐德街（Bond Street）或聖詹姆斯，妳要穿著腰身緊貼、顏色飽和、下襬寬大的絲質禮服，例如暗紅、黑色、金色，而且胸口很低，顯示襯衣僅僅勉強遮蓋胸部。其他配件包括平底鞋、長的絲質手套，以及對比色的長領巾或圍巾，自然從妳的肩膀垂掛，還有和禮服同色的大寬邊帽，歪斜一邊，再加上三、四根異國鳥類的羽毛，插在畫龍點睛的位置。妳可以說，我們又回到一七八〇年代的浮誇。然而這個風格表達羅馬運動的成功以及個人自由，不如較早的時代正式的褶皺垂布。

化妝

攝政時期開始的時候，化妝的主要目的是遮蓋女人臉上和四肢出現的斑點與老化跡象。因此用途不是力求自然，而是遮蓋自然。用品可以概括為「塗料與白粉」，塗料由醋和白鉛混合而成，白粉的原料是米粉或滑石。臉頰塗的是白鉛為主的複合物；眉毛用燒過的軟木或細煤灰染黑；嘴脣以有色的脣膏畫成紅色。這些多半都能在藥局買到。不幸的是，白鉛毒性很強，很多女人因為太常塗在臉上，結果毀了容貌。[18]有些情況甚至致命。其他遮蓋年齡或瑕疵的工具包括剃掉眉毛，改貼上老鼠皮做的假眉毛；使用巴黎有色灰泥做的口紅塗在嘴脣；塗上明礬和巴西紅木刨屑的紅粉；使用可以去除臉上痤瘡和雀斑的用品，例如高蘭德乳液（Gowland's Lotion）。顯然，如果妳想融入一七八九年的淑女社交圈，就得起而效尤。但我無法推薦任何一樣物品。不僅是妳不會想拿白鉛毒死自己，高蘭德乳液也有水銀，所以不只會去除雀斑，還會去除妳的臉部皮膚。

法國大革命後，自然容貌成為潮流，女人的化妝方式也隨之改變。人們開始相信化妝應該提升自然美感，而非遮掩。《優雅之鏡》（*The Mirror of Graces*，一八一一年出版）和《美之藝術》

（*The Art of Beauty*，一八二五年出版）列出更精緻的現代方式。粉膏、清潔劑、軟膏、香膏，以及保持手部柔軟、去除瑕疵、緊實肌膚的乳液，這些物品應該只用天然的成分。例如紅唇軟膏，《優雅之鏡》的作者建議妳：

> 從骨髓中取四分之一磅的硬髓。以小火融化；逐漸融化的時候，將液狀的骨髓倒入泥土做的瓦罐；加入一盎司鯨蠟、二十顆去核的日晒葡萄乾，以及少量（紫朱草）根，足以染成朱紅色。以小火燜煮這些材料十分鐘，接著以細布過濾全部材料，趁熱的時候，攪入一茶匙的祕魯樹脂。倒進保存的盒子，待凝固後即可使用。[19]

同樣地，「去除黑斑」的天然洗面乳，作法如下：半品脫牛奶、檸檬汁、一湯匙白蘭地，加在一起煮沸，脫脂後放涼。如你所見，此時追求的是皮膚白晰，雙頰粉嫩的容貌。攝政時期英國的「自然美」絕不是許多現代女人想要的日晒膚色。

平民女子的服裝

雖然論服裝穿著的原則，女性和男性一樣，較低階級傾向模仿較高階級，但是限制仍在。工人階級的家庭主婦負擔不起區分日夜穿著，也無法在她最好的禮服縫上蕾絲，或在頭上裝飾一根十英鎊的羽毛。再說也沒那個必要，她們不大可能受邀參加需要穿著全禮服的場合。雖然許多女人是技術了得的裁縫，她們不會想像為自己做出像為有錢人做的那種精緻洋裝。她們只需要好看、耐穿、容易清潔的衣服。

攝政時期初期，在城鎮工作的女人，早上穿的衣服包括一件素面亞麻襯衣、一件亞麻或羊毛裡裙（沒有圓箍或裙撐）、一對口袋、胸衣、長筒襪、連衣裙（通常稱為罩衫）、低跟鞋或平底鞋、一頂無邊帽或亞麻頭罩，以及一件披肩或圍巾。這樣整套下來，可能要花很多錢——襯衣六便士、裡裙一至二先令、罩衫三至五先令，所以全身的服裝隨便就要花上十六先令至一英鎊。因此，你可能會買二手衣服，或者從市場買布回家做。多數城鎮都有二手衣服買賣店。發現自己正在看著別人穿過的衣服，總是有點不安——尤其如果你剛好目睹某人為了麵包拿衣服來賣，那樣可憐的畫面——但是二手商店可以讓你以半價，或四分之一的價格，買到一日的基本穿著。即使如此，許多工人階級的家庭無法花上三、四先令在一件衣服。一個農場工人，加上妻子和五個八歲以下的孩子，他們的年收入只有二十二英鎊兩先令，一年無法花超過十三先令買布和線。[20] 一人的治裝費等於兩先令。衣服這麼貴的情況之下，節儉極為重要。

平民女子的日常穿著，這整個時期並無太大變化。許多服務業的女人收到雇主不要的衣服——蕾絲和裝飾都已經拿下來——她們能夠重新加工，轉變成可以驕傲穿上的衣服。如果你比較某個大約一八〇〇年在紳士的聯排別墅打掃的女傭，和二十五年後從事相同工作的她的女兒，你會發現雖然衣服的質料大同小異，但是風格已經改變。較老的女人穿著未經裝飾的羊毛罩衫，腰線是符合時尚的高腰，直筒的裙子沒有裡裙支撐，袖長在手肘以上。她的頭上戴著頭巾式布帽，材質是素色的亞麻，並把頭髮盤進帽中；掛在高腰線上的是必備的白色圍裙。天氣潮濕或擦地板的時候，她可能會穿木套鞋。這種鞋的底部是兩英寸高的鐵環，以免弄濕自己的腳：一八〇二年，騷賽注意到，穿了這種鞋的女人「發出像馬走在街上的噠噠聲」。[21]她的女兒在屋裡可能還是會戴頭巾式布帽，穿鐵跟木套鞋，但是布帽大概會有某些裝飾，而且經過改善的街道代表她外出的時候可能不需要穿木套鞋。她的衣服，布邊大概會往上固定一英寸，變得較短，以利工作，而裙子會因裡裙或臀墊更為豐滿。她的圍裙大概會是紅色格紋的棉布。她有可能穿內褲，而且由於流行的澎袖不低於肩膀，手臂大概會裸露。確實，因為一般傭人沒有制服，加上許多女人針線活兒了得，她們的衣服風格往往就和她們的雇主一樣新潮。鄉村城鎮街上的有錢人很快就開始模仿倫敦的時尚，他們眼光銳利的傭人和當地的裁縫也很快就抓到複製最新風格的方法。如果主人淘汰某件衣服，傭人可能會被當成這個家的成員。常見某個紳士初次拜訪新認識的人家，誤認會客室的傭人是主人的姊妹或女兒。

地方服裝

高地居民的傳統服飾——格紋呢、長襪、有扣鞋、皮帶、毛皮袋、劍——常見於蘇格蘭的高地和島嶼，有時在低地的城鎮也可以看見。雖然在倫敦街上，穿著格紋呢的蘇格蘭人相當罕見，某些蘇格蘭的紳士也會在英格蘭的社交場合這樣穿著。[22]到了一八二〇年代，蘇格蘭的紳士來到英格蘭，比較可能會穿蘇格蘭裙，而非古代全身的格紋呢。也許你不知道兩者的差異，蘇格蘭裙是格紋的短裙，格紋呢是一塊非常長的布，不只覆蓋軀幹和大腿，也穿到上半身和肩膀。在高地，兩種不分階級，都有男人穿。一八二二年，喬治四世接受瓦爾特．司各特邀請，勇闖北方邊界，他就穿上量身訂做的傳統蘇格蘭裙和外套，炫耀他的蘇格蘭血統。他擺出驕傲的姿勢，請來蘇格蘭的畫家大衛．威爾基（David Wilkie）為他畫肖像，並配戴手槍、匕首、毛皮袋、長劍，胸前還掛上綠色的飾帶。除了穿著格紋長褲或格紋及膝褲騎馬的高地居民，這種服裝最主要的特徵是露出雙腿和膝蓋，而在英國其他地方，你不可能看到有頭有臉的男性這樣穿衣。

蘇格蘭女人的穿著最引人注目的地方也是露腿，雖然多半只會在工人階級見到。路易斯．西蒙越過邊界時，他描述他遇見的女人「打赤腳，沒有戴帽……我們在小溪的淺灘看見她們，天真無辜地，我相信是這樣，露出膝蓋以上的腿」。[23]同樣地，漢斯．卡斯帕爾．愛舍一八一四年在格拉斯哥接受某實業家招待時，他提到「所有工人階級的女人和小孩永遠打著赤腳走來走去」。[24]其他人的基本穿著就是襯衣、裡裙、長裙、緊身上衣或罩衫——和英格蘭的女人差不多。攝政時期的尾聲，披肩越來越受歡迎，不僅保暖，也是風情。你也會看到工作的女人穿著格紋連衣裙，就是女版的全身格紋呢，只是不如男版那樣受到歡迎。至於帽子，普通女人幾乎不戴帽，雖然你會看到很多女人戴著亞麻頭罩，比較像頭巾帽。如果你旅行到高地，可能會看到女人上教堂時穿著格紋罩衫，或在頭上包覆小巧的絲質格紋布，除此之外，在倫敦的俱樂部和沙龍會看到的流行風格，在邊界的北方也是主流。

威爾斯女人的穿著和英格蘭或蘇格蘭非常不同。你一定會看到黑帽，有時是錐形，但多半是鈍的，看起來像頂禮帽。另一個特色是黑帽底下戴的頭罩，從臉頰兩側向下延伸，圍繞著輪廓。外衣方面分成上下半身，上半身的上衣稱為 bedgown*，是一件短袖的緊身上衣，背後連接一片燕尾，像紳士的燕尾外套，圖案與材質常見條紋的法蘭絨。下半身是裡裙或外裙，正面圍著圍裙，圍裙絕大多數是格紋圖案。女人會在肩膀披上粗厚呢或大張的方形披肩。多數已婚婦女和適婚年齡婦女穿著羊毛長筒襪和鞋子，但是少女和女孩可能會打赤腳或沒戴帽。[25]有鑑於當時的氣溫比現代更低，你不會羨慕威爾斯的女孩和蘇格蘭的女人光腳踩在石板路或人行道上。

洗衣

我們已經知道，衣服要價不菲。因此你要好好照顧衣服——就從保持乾淨開始。如果你住在大型城鎮，可能會考慮把你的衣物送去給專業的洗衣婦。早在鐵路革新產業之前，某些女人已經開始這項服務。她們固定接收遠近待洗的衣服、毛巾、床單，洗好之後送回。

你急著打包所有骯髒衣物之前，想想把你所有貴重物品送出去的風險。一八二二年，倫敦酒商詹姆斯．科維（James Cowie）請傭人打包家裡所有的骯髒衣物，送去給某個洗衣婦。內容物價值

＊譯注：威爾斯語為 betgwn，此為方言，並非字面睡衣的意思。

超過三十英鎊，包括妻子一件價值六英鎊的高級禮服。三點半的時候，送貨的男孩送來上週已經洗好的衣物，並且告訴科維先生，大約半小時後來拿新的髒衣服。四點，另一個人來敲門，收走一箱骯髒衣物。直到六點，送貨的男孩來收時，才發現剛才遭到詐騙。幸好，科維先生和妻子的衣服和床單都繡上姓名縮寫，所以可以在當鋪找到，進而揪出那個騙子。[26]

全國上下多數家庭還是自己洗衣服。在蘇格蘭，窮人之間傳統的洗衣方法就是女人提起裙子，在一桶熱水中踩踏，以去除汙垢。某些地方會把尿放置一段時間，用來清洗衣服，因為含有阿摩尼亞。在蘭開夏，收集的尿稱為「lant」，而南方人會委婉地稱為「臥房鹼水」（chamber lye）。話雖如此，你不會用自己的尿洗你的髒衣服：鄰居會把自己的尿壺倒進公共的大桶，整條街都來這裡取用。臭味當然非常噁心，所以衣服在尿中浸泡又搓揉後，必須徹底沖洗。其他地方的人還是用鹼水或洗滌球洗衣服。洗滌球是燒過的蕨類做成的鉀鹼團。這個東西很有用，然而內含的酸性物質非常傷害皮膚。因此洗衣服最好的方法是用肥皂。話雖如此，很多女人抱怨肥皂的味道，而且覺得肥皂比陳舊的尿還臭。[27]

洗衣服的頻率要看你的社會地位。如果你很有錢，全家有足夠的衣服度過整個月，那麼也許你只需要每四個禮拜洗一次衣服。在詹姆斯·伍德福德的牧師公館，洗衣服的頻率是每五個禮拜一次，兩個洗衣婦在週一和週四來協助他的女傭清洗所有衣服和床單。牧師供餐以外，在她們離開前會付給每人一先令。[28]較窮困的家庭通常一週洗一次衣服。婦人會一大清早起來，確保當天就會洗完。多數的大戶人家有「銅灶」（copper）——埋進紅磚爐的大槽，用來加熱水。從銅缸舀出加熱過的水，倒進洗衣槽，加入肥皂和待洗衣物，接著用樁（dolly，有三至六隻腳的木棒）拍打。某些非常骯髒的衣物需要事先在洗衣板上搓洗，最後再將全部的衣物沖洗乾淨，掛在洗衣繩或籬笆上晾乾。

至於整平乾淨的衣服，你需要軋布機。無論如何，軋布機不會是鐵架上的兩個大滾輪，你可能熟悉的那種——那樣的設計要到一八三〇年後才會普遍。洗衣婦用的，反而是七英寸大的箱子，裡面裝著幾百磅的石頭，箱子下方的圓木棍滾過濕潕的衣服，軋出水分，同時整平衣服。這樣的「箱軋布機」非常有效，床單和毛巾都不需要再整平熨燙。但是，箱軋布機很貴，也很占空間，你只會在大戶人家或專業洗衣婦的工作場所看到。如果你買不起這個機器，次優的選擇是等待衣服晾乾，然後使用熨鐵。熨鐵很快就會冷卻，所以開始之前要先熱好兩、三塊預備，冷卻的時候可以替換。又或者，如果你沒有任何熨燙設備，可以向蘇格蘭婦女學習：她們把衣服拿到附近的墓地，掛在墓碑上打平。[29]

最後，我得指出，洗衣服一直是女性專屬的工作，世紀以來都是如此。一直要到鐵路出現，洗衣服成為大規模的商業活動之後，男人才開始加入。在攝政時期，如果男人必須洗衣服，例如他是鰥夫，而且沒錢送去給洗衣婦，那麼他必須在三更半夜偷偷洗，以免被人看到而丟臉。

7 旅行

在這個國家沒有鄉下人。你到任何地方都不會遇到一輩子沒離開出生地，而且完全依照當地習慣生活的人——除非貧窮，不會有人一輩子沒去過倫敦，而且他們多半每年會去一次。去距離一、兩百英里外的城鎮是立刻就能做到的事，也不需要任何事前考慮。從前在法國，省分的居民這樣冒險之前需要先寫遺囑。

——路易斯．西蒙（一八一〇年）[1]

攝政時期的道路和我們的不同。確實，過去兩千年，雖然道路的功能完全沒變，然而形式大不相同。在時髦的都市如倫敦或巴斯，你會看到鋪上石板的寬闊大道。其他城鎮有鋪過或覆蓋碎石的街道或廣場。許多巷弄則是鋪了大顆石頭。在鄉下，你會遇到公路和小路，總是淹水並淤積泥巴。一八二二年，安．李斯特從切斯特旅行到曼徹斯特，表示「長達兩、三英里的路，糟糕透頂，到處都是坑洞和水窪」——而且那還是**七月**。若是十二月，只是旅行七．五英里就要花上將近兩個小時。[2]

普遍來說，距離主要城市越遠，道路狀況越差。去德文和康沃爾的旅客會遇到車輪陷進泥巴，而且超過一英寸深。更惱人的是，老舊的巷弄非常狹窄，兩台馬車無法會車。如果想到馬車無論載人或載貨，都沒有倒車檔，你就知道問題大了。如果遇到會車，其中一位駕駛需要下車，不是將馬後退，就是卸下馬具，並用馬具把他的馬車往後拉進避車處。因此，一七九〇年代在這個國家較荒涼的地方旅行，是段緩慢的旅程。在德文和康沃爾、蘇格蘭、北威爾斯，即使你有優良的馬車、經驗老道的司機、精壯的良馬，還是不要期待每小時超過五英里。[3]

但是，即使在這些偏遠地區，道路的改良速度很快。過去一個世紀，國會通過數百條《收費道路法》（Turnpike Act）。依據這些法令，地方人民可以設立信託，向使用公路的旅客收費，因此徵來的過路費可以用於維修。到了一八〇九年，約有兩萬三千英里的路利用這個方式維修，覆蓋大不列顛整個道路系統大約五分之一。因此，搭乘馬車旅行也越來越有效率，越來越愉快。在像布里斯托的城鎮，過去馬車經過街道時，車輪常會震動，車內乘客搖晃不已，現在馬車可以在鋪上碎石的道路輕鬆迴轉。[4]但是請注意，這些改善過後的新路可不便宜。在這樣拓寬的道路上，駕駛一輛四匹馬拉的大馬車要花你九便士，但只能到達下個收費口：改善後的道路，每段都要付類似的費用。如果你要旅行長遠距離，每英里的通行費大約要花二至三便士。一七九五年，詹姆斯．伍德福德僱用一台馬車，從索美塞特的科爾（Cole）經謝普頓馬利特（Shepton Mallet）到巴斯，在不同的收費站分別付了六便士、三先令六便士、五先令六便士；這趟旅程的過路費，每英里大約四便士。[5]

我們在談過路費的時候，你會發現多數都是六便士的倍數。這是因為收費站的人沒有義務找零，所以如果你只帶了一先令到六便士的收費站，你最後會付一先令。[6]因此建議你在出發前帶上幾個六便士。

知道需要修路是一回事，真正修路又是另一回事。幸運的是，攝政時期有許多偉大的發明家，而且他們之中很多就是造路的人。最早的一位是約翰・梅特卡夫（John Metcalf），他來自納爾斯博羅（Knaresborough）的工人階級，而且是個盲人。他漫長的職業生涯做過職業樂師、賽馬騎師、馬匹交易商、賭徒、鮮魚搬運工、馬車出租商、蘭姆酒和茶葉走私販——還有造路專家。他請員工導盲，在他的故鄉約克郡調查並規劃公路，而且拓展到周邊的郡。一八一〇年，他以高齡九十二歲去世時，已經建造超過一百二十英里的路。[7]而他的成就歸功什麼？他說，歸功盲眼，他因此能夠非常專注於手上專案的細節。

儘管梅特卡夫的成就，這個時代最偉大的造路者是托馬斯・特爾福德和約翰・勞登・馬卡丹（John Loudon McAdam）。我們已經說過特爾福德建造幾座這個國家最重要的碼頭、運河、水道、隧道、橋梁，但是他的綽號全都不是來自這些。詩人勞勃・騷賽稱他「道路巨人」，因為，短短十八年間，他監督蘇格蘭高地超過一千兩百英里的新路建造。特爾福德也負責從倫敦到荷里赫德（Holyhead）、從班戈（Bangor）到切斯特的長途公路。他在一般平坦的表面底下鋪設深層石頭地基，並且小心施工，確保地基維持優良的排水功能。他的工程非常優良，但是非常昂貴：某些道路一英里要花超過一千英鎊。[8]另一方面，來自蘇格蘭的馬卡丹採取相反的方式，試圖平衡工程和花費。他的方法是小心準備底土，使之成水平，但在近邊緣處下降一英寸，目的是排水，接著鋪設十英寸深的碎石床。如此一來，隨著越來越多車輛行駛，碾壓石頭，路面就會越來越好走。到了一八二〇年代，這種方法造出來的路稱為「馬卡丹路」。馬卡丹的工程可能不如特爾福德堅實，但是他的道路對旅行的人來說剛好合適。[9]唯一的問題是乾季時製造的塵土，因此夏季人們會在倫敦住宅區的路面灑水。

隨著道路使用人數增加，出現各式各樣的改善。例如，此時還沒強制靠左行駛——《一八三五年公路法》之後才會——然而這也逐漸成為普遍做法。[10]另一個進步是建設更好的橋。儘管走在新鋪好的馬卡丹路上（並付出相當的過路費），如果你的旅途因為搖晃的老木橋或泥濘的淺灘延遲，整體樂趣也會大打折扣。托馬斯・特爾福德在高地一千兩百英里的道路需要渡河至少一千一百次。在英格蘭，雖然有很多優良的橋，從中世紀與都鐸時期起就屹立不搖，若現存的橋已不適用，還是會造新橋，而且通常使用新的技術。第一座鐵橋蓋在施洛普郡（Shropshire）的柯爾布魯克德爾（Coalbrookdale），一七八〇年完工，已經開始通行。第二座建於一七九六年，在威爾茅斯（Wearmouth），由托馬斯・潘恩設計（他較有名的身分是激進作家潘恩，著有《人的權利》）。第三座在赫里福德郡（Herefordshire）的畢爾德瓦斯（Buildwas），一七九六年完工，由托馬斯・特爾福德設計。之後越來越多新橋落成。[11]你應該預料到，這些建設全都由過路費資助。如果你想騎一匹馬，拉著雙輪車，通過托馬斯・潘恩的橋，要付兩先令六便士。四輪馬車要花你多達七先令。就連行人平日也要付三便士，週日六便士。[12]

這個國家最早的吊橋只限行人通行。一八〇〇年後，美國人陸續建造數座大得足以容許馬車通過的吊橋，但是皇家海軍中校山繆・布朗（Samuel Brown）身為重磅鏈條的製造專家，提升這項技術的水準。一八一三年，他建造一座一百零五英尺長的吊橋模型，而且得到托馬斯・特爾福德與約翰・瑞尼這兩位工程師認同。[13]布朗和瑞尼建造橫跨特韋德河的聯合吊橋（Union Suspension Bridge），連接英格蘭的弘克里夫（Horncliffe）與蘇格蘭的菲什威克（Fishwick）。一八二〇年啟用時，這是世界上最長的單跨橋，有四百四十九英尺。從此，吊橋風靡一時。三座特別值得注意的橋是托馬斯・特爾福德橫跨梅奈海峽（Menai Straits）的橋，長五百七十九英尺，一八二六年完工，非常壯觀；威廉・克拉克（William Clark）在漢默史密斯橫跨泰晤士河的橋，一八二七年落成；以及世界首座火車通行的橋——斯托克頓鐵路橋（Stockton Railway Bridge），由山繆・布朗設計，一八三〇年建造。這些建設兼具美觀與實用，是這個時代令人讚嘆的工程成就。

走路

你不用在攝政時期的英國待很久，就會注意到，人們習以為常的步行距離，比我們更遠。搭馬車旅行要花不少錢，養一匹騎乘的馬也非多數人能夠負擔。因此工人階級騎「兩腳馬」（Shanks's pony），也就是他們自己的雙腳，作為外出的唯一工具。詹姆斯・伍德福德差遣他的僮僕去十英里外的諾里奇買東西，那個小伙子當天就回來。[14]但是，以攝政時期的標準來看，這樣還是算短。蘭開夏郡的織布工山繆・班福德覺得從密德頓（Middleton）走兩百六十英里到倫敦不算什麼。有時候走路還比搭馬車快。約翰・梅特卡夫和老友李德上校在倫敦碰面，上校提議載梅特卡夫一程，回到他在哈洛門（Harrogate）的家。梅特卡夫拒絕，因為即使他的眼睛看不見，走路也比搭李德上校的馬車快。上校打賭不可能。梅特卡夫用五天半走了兩百一十英里，而且贏得賭注。[15]

不只男人走很遠的路。夏天的時候，年輕女人和女孩會成群走在公路，從威爾斯或施洛普郡走到倫敦，為了買賣當季蔬菜水果。一旦她們抵達東南部，就會在頭上頂著多達五十磅的蔬菜水果，在城市西邊的農產品園與中央市場之間，即艾索沃斯（Isleworth）和柯芬園之間十一英里的路程，每天往返兩次。通常回農產品園時她們會搭搬運車的便車，但是即使如此，她們每週都會徒步超過一百三十英里，而且多半帶著貨物。販賣季節結束時，她們又走一百六十英里或更多的路回家。[16]

如果你選擇步行遊覽攝政時期的英國，你會感謝過去一百五十年設下的里程碑和指路牌，引導你到附近的城鎮，並告訴你距離。你也可以買到這個國家的地圖，畫出所有主要道路與城鎮，折疊後可放入口袋。[17]儘管如此，上流社會的人幾乎不走遠路。如果你步行到達某處，別人會預設你負擔不起其他任何交通方式。「在這個國家，行人宛如路上的野獸——所有遇到他的人無不盯著，同情、懷疑、迴避」，卡爾・莫里茲在步行旅遊這個國家時這麼寫道。他回憶走進伊頓一家客棧：

我立刻可從侍者的表情知道我不受歡迎。他們把我當成乞丐，咕噥抱怨，而且無視，但收錢的時候，又把我當作紳士。我真心相信這個傢伙認為他不應該服務這個走路來的悲哀草民。[18]

騎馬

騎馬不僅是好的運動，也是相對快的交通工具。走三十英里要花一整天，但體格還算健康的人騎馬多半不用花到五個小時。[19]要比那樣更快——或同樣速度要走得更遠——至少要換一次馬，騎士的耐力也要更好。騎馬的紀錄由運動家喬治．奧斯巴爾德斯頓（George Osbaldeston）創下，他在攝政時期剛結束後，於一八三一年，利用新市賽馬場的二十八匹馬騎了兩百英里，花費八小時四十二分，平均時速二十三英里。這樣的速度相當不得了，是多數郵件馬車的兩倍。海軍上尉拉佩諾蒂埃（Lieutenant Lapenotière）那段史詩般的旅程也沒那麼快。他從法茅斯登陸，帶著特拉法加戰役的捷報前往倫敦的海軍部，三十七個小時衝刺兩百六十七英里，平均時速七．二英里。[20]老實說，如果你想移動得比奧斯巴爾德斯頓快，你得搭火車。

騎馬的缺點是貴。首先，要花錢買一匹適合的馬。勉強可以的老馬就要花你八英鎊，騎兵部隊軍官騎的良馬，年輕而且訓練有素的，要花十倍的錢。安．李斯特在一八二二年用二十五英鎊買了一匹公駒，可靠消息告訴她，兩年內就會升值到一百畿尼，她取名「熱刺」（Hotspur）。一年後，獸醫向她保證，熱刺已經價值五十畿尼，而且大概再過一年，如果保持健康，「交易商會找匹和牠相配的馬，兩匹一起賣四百畿尼」。[21]若你想幫你的輕便馬車找一對馬，至少要花七十英鎊，貴的通常要兩百英鎊或更多，所以四百畿尼真的是天價。[22]

若加上養馬的花費，騎馬的成本又更高。如果你有自己的馬廄，而且在倫敦地區，每年大概要花一百二十英鎊養一匹馬，包括照料和偶爾僱用蹄鐵匠。[23]如果你住在城市，寄養馬匹的代養馬房每年可能會花你六十幾英鎊。[24]也許你應該考慮你是否真的需要自己的馬：你不如從口碑好的出租店家租馬。每英里大概要付六便士，加上馬的押金和馬具。三十英里的路程費用是十五先令，這樣你就知道，為何騎馬可以明顯看出社會階級——以及為何比起走路來的，客棧老闆熱烈歡迎騎馬抵達的客人。

私人馬車

《旅人的神諭》（*The Traveller's Oracle*）一書作者在一八二七年表示，「四輪大馬車的製作藝術，最近三十年來，在美觀、堅固、便利方面突飛猛進，而且馬車現在已被當成品味象徵」。[25]會有這樣的進步，必須歸功兩項不可或缺的創新。一是橢圓彈簧，能讓馬車適當懸浮。另一項更重要的，是鐵圈輪胎。在攝政時期，車輪是將木質輻條裝進車輪的軸心，稱為轂，並錘擊入輞（也就是車輪的輪圈），然後加熱鐵製的外胎，趁外胎膨脹時，裝進輞的外圍。外胎冷卻收縮之後，嵌入車輪，整個輪胎就會緊實牢固，而且車輪整圈都是連續的運行表面。早期的車輪因此大大改善。過去的方法是分段釘入，然而無法將組成零件整合凝聚，所以缺乏支持力道，車輪一旦撞到石頭，輕易就會四分五裂。而且，分段的鐵圈本身就會阻礙運行，沿路顛簸。因此在一七九〇年代搭乘馬車旅行，比二十年前要舒適許多。

普遍來說，你可以將車輛分成兩大類：你自己駕車，以及別人駕車載你。前者例如雙馬四輪的輕型馬車（phaeton）。快速的雙輪雙座馬車也有數種類型，可以在市區移動，也可以在國內短距旅行。這種最常見的是單馬雙輪車（gig），只需一匹馬拉。如果你進入車身展示會場，會看到這種馬車的許多變體，包括約在一八一二年出現的提伯利車（Tilbury），設計的人是尊敬的亨利・費茲羅伊・斯坦霍普閣下（the Hon. Henry Fitzroy Stanhope）；同一人約在一八一五年又設計斯坦霍普車（Stanhope）；另也有丹耐特車（Dennet）。這幾種不同的車身，差別在於車輪懸浮、車輪尺寸、行李空間的位置，以及是否裝有擋泥板（保護駕駛不被水坑潑濕）和車篷。如果想看別款，車廂的銷售員可能會提議雙馬雙輪的輕便馬車（curricle），或者單馬雙輪的敞篷馬車（cabriolet）。如果你想要敏捷的單座車身，可以選擇威士騎（whisky），有兩個高車輪，非常適合穿梭在你的豪宅和莊園，或者，如果你非常大膽，就選邊框雙輪車（skeleton gig），中軸上方有個單人的座位，除了骨幹，周圍沒有任何包覆。這些追求的是速度，而且快到危險的地步。

別人駕車載你的載客馬車（coach），泛指大型、封閉的馬車，有四個輪子，通常由四匹馬拉，兩兩並排裝上輓具。裡頭通常有四或六個座位，兩邊的門都有窗戶，前面還有外部座位。車夫坐在前方的外部座位。通常車尾還有僕從站立的空間，或可置物的行李箱。較大、較慢的載客馬車叫做迪利金斯（diligence），車身較長，有點像公車。有錢人不會搭這種車輛旅行。他們倒是會搭郵政便車（post-chaise），也是封閉的四輪車廂，有兩、三個面對前方的座位。出租馬車（cab）比載客馬車小，前方和兩邊都有窗戶。郵政便車不是由車夫駕駛，而是由馭馬夫駕駛，他會騎在左邊的馬上。有時候車尾行李箱上方也有座位給車廂外面的乘客。小孩若能抓牢，也可以坐在上面。

負擔得起的人，夏天在城鎮四周時髦地旅行，需要巴魯什車（barouche）或蘭道車（landau）。這兩種都是敞篷的豪華載客馬車，有兩排雙人座位互相面對。巴魯什車的車篷可折疊，只會蓋住後座；蘭道車除後座外，還有一個單獨的車篷蓋住前座。兩者都是車夫駕駛，坐在前方抬高的座位。你還可能看到上流社會的另一種車輛，是旅行禮車（chariot）：輕型的四輪載客馬車，後方封閉的雙人車廂給乘客，而前方獨立的抬高座位給車夫。

這些馬車要花你多少錢呢？在市場的底端，大約四十英鎊可以買到新的單馬雙輪車，二手的又是半價。而在頂端，六匹馬拉的豪華載客馬車可以花你超過一千英鎊。一八二一年，安・李斯特去約克一家馬車工廠，那裡的丹耐特車一台賣她四十四英鎊，加燈多收兩英鎊；一台提伯利車是五十二英鎊十先令；一台斯坦霍普車是四十七英鎊包括馬具。或者，銷售員告訴她，旅行禮車是一百八十英鎊。[26]這些價錢並不過分。一八一七年，亞平敦（Abingdon）倫索爾家族（Lenthall）的旅行禮車為防強盜還有一個槍箱，花費三百四十四英鎊。[27]花那個錢，你也許傾向僱用載客馬車，讓別人來維護馬車和馬具。普通的郵政便車按照標準每英里一先令，四輪的載客馬車每英里是兩先令六便士。別忘了每停留一家客棧，要讓你的車夫飲食；還有小費，通常是每二十英里一先令。

私人的載客馬車可以跑多快呢？多數人駕駛的時速是五至七英里。詹姆斯・伍德福德從諾里奇到他威斯頓（Weston）的教區長公館大概十英里。路易斯・西蒙在德文駕駛時速也大概都在五英里，索美塞特會是六英里或更快。安・李斯特自己駕駛她的單馬雙輪車，在北威爾斯，八英里要花九十分鐘。[28]這些速度反映人們處理事務普遍的效率。[29]但是如果你想快速去到某個地方，大概會想使用大眾交通。你等等就會看到，交通公司僱用的車夫不會在乎他們多用力鞭打馬匹，但自己的馬可就不同。[30]

大眾交通

倫敦大概有一千台哈克尼出租馬車（hackney）。你可以從他們黃色的車身和黑色的屋頂辨認出來，還有固定在車身上、寫著執照號碼的鍍錫薄板。除非駕駛已經工作十二小時，否則根據他的執照規定，凡城市十英里內的距離，他要帶你去任何你想去的地方。即使天黑之後，如果公路有街燈照明的話，他也必須帶你去距離倫敦至多二．五英里的地方。每趟的車資標準，一．二五英里內一先令，二．五英里內兩先令，每多半英里多收六便士。特別注意的是，天黑之後，這些費用之外，每半英里須多付六便士。駕駛等待的時間也要額外收費（例如等你去採購）：四十五分鐘內一先令，一小時一先令六便士，之後每二十分鐘六便士。[31]

在富裕的城市例如倫敦和巴斯，你還可以選擇上百台轎子。轎子已經有點過時，但在潮濕的天氣非常方便，或者當你要去的地方需要經過狹窄的通道或多層樓梯，以及單純地面太髒的時候。但是，搭轎子很貴。在巴斯，所有轎夫都穿深藍色的制服。搭乘費用每趟若不超過五百碼，收費六便士；三分之二英里收費一先令，之後每三分之一英里六便士。而且搭轎子很慢。椅子和支柱頗重，即使你不是特別過重，兩個男人若不停下來休息幾次，也無法抬著你走很遠的距離。如果你有點圓胖，轎夫會希望小費和你的身形成比例。

如果你需要旅行到郊外，還有一個選擇。就是搭乘貨車。這些貨車又長又寬，覆蓋圓弧形的車篷，上面寫著老闆的名字，以及他們路程開始與結束的客棧。貨運工人自己走在動物旁邊，肩膀掛著一條長鞭。[32]問題是，這樣的車輛專門運送綑綁的貨物、板條箱、行李箱、貨箱……不是載人。平均時速只有三英里，你走路還更快。貨運工人的貨車只適用個人——如果你貧窮又行動不便——而且貨車只能在當地移動。貨運工人從巴斯移動到倫敦要耗費五個整天。在路上這麼久的花費，加上住在客棧四晚，已經違背便宜旅行的目的。因此城鎮之間旅行的大眾運輸，你真正的選擇是驛站馬車或郵件馬車。

驛站馬車

驛站馬車的車型是迪利金斯，車身較長，兩邊各有三面窗戶，車尾的門有階梯上下。車內有兩排長椅互相面對，每排可容納八至十二人。[33]人們似乎總是先選最旁邊的座位——距離門最遠的位置或門邊，所以後來上車的人要坐在中間。這種載客馬車目的不在快速：四匹馬拉十六人座的馬車的時候，時速大約四．五英里。[34]但是可以載許多人，前進的速度比雙腳移動更快，同時價格低廉。一八二九年七月，有輛這樣的馬車出現在馬里波恩路，車輪漆上黃色，車身漆上藍色，並繪上裝飾圖案。三匹馬兒並肩拉這輛車，這就是世界上第一台「公車」，由喬治．史利伯（George Shillibeer）設計與營運，每天往返帕丁頓和倫敦中心四次。不過，雖然長型馬車可以在都市短程移動，尤其雨天，但你不會想坐在裡面太久。勞勃．騷賽在一八〇七年搭乘十六人座的馬車，從布里斯托到伯明罕，從他的描述可以解釋理由：

> 那氣味……不比監獄新鮮或芬芳……我從未度過這麼不愉快的五個小時。根本什麼也看不見；我們身後的小窗在我們的頭上，車夫的座椅擋住前面的窗戶，門口的窗戶只有坐在旁邊的人看得見。我們若是開口問任何問題，回答都是簡短又冷漠；周圍的人太多，難以交談。一半的人都在睡覺，我也亟欲追隨他們。[35]

較快的驛站馬車主要差在大小和內裝的豪華程度。最好的有皮革椅墊和保護你不受街上髒汙與灰塵的開關窗戶。你的頭上可能有一盞燈，腳底甚至有熱水袋。在這樣的車裡，就連晚上，你可以舒適地讀書。赫爾曼．普克勒－穆斯考王子寫給妻子：「我點燃車廂的燈，當我們在平坦的道路快速前進時，滿心歡喜讀了摩根女士最新的小說。」[36]這樣的旅程當然很貴。因此很多人是車外的乘客。多數驛站馬車的車廂只能容納六個人，但是加長車尾放行李的地方（行李箱），並延伸前面車夫的長椅和車廂之間的空間，可以騰出更多坐和站的位置。乘客也可以坐在車頂。卡爾．莫里茲告訴我們：

負擔不起這麼多錢的窮人會這樣搭車——坐在沒有椅子或扶手的車頂。他們坐在任何能坐的地方，雙腿懸掛在外。這叫「露天搭乘」，只須付半價……我們頭上還有另外六個乘客這樣搭乘，他們不斷上上下下，發出可怕的聲音……如果你在車頂可以保持平衡，坐在那裡就沒有問題，某些方面還比坐在車裡的人好，尤其天氣炎熱的時候，而且周圍的景色更好，但是同伴是區區平民，而且灰塵很惱人。坐在裡面的人至少可以關上窗戶。[37]

但是後來莫里茲先生試著體驗坐在車頂，他報告：

我爬上車頂後，立刻坐在一個角落，並且抓住馬車邊緣小小的把手。我坐在車輪上面，我們一出發，我就想像眼前有人死掉。我只能將把手抓得更緊，保持平衡。馬車快速行駛在很多石頭的路上，我們時而被扔出去；我總是重新降落在馬車上，幾乎是個奇蹟。[38]

當你選擇坐在車頂，問題不只害怕。坐在後方的人看不見前面的路，所以很多人會暈車。[39]前面的人又直接迎接天氣。因此，許多人會帶傘。然後又有端莊的問題：女人和女孩很難爬上車頂但不露腿。[40]下車時尤其危險，裙襬和裡裙很容易勾到掛鉤或門把。天冷的時候，寒風刺骨，尤其冬天，冷風又因馬車的速度更強。有時乘客會凍傷，甚至死在車頂。一八一二年三月，兩個搭乘巴斯與奇彭納姆（Chippenham）路線的馬車乘客就是這樣。[41]許多馬車不到午夜不會出發，所以如果你打算在冬天坐在車外，最好慎防寒冷。

驛站馬車要花多少錢，又能走多快？這些問題的答案年年不同，也依路線不同。以倫敦到布萊頓的路程為例。一七八九年，每天只有屈指可數的馬車走這五十四英里的路。早上五點從倫敦出發，晚上七點之前便會抵達，路程十四小時。費用是二十三先令，或者如果你坐在車外，則是十三先令（不含小費）。但是，隔年，馬車公司合夥，提供快速旅程，八小時內抵達。很快地，越來越多公司加入市場。價格下降、速度增加，路上的車輛如雨後春筍。到了一八一一年，每天有二十八輛馬車走這趟旅程；最快的是六小時，價錢也降到車內十先令，車外五先令。兩年後，你已經能從倫敦搭驛站馬車**當天往返**布萊頓。一八一五年，五十二輛馬車走這條路線，馬車車夫競爭激烈，全都毫不留情鞭打馬匹，隔年一週就死了十五匹馬。之後進入整併期。在一八二二年，旅行時間減少至四小時，平均時速十三英里。[42]

其他路線也有類似變化。一七〇〇年，從倫敦到愛丁堡要花上十天；到了一八三〇年，減少為四十六小時。一七〇〇年，曼徹斯特到倫敦只有一輛馬車固定往返，但是到了攝政時期尾聲，有超過三十輛，而且車程時間從九十小時減少到十八小時——平均時速十英里。[43]整體而言，你可以期待驛站馬車在一七九〇年代平均時速五至七英里，一八二〇年代七至十英里。也許攝政時期最快的驛站馬車紀錄是一八三〇年的五朔節，叫做「獨立吠呵」（The Independent Tally Ho）的馬車，從倫敦到伯明罕一百零九英里，花了七小時三十九分鐘——平均時速十四．二五英里。[44]到了這個時候，整個馬車行業已經具備更深刻的緊急意識。現在，你在等待馬車換馬時，僕人會從客棧端出讓你恢復精神的點心。換馬的速度也快許多，時刻表強迫馬僮備好馬匹待命。因為旅客會在清晨出發，馬車路線行經的客棧現在二十四小時營業。車場的燈徹夜點燃，馬夫聽見馬蹄深夜敲擊石頭路面迫切的聲響，隨時就能上路。

郵件馬車

郵件馬車不盡然是驛站馬車，比較像是專為快速有效運送包裹而設計的運輸系統。為了這項任務選用的是郵政便車——和你私人租用的四輪載客馬車相同，四匹馬的車隊每十英里換一次馬，停靠時間有時僅僅一分鐘。他們也會載付費的乘客：車內三個，車外兩個，至多如此。你不能帶比手提行李更大的東西。搭郵件馬車時，用餐時間不得多於二十分鐘，而且馭馬的郵僮會確定你遵守時間。驛站馬車經常因為乘客和途中的客棧老闆延誤，也經常為了等待所有位子坐滿所以延誤發車，但是郵件馬車嚴格遵守時程，當然，沒有乘客他們也要出發。可靠與速度因此成為郵件馬車的賣點。因為有武裝的衛兵騎在信件的麻袋後方，所以郵件馬車更安全。而且郵件馬車不用付過路費。考量每一英里的車資是一先令，大約每十英里要付給郵僮小費一先令，最後一點值得牢記在心。

安全

武裝衛兵這件事情提醒你，往返城鎮之間，會有強盜攔路的情況。然而，儘管全國上下有數不清的搶劫事件，事實是，你更可能因為車禍受傷。因此建議你在考慮搭乘馬車時，牢記以下安全須知。

首先，如果八英寸高的馬車車頂坐著很多人，加上二十幾件行李疊在他們後方，馬車的重心等於完全在上方，整體頭重腳輕。夏天尤其如此，為了節省車資，更多人會坐在車外。若允許超過六人坐在車頂，驛站馬車的駕駛會被檢舉：一七九五年起，罰金每人四十先令。儘管如此，你常看到十二至十四人坐在長型馬車車頂。路易斯．西蒙曾經數過十七人。[45]他自己也說，如此一來，轉彎翻車的機率更高，尤其高速行駛的時候。

第二，越來越常見到車夫盡可能快馬加鞭。老闆支持他們，因為可以藉此宣傳某條路線他們的馬車最快；乘客也支持他們，因為可以盡快到達目的地。但是，這樣表示車輛經常橫衝直撞——不僅行人危險，車上的人也危險。因此，車禍屢見不鮮，而且不分旅客社會階級。一八〇六年，威爾斯王妃催促車夫再快一點，車夫照做，結果在轉角翻車，造成車禍，以致王妃的同伴嚴重受傷。威爾斯親王的建築師詹姆斯．懷亞特一八一三年九月死於車禍。庭園設計師漢弗萊．雷普頓一八一一年於舞會返家途中車禍，之後終身坐在輪椅。你想像中的馬車可能是古色古香，慢慢前進，但事實完全相反。有鑑於此，某家公司刻意推出倫敦到布萊頓的慢行路線，其實也不無道理。馬車業主以老太太與性情緊張的人士為目標客群，把他的馬車稱為「保命車」。[46]

新的道路交通形式

在這樣一個發明的年代，不難想像人們發想其他有利可圖的交通形式。在首都街上，你一定會看到一八一八年突然出現的「腳蹬二輪車」，前一年才在德國發明。這種車也叫「丹迪馬」（dandy-horses）或「霍比馬」（hobby-horses）。這樣木頭和金屬的新奇裝置，實際上就是沒有踏板的腳踏車。你用雙腳推動自己。倫敦的馬車製造商丹尼斯．詹森（Denis Johnson）發現這種車的潛力，改良設計，在一八一八年十二月為他的「步行雙輪車」申請專利。隔年生產超過三百台，每台定價八英鎊，攝政王還訂了四輛送到布萊頓。[47]雖然僅僅風靡一時，但是激發人們發想其他交通工具。一八二〇年二月，安．李斯特去里茲阿爾比恩街的博物館廳（Museum Room），見識「乘客雙腳推動的新型發明」。她描述那是「非常簡單的機制，像一台有三個輪子的輕型馬車」，並說這個模型的定價是三十五英鎊，能坐兩人的較大模型是四十五英鎊。[48]幾年後，赫爾曼．普克勒－穆斯考王子參觀一種風箏拉動的車輛，由某個學校校長發明，據說可以達到時速四十五英里。[49]這種奇妙的機械裝置缺點非常明顯，儘管如此，人們顯然已經開始思考以前無法想像的旅行方式。

當你看到這幾年來授予的相關專利多達幾十項，就會明白到處有人想要改善交通方式。一七九〇年七月，專利編號一七六七問世，是種可以外擴的載客馬車，附有六個輪子和三組彈簧，能夠克服道路坑洞問題，還能延伸至多四十八人座。專利編號二四三一在一八〇〇年獲得許可，「利用改良的風動引擎，由壓縮的空氣推動，不用馬匹也可以駕駛各種馬車」。但是，真正改變遊戲規則的發明是一八〇二年，理查．特里維西克和表哥安德魯．維維安（Andrew Vivian）專利編號二五九九的產品：「適用一般道路、蒸汽驅動的載客車輛。」這項發明與特里維西克實驗的蒸汽引擎「噴煙惡魔」相關，而兩人展現的這輛在坎伯恩（Camborne）能夠行駛時速九英里。特里維西克和其他工程師受到公眾熱情驅使，不屈不撓改良蒸汽火車頭。一八一二年，在里茲附近的密德頓礦場，馬修．莫里（Matthew Murray）的「沙拉曼卡」（Salamanca）不僅成功，更帶動發明狂潮：一八一三年，威廉．赫德利（William Hedley）設計「噴煙比利」和維拉姆礦場用的「維拉姆迪利」（Wylam Dilly）；威廉．查普曼（William Chapman）和威廉．布倫頓（William Brunton）分別在一八一三年與一八一四年為礦場設計實驗引擎；喬治．史蒂芬生在一八一四年製造他的首輛火車頭「布呂歇爾」（Blücher）。史蒂芬生接著又建造至少十二輛火車頭，並且設立未來鐵路的基本原則。

以載客為目的的交通工具，你會想要寫在日記的關鍵日期是一八二五年九月二十七日——喬治．史蒂芬生為了連結西南達蘭所有礦場而建造的斯托克頓（Stockton）與達林頓（Darlington）鐵路。那天，一列火車載著乘客和數輛貨物，以時速十六英里前進。多數人從未移動得這麼快速。一八三〇年五月，坎特伯里與惠斯塔布（Whitstable）鐵路使用史蒂芬生的公司建造的蒸汽引擎「因維克塔」（Invicta），開始載客也載貨。同時，史蒂芬生也在監督利物浦與曼徹斯特的鐵路建造。一八三〇年九月，他著名的「火箭」（Rocket）開始服役，拉著第一輛排定時刻的載客火車，以時速三十英里往返利物浦與曼徹斯特。很快地，每月有三萬人搭乘那條線。那年年底，英格蘭大約有一百英里鐵路運作。鐵路時代已經正式展開。

水上運輸

住在島嶼的優點經常不被欣賞。人們經常強調四面環海的防禦面向，把大海當成屏障，但其實是條超級高速公路。如果你想運送大量的煤礦或鐵礦從甲地到乙地，使用只能運送一噸的貨運馬車，要花很長的時間。船隻可以運送更大的量。此外，大不列顛有許多河口，最大化貨物價值的方法，只需要把貨物送到可以航行的河流。因此河流與大海，就和迅速發展的人力和礦物資源一樣，是大不列顛經濟成長的重要資產。

地主和企業家已經注意到這個事實多年。打從十七世紀中期，他們就已開始疏浚河川，移除巨石，拉直密集的曲流，拓寬河道。此外，他們也在主要河流之間建立運河。這些不僅有利原物料運送到工業城鎮，成品也能藉此路線送達批發商與零售商。工程師詹姆斯·布林德利（James Brindley）首先看見連接英格蘭四大河可能帶來的商業優勢——特倫特河、默西河、塞汶河（Severn）、泰晤士河，立志打造「大十字」水道，就此連結四大貿易港——赫爾、利物浦、布里斯托、倫敦。他的理想終於在一七九〇年完成，英格蘭中部地區的水道經由考文垂運河與牛津運河連接泰晤士河。現在船貨可以在愛爾蘭海和北海之間運送，不須經過蘭茲角（Land's End）或約翰奧格羅茨（John

O'Groats）＊。同年，連接福斯（Forth）與克萊德的運河啟用，船隻可以悠遊蘇格蘭中部。[50]全民非常熱衷運河，以致一七九〇年至一七九四年間，國會許可超過五十條。即使在一八〇〇年後，還是建了數十條，某些結合了不起的工程技術，例如超過三英里長的隧道，以及能將船隻從甲運河抬升到乙運河的傾斜平面。到了一八三〇年，運河系統總計大約四千一百英里，大約是一七六〇年的三倍。[51]

航海

船運的投資規模也和運河與驛站馬車的路線相當。一七八八年，聯合王國有一萬兩千四百六十四艘船登記在案；三十年後，數字上升到兩萬兩千艘。[52]這個國家需要更多商船與更堅實的海軍，因應迅速發展的人口、增加的貿易與成長的帝國。此外，上千艘小型、未登記的船隻散布在海岸內與周圍：你會在河口看到，從漁船、牡蠣船，到雙桅帆船、單桅帆船、駁船，擠滿整個港灣。直到你看著無數船隻沿著河口進進出出，你才完全體會，英國多麼依賴大海。

至於你自己的旅行計畫，你會需要考慮到達目的地的一趟旅程要花多少錢，要從哪裡出航，上船後會是什麼情況。我們假設，你想搭乘定期郵船出遊。這種通常是中型、二至三桅、載重兩百噸

＊譯注：兩地分別位於大不列顛的西南端與東北端。

的船，從郵局管理的郵船站出航，直到一八二三年，改由海軍部接手。這種船的首要目的是運送包裹和信件到英國殖民地與海外大使館，所以每個郵船站有各自專責的航線。米爾福德港（Milford Haven）與荷里赫德分別運送至南北愛爾蘭；多佛的船去法國；哈里奇（Harwich）和大雅茅斯的船穿越北海；法茅斯的重要性在於發送船隻到北美與南美、地中海、遠東地區。

走進郵船站的辦公室，你可能會見到牆上有張印刷的價目表。例如，在法茅斯，你可以買票去紐約、新斯科舍（Nova Scotia）、里約熱內盧、布宜諾斯艾利斯、馬德拉、里斯本、加的斯、直布羅陀、牙買加、背風群島（Leeward Isles）、蘇利南（Surinam）。注意，去程和回程的價錢可能會相差很多。一八一一年，前往里約熱內盧的某個客艙可能花你八十六英鎊，回程卻是一百零七英鎊。主要的理由是，去程通常只花三十五天，但是回程是五十二天。牙買加的話，剛好相反：去那裡要花五十二天，六十英鎊，回來通常是五十五天，只要五十四．五三英鎊。53

所以你知道，客艙不便宜。而且這個價錢也不是全包：你要自備航程的傢俱、蠟燭、燭台、寢具，以及途中可能用到的鍋具。如果你想吃到基本配額以外的食物，也要自己準備。我建議你帶自己的糖、果醬、雞蛋、餅乾、起司、火腿，也許再帶上醃黃瓜、醃肉，任何你喜歡，而且可以在海上的室溫保存多達八週的食物。但是，難題是在，你該不該為了省錢而搭乘下等客艙？到里約，去程是四十六英鎊，回程只有五十六英鎊——幾乎是客艙的一半。但是客艙舒適太多了，通常位於下甲板的船尾，是有門板的房間，占據船隻一半的寬度，後面有個斜角窗，可以俯瞰船舵。客艙的空間甚至可能放置沙發、桌子、椅子、床。另一方面，下等客艙的臥鋪，是像狗窩一樣的床鋪，裝在大船的貨艙區，或郵船下甲板的前面或周圍。床鋪排列為三層，每層一．五英尺寬，頭頂空間只有兩英尺。這些床鋪直接面對下甲板中央的共用餐桌，而且除非躺在你的床鋪、拉上床簾，否則沒有隱私可言。洗澡只能在公共空間——或說，「男性」乘客只能在公共空間洗澡。既然女性不准公然脫去衣服，所以如果她們搭乘下等客艙，整個旅程完全不能正常洗澡。54

無論你搭乘的是客艙還是下等客艙，海上旅程橫豎都不愉快。每天都是可怕的例行公事，枯燥乏味到了極點。早上七點起床。有規定的用餐時間和禱告時間，還有打掃鋪位與客艙的時間。下午通常用來談話、寫日記、打牌（但不是賭博）。或者，天氣夠好的話，你可能想在甲板上做做運動，但是乘客不准攀爬船上的帆纜索具。入夜後會點燃蠟燭，但是為避免火災，公共區域必須九點熄燈，客艙十點。那代表你可能要清醒地躺在你的鋪位，聆聽船身的木材嘎吱作響，以及風吹船纜的呼嘯聲。隨著船隻搖晃震動，你可能會聽見同行旅客嘔吐在水桶。當天氣轉壞，你怎麼樣都不會舒服。大浪拍打船身，發出深沉的重擊聲。當大浪碎在船尾時，你可能會聽見你的客艙玻璃框唧框啷。黑暗之中，水流過地板時，就算你沒信仰，也一定會禱告。你會在你的床鋪抓著你的毛毯，感謝上帝你不是甲板上面必須拽拉船帆或確保設備安全的人。

有種你絕對想要避免的海上旅行，就是非自願的那種——被抓去當海軍。對法國的戰爭需要大量海軍人力，男性工人深夜和朋友在港邊喝酒，可能就會被拉夫隊強行帶走。有時拉夫隊會搜查所到之處的酒吧，帶走裡面所有體格健全的男子。《泰晤士報》經常報導「最新的拉夫」，五、六百個男人一夜之間被帶到倫敦，被迫登上划艇和小艇，直接帶他們出海。如果有人被關在監獄，在被帶上船之前，他們會想方設法避免被抓去海軍。山繆·卡拉戴斯（Samuel Caradise）被關在肯德爾監獄（Kendal Prison），等待移送上船時，他要求見他妻子。一七九五年十一月三日的《泰晤士報》記載他預計出發前一天晚上：「他在牢房裡，她隔著鐵門跟他說話。之後，他把手放在底下，接著，她用偷偷帶入的木槌和鑿子，敲下他的一隻手指和拇指，使他不適合為國王陛下效命。」55

蒸汽船

一八〇〇年，汽船對多數民眾而言依舊是新奇的東西。但是那年，福斯與克萊德運河公司的總督丹達斯勛爵，委託威廉·西明頓（William Symington）建造「夏洛特丹達斯號」（*Charlotte Dundas*）。這是一艘長五十六英尺、尾部固定單一葉片驅動的汽船，於一八〇三年啟用。九年後，克萊德河首次出現固定行駛的載客汽船。一八一四年八月，漢斯·卡斯帕爾·愛舍俯瞰河流，可以同時看見六艘汽船。一年後，同一水道有十三艘，而且在攝政時期的尾聲，有七十一艘。到了一八三〇年，整個王國有三百艘汽船固定往返河流、運河、河口、外海。56

一八一五年是英國多數人民意識汽船潛力的一年。首先，一艘汽船離開克萊德河並停泊在利物浦。不久之後，「馬喬立號」（*Marjory*）噴著蒸汽，沿著福斯與克萊德運河向東進入北海，一路往南抵達倫敦東岸。接著「亞蓋爾公爵號」（*Duke of Argyle*）也航行類似的路線，從格拉斯哥沿著西岸往南，繞過蘭茲角到倫敦。首都可以看到新的汽船服務廣告。馬喬立號在泰晤士河沿著古老的航線往返倫敦與格雷夫森；亞蓋爾公爵號重新命名為「泰晤士河號」，營運倫敦與馬加門的路線。汽船於一八一八年開始行走格林諾克和貝爾法斯特之間的海上航線；一八一九年又有格拉斯哥、利物浦、曼島（Isle of Man）之間的航線。一八二一年某天，安・李斯特搭乘名為「最愛」（*Favourite*）的蒸汽郵船，從約克郡的塞爾比到倫敦。她早上九點二十五分登船，當天晚上停泊在赫爾，在客棧過夜，隔天早上又登船，並於下午六點抵達倫敦。過了幾天，她搭乘驛站馬車去多佛，在那裡過了一夜後，登上另一艘蒸汽郵船，不到三個小時，她已經在波濤洶湧的海上，目的地是加萊。[57]除了穿越海峽期間暈船八次以外，整段旅程無憂無慮、從容不迫。但是，如果在這麼短的時間，要靠驛站馬車和帆船走完這段將近三百英里旅程，必定需要瘋狂衝刺。

早期的汽船是木頭造的，長度多數介於八十至一百英尺之間。多數有兩個直徑介於九至十二英尺的槳輪，分別位於船身兩邊，但某些是由船尾單一槳輪驅動。許多附加桅杆和風帆，以免引擎故障或煤炭品質不佳。汽船內部，主要客艙通常是開放空間，地面完全鋪設地毯。甲板上方，左右各有連續的窗戶。窗戶底下，長椅延伸室內前後，而桌子沿著客艙排列，可以玩西洋棋、跳棋、雙陸棋、撲克牌，可以吃蛋糕、喝茶，也可以從船上的圖書館拿書來讀。[58]只要你待在裡面，汽船都很乾淨，但是一旦你走到甲板，就會渾身是煙。整體而言，汽船提供時尚、現代、尊貴的感受，相對地，也收取高昂的費用。例如，從倫敦到馬加門的服務，要價十五先令，而兒童半票七先令。

儘管昂貴，汽船作為旅行的交通工具卻是越來越受歡迎。一八二二年，超過兩萬七千名乘客搭乘倫敦與馬加門之間的汽船；三年後，超過五萬人搭乘。[59]到那個時候，汽船已經橫越太平洋，甚至抵達印度。汽船最大的優點是，即使風吹的方向不對，也可以運行。當你抵達港口，再也不會發現你的船因為幾個鐘頭之前風向改變，已經提早離開。[60]船運公司和顧客對航行時間都能更有信心。

海上安全

每年有數百艘形形色色的船隻在大不列顛裡外航行，有時會發生恐怖的喪命意外。一七八九年，「冒險號」（*Adventure*）在泰恩茅斯港當著許多人的面沉船，旁觀者愛莫能助，只能惶恐地看著船員溺死在他們眼前。另一個海岸近在眼前卻命喪大海的事件發生在一八〇〇年。「皇家布拉讚號」（*HMS Brazen*）在紐哈芬（Newhaven）附近撞上岩石，儘管距離海岸不到半英里，但是一百零五名之多的船員只有一人生還。諸如此類。如果你出海，難免會有一天，會看見悲傷、黑暗的龐然大物，曾經屬於某艘經過這裡的船，於是你明白，同樣的事情輕易就會發生在你的船上。

好消息是，一七八九年，大不列顛周圍的海岸已有超過二十四座燈塔，從康沃爾的利澤得到阿伯丁郡（Aberdeenshire）的欽奈爾德角（Kinnaird Head）。接著很快又有數十座新建或重建。到了一八三〇年，任職於北方燈塔委員會（Commissioners of Northern Light Houses）的托馬斯．史密斯（Thomas Smith）和繼子勞伯．史蒂文森（Robert Stevenson）監督蘇格蘭周圍的海岸另外二十五座燈塔建造。而這幾年在英格蘭和威爾斯周圍海岸建設的許多燈塔，都由領港公會（Trinity House）指導。此外，這些新的燈塔使用阿爾干燈，而非獸脂蠟燭或煤火，因此較之前明亮。而且，燈塔結合發條裝置的旋轉機座，所以燈光彷彿發出訊號——例如，每分鐘兩次白光與一次紅光——水手便能知道黑暗之中他們看見的是什麼光。

然而，意外還是發生，這點亨利．格雷哈特（Henry Greathead）最清楚了。他是造船員，來自南榭爾茲（South Shields），也是一七八九年看著冒險號在泰恩茅斯沉船的其中一人。對於當時無能為力的自己，他耿耿於懷，因此決心打造在這種時候使用的救生艇。其他人也有同樣想法，例如倫敦馬車製造商萊諾．路金（Lionel Lukin）、南榭爾茲的教區事務員威廉．伍德哈夫（William Woodhave）。經過一場救生艇設計比賽，這些人的想法形成一個設計，並於一七九六年由格雷哈特建造出來。那是一艘長二十八．五英尺、寬九．五英尺的船，可以容納十個乘客和十個穿著軟木救生衣的划手。格雷哈特稱之「原作」（*Original*），因為那是後來另外三十一艘救生艇的雛形。因此，一八〇〇年後，陸地在視線之內時，航行也較一七八九年安全。

當然，救生艇本身不會救命——使用救生艇的人才會。抱持這個想法的是來自曼島的威廉．希拉利爵士（Sir William Hillary），他於一八二三年出版一本薄薄的書冊，書名是：《成立保護生命與財產免於船難的全國組織——呼籲英國國家基於人道制訂政策》（*An appeal to the British nation on the humanity and policy of forming a national institution for the preservation of lives and property from shipwreck*）。他獲得兩位具影響力的國會議員幫助，因此於一八二四年三月四日在主教門（Bishopsgate）的倫敦市旅店（City of London Tavern）舉行會議。在那裡，眾人決定成立皇家全國船難救命協會（Royal National Institution for the Preservation of Life from Shipwreck）。協會宗旨為取得救生艇並訓練操作人員。更驚人的是，威廉爵士並不認為自己的工作到此為止；他親自下海拯救人命。回到曼島後，他為島上四個主要港口購買救生艇，並且積極主持救難行動。一八二七年十二月，時年五十七歲的他和他的隊員拯救十七名差點和船一起沉入海底的瑞典船員。同年，威廉爵士為了搶救「聖喬治號」（*St George*）的船員斷了六根肋骨。三年後，他成立十四人的救難隊，並在另一場船難救出二十二條生命。過程當中，暴風雨將他從船上推落海。就在你正想著，今天我們皇家全國救生艇協會（ＲＮＬＩ）的創辦人竟然死於船難，這是多麼悲傷的結局——他竟爬回救生艇上。他就是這樣一個不屈不撓的人，所有認識他的人都受到他鼓舞。當然我不希望你遇到失事的船，但如果你真遇到，我希望會在曼島附近，威廉．希拉利爵士到得了的地方。

8 棲身之處

所有來到英格蘭的旅客都會承認，他們對於整個王國客棧的高貴程度相當驚喜。睡覺的床鋪和房間整潔異常：確實如此，床鋪是那種備受呵護的英格蘭人使用的高級品。

——克里斯蒂安．戈德（一八〇七年）[1]

你晚上要住哪裡？當然就是客棧。客棧很多，全國上下都有，而且旅客讚不絕口，尤其在英格蘭。但你還有其他選擇。你會越來越常看到服務有錢人的飯店。知名的觀光地區都有私人住宅和裝潢華美的房間提供租用，例如濱海渡假勝地、主教座堂所在城市、如詩如畫的湖區（Lake District）。此外，你也不免在住宿期間結交朋友，可能是鄉村豪宅的主人，甚至貴族。也許你會和他們一起去打獵，或者參加舞會。又或者你會發現自己人在工業城鎮，正和某個完全不同職業的人回家——大概是在酒吧喝了太多啤酒之後。而且如果你發現自己身無分文，正在倫敦或利物浦這樣的地方尋找便宜的住處呢？本章會帶你瀏覽你在攝政時期各種可能居住的地方，無論你預定睡在貧民窟，或在豪宅休憩。

客棧

大致來說，客棧分成兩種：一種是大型城鎮的建築，經常圍繞一片開闊的中庭，驛站馬車就從這裡出發，快馬加鞭奔向全國各地；另一種是較寧靜的鄉村旅社，驛站馬車不會經過，可能相當樸素，例如酒吧上面兩間出租的房間。你比較可能住在前者。驛站馬車公司通常和幾家旅館業主合作，只載他們的乘客去某些客棧吃飯或住宿。而且，如果你經由大港抵達這個國家，例如利物浦，你一下船，就會被男孩團團包圍，他們揮舞客棧的傳單，全都說要幫你提行李到他們推薦的地方。[2] 你可能會覺得不得已，只好從中選擇一家。

住在馬車客棧有優點也有缺點。缺點是，那裡幾乎總是很吵。勞勃．騷賽描述他住在法茅斯的某間客棧時，這個問題有多煩人：

房門開開關關，鈴鐺響個不停，呼叫侍者的聲音此起彼落，而侍者對著一間房間大喊「來了」，卻急忙走向另一間。這裡的每一個人都在趕時間：不是正要動身去搭郵船，就是急忙打包要登船，或者剛剛抵達，等不及踏上回家的路。馬車的聲響時不時地來到門前，急促的步伐震動每間房屋。擦鞋的人往一邊跑，理髮師傅帶著工具袋往另一邊，幫手帶著熱水和剃刀隨後；洗衣婦帶著乾淨的床單來；大廳滿是門房和水手，不是搬著行李進來，就是扛在肩上離去。現在你聽到號角響起，因為郵件來了。到了半夜，你會再次被號角吵醒，因為郵件要走了。[3]

不只噪音，你還可能被形形色色的顧客打擾：搬運工穿著工作罩衫，一邊喝著麥酒，一邊等待出發；大批急躁的旅客從長長的馬車爬下來，纏著侍者或打掃房間的女服務員，或者瘋狂搖鈴索取注意。而且，客人快速轉換，意謂某些服務無法面面俱到。床單如果只用一次，忙得焦頭爛額的女服務員不會更換；不然就是倉促弄濕又晾乾，直接重複使用。[4]感染和刺激就從這裡而來。在大型的倫敦客棧，例如貝爾賽維奇（Bell Savage），你可能會被床蝨咬——甚至困擾到不得不坐在椅子上睡覺。[5]

然而，好處方面，馬車客棧的員工不介意客人半夜來去，因為二十四小時都有驛站馬車進站或出站。某些客棧，半夜還可以點餐。[6]他們有很多房間，所以不大可能拒你於門外。即使真的客滿，他們通常也會幫你找到附近的旅社。[7]臥房的門可以上鎖，床鋪也不會像某些鄉下的小客棧，因為連日無人使用或房間沒有加熱而潮濕。最重要的是，他們歡迎你來。例如，巴斯某家知名旅社會這樣接待你：你的馬車或郵政便車在大門前停下，兩位侍者其中一人或兩人會打開你的馬車，擺放下車的金屬台階，如果發現你有可能摔倒，會扶著你的手臂。他的同事處理你的行李時，他會記錄你的姓名，帶你進去裝潢高貴的接待室或客廳。室內爐火溫暖，牆上掛著邊框鍍金裝飾的畫作。

有張桌子擺放最近的報紙。侍者請你坐在其中一張椅子或沙發，呼喚男僮幫你脫下靴子（接著拿去擦亮），並給你一雙拖鞋。接著侍者會來問你想喝什麼飲料。穿著白色圍裙的客房女服務員現身，帶你去你的房間。進去之後，她會點燃燈火，拉上窗簾，介紹盥洗台和各項設備，例如有事需要搖鈴的繩子，以及尿壺或便座（底下有尿壺的座椅）。如果爐柵內的爐火還沒燒起來，她也會點燃。房間通常有相框裝飾的印刷品——有時是知名男演員或女演員，或打獵場景，牆壁也會貼上壁紙。房間之中最顯眼的是床鋪，有四根桃花心木的床柱和床簾，厚實的羽毛床墊鋪著床單和毛毯，此外也有一面鏡子、一條毛巾、一個水壺和臉盆，供你盥洗。某些最好的客棧，較大的房間內有沙發和桌椅，甚至有擺放餐具的櫥櫃，還有書桌讓你寫信。[8]

住在這樣的客棧要花多少錢呢？一七九〇年代在倫敦，單人房應該介於一先令與十八便士之間。[9]詹姆斯·伍德福德住在最好的馬車客棧，他自己和兩位旅伴，每晚通常付上九先令，包括正餐。[10]鄉下的客棧每晚很少超過一先令——雖然安頓你的馬所收的錢，通常比安頓你的人還多。但是，到了一八二〇年代，這些花費可能成長三倍。瓦爾特·司各特爵士寫道，一八二〇年代，傭人旅行的花費每日總計四先令六便士——是他年輕時的四倍。[11]當然，在最時髦的城鎮中最高級的客棧，你還可能花更多。一八一〇年，路易斯·西蒙和兩名客人在巴斯過夜，住在上述的客棧，三人的帳單，包括茶、正餐、早餐，一共是兩英鎊十一先令，每人相當十七先令。[12]

帳單以外，你還要提供小費。侍者和客房女服務員通常沒有薪水——普遍來說，他們的工資只有食宿——所以小費非常重要。你大致要準備比帳單多付一至二成。然而，注意，小費不和帳單一起付，而是直接給每位服務你的人六便士或一先令。一個不小心，最後可能會花你超過兩成，如同一七九五年，一封《泰晤士報》的投書，抱怨在印格斯通（Ingatestone）住了一晚：

> 客棧老闆的帳單如下：晚餐，一先令；啤酒，三便士；床，一先令；馬和燕麥，一先令七便士；總計，三先令十便士。我付的錢如下：侍者，一先令；客房服務員，六便士；長筒靴，六便士；馬夫，我從照料馬的兩先令拿出五便士給他……但是他破口大罵，因為我只給他五便士的零錢，他還威脅我，如果我再去一次，他會特別注意我。[13]

飯店

飯店就像客棧，提供客房、接待廳、飯廳，但不同之處在於，他們只收驛站馬車的客人，不需要馬廄，也不想遇到那種傳統客棧會有的烏合之眾。[14]這樣的事業，第一家是在倫敦薩弗克街的德國飯店（German Hotel），一七〇九年年底開幕，歡迎「所有外國貴族」。[15]第二家是埃克塞特市中心的「飯店」（The Hotel），成立於一七六九年。受到這兩家飯店鼓舞，到了一七八九年，倫敦又開了大約十多家。你可能會住在萊曼街（Leman Street）的英格蘭飯店（English Hotel）；柯芬園廣場的伍德飯店（Wood's Hotel）；河岸街的阿德爾菲飯店（Adelphi Hotel）。如果你是法國人，可能會去萊斯特廣場的薩布洛涅爾飯店（La Sablonières）；如果你是德國人，可能會住在上述的德國飯店；如果你是義大利人，也不用等太久，約翰・巴普提斯・帕格里諾（John Baptiste Pagliano）就會在聖馬丁街開一家義大利飯店（Italian Hotel）。[16]

接下來二十年，倫敦幾家大型飯店把自己塑造為適合高貴外國旅客的場所。一八一四年，法王路易十八住在奧伯馬街（Albemarle Street）的格里昂飯店（Grillon's Hotel）。[17]同年，沙皇亞歷山大一世住在皮卡迪利街的普爾特尼飯店（Pulteney Hotel）。這家飯店口碑之好，原本攝政王提議沙皇下榻聖詹姆斯的宮殿，沙皇甚至拒絕。[18]同樣知名的有布魯克街（Brook Street）的米瓦特飯店（Mivart's Hotel，現今克拉里奇酒店的位址）；伯克利廣場的托馬斯酒店（Thomas's Hotel）；新龐德街的史蒂文飯店（Stevens's Hotel）；以及最富麗堂皇的一家，同樣位於新龐德街的克拉倫登飯店（Clarendon Hotel）。一八二六年，赫爾曼・普克勒－穆斯考王子描述他在克拉倫登飯店的房間：

> 一切都比歐陸的更高級、更奢侈。例如床鋪，數張床墊層層相疊，大得可以容納兩、三個人……你的盥洗台，不像許多飯店或法國和德國的私人住宅，只有一壺或一個陶瓶的水、一個臉盆、一條毛巾，而是氣派的陶瓷浴缸，可以浸泡半身，還有源源不絕的自來水，任君取用；半打的大毛巾，大大小小精美的玻璃瓶與杯；一面大立鏡；洗腳盆……你一睡醒，就被各種沐浴的魔力引誘……房間地板無不鋪著精美的地毯，而且擦得發亮的爐柵燃燒溫暖的爐火，不像我們那裡的客棧那種，經常可見的骯髒木頭或烏煙瘴氣的鍋爐。[19]

這樣的奢華可不便宜。《倫敦顧問指南》（*The London Adviser and Guide*）針對一七九〇年寫道，飯店的客房每晚收費五先令，使用會客室也是五先令，爐火是兩先令，早餐每人一先令；其他費用另計，例如若需要美髮師，再加一先令。[20]到了一八二〇年代，高檔酒店收費更多：住宿一晚一畿尼，正餐每人一畿尼不含酒。如果家人或員工與你同行，費用又會增加許多。沙皇亞歷山大一世住在普爾特尼酒店，一週的帳單是兩百一十畿尼。但是如果你想先在豪華的接待廳聆聽弦樂四重奏，接著到水晶燭燈照亮的餐廳，由專人送上法國廚師烹飪的佳餚——別忘許許多多的沖水馬桶——你就會輕易明白，為何倫敦西區的飯店輕易取代客棧，成為倫敦最佳的住宿地點。到了一八三〇年，全國都有自稱是飯店的地方。

城市住宅

你一定還記得第一章，上層階級的豪宅和都市窮人居住的角落存在極大差異。因此，城市住房的情況難以一概而論，無論是到別人家作客、付費住宿，或是一季的租戶。你的房間會用中國的壁紙裝飾，而且面對石板鋪排的廣場嗎？或者是在潮濕的地下室，和一大家子共享一個角落？顯然，你必須看看住在各式各樣的地方是什麼情況。除了你個人的舒適，若不知道人們在家裡的時候是什麼樣子，就無法開始了解他們。

零售商人

第六章提到，從事染布和洗布的威廉．莫蒂默，住在普利茅斯的德瑞克街（Drake Street），他的店鋪和染房就在住家隔壁。[21]一八二三年他去世時，是個鰥夫，有兩個小孩，分別是十二歲與十歲。他的家是典型的中產階級房屋：三層樓，十八英尺寬，紅磚建造，二樓與三樓各有兩扇上下滑窗，一樓有一扇，在門旁邊。屋齡大約十年，過去這個區域為了建設新的市場，將舊城城門拆除並重新開發，這裡就是當時蓋的，而新的市場就在他家隔壁。如果你要租無傢俱設備的房屋，這個地區一年要花二十幾尼，或有傢俱設備的，每週一幾尼。

走進前門，你會發現自己腳踩在鋪著石頭的通道，上面覆蓋燈芯草編織的地墊。打開右邊漆上白色油漆的門，就會進入客廳。你首先注意到的，大概是朝南的窗戶穿透進來的光線，以及房屋四周的印花壁紙。但是你一定也會注意到有多少深色的木頭。攝政時期的房屋到處都是桃花心木。桃花心木的餐桌在房間中央，周圍有八把椅子圍繞，全都染上黑色的汙垢，看起來像烏木，椅面則是藤蔓編織。此外，火爐的一邊有桃花心木的沙發，另一邊是玻璃門的書櫃，而且，又是桃花心木做的。餐桌旁邊擺著一張桃花心木的折面桌，桌腳有黃銅的腳輪，桌上是桃花心木的茶葉盒。壁爐前面有個銅製的煤斗，以及我們所謂的成套壁爐用具：火鉗、刷子、鏟子、撥火棒。黃銅擋板不讓翻滾的熱煤噴進屋裡，壁爐前面有張老舊的爐邊地毯，保護鋪在地面的基德明斯特地毯（Kidderminster）＊。這是整棟房屋唯一一間「鋪滿地毯」的房間，意思就是從這端的牆壁鋪到那端的牆壁。上漆的木質壁爐台上方有一面邊框鍍金的鏡子，映照房間的另一邊。印花棉布窗簾覆蓋窗戶，另有一面亞麻捲簾可以拉下，以免路過的人偷窺屋內。一面牆壁上，有條拉鈴的繩子呼喚傭人。看起來一切都很堅固，而且令人安心。但是注意，牆壁沒有任何繪畫或印刷品。也沒有樂器。如果你覺得，這個地方也太嚴肅了，這個嘛，確實就是。在一間像這樣的房屋，客廳通常是為了展示：除非客人來用正餐，或週日的時候家人聚會，否則不會使用。忙碌的生活其實在別的地方。

離開客廳之前，請仔細看看壁爐：這裡象徵居住水準的小小革命。鑄鐵的壁爐裝飾新古典主義的圖案，嵌在三英尺寬的爐床內。然而，中央半圓形的火盆很小，從一邊到另一邊，僅僅十五英寸。空間利用乍看之下不是很有效率。這麼多金屬，這麼大的爐床，卻只有小小的火焰。但是上方的煙囪相對狹窄，不只為了增加吸引、帶走更多煙霧，也是為了防止熱氣逸出。其實，溫度傳導到壁爐兩側的鑄鐵爐柵，從這裡散發熱度到房間。火盆底下的空間允許煙灰掉入托盤，清潔相當容易。這樣的壁爐不僅不會沒有效率，反而從數量有限的煤炭散發更多熱度，這是攝政時期之前任何壁爐都做不到的。

回到玄關，當你走向樓梯，會經過一座老爺爺的時鐘，裝在桃花心木的盒裡，發出緩慢、響亮的滴答聲，陪你爬上樓梯。客廳樓上是主臥室，威廉的床鋪就在那裡：四根床柱的桃花心木床。床的本身有印花棉布的床簾、一張羽毛填充的床墊，還有一對靠枕；床上鋪著亞麻床單、羊毛毯，再

＊譯注：位於伍斯特郡，約於一七八三年起，這個城鎮開始生產地毯，並迅速於全國銷售。

蓋上一床厚重的棉被與棉布床罩。房間另一頭有個五斗櫃，旁邊有把椅子，以及放在獨立框架上的全身鏡。當然，這些全都是桃花心木做的，就連壁爐刷的把手也是桃花心木。除了深色的木頭，這裡還有什麼可看呢？三張圖案互相搭配的長條地毯圍繞床邊；桃花心木的盥洗台上，藍白色的陶瓷洗臉盆和同色系的水壺；窗戶上白色亞麻布的捲簾，以及窗簾。全都非常優雅、品味十足，而且，恕我直言，有那麼點清教徒的感覺。同樣的，牆上沒有印刷品、沒有繪畫，只有印花壁紙。這個房間是睡覺、盥洗、穿衣與脫衣、夜晚禱告的地方。沒有一樣東西帶有任何一點享樂的意味。除非，你認為重視品質就是享樂。那張床，以及上面全部的東西，總共價值十五英鎊。

這一層樓另外兩間房間，傢俱擺設也都和威廉自己的臥房類似，雖然其中一間有張「帳篷床」，不是四柱床。否則兩間房間也都放著相似的桃花心木傢俱，三樓傭人的房間也是。每個房間盥洗都是利用陶瓷水壺與裝冷水的臉盆。沒有獨立衛浴，也沒有沖水廁所。如果你需要上廁所，可以下樓，到外面庭院的廁所，或在房裡使用夜壺，但是之後要拿去庭院。

樓下有兩間廚房，分別位於前後。通常潮濕骯髒的工作會在後面的廚房，煮飯則在前面的廚房。不過，在這間房屋，前面的廚房也用來作為非正式的飯廳，或吃早餐。單腳的早餐桌周圍有六把耶爾姆頓椅（Yealmpton）*。唯一不同的傢俱是一張有抽屜的桌子、一把照顧嬰兒的椅子、玻璃面的角落餐台。這裡還是要做某些工作，例如熨燙衣服，所以有六個熨斗盒（放入火熱的煤炭加熱）。泡茶也在這裡。這裡有兩個水壺準備放在火上加熱，旁邊的棚架有兩個茶葉罐和兩個藍白色的陶瓷茶壺。另一邊有馬克杯、茶杯和茶碟、兩個漆上黑色的托盤。打開桌子的抽屜，你會看見餐具：十二支餐刀與叉子、八支點心湯匙和叉子、六根串肉籤和一支切肉刀。

後面的廚房是威廉的管家和女傭從事洗滌和烹飪的地方。寬敞的壁爐有一排爐柵：橫向的鐵條嵌入爐床牆壁，煤火就能在方便的高度熊熊燃燒。壁爐的一邊是銅灶，就是磚襯的大鍋，底下有道小火，能夠加熱大量的水，同時喪失最少熱度。另一邊是有鐵門的烤箱，加熱方式也是一樣。食物存放在籮筐和烹飪器具，包括陶土做的餐盤、錫做的烤盤、鐵做的平底鍋、蒸鍋、麵粉篩、煮魚鍋，全都疊在棚架下層嵌入的櫥櫃。

這個廚房和你家配有鍋具電器的廚房可能非常不同。入夜後，當你必須靠著燭光做事，更是如此。但是，許多物品會讓你感覺再熟悉不過。這是威廉的刀盒，裝著精選好刀、一塊磨刀鐵、一根擀麵棍。他全套的白色瓷器餐具放在棚架上層嵌入的櫥櫃，每件都朝外。接著看看他的酒杯，我發現我倆的品味相同！至少**五件**醒酒器、七只玻璃杯、十五只大高腳酒杯（底部寬大、杯柄短，因此不易打翻）。威廉在他家裡可能沒有收藏什麼奇珍異寶，但我可以想像自己坐在他的旁邊，伴著燭光共享一、兩瓶酒，與他暢談攝政時期。

＊譯注：位於德文郡，十八世紀後期至十九世紀當地的木工曾經製造獨特形式的椅子，現多為古董。

有錢人

典型的紳士城市住宅是三層或四層的排屋，每層樓有三間房間，加上一個地下室和一個閣樓。碩大的長方形窗戶由數面玻璃窗格組成：屋主越有錢，窗格越大。否則，建築物本身的裝飾盡可能簡單，只有幾個磚石的凹壁和拱門，以及前門兩側的頂梁柱。你偶爾會看到時髦的裝飾元素，例如古典的三角楣飾、古希臘的甕、埃及的獅身人面像，但是整體還是傾向低調節制。房屋門前通常會有欄杆，還有照亮地下室的光井，有時候也有樓梯通往送貨的後門和煤庫。

從街上進去，踏進寬闊的走廊，有帽架和雨傘的掛鉤。接著是主玄關，地面鋪滿花色繁複的地毯，還有一座寬闊的石頭階梯。另一張地毯從階梯中央向上延伸，由黃銅條棒固定。站在樓梯底下往上看：欄杆和桃花心木的扶手在房屋每一層樓旋轉，形成橢圓形。你可以看到，紳士的城市住宅是圍繞階梯建造。每一層樓都有用途：地下室是提供服務的區域；一樓和二樓是社交功能；三樓和四樓是臥室；閣樓是傭人睡覺和儲藏物品的地方。因此，裡面的人總是在樓梯上上下下，匆匆忙忙——紳士的家人在主要樓梯，傭人在後方樓梯。路易斯．西蒙開玩笑地說：「家中的個人在樓梯快速移動，並停在不同樓層，給人一種鳥籠裡有樹枝和鳥的感覺。」[22]

一樓有時稱為「客廳樓」。如果你在一七九〇年代初期，來到巴斯的皇家新月一號，也就是退休的愛爾蘭國會議員亨利．桑福德（Henry Sandford）的房屋，你會發現他的客廳非常寬敞，鋪滿地毯，天花板下方裝飾石膏飾帶，簡潔但品味十足。發亮的深色桃花心木傢俱包括玻璃面的寫字台兼書櫃、邊桌、早餐桌、一組餐椅。壁爐是磨光的鋼籃，正面是蛇紋石，嵌入牆壁的煙囪圍繞極為精美的大理石雕刻緣飾，和樓房本身一樣，是建築傑作。窗戶內含漆上白色的木質百葉窗，打開的時候，同時反射照進房裡的光線。整個空間，比起普通零售商人的房屋更大，也更明亮。此外，屋裡還有許多額外的裝飾：牆上有邊框鍍金的繪畫；傢俱的配件與設計都相當高級，例如鍍金的燭台，以及安靜報時的桌上時鐘，意思就是不會發出宛如末日審判般的鐘聲，喚醒全家。

桑福德先生的飯廳是個亮麗的空間，有挑高的天花板、奶油色的牆壁鑲板，以及拋光的鋼鐵壁爐。中央有面大張的東方風格地毯。地毯上是餐桌——當然是桃花心木——往兩側拉，從中央插入活動桌板，還可以延伸長度，讓二十個人一起用餐。這個時候需要添加的椅子，現在就像衛兵一般圍繞房間，椅背靠牆。餐具櫥附有抽屜，最好的餐具和餐巾就收在這裡。不要錯過展示用的精美瓷器和純銀燭台。藍白色的瓷器和其他藝術精品加深微妙的印象：這個房間除了基本功能以外更有玄機；吃飯在這裡不只是一餐，而是重要場合。

非正式的用餐通常會在早餐室進行。一樓通常有間面南的房間，中央有張圓形底座的餐桌，材質是桃花心木或紫檀。一八〇二年，勞勃・騷賽寫道「我們的早餐桌是橢圓形，足夠容納八、九人，但是從中央支撐的桌腳是一根爪子。這是最新的流行樣式，而且因為這些東西的流行變來變去……很容易可以從傢俱的形狀看出，這間房屋何時添購這些」。[23]早餐室和飯廳最主要的差別，除了餐桌的形狀，還有傢俱與配件的品質。所有比較高級的東西——燭台、繪畫、邊桌、時鐘、瓷器——都會放在飯廳。因此早餐室是紳士早晨坐下來喝咖啡、讀報，無視身邊任何人的地方；招待客人則在飯廳，而且永遠不敢想像忽略任何人。

會客室（drawing room）——或某些年長的紳士淑女依然喜歡稱之為「避客室」（withdrawing room）＊——通常位於二樓。主要功能是娛樂，所以裝飾會和飯廳匹配，甚至有過之而無不及。會客室的牆壁覆滿金色的絲綢錦緞，懸掛最大的邊框鍍金繪畫；吊燈發射明亮的光線。你也可能在這裡發現鋼琴或大鍵琴，還有一張打牌用的緞木桌。紳士會在這裡擺放他最好的茶罐和最高級的茶杯或茶碗（茶杯有手把，舊式的茶碗沒有）。但是最重要的，這裡是他和客人舒服坐下的地方。因此，你可能也會在這裡看到桃花心木的軟墊沙發、幾把扶手椅，甚至新奇的傢俱，例如一八〇〇年左右出現的貴妃椅。

臥房的地面會鋪地毯，也會有精緻的小塊地毯、金屬壁爐、五斗櫃、獨立鏡。牆上裝飾裱框的印刷品或繪畫。最好的臥室，四柱床的床鋪會懸掛絲綢錦緞的帷幔；較普通的房間則用印花棉布或亞麻布。床單是細平紋麻布（高級的亞麻布），每間臥房都有盥洗台，並有陶瓷臉盆和寬口水罐。最好的臥房也有更衣室，從連接臥室的門進出。這間更衣室會有全身鏡、五斗櫃、梳妝台、掛衣架、修面台、修面鏡、洗衣籃、假髮架、帽盒，以及挑高衣櫥可掛高級禮服與大衣，並收納所有刷子、剃刀、毛巾、化妝品、香水等居住者的私人物品。有時你會在這裡發現供應自來水的臉盆，**非常少**的情況，會有浴缸。約翰．索恩的更衣室附近有間獨立的「沐浴室」（他自己這麼稱呼），地面鋪滿地毯，而且窗戶旁邊有個接上水管的鑄鐵浴缸、溫度計，以及所有你希望的享受：一面大壁爐、一座落地鐘、油畫、兩張桃花心木沙發、壁爐台上的瓷器、爐火上的大鏡子。[24]

地下室有前後廚房，以及備餐室、洗碗槽、食品櫥、酒窖、管家房間。如果有中央暖氣系統，也會在這裡：形式通常是一座煤炭鍋爐，熱氣從這裡往上送進一樓的排氣孔。約翰．索恩的博物館、辦公室、更衣室都有暖氣，從黃銅爐柵送進房間。雖然只能說比較不冷，冬天室內溫度約在攝氏十一至十三度，還不到非常舒適的溫度。[25]至於廚房，可就比零售商人家裡的大多了。前面的廚房排滿棚架，擺放數十只銅製的平底鍋、煎鍋，以及廚房用具——膠凍模型、篩子、冰淇淋機。最近裝修的廚房，可能會有很多鑄鐵用品。例如，庫朋專利廚房系列（Coomb's Patent Kitchen Range），只需一道火，可以「同時用來烘烤、水煮、烘焙、細燉、油炸」；其中也包含一個銅壺，能夠提供熱水。[26]索恩先生在一八一二年翻修了前後廚房，兩間在寬敞的壁爐都掛了各式各樣的鑄鐵用品。後廚房的壁爐是托馬斯．迪肯（Thomas Deakin）經手的傑出範例，中央是爐柵，右邊是烘焙烤爐，左邊是鍋爐，烤爐和鍋爐的上方都是加熱平面。這件設備極具視覺效果，完全燻黑、顏色濃烈，像條發光的黑龍潛伏在巨大的壁爐。

紳士的住所裡，最後一個必要的房間最小。「抽水馬桶」一詞從十八世紀初期就經常聽到，但是，到了這個時候，裝置這項設備的城市房屋依然少之又少。一七七五年，蘇格蘭的手錶工匠亞歷山大．康明斯（Alexander Cummings）發明「S彎」（我們稱為U彎），幫了全人類一個大

＊譯注：十六至十八世紀的大戶人家，在接待客人主要的空間（例如飯廳）之外，其次讓男女主人和貴客休息，享有更多隱私房間。

忙，於是水可以形成一個氣塞，隔絕所有被水沖走的東西產生的異味。三年後，約瑟夫・布拉馬（Joseph Bramah）取得這項專利的支配，開始生產著名的抽水馬桶，並在接下來的二十年生產超過六千座。[27]當然，紳士們紛紛跟上流行，在之前放便座的地方安裝抽水馬桶。約翰・索恩在他的房屋設置三座：一座連接他的更衣室，另一座在妻子的晨間起居室，第三座在傭人的活動區域。儘管有了這項發明，紳士與淑女並未立刻放棄其他替代品。夜壺會收在適合的櫥櫃。同樣地，陶瓷便盆（bourdaloues）也被藏在起居室或會客室供女士使用。衛生紙是有的，只是尚未到達工廠量產的程度。柔軟吸水的紙張只給有錢人用；買不起的人就用舊布、舊報紙、黃紙或手邊可得的東西。[28]

租賃一棟紳士的城市住宅要花多少錢呢？要看地點，以及你什麼時候去。一七九〇年，倫敦上流地區的好房屋，每年租金介於一百至一百五十幾尼；一八二〇年代更是三至四倍。倫敦最好的地段最貴的房屋，在攝政時期尾聲每年可以高達一千幾尼。要注意的是，這些價格是沒有傢俱的房屋，所以，如果你付不出租金，房東有權沒收你的傢俱。你也要付所有的稅金。租賃含傢俱的房屋可以省去這些問題，但貴上很多。一七九〇年，未附傢俱的房屋每年要花一百幾尼，如果附上傢俱，每週四到八幾尼，視季節而定。如果你租了單一層樓暫住，二樓的租金通常是整棟樓的一半；客廳那層與三樓分別是四分之一。每年租金一千幾尼、未附傢俱的上等房屋，如果附上傢俱，每週要收六十，甚至八十幾尼。然而，這些房屋從來沒有作為客房外租。[29]

如果你在市區，想見識真正的權貴住的地方，一定要探索他們倫敦的宮殿。這些宮殿和剛才描述的紳士宅邸有何不同？簡單來說，空間——接待客人的房間可以容納三十或四十人同時坐下來用餐。而且非常氣派。想像每個入口兩旁都是大理石柱，每間接待室的門楣都有裝飾黃金樹葉的石膏飾帶。更多光線——自然的和人工的都是、更多金銀、更多設計、更多編織地毯、更多藝術品、更多水晶玻璃，以及比你在一般紳士的城市住宅所能見到更多的藝術精品。頂級富豪住在紅色、藍色、金色和玻璃的世界——飽滿的紅色地毯與牆上垂吊的絲綢錦緞；任何可以裝飾黃金的地方；每個房間的天花板都有多層的水晶吊燈。而且如果你曾經踏進卡爾頓府，包你畢生難忘。我的老天——黃金，黃金！黃金樹葉包覆的圓柱和簷口，鍍金的傢俱、黃金時鐘、黃金雕像、邊框鍍金的繪畫、金色的吊燈、金色的書櫃等。如同一般紳士被桃花心木團團圍繞，攝政王被黃金團團圍繞。接待室的每件傢俱——從椅子到墩台桌（pier table）*，到沙發與雕刻底座，都覆蓋黃金樹葉。瓷器擺在黃金的底座。牆壁鑲板的飾條覆蓋黃金，天花板的灰泥裝飾繁多黃金，難以盡收眼底，而且數座碩大的吊燈，也裝飾著黃金。怎麼會有人說這是城市住宅。並不是。宮殿也不夠貼切。唯一適當的詞彙是詩人山繆・泰勒・柯勒律治（Samuel Taylor Coleridge）描述忽必烈的住宅：雄偉的歡樂宮。

都市窮人

在倫敦較窮的地方，百分之六十的工人階級家庭只有一間租賃的房間，吃飯、睡覺、煮飯、洗

---

* 譯注：介於兩扇窗戶之間的矮桌。

滌都在裡面，常常連工作也是，有時還有很多小孩。利物浦和曼徹斯特也差不多如此。[30]房租並不便宜：一間倫敦的房間每週兩先令至五先令，工業城鎮大約兩先令三便士。[31]你在倫敦的貧民窟可能會找到更便宜的房間——每週僅僅一先令，但這樣的房間，長寬只有十英寸乘以八英寸，一對夫妻住都嫌小，何況家庭。[32]

我們假設你在倫敦租一間附傢俱的房間，一七九〇年代每週花費兩先令六便士。你能期待什麼？一張床、一張床墊、一個枕頭、一張毛毯；一張小桌；兩把老舊的椅子，也許還有一張長凳；一面小小的鏡子（通常固定在牆壁）、窗簾；壁爐有個鐵爐，也有火鉗、鏟子、夾子；鐵燭台、錫燭剪；一夸脫的水瓶；一品脫的錫杯；一個裝醋的小玻璃瓶，一個裝鹽的粗陶杯。[33]你要自己準備床單。如果房屋以前住著零售商人的家庭，可能還有他們留下的壁紙，否則灰泥的牆壁只會洗白。不要期待窗戶打開，因為窗框通常壞了。破掉的玻璃窗格會填上木頭、破布或紙。[34]傢俱老舊，通常是橡木或榆木做的。至於水管，並沒有。多數的房東相信，如果他們提供用水，鉛管「晚上裝好，早上就會不見」。[35]

「幾乎無法相信，」十八世紀末的一位醫師寫道：「最低階層的人一年沒換過三次乾淨的床單。」他又說，床簾完全沒洗過，「三到八個不同年齡的人常常睡在同一張床，一個家庭住在一張床、一間房間，是普遍的情況」。[36]同床確實非常普遍，普遍到視為正常。在普雷斯頓，貧窮地區的八百五十二張床幾乎都是共用——其中一百二十九張至少睡四人。[37]你可以想像結果。或者，你其實無法想像。人們受苦的方式千百萬種。一位倫敦的醫生拜訪一位斷了一根肋骨的愛爾蘭老婦，發現她租了一張床，在二樓的房間角落。她的房東太太住在這間房間中間的床，面對壁爐，其他角落的床，租給其他三個家庭，其中一個是一位帶著三個小孩的寡婦。這位愛爾蘭老婦原本在販賣蔬菜，但她疼痛不已，無法外出工作，所以她的房東太太建議她把床的一半分租出去。她照做了，但是搬來的女人體型比這位老婦大得多，半夜擠壓老婦斷掉的肋骨，結果她傷得更重。[38]

如同我們在本書開頭看到，排水系統嚴重影響都市窮人的生活環境。當你想到，在某些地方，超過兩百人使用一間戶外廁所，氾濫的汙水就是真正的問題。[39]但是問題越嚴重，解決的方法越昂貴。所以無人出面處理。人們不大在意床單沒洗，應該不奇怪吧？自己的身體沒洗，也不奇怪吧？至於水源，水公司不供應貧窮人家的房屋。多數地區，居民必須仰賴搬水工人送來幾加侖的水，收取一便士的費用，但買水的人鮮少知道水從哪裡來。當你近看玻璃杯裡的水，可以看到幼蟲和其他微生物在裡面蠕動。[40]人們通常沒有笨到喝下這種有害的東西，但他們用這樣的水洗手、臉、鍋具、餐盤，所以疾病擴散迅速。

如果你負擔不起租一個房間的角落，可能會去申請住在教區的濟貧院。濟貧院，英文名稱workhouse，規模小至收容三十人，大至收容數百人。男女分開，住在不同宿舍或病房。生病的人可以得到醫療協助。床單拿到洗衣房洗，你的衣服可能也在那裡洗。年幼的孩子可以和母親作伴，某些機構甚至提供基本的學校。但是糧食稀少，而床、毛毯與其他照顧生理需求的物品也極少。而且，如同名稱暗示，你必須 work —— 工作 —— 才能住在這裡。紀律也非常嚴格。人們通常是逼不得以才進濟貧院。十八世紀末，倫敦四十五間濟貧院，收容超過一萬人，隨著個人絕望的程度盈虧圓缺，他們也進進出出。

濟貧院的管理單位不接受某些人。如果你被他們拒絕，只能在較大的城鎮周邊尋找棚舍寄居。老舊的穀倉和廢棄的馬廄，一張草蓆每晚兩便士，如果你按週付款，大約在六至九便士。沒有任何設施，沒有公廁，沒有水、暖氣、煮飯等設備，而且和你住在一起的，八成是罪犯和酒鬼。但這還是比住在地窖好。地窖的殘忍程度，真的難以言喻。不要想像任何傢俱或物品。地板和牆壁可能泡過水。在克利斯羅（Clitheroe）「有各種地窖……被當成住宿的地方，床放在架高的磚頭上，以免碰到水，多雨的季節，水位可能有一英尺高」。[41]至於利物浦的地底住所，一位巡官寫道：

> 夜晚，這些地窖的地板，通常是赤裸的泥土，會覆上稻草，住在這裡的人，也就是為了住宿付一便士的人，盡量自己找出空位，直到剩下不到一英寸的空間：因此，三十或更多的人擠在一起，每人呼吸鄰居製造的毒氣，呈現加爾各答黑牢（Black Hole of Calcutta）＊的縮影。[42]

鄉村住宅

雖然城市住宅所有的房間都層層相疊，但在鄉下，只會有兩、三層樓。傭人還是睡在閣樓，但是廚房和服務用房沒有必要設在地下室；可以設在一樓。整體建築取向較為平易近人。建築物遍布整個土地，住在裡面的人也同樣得以伸展並放鬆。

中產階級

攝政時期開始前二十年，如果你走進自耕農的農舍，會看見一個廳堂，地面鋪著石板，柴火在七英尺寬的壁爐燃燒。廳堂中央是一張顯眼的橡木桌，頭尾會有橡木或榆木的椅子，是農夫和妻子的座位，兩旁有長凳給小孩和農場的幫手。樓上的房間，如你預期，裡面有床和木箱，但是床架會是橡木做的，而且木箱裡頭放著一袋袋的玉米，以防潮濕和老鼠。這種舊式、務實的生活方式，現在幾乎消失不見，尤其在英格蘭。中產階級的生活現在更優雅。他們的房屋可能十六世紀就蓋好了，但是廳堂現在鋪滿地毯，而且叫做飯廳。桌子是桃花心木，長凳也被桃花心木的椅子取代。瓷器取代白鑞。用餐時間，刀、叉、湯匙、玻璃杯整齊擺設在餐桌，農場幫手在別的地方吃飯。某些農舍裡，你唯一找得到的爐床在廚房；在廳堂的幾乎已經填起來，改為較小的鑄鐵壁爐，燃燒較少木材。晚上，自耕農會到他的客廳休息，坐在舒服的椅子上，在燈光下閱讀報紙或雜誌。上樓後，你會看見四柱床、地毯、五斗櫃、翻轉鏡。鄉下的中產階級也都開始過上他們的親友在城市住宅裡的風雅生活。

並非所有中產階級的鄉村住宅都是農舍。很多是教區長和牧師的公館，或專業人士的房屋，

＊譯注：位於孟加拉加爾各答，法國於一七五六年建立，用來囚禁英國俘虜的小土牢，據說囚禁一百四十六人，其中一百二十三人窒息而死。

例如醫生或紳士。珍．奧斯汀從一八〇九年起，和姊姊、母親，以及朋友瑪莎．洛伊德（Martha Lloyd），一起住在漢普郡的查頓小屋（Chawton Cottage）。如果你從街上面對這間房屋，你會看到紅磚堆疊的正面有五扇上下滑窗，一樓中央的前門兩旁各有一扇大窗戶。進去之後，你會先站在玄關。往左轉，就會通往貼上黃色印花壁紙的客廳。你還會在牆上看到家庭成員的畫像。有架鋼琴，珍喜歡在早餐之前彈奏，也有牌桌，晚上可以玩遊戲。此外，這裡和普利茅斯零售商人的客廳差不多，有桃花心木的書櫃、桃花心木的折面桌、舒適的沙發、優雅的椅子，壁爐前也有爐柵。

如果你從玄關轉往另一邊，打開吱吱嘎嘎的門，你會進入一間飯廳，裝飾綠色印花壁紙，設置桃花心木的餐桌椅。此外也有一張核桃木桌面的單柱桌，珍有空的時候會在那裡寫作。同樣地，這裡的許多東西會令你想起威廉．莫蒂默在普利茅斯的房屋，從落地鐘到泡茶器具，到鑄鐵壁爐、地毯。但是，個別巧思，例如壁爐周圍精緻的灰泥裝飾和威治伍德的成套餐具，會提醒你，這個房屋的所有人是位紳士——珍的哥哥，而住在裡頭的是他的親人。零售商人的房屋樓下只有三間房間，但這裡有五間，尚不包括建築物外面。飯廳旁邊是前廚房或早餐室。房屋後面是後廚房，內有爐柵和烤爐，旁邊是儲藏室。庭院的另一邊有間烘焙屋，用來烘焙麵包和洗滌衣物。奧斯汀一家享受的工作與休閒空間大多了。而且住在市鎮的中產階級沒有空間蓋馬廄或馬車房，但是奧斯汀家兩者都有，雖然他們其實都搭驢子拉的車在教區活動。

往樓上移動，珍和姊姊一起住的房間在建築物後側。她們的母親住在前面的大房間。前面還有一間客房，連接更衣室。走廊另一邊有一間小臥房；房屋的後翼，後廚房和儲藏室的上方有兩間小房間，瑪莎·洛伊德使用其中一間。第二段階梯通往閣樓，光線從兩扇面對街道的屋頂窗穿進室內。二樓所有臥房的暖氣都來自壁爐。裡面的傢俱也都和莫蒂默在普利茅斯的房屋類似：桃花心木的四柱床和帳篷床，桃花心木的盥洗台與大口水壺、臉盆，鏡子等。夜壺會藏在床下或櫥櫃裡面。沒有浴室。珍的侄兒未來回憶起這間房屋，裡面相對沒什麼**物品**。對中產階級來說，消費主義還是未來的事。[43]

鄉下的房屋，真正的樂趣在於戶外空間。都市住宅除了一個小庭院或花園就沒了，中產階級的鄉村住宅可能有好幾畝。每戶都有自己的井，可以從屋頂收集雨水到水池，所以傭人不須在公共抽水機排隊。排放廢水或廚餘不是什麼難事，在離房屋遠遠的地方挖個洞即可。而且還有菜園、草皮這種奢侈的空間可以享樂，甚至可以不受干擾，盡情暢遊充滿天然美景的「荒野」。查頓小屋的情況中，雖然房屋面對道路，然而高立的木柵和鵝耳櫪的籬牆遮蔽裡面的花園，所以淑女可以盡情活動，不用擔心被人看見。[44]這麼一來，鄉村家庭和收入相當的都市家庭相較之下，居住環境舒適更多。確實，因為多出的空間，他們的生活方式更像紳士，沒那麼像零售商人。而且如果你的家族和奧斯汀的一樣大，又這麼支持你，夫復何求？

工人階級

鄉村勞工和家庭，比起都市勞工享有更高的生活品質。不只他們的勞動環境較好，居住空間也更大。這些差異可從相對壽命見得。工業城鎮平均死亡年齡是十九歲，鄉村地區，例如威爾特郡（Wiltshire）和拉特蘭郡（Rutland），是三十六歲。[45]

話說回來，提醒你，農工的農舍可不是宮殿。走進其中幾間，你可能一度以為自己回到中世紀。有幾間真的是中世紀的廳式房屋（hall house），還沒改建成為兩層樓生活空間。在這些地方，你抬起頭就會看到茅草屋頂：吃飯、喝酒、睡覺，全都在像穀倉般的同一空間進行。然而，工人家庭居住的廳式房屋，多數被分成兩至三個農舍。如果你受邀住宿這些房屋，會走進一間寬敞、天花板低矮的房間，長寬大約十五英尺，牆壁大略塗上灰泥，還有一座大壁爐。除了爐床附近鋪上石板，其餘的地板是緊實的泥土。寬闊的壁爐本身仍是煮飯和泡茶的區域。雖然倫福德伯爵（Count Rumford）已經發明了農舍爐灶，可以增加燃燒效率，減少木材消耗，但是很少農舍利用。[46]壁爐的另一邊是老舊、彎曲的高背長椅，白天老爺爺或老奶奶坐在那裡，晚上家人齊聚。附近有一個洗衣盆和大鍋，還有爐火用的薪柴；風箱擺在一邊備用。壁爐裡面，有個鍋具掛鉤等著掛上茶壺或大鍋煮水。貴重物品，例如黃銅燭台、銅壺，或者老舊的台夫特餐盤（Delftware）*，陳列在壁爐台。窗戶寬大而且裝上玻璃，陽光映照橡木桌上的穀物。這張橡木桌是當地小地主不要的，同樣地，某些橡木椅和長凳，二十年前在小地主的家裡，後來他們不用了，降級給工人使用，所以現在在這裡。陶土或粗陶製的水壺與碗就堆在棚架上。洋蔥一串串，培根一條條，就近懸掛。其中一個角落是紡車，家庭主婦藉此補貼家用。

在這樣的農舍，若要睡覺，你要帶著你的燈芯草燈爬上角落的樓梯。你爬上去的時候，火焰正好照亮屋椽底下開放的空間；你也可以看見橫梁以及茅草屋頂的底部，上面布滿蜘蛛網。[47]床鋪是簡單的椽木床架，床墊填充稻草。老舊的木箱裡頭裝著衣服。木條地板上什麼也沒有。沒有壁爐。有時候也沒有窗戶，但是，如果有，通常也與地板同高，因為這個空間是從古老的廳堂創造出來的。鄰居靠得很近——就在隔間的另一邊——你或許可以說，這樣不比城裡的房屋好多少。但是在這裡，接待你的家庭有兩間大間房間可以使用，也能輕易從庭院的井裡取得水源，加上新鮮空氣、菜園，以及後門出去不遠的豬圈。村莊所有的公共財也可以利用。如果你需要柴火，到附近的樹林撿拾就有。樹籬上有黑莓與李子可採，或從果園偷摘幾顆蘋果與梨子，而且很多地方，可以在公有地放牧母牛和母羊。人們甚至在前門種植玫瑰——在都市貧民窟絕不可能這麼做。

在蘇格蘭，鄉村窮人住的房屋通常是一層樓的石頭建築，長寬大約三十英尺乘以十六英尺，地板是白土，屋頂是泥煤，正面中央有一道門與兩扇窗戶。過去，房屋的暖氣來自房間中央燃燒的泥煤，煙則從屋頂的開口排出。然而，現在多數的低地房屋會倚靠三角牆架設爐床和煤火，上方正對煙囪。一間房屋通常由兩個家庭共用，一家住一邊，床頭板就是房屋的隔間。如果發現床底下有馬鈴薯也不要訝異：既然人們煮飯、吃飯、睡覺都在同一空間，這不過是務實的做法。你也會發現一些房屋，一邊是馬廄，另一邊是住家。屋裡的氣味驚人，尤其當窗戶沒有打開，唯一的通風口是門的時候。你若看見深色液體或「水流」從前門外面的糞便與泥堆滲出，並且流過道路，可能就會放

＊譯注：出產於荷蘭，十六世紀之後開始製造。

棄敲門。48

在高地，你還是會看到沒有壁爐或煙囪的農舍。納撒尼爾・惠頓在一八二四年去了一家，並且記錄：

這間農舍，部分是石頭，部分是木頭，縫隙就填充白土和苔蘚。裡頭只有一個空間，沒有地板或煙囪，屋頂有個洞，煙從那裡出去。因為煙不急著出去，這個地區又沒有玻璃窗，所以這個房間非常陰暗，我們起初無法辨認是誰住在裡面，原來有個慵懶躺在長凳上的高地人、他雙眼模糊的妻子、兩三個半裸的小孩，還有很多豬隻，全都髒得難以言喻。泥地遍布魚的殘餘，這個髒汙的空間散發的氣味撲向我們的鼻孔，完全稱不上愉快。49

這樣的描述可能會挑戰你對攝政時期的住宅應該是什麼模樣的想法。但是另有其他旅客支持惠頓的說詞。路易斯・西蒙也描述一八一〇年某個住家室內類似的景象。

唯一的門是人獸共用，而且，當然非常骯髒。你進門就看到，一邊是個小的馬廄……另一邊是簡陋的隔間以資區別：這是一個家庭居住的地方。你發現裡面沒有煙囪，地上卻有幾塊石頭圍成的火爐，正對屋頂上方一個洞。一個掛鉤和一條鐵鍊綁在棍棒上，吊掛一個鐵水壺。一張松木桌。有塊木板盛著燕麥餅乾的材料。一個五斗櫃放著少數陶器。一台老舊的熨燙機。一個醃漬羊肉的桶子。幾塊羊肉吊掛在燻煙之中，燻煙排出之前繚繞羊肉。放置許多棋子的棚架……床鋪是一張骯髒的床墊和一條骯髒的毛毯，沒有床單。沒有鋪設地板，只有踏硬的地面。一扇有四個小窗格的窗戶，沒有一個是完整的。[50]

儘管如此，西蒙先生的目光穿過濃煙，看見棚架上的棋子之間擺放幾本書，感到相當驚訝。一本是格拉斯哥牧師的布道文集，以蓋爾文書寫。另一本是教義問答，也是蓋爾文。第三本是英文聖經。這個房屋的居住環境可能是中世紀，這個家庭的生活，用西蒙的描述，可能是「悽慘的貧窮」，但是屋主不僅懂得兩種語言，而且他和家人都識字。甚至歡迎法國人。那些人不在乎世俗的享樂，但對自己的學識、虔誠、好客感到驕傲。此時，你得重新思考「悽慘的貧窮」是什麼意思。

上層階級

普遍來說，繼承鄉村房產的貴族和地主仕紳，通常會繼續住在裡面，而非打掉重建。所以若你受邀去他們鄉下的別墅，住宿的地方可能是舊的——甚至可能是中世紀的房屋。好好休息是一定的，多數主人了解古蹟和舒適之間需要尋求平衡。雄偉的古宅與城堡都已現代化，適合接待尊貴的客人。有些經過相當的擴充，興建舒服的新樓。問題是，你的有錢人朋友喜歡什麼風格？他是新古典主義的擁護者，崇拜古希臘與羅馬的節制與秩序？或者，他喜歡文藝復興的縱情，所以現在他的身邊圍繞義式風格的光環？難道他擁有浪漫的靈魂，住在歌德式的豪宅，散發中世紀的戲劇效果？英國建築歷史的多數時期只會興起一道新的潮流，但攝政時期有三道，也許正好符合「過度的年代」。

這個年代最奇異的創作——甚至超越皇家穹頂宮——是威爾特郡的豐特希爾莊園（Fonthill Abbey）。這是詹姆斯．懷亞特為歌德小說《瓦泰克》（*Vathek*）的作者威廉．貝克福德設計的建築。貝克福德是種植地的地主，也是古怪的人。這座莊園占地寬廣、氣勢驚人，而且陰森詭異，絕大多數出自貝克福德自己的怪誕想像。西側三十五英尺高的前門通往六十八英尺長、七十八英尺寬的大廳，不僅富麗堂皇，根本就像歌德式主教座堂的中殿。深入大廳的另一邊，你會爬上碩大的階梯，走進「偉大八邊形」（Great Octagon），就是一間一百三十二英尺高的房間，也是別墅的中心。但這只是兩百七十六英尺高的主樓一樓。[51]主樓不僅在方圓數英里拔地參天：在那個年代，現在所謂的「摩天」一詞（skyscraper），還只用來表示帆船的頂帆，而這是整個大不列顛最高的世俗建築。別墅的北翼包括一個禮拜堂和愛德華三世藝廊。這個藝廊的光線穿過花窗玻璃，而且設置大型圖書館。從大八邊形延伸的南翼包含聖米迦勒藝廊，從這裡穿過折疊的「玻璃」門，會通往兩間會客廳，裡頭裝飾黃色的錦緞。莊園的東翼則有緋紅早餐廳、大飯廳、緋紅客廳、大會客廳。這些廳堂個個寬敞無比：大會客廳是三十平方英尺。可想而知，整座建築物宛如冰天雪地，就連夏天也是。我不確定貝克福德先生是否有過家的感覺。他獨自住在一間房間，獨自吃飯，鮮少邀請別人作伴。一八二二年，他以三十萬英鎊將這個莊園賣給火藥商約翰．法可。雖然他賣得不情不願，然實為老天眷顧，因為一八二五年十二月二十一日下午三點，狂風暴雨之中，主樓裂開，應聲倒塌，一併帶走偉大八邊形、大廳，以及四個側翼相當大的部分。法可先生人在其中一個側翼，某個遠遠的角落，並不知道主樓倒了，恰恰證明莊園確實廣袤無垠。[52]

無論你的東道主的建築師，是像約翰・索恩那樣的新古典主義者，還是像詹姆斯・懷亞特那樣多才多藝的人，他必定懂得顧及生理的舒適。而其中，這個時期首要的，就是沖水馬桶。一七八九年，相對少的豪宅配備這樣的設施，但從一八〇〇年起，沒有這個設施的豪宅反而少。莫伊拉伯爵一八一三年在他的歌德風豪宅，即多寧頓莊園，裝了六座，其中一座連接他的書房，另一座在妻子更衣室的隔壁。[53]至於浴室，人們認為寒冷的天氣中浸入冷水有益紳士維持強健體魄。因此你可能會在主人的地下室見到一座內襯大理石的跳水池，例如溫坡莊園（Wimpole Hall），或者化身為花園之中異國風情的建築，例如科舍姆莊園（Corsham Court）。如果你想洗個熱水澡，多數情況，傭人會幫你準備可移動的浴缸。浴缸的形式可能是銅製的「拖鞋浴缸」（slipper bath），將你全身包圍。或者坐浴，看起來像個煤斗，坐著浸泡臀部。你也可以來個「靴浴」，露出你的頭和胸，覆蓋下半身，維持熱度。某些房屋有淋浴，你站在一個浴缸，四面是蠟布做的浴簾，水管從洗腳盆連到淋浴噴頭，手動打水。如果你想在專用的浴室，享受接上冷熱自來水的沐浴，這樣的房間約在一八〇〇年開始出現。在柯爾沃斯府（Colworth House）的浴室有浴缸、爐火、地毯、沙發、扶手椅、放夜壺的桃花心木櫥櫃。你可以站在八段的屏風背後，僕人面前也不失端莊。浸泡熱水的時候，可以好好欣賞八幅邊框鍍金的繪畫。[54]有更厲害的嗎？莫伊拉伯爵夫人在多寧頓莊園的浴室可能更好。她的浴室有浴缸、鍍金的洗臉盆和大口水壺、花梨木書架，因此能夠在洗澡時閱讀。此外，女傭在她泡澡時，也可用銅製的茶壺為她沏茶。[55]

你大概發現，鄉村別墅可以提供許多奢華享受。一七九〇年後的新建築固定配備集中供熱系統，輸送暖氣到玄關、階梯、會客室。當然，除此之外，每個房間也有自己的壁爐。廚房設備也越來越高級——新舊建築都有各式各樣鑄鐵鍋具，會客室的傢俱經過精挑細選，展示陳列，供訪客欣賞。每座別墅至少會有一間房間貼著來自中國的印花壁紙。會客室也會看見藝術作品。一百年前，從沒聽過家庭圖書館。但是現在無所不在——即使房屋的主人是個僅僅略懂讀寫的酒鬼，而且大學輟學，賭博賠光家產。

說到鄉村別墅的傢俱品質，我只要列出三個人，就能解釋過去五十年來的進步：齊本德爾、赫普懷特、喜來登。回到一七五四年，托馬斯·齊本德爾（Thomas Chippendale）出版《紳士與傢俱木工型錄》（*The Gentleman and Cabinet-Maker's Director*），傢俱世界從此明亮起來。「優雅」一詞賦予餐桌、椅子、邊桌、斗櫃、墩桌、梳粧台、修面台新的意義，而且至今仍可見到他的影響。雖然時髦的傢俱木工已經不再使用齊本德爾一七九〇年代的型錄，但是購買那些傢俱的人也不想要丟掉。單純只是喬治·赫普懷特一七八八年首次出版的《傢俱木工與傢俱裝飾指南》（*The Cabinet-Maker and Upholsterer's Guide*），以及托馬斯·喜來登一七九一年出版的《傢俱木工與傢俱裝飾》（*The Cabinet-Maker and Upholsterer's Drawing Book*）卷一之四，接續成為傢俱設計的主流。但是不管你最後坐在誰的椅子享用正餐，很有可能都是全國最優秀的傢俱木工有史以來最優雅的作品。

這裡的篇幅恐怕不足以敘述所有你在紳士住家可能見到的美妙物品，但是不能不讓你看看你可能會睡覺的房間。所以請跟著我走進一八一六年位於貝德福郡的柯爾沃斯府：李－安東尼先生（Lee-Antonie）的家。走進大理石建造的中央大廳，主角是新洛可可風的巨大鍍金階梯，一路高升到三樓。樓上，除了李－安東尼先生自己睡覺的空間，還有六間臥室，擺設的傢俱專為尊貴的客人挑選。假設你要住的是綠閣。床鋪是高聳的四柱床，披上綠色條紋的棉布帷幔，鋪設層層床墊。房間寬敞，可容下八把椅子，並有一張長寬十八英尺與十五英尺的布魯塞爾地毯。兩扇窗戶除了威尼斯遮罩以外，並垂掛綠色窗簾。房間的四面牆壁在窗戶之間裝設邊框鍍金的長鏡，壁爐台上另有一面鏡子。盥洗台與梳妝台都上過漆；床頭櫃的材質是桃花心木。全都看起來非常舒適，所以你真正需要考慮的是溫不溫暖。那方面也不用擔心：你進房之前，這裡的爐火已經點燃，而且在你睡覺之前，其中一位女傭會拿著長柄的暖床爐為你暖過床鋪，才請你進入被窩。

然而，住在鄉村別墅最棒的部分，是隔天早上，當你走出戶外的時候。英國大約六百座公園已由十八世紀三位偉大的園林設計師建造完成：威廉．肯特、蘭斯洛特．布朗（綽號「萬能布朗」）、漢弗萊．雷普頓。雖然肯特和布朗分別在一七四八年與一七八三年去世，早於攝政時期，然而現在正是欣賞他們作品的時候，因為需要時間成熟，尤其他們種植的樹。他們的哲學是，英式花園是伊甸園的遺跡，而且外觀越是自然，越能體現神意。花園內的建築物是整體設計重要的亮點，所以從他們平面圖可見希臘神廟、雕刻展示、石柱廊、假的城堡遺跡，打造完美的英式伊甸園。三人之中的最後一人，漢弗萊．雷普頓，在攝政時期仍然活躍。他發展萬能布朗安排車道與步道的方式，因此這些道路在景觀之中區分各種建築：你轉個彎就突然看到主樓，或是某個特色建築，例如神廟或紀念碑。在某些花園，例如卡西歐伯里府（Cassiobury House）和沃本修道院（Woburn Abbey），他創造花園的「廳堂」，向某個國家或某個主題致敬，例如中國花園、美國花園、玫瑰花園。在他的作品之間漫步絕對是一大享受，即使冬天亦然，因為蜿蜒曲折的路徑、這裡或那裡的建築物，以及婀娜多姿的蕨類、萬年青、常春藤，隨時為你帶來驚喜。

想必你能想像，維持上述三位高手設計的公園和花園，必定需要巨資。埃塞克斯伯爵每年要花一萬英鎊在卡西歐伯里府的庭院。那比柯爾沃斯府所有的物品的價值還高。但是這個時代的貴族，說到花錢在他們的天堂一隅，似乎沒有極限，舉凡湖、溫室、裝飾用的建築、神廟、溫室果園，逼得房屋和其他建築都要配合這些。一八一五年，勞伯・赫榮寫道，他剛剛在他的房屋——斯塔布頓府旁邊，蓋了六十英尺長的溫室。他非常滿意，提到「溫室其實是最近的發明，大概因為傑佛瑞・懷亞特和我都沒見過幾個，而且我們非常成功，我們的想像力不受盲目的模仿侷限」。三年後，他就吃著自家種植的蜜桃和油桃。[56]一八二四年，約翰・納什為喬治四世在白金漢宮蓋了四座溫室：之後，人人都想要溫室。

然而，必須要說，貴族花園最過度的是觀賞動物園。人人都想觀賞奇珍異獸。在斯塔布頓府，勞伯爵士養了駱馬、羊駝、狐猴、豪豬、犰狳、鴯鶓、黑天鵝、樹鴨、袋鼠和一千一百條金魚。他甚至有隻變色龍，可憐的是在一八二〇年被粗心的園丁給殺了。[57]卡斯爾雷勛爵在他位於肯特郡北克雷（North Cray）的鄉村別墅養了獅子、鴕鳥、袋鼠和其他稀有動物。[58]但是，最罕見的動物，住在德文郡公爵奇西克府（Chiswick House）裡的奇妙花園。在巨大的紫杉樹籬、亭亭玉立的雪松和令人嘆為觀止的花園以外，相隔一段距離的地方，他養了一頭大象，並且邀請客人騎乘。59

所以說，你的朋友當中，也許有人是國家首富，在花園裡養大象；也許有人極度貧困，睡在惡臭、淹水的地窖；或因為斷了一根肋骨把床分租一半出去。若你想像和他們其中一人住在一起，遲早會面對一個事實：雖然歷史上的所有時期都有極端的貧富差距，生活條件的差異是最重要的——從煎熬的苦難到被這麼多的黃金蒙蔽眼睛。英國歷史上，也許沒有哪個時期，在這方面如同攝政時期，出現這麼大的懸殊。

9 飲食菸酒

世界各地都因一位英格蘭人的餐桌遭到洗劫。烏龜被從西印度群島活捉過來……印度提供醬汁和咖哩粉……火腿從葡萄牙和西發里亞進口；馴鹿的舌頭來自拉普蘭（Lapland）；魚子醬來自俄羅斯；香腸來自波隆納；通心麵來自拿坡里；油來自佛羅倫斯；橄欖來自法蘭西、義大利或西班牙；起司來自帕馬和瑞士。魚被包在冰塊裡，從蘇格蘭送到倫敦的市場，而綿羊肉若不是威爾斯宰殺的，美食家可是不吃。就在今天早上的報紙，河岸街的店主刊登廣告，想找固定的供應商，提供法國、挪威、俄羅斯的野味。

——勞勃．騷賽（一八〇七年）[1]

在家的時候，愛吃什麼隨你挑；在國外的時候，別人給你什麼都得滿意。旅行到過去也是如此；越往回走，你的食慾越受到可得的食物限制。某些情況是因為還沒發明某種烹飪方法，或者還沒發現某種關鍵食材。其他情況是因為在某些地區找不到某種食物。但是最主要還是因為，食物不如現代世界充沛。確實，如果英國的歷史，有個重要性凌駕一切的題目，就是食物越來越豐富。一七〇〇年，整個英格蘭、威爾斯、蘇格蘭的人口大約六百七十萬，受到當時農業極限約束。到了攝政時期尾聲，人口增為兩倍。既然土地並無增加，這怎麼可能？答案當然是——農業革命。若非如此，就不會有人口成長、便宜勞力，以及後續的工業革命。

造就農業革命的是數項農耕方式的進步。首先，農夫更注重土壤肥力培養：尤其善用穀物組合與輪作。如此一來，年復一年，土地就不需要休耕。第二，農夫種植更高熱量的食物。一七〇〇年，只有英格蘭西北會吃較多馬鈴薯；一八三〇年，整個不列顛群島都吃馬鈴薯。其他重要的改變包括繁殖更大的動物，如我們在第一章所見，並在冬天餵食。過去，許多動物都在聖馬丁節（十一月十一日）宰殺，然後醃漬過冬，現在牠們全年都可以活著。[2]不僅冬天月份的新鮮肉類供應因此增加，也有助繁殖更多動物。結果，牛、豬、羊的數量都是十七世紀末的兩倍。[3]加上交通網絡進步，允許起司長途旅行，鮮魚每天送到內陸市場，你就能了解，食物比以前充足許多。

儘管如此，供給改善本身並不克服季節限制。如果你住在倫敦，而且有錢，幾乎什麼都可以買到，因為柯芬園市場有攤商特別供應非當季的水果和蔬菜。例如，理查·拉什在四月吃進口的草莓，安·李斯特也在十二月吃到草莓。[4]但是如果你不是那麼有錢，還是會受到限制，在一年的某些時候才有新鮮食物。漢娜·格拉賽（Hannah Glasse）的書《輕鬆烹飪的藝術》（*The Art of Cookery Made Plain and Easy*）有張清單，告訴你冬天的時候能儲存什麼。書中並說，哪一種蘋果可以保存到五月，哪一種在一月底前就會壞掉；後院的蔬菜哪一種可在四月使用，哪一種必須放在溫室，才能保存更久。記得家禽、野味、魚也都依據遷徙和繁殖型態在不同季節供應。根據格拉賽，一月適合吃母火雞、閹公雞、小母雞、珠雞、肉雞、野兔、野珠雞、家兔、鴿子。至於海鮮，在一年的第一季，你應該吃龍蝦、螃蟹、螯蝦、長嘴魚、鯖魚、鯛魚、鯰魚、歐鯉、鯡魚、鰻魚、鯪魚、蝦。[5]還須記得，母雞在夏天比冬天更常下蛋。因此，煮一頓正餐需要周詳的計畫。

幸運的是，總有保存食品可在非當季的時候食用。醃魚、醃蔬菜、鹹肉都是古老的技術；風乾培根和煙燻魚肉也是。很多人的工作就是醃漬海鮮和肉類，將食物保存在一層奶油的封口底下。十八世紀末，有人發明通風的櫥櫃，也就是「肉櫃」，裡面還有金屬細網可阻絕蒼蠅。同時，鄉村別墅的主人也興建冰屋。這是紅磚蓋的圓頂房間，多半在地下室，冬天的時候，從附近的湖或池塘搬來冰塊，放在層層稻草之間，留待夏季使用。另一項更大的技術突破是罐頭。一七九〇年代，一個法國人發現，將食物儲存在玻璃罐裡加熱，就可以保持新鮮，直到開瓶。一八一〇年，諾森伯蘭的企業家布萊恩·東金（Bryan Donkin）發現利用鍍錫的鐵皮取代較脆弱的玻璃，並且慢火加熱，可使肉類保存更久。一八一三年，幾位皇室成員，包括王后和攝政王，試吃他的牛肉罐頭，並且予以肯定。過沒多久，就可以買到牛肉、紅蘿蔔、湯、燉菜的罐頭，都是承蒙東金先生的發明。可惜的是，當時還沒有人發明鐵罐的開罐器，所以你需要使用鐵鎚和鑿子來打開燉菜罐頭。但是如果你很餓，應該不會為此萌生退意。

烹飪方法也在改變。配合爐柵出現，以及紳士在家安裝的廚房設備，人們開始使用更多種類的湯鍋和用具。當你看著威廉·莫蒂默的房屋，可能沒有注意到，他有一只煮魚鍋、一只蒸鍋、一個撒麵粉罐。一百年前，零售商人的家裡沒有那些東西。你也不會看到這麼多鍋碗瓢盆。至於上流社會，根據路易斯（Lewes）的白鹿客棧廚師長暨業主威廉．韋羅（William Verrall），一個紳士的廚房應該配備幾只湯鍋、煎鍋、燉鍋，至少十只各種大小的長柄燉鍋、長柄勺、大湯匙、濾鍋、篩子和量杯。他建議任何人，若還在使用木頭長柄燉鍋、漏勺、蔬菜網袋或其他「糟糕的東西」，應該扔掉，立刻改用乾淨的金屬製品；唯一可留的木頭用具是大湯匙，而且必須為專門的目的保留。[6]

我們從上一章知道，那個時候的烤爐是由底下的直火加熱。一百年前是在爐裡燃燒乾燥的樹枝。當時的問題在於，一旦烤爐開始冷卻，你就不能再次加熱。然而現在能夠維持高溫，廚師就更願意烘焙。烘烤也因技術改變。現在有種類繁多的烤肉叉：你會看到利用火的升流轉動肉的烤肉轉盤（smoke-jacks）；利用重量、滑輪、旋轉器驅動的烤肉叉；以及利用小狗在轉輪跑步而旋轉的烤肉叉。同樣新奇的還有瓶狀轉盤（bottlejacks）和懸吊烤肉叉，能將肉掛在煙囪裡面；至於荷蘭烤爐，是半圓形、放在爐火前面的金屬罩，能將熱反射到裡面旋轉的肉。

如果你不喜歡我們一直在談烤肉，可能會很高興聽到有些人不吃動物。他們不會說某人是「素食主義」——這個詞到一八四〇年代才發明——但是他們開始探索這個概念。各種十八世紀的醫學文獻都建議，為了身體健康，應該限制飲食，而因為這個想法，人們開始從更多觀點思考食物的重要。如果偶爾限制飲食能夠帶來好處，為何不長期避免刺激的食物，整體降低各種疾病的風險？這個想法主要的推廣人物是威廉．蘭姆醫生，一八〇六年，他放棄肉類、起司、奶、蛋，結果治癒自己的宿疾；因此他執意避開肉類。同時，不忍動物受苦的人開始思考關於殺害與食用動物。一八一三年，詩人珀西・比希・雪萊出版著名的文冊《自然飲食釋疑》（*A Vindication of Natural Diet*），文中他支持蘭姆醫生的原則，提倡基於動物的健康與權利不吃肉類。就連拜倫勛爵也曾短暫被說服而避免食肉。一八一三年十一月，他在日記寫道，他很少吃肉，但「當我真的吃飯，我像個阿拉伯人那樣貪食，或是一條大蟒蛇，大口吃下魚和蔬菜，但不吃肉」。[7]不過，對他而言，這樣的飲食並不長久。

中產階級的三餐

根據詹姆斯・馬爾康（James Malcolm）一八〇七年所寫，「茶、咖啡、可可、小圓麵包、吐司、麵包」，是中產階級倫敦人的早餐。[8]倫敦以外，詹姆斯・伍德福德在諾福克的教區長公館，早餐桌上常見茶、吐司、奶油；住在多塞特與索美塞特邊界的伊莉莎白・哈姆也是。珍・奧斯汀只有提到查頓小屋的小圓麵包和奶油。[9]即使住在客棧或海邊的旅舍，你也只能期待一個小圓麵包和奶油，加上一杯熱飲。漢斯・卡斯帕爾・愛舍一八一四年去格拉斯哥的時候，得到兩份早餐。第一份有麵包、奶油和咖啡：第二份有麵包、奶油和一杯馬德拉葡萄酒（Madeira）。你可能會納悶，為何要提供兩份，理由是，每一份之後都要被叫去聆聽布道兩個小時。也許這就是大杯馬德拉葡萄酒的緣故。[10]

說到正餐和晚餐，為你的家庭端上新奇美味的食物，這個工作隨著越來越多食譜發行，也變得越來越容易。我們已經看過漢娜·格拉賽的《輕鬆烹飪的藝術》，一七四七年發行初版，到了一八三〇年還在印刷。這段期間除了修訂，並延伸出二十個新的版本。這本書之所以成功，部分因為簡單：格拉賽希望每個識字的傭人，不須經過其他訓練就能煮飯。該書不僅介紹三百道傳統英國食譜，也引進數百道德國與義大利的新穎料理，甚至也有某些食譜的靈感來自印度、東南亞、中東。而且如果《輕鬆烹飪的藝術》不能刺激你的味蕾，至少還有其他五十本食譜在這個時期付梓。儘管詹森博士宣布「女人很會織布，但她們無法寫出好的食譜」，這些食譜一半都是女人寫的。（而且我得趕緊補充，沒有一本是詹森博士寫的。）

既然有這麼多食譜可以選擇，英國最受歡迎的菜是什麼呢？「對於約翰·布爾最嚴厲的指控是，」美食家瑞福·里朗斯（Ralph Rylance）一八一五年寫下：「當他想要好好吃一頓的時候，他忍不住大叫『烤牛肉』！」[11]值得指出的是，雖然你在現代世界可能已經吃過很多所謂的烤牛肉，但你大概沒有吃過真正的。要好好烤一大塊肉，你需要使用烤肉叉，直接讓肉暴露在熾熱的火焰。根據當時的定義，烤爐烹飪的肉不是烤的，是烘的，而且里朗斯認為，根本無法令人滿足。[12]

排在烤牛肉下一順位的是什麼呢？水煮牛肉、燉牛肉、醬汁牛肉（beef à la mode）、牛肉薄片、牛肉卷、濃湯蔬菜燉牛肉、煎牛排、燉牛排、葡萄牙牛肉、骰子牛肉、皇家牛肉、牛胸腩、油燜牛肉……如你所見，儘管某些人轉向素食主義，絕大多數負擔得起的人，能吃牛肉就吃牛肉。他們不是無視其他種類的肉。除了常見的牛、豬、羊、鹿、家兔、野兔、雉雞、鴿、鴨、鵝、火雞、肉雞，漢娜·格拉賽提供的食譜還涵蓋鷓鴣、鷸、丘鷸、圃鵐、流蘇鷸、雲雀、鴴，以及各式品種的魚與海鮮。烹飪方法包括炙燒、水煮、烘焙、火烤、煨煮、雜燴、煎炸、油燜；但是格拉賽也建議一些奇怪的煮法，例如雜碎和陶罐燉煮。她那本書的一七九九年版，內有「叉燒肉」的食譜，也教你如何煮菜肉飯（pilau rice），甚至教你如何煮「土耳其羊肉」以及「印度咖哩」，還有「烤羊肉串」。[13]

如果你想探索最具異國情調的食物，就要去一趟倫敦，拜訪其中一間義大利食物的倉庫。你知道那裡會有各式各樣的義大利麵和起司，例如帕馬森和格呂耶爾；但是他們也賣咖哩粉和很多口味的醋，例如紅醋、白酒醋、大蒜醋、卡宴辣椒醋（cayenne vinegar）、紅辣椒醋。此外，他們也有一些真正的精美食物，例如來自遠東的魚露，有個神祕的名字叫「zoobditty mutch」，還有各種風味的番茄醬（ketchup），包括香菇、牡蠣、核桃（但是沒有番茄）＊。他們甚至可以賣你「各種口味的便利湯塊，快速溶解於熱水中」。[14]

攝政時期的英國，幾乎沒人吃過zoobditty mutch或速食湯。相反地，多數人吃牛犢頭、牛肚、小牛心、豬腸、雞雜湯、牛蹄湯、烤魚頭、野兔腦、羔羊耳、羊舌、綿羊乳房、豬耳朵、豬蹄。很多你我現在所謂的動物雜碎，當時的中產階級吃得津津有味。[15]漢娜．格拉賽提供的食譜有「豬蹄和豬耳朵」，烤牛犢頭、烤羊頭、豬腦與鼠尾草做的餡料等。瑪莎．洛伊德的家庭食譜也寫到，雖

＊譯注：ketchup一詞，在十八世紀的英國，仍是指魚露，直到十九世紀才偶爾加入番茄，十九世紀中，番茄成為主要原料，乃至現代 ketchup 的主要原料是番茄，也譯為番茄醬。

然珍．奧斯汀一家偶爾會吃雞肉咖哩（照著漢娜．格拉賽的食譜），這位偉大的小說家也吃「牛蹄凍」、「燉蹄筋湯」、「假的烏龜湯」（牛犢頭做的）。[16]

甜點和現代的喜好比較類似。許多甜點都稱為「布丁」（puddings），事實上，在中產階級的人家，你會經常聽到「布丁」一詞。漢娜．格拉賽的食譜提供柳橙布丁、檸檬布丁、蘋果布丁、米布丁、卡士達布丁、奶油麵包布丁、杏仁布丁、栗子布丁、起司奶酪布丁、甜杏布丁、梅子布丁、李子布丁。她也寫到牛奶凍、乳脂鬆糕、蘋果餃、蘋果派、櫻桃派、鬆餅、油炸蘋果餡餅、柳橙果凍、檸檬起司蛋糕、杏仁起司蛋糕、醋栗奶油、柳橙奶油、開心果奶油、薑餅、馬卡龍、餅乾、乳潘趣、蛋糕拼盤。攝政時期尾聲，最受歡迎的烹調全書是基奇納醫生（Dr Kitchiner）的《廚師的神諭》（*The Cook's Oracle*），裡頭教你更多甜點：水果塔、千層酥、烤梨、糖漬青梅、檸檬片與柳橙片、種子麵包、脆薑餅乾。如果旅行到德文郡，那裡正流行在水果塔塗上凝結奶油。來到威廉．韋羅在薩塞克斯路易斯的白鹿客棧，他可能還會端上草莓或鳳梨的油炸餡餅。[17]真是如此，客棧的廚師，首先會給你「牛犢腦佐米飯」，然後是看了有點不舒服的「醬牛犢尾佐紅蘿蔔」，但是甜點會令你非常興奮。

所以，這些食物怎麼端上桌呢？如果你自己一人在客棧用餐，你的面前會有一盤水煮或火烤的肉，旁邊有些水煮的蔬菜，蔬菜上面淋上奶油醬汁。如果正式與他人用餐，你會有兩道菜和一道甜點，但每一道菜會分成好幾盤。通常會有湯作為前菜。上完湯後，湯碗會被收走，另一道菜會上來，放在剛才的位置。例如，你可能會先喝青豆湯，接著上第一道菜，包括一盤水煮羊腿佐酸豆、

喬治四世任攝政王。1816 年托馬斯．羅倫斯繪。查爾斯．格萊威說他「沒有更卑劣、懦弱、自私、無情的狗存在」，道出許多人的心聲。然而，他也大手筆地贊助皇家藝術和建築，慷慨程度數一數二。

1793 年，威廉．皮特在下議院演說。注意，布朗梅爾於 1790 年代引進新的男士穿著之前，滿屋子的紳士仍是舊式的風格 ── 及膝褲與長筒襪。

相較下議院穿著的及膝褲與長筒襪，喬治·亨克爾（George Henckell）約於1800年穿的服裝與之形成對比。在布朗梅爾的影響下，男性穿著剪裁合身的衣服，優雅但不亮眼或俗麗。

社會光譜的另一端，1813年，約克郡的煤礦工人前往工作途中，穿著白襯衫和沉重的靴子。他的後方是蒸汽火車頭最早的描繪。

1818 年，克利夫頓俱樂部的衣帽間，羅琳達·夏普爾斯（Rolinda Sharples）繪。在這裡，淑女穿著刺繡的棉紗禮服，男性則穿著及膝褲、長褲、緊身褲等，準備開始舞會。

1813 年，約克郡工人階級婦女的日常穿著和上圖布里斯托的晚禮服完全不同。注意後方的燕麥餅是在一個熱盤上烤，和壁爐分開。

1794 年，《時尚藝廊》刊登穿著棉紗禮服的淑女駕駛雙馬四輪的輕型馬車。攝政時期越來越多車主駕駛馬車，意謂完全可以接受女性自行在城鎮到處駕駛。

巴斯的載客馬車。像這樣搭乘在車頂上，通常只要坐在車內的半價，但是又冷又危險。建議你帶把雨傘 — 不是為了在急轉彎摔車時幫你。

1818 年，步行雙輪車在倫敦上市時大受年輕紳士歡迎。他們在步行雙輪車的學校學習如何靠兩個輪子平衡。

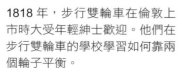

喬治·史利伯世界首創的「公車」，1829年7月首次出現在帕丁頓和倫敦中心之間。同一輛車每日往返這條路線四次，不會有同時來三輛的危險。

1815年，英國的水域忽然出現許多蒸汽船，不像依賴風的帆船，不僅旅行經驗舒適，也能遵守航行時間，但是可靠程度依然是個問題，因此雖有鍋爐，也還有桅杆。

世界首輛定期的載客火車，1830年開始在利物浦與曼徹斯特之間營運。這張圖描繪1831年火車在帕克賽德站（Parkside Station）載水。

紳士住家的廚房。蘭頓府（Langton Hall）的廚房，瑪麗・艾倫・貝斯特（Mary Ellen Best）繪。可見各式各樣鑄鐵的用品，火爐旁也安裝了旋轉的烤肉叉。廚師可選擇的器具可用過多來形容。

約克中產階級家庭的飯廳，瑪麗・艾倫・貝斯特繪。雖然這張圖的年份是 1838 年，但與第八章描述的裝飾和第九章描述的正式晚餐擺設相同。

倫敦老舊的守夜人制度，或稱「查理」，已經不適用於這座城市的治安維護，當然也不大受人敬重。圖中兩個紳士在 1823 年某天晚上外出時欺侮查理。六年後倫敦警察廳成立，城市治安由專人專業負責。

整個攝政時期仍然執行各式各樣的肉刑，例如圖中 1810 年在查令十字路口的頸手枷。1816 年，多數罪行已廢除頸手枷懲罰，但直到 1830 年，偽證仍會被判處此刑。

1809 年大火之前，特魯里街劇院的內部。這張圖看起來比較明亮高雅，但實際上，你應該想像燈光微弱很多。看台粗魯的民眾朝著底下有錢的贊助人丟擲大量柳橙皮 —— 就連演出莎士比亞的戲劇時也是。

人民蜂擁去看動物互鬥，踴躍程度不下戲劇。圖中知名的獅子華勒斯，正和名為廷克與包爾的狗對戰。地點在沃維克的工廠地（Factory Yard），好的座位要付上三畿尼。喬治．克魯克香克（George Cruikshank）繪於 1823 年。

一盤蠔油鰩魚、一盤火腿烤雞拼盤，湯碗則由烤火雞取代。第二道菜，你可能會在桌子的一邊見到一盤切片的煎兔肉，另一邊是一盤醃豬肉。兩個盤子之間放著幾個水果塔和百果餡餅。[18]東西全都吃過後，水果和甜點就會端上來。

這一桌的食物非常昂貴，尤其是肉。牛肉、豬肉、犢牛肉、綿羊肉通常一磅要花四便士到六便士，供應短缺時又更貴。一七九五年，你會在肉販那裡看到每磅七便士的牛肉與牛犢肉，每磅七·五便士的綿羊肉，每磅八便士的豬排。[19]至於魚肉和禽肉，因為某些品種只能整條或整隻賣，所以價格更高。鱈魚每磅要賣一先令三便士，所以平均一條三十六英寸長、十五磅重的鱈魚，去掉內臟後，要花將近一英鎊。[20]一百隻蝦要花到三先令。野鴨的價錢介於三先令至五先令，一隻鵝也差不多如此。[21]這麼高的價錢，意謂有四個小孩、兩個傭人的中產階級家庭，每週的食品花費驚人。這裡有個一七九〇年的例子：

八人份麵包，每週八便士	五先令四便士
奶油，七磅，每磅九便士	五先令三便士
起司，三·五磅，每磅五便士	一先令五·五便士
蔬菜、香草、香料等	三先令六便士
肉與魚，每天各一磅，每磅六便士	一英鎊八先令
牛奶與奶油	一先令兩便士

雞蛋	四便士
麵粉	一先令二便士
淡啤酒，一桶三十六加侖十四先令，十二加侖	四先令八便士
茶	兩先令
糖	三先令
本週總計[22]	兩英鎊十五先令十・五便士

而且這已是精打細算的家庭所花的費用。不論一個家庭的其他開銷——租金、木柴、煤炭、傭人工資、稅、洗衣、蠟燭、裁縫、新衣服，以及書本、報紙、葡萄酒、烈酒等奢侈品，光是餵養這個家庭每年就要花上一百四十五英鎊。

工人階級的食物

社會當中較窮的人民，飲食有兩個主要問題。第一是「量」：攝取足夠的碳水化合物，無論來源是小麥、燕麥、大麥、裸麥或馬鈴薯；第二是「營養」：得到維持家人健康必要的維他命、脂肪、礦物質、蛋白質。這兩個問題都因劇烈波動的價格變得更加困難。一七八〇年代末至一七九〇年代初，小麥通常每夸特（四百八十磅）要兩英鎊，所以一條標準的麵包，重量是四磅又五・五盎司，價格是六便士。[23]但是因為一七九四年與一七九五年歉收，小麥價格上漲，標準的麵包價格漲到九便士。一八〇〇年，小麥的價格持續上升，在伯克郡，每夸特的小麥來到六英鎊十八先令四便士。[24]之前那條六便士的麵包現在要二十便士——如果你買得到的話。因此，人民尋求其他替代品，以致所有食物的價格同時增加。魚和肉已經買不起。除非一個家庭有花園可以種植香草和蔬菜，可以自由摘取黑莓、黑刺李、烏嘴莓等水果，又自己養牛取得牛奶、奶油、起司，否則他們的飲食將會受到很多限制。

早餐方面，倫敦一個勞工通常會吃麵包配奶油，再喝杯茶幫助消化，雖然有些人會改喝淡啤酒代替。[25]英格蘭北部，早餐通常會有「麻溜布丁」（hasty pudding）和牛奶或啤酒。麻溜布丁非常受歡迎，是將燕麥放入鹽水煮到濃稠，接著加入一點牛奶或糖蜜，並在中間放一塊奶油。在蘇格蘭，做工的男人早餐通常要吃一・五磅的燕麥粥，但收成的季節，每日工時較長，他可能會吃到兩倍。[26]然而，這可能是他一天主要的一餐，而且家裡其他的人也不能期待得到這麼大一份。

在一七九〇年代，和貧窮的家庭一起吃飯，恐怕不會是什麼美食經驗，尤其如果他們有很多小孩。假設你在伯克郡的巴克罕，和一位工人，以及他的妻子和五個小孩住在一起。每個禮拜他們會買七・五加侖的麵粉，每加侖十便士，加上酵母和鹽，為了每日的麵包，總共要花六先令七便士。他們也會買一磅的培根，和自家菜園的蔬菜與香草一起水煮。馬鈴薯是他們自己種的，也就順便用煮培根與蔬菜的水煮了。此外，他們每週也喝一盎司的茶、吃四分之一磅的糖、二分之一磅的奶油或豬油。就這樣。沒有啤酒，沒有起司，沒有其他肉。每週賺的八先令六便士中，有八先令三便士拿去買食物，多數是麵包。所以當一八〇〇年，小麥的價格上漲三倍時，他們的生活變得非常困難。[27]這樣的情況下，你可能不想和他們一起吃飯。他們沒有東西可以給你。

你再到英國其他地方，會發現每個地方的工人都努力從昂貴的小麥做出營養的三餐。在德文郡，他們水煮馬鈴薯後擣成泥，加點麵粉做成麵包。[28]這是早餐，如果配上青豆肉湯，就是晚餐。

至於正餐：

> 農家會燉一大鍋的肉湯，裡頭有醃豬肉或培根，再加入很多包心菜、紅蘿蔔、蕪菁、綠葉、洋蔥、韭蔥。農夫不能買豬肉或培根時，他們利用綿羊腰部的板油，切成非常小塊，和上述的菜園作物一起燉煮。[29]

英格蘭北部的工人階級料理更有創意。窮人會用培根的油煎馬鈴薯，或將馬鈴薯和綿羊或豬肉的肉丁一起燉煮。在某些地方，你會發現蘸鹽巴吃的火烤馬鈴薯。在諾森伯蘭和坎伯蘭，每天都有香噴噴的肉菜濃湯，裡頭有綿羊肉、洋蔥、燕麥片、大麥、水、香草。稀粥也常吃——材料是水、燕麥片、奶油、鹽。礦工非常喜歡麥片粥，只要將滾水倒入燕麥片，加入牛奶和奶油。麥乳粥則是水煮大麥兩個小時後，加入牛奶與糖。還有青豆蔬菜湯，是青豆肉菜濃湯的地方變化，用牛奶而不用水。北部常吃裸麥麵包和大麥麵包。這兩種比白麵包保存更久：坎伯蘭的大麥麵包在冬天可以吃四到五週，夏天兩到三週。[30]

繼續走到蘇格蘭，你會遇到人們吃「拍餅」。將燕麥片、水、鹽做成麵團，放在一塊板子上「拍打」，直到麵團覆蓋板子，然後將麵團滑到一片圓形的鐵板，在火上加熱。沒有發酵的乾麵餅就做好了。[31]這張拍餅，配上稀粥、青豆肉菜濃湯、馬鈴薯和一點肉，就是許多高地人全年賴以維生的食物。住在海岸周圍的人，拍餅還可配著鯡魚吃。

如果你去濟貧院，那裡的三餐會反映當地習俗。在卡萊爾的濟貧院，早餐有麻溜布丁，配上牛奶或啤酒。平日的正餐，通常不是牛肉湯和麵包，就是馬鈴薯加一點牛奶和奶油，再配上肉湯。週五會有兩片水煮牛肉和湯。每天的晚餐都是麻溜布丁或麵包，除了週六會有麵包和起司。飲料是牛奶或淡啤酒。一七九〇年代，伙食最好的貧民是德比濟貧院的院友。他們只有早餐會吃牛奶濃湯，晚餐是麵包和啤酒，但每天正餐幾乎都吃肉，除了週六，他們會吃板油餃。[32]很多農場工人的家裡反而負擔不起那樣的菜色。

上層階級的食物

多數上層階級的人並不遵照一日三餐的作息。他們一天有五次機會享受：早餐、午餐、午茶、正餐、晚餐。這不代表他們全都一天吃五次：這五次之中，一天會用三至四餐，端看需求。如同生活的方方面面，中產和工人階級必須服從的規則和規律，對有錢人來說都可以選擇。

如果你是紳士或淑女，而且自己一人生活，你的早餐可能平淡無奇——熱圓麵包或吐司和奶油，配上一杯咖啡或茶。安・李斯特為了搭早上六點的馬車，早起吃了一點麵包皮和一杯白酒。另一個場合，住在赫爾的時候，她「喝了兩杯咖啡和一杯冷水，吃了冷麵包和奶油」。[33]在鄉下的別墅，早餐會比較費工。珍・奧斯汀的母親拜訪史東立修道院（Stoneleigh Abbey）時，吃到李子蛋糕和磅蛋糕，以及冷熱的圓麵包、塗上奶油的吐司。[34]當然如果你是一位德國王子，你面前的餐點還可能更好。赫爾曼・普克勒－穆斯考王子某天早上走進客棧的早餐室，看到桌子中央為他放了一個大茶甕，旁邊的茶葉罐有綠茶和紅茶，還有一瓶牛奶。他的餐桌擺設是「三個小的威治伍德盤，許多刀叉和兩個精美的大瓷杯」。四個盤子圍繞桌子：一盤裝滿水煮蛋、一盤烤豬耳朵、一盤隔水保溫的瑪芬蛋糕，最後是裝滿的火腿冷盤。此外還有好幾盤烤過並塗上奶油的吐司與白圓麵包，加上一個玻璃盤裝的高級奶油，調味料罐有法式與英式芥末、鹽、胡椒等等。面對這樣的盛宴他大吃一驚，因為他只要求喝一杯茶。[35]

午餐是不正式的一餐，多數是女人在吃。理由是，當時認為女人在正餐大快朵頤是不得體的行為，所以她們提前吃飯，以免到了晚上吃下很多食物而有失顏面。否則午餐和晚餐差不多，都在早餐室吃，不在飯廳。你不需要盛裝，座位也不用遵守禮節，而且通常自己盛菜，不用等人服務。午餐常見的菜色包括肉類冷盤、豬舌或火腿、醃肉泥，還有包著雞、羊或牛肉片的三明治。[36]

正餐是你一天主要的一餐，不管你在什麼時間吃。有錢人通常晚上才吃——越晚越好——而且你必須適當著裝。你也必須遵守飯廳裡所有的正式禮節。相同位階的男女，女士較男士優先，因此房屋的女主人坐在桌子的頭，她的丈夫坐在桌子的尾。相同位階的兩個女人，已婚較未婚優先；

若是同樣未婚，年長較年幼優先。約翰．特拉斯勒（John Trusler）在著作《餐桌的禮儀》（*The Honours of the Table*）解釋，攝政時期正餐開始的時候，你會等著看到什麼：

> 房屋的女主人請在場位階第一的女性指引眾人，領頭走向餐桌設置的房間。接著女主人請位階第二高的女性跟隨，待所有女士進入後，她自己殿後。房屋的男主人和紳士也是如此。[37]

依照這樣的方式進入飯廳，人人自然就會順著地位高下坐好，所有女士依照年齡大小坐在餐桌的一邊，所有紳士也如此坐在後端。然而，隨著一七九〇年代推進，禮儀開始有點不同。此時紳士挽起淑女的手臂，緩緩帶著淑女走進飯廳，兩兩一對。淑女和紳士並肩而坐，一男一女。然而，請注意，你依舊依照地位高下入場與就坐。如果有位特別帥氣的軍官，或初登場的名媛，他們的地位低於你，而你想和他們交談，就必須降低地位。但是無論你做什麼，千萬不要**抬高**你的地位。高攀不屬於你的地位，會被認為可恥。

假設你受邀到倫敦的聯排別墅，參加正式的十人正餐，類似路易斯．西蒙在一八〇八年去的那樣。[38]就坐後，你應該會看到餐盤上的湯碗，左邊有支叉子，叉子左邊有個圓麵包，右邊有支刀。你的餐巾可能會捲起來放在左邊，或者攤平放在空的湯碗，上面再放湯匙。你的酒杯可能會擺在叉子的左邊，或右邊，擺在刀的上方；這個時期，酒杯的位置沒有對錯。[39]餐桌最前面，有個銀湯盅裝著烏龜湯；其他菜還藏在銀蓋或瓷蓋底下。每個人都喝過湯後，一條大比目魚已經取代大湯盅的位置，侍者也把所有的蓋子都拿起來。你可能會看到一盤烤牛肉，左右各放一大盤蔬菜；一大盤培根薄片；一大盤數種小型鳥，例如火烤圃鵐；一大盤奶油菠菜；一罐蠔油（成分是牡蠣、牛奶、麵粉、奶油）。每位紳士都會去切最靠近的肉，再幫身邊的淑女切最好的部位。魚的部分，有支寬面的魚刀放在相關的菜旁邊。（但是你會用你一般的刀吃魚；個別的魚刀還不存在。）侍者會在用餐期間倒酒。你想喝酒的時候，必須和某人一起，與他們的目光相接，並說出他們的名字，接著舉起你的杯子。要注意的是，和同一個人在同一道菜喝酒多於一次是不禮貌的。

用餐完畢後，請將你的刀叉交叉放在盤中央，暗示侍者你不想再吃了。他們就會收走，清理周圍的碎屑，為你送來乾淨的盤子與刀叉，供下一道菜使用。下一道菜的主菜可能是蔬菜燉肉，佐以餐桌最前面的奶油和芹菜，以及後面角落的白花椰菜和酥餅。餐桌中央也放著酥餅和起司通心麵；旁邊的淺盤裝著鹿肉。你當然不會餓到。但是如果你怕自己停不下來，建議你為男主人與女主人設想，因為如果他們比客人還快吃飽，可是不禮貌的。

某些正式的正餐，第二道菜後，會有少量的甜點前菜，通常是起司、奶油、沙拉、芹菜和其他零食。[40]接著，也是最後一次，你的座位會擺上小的甜點盤、甜點餐具，以及一個乾淨的酒杯。房屋的主人面前會有數個玻璃壺，裝著波特酒、雪利酒、馬德拉葡萄酒、淡紅酒（claret）、白蘭地。這些玻璃壺會從主人的左邊開始，逐一往整個桌子傳遞。每位紳士為自己的酒杯倒酒，也為身旁的淑女倒酒。甜點本身也是好幾道菜：新鮮水果、燉煮水果、堅果、一大盤蛋糕、一大碗柳橙。如果有其他溫室水果，也會作為甜點上菜。鳳梨特別珍貴，因為每個要價兩畿尼。[41]如果你能獲得任何非當季的水果，也非常適合拿來當甜點。夏季的時候可能會上冰淇淋，那就真的象徵你的財富，表示你擁有好的冰屋、活的湖水，能夠製造足夠的冰塊。

禮節要求淑女，在最後一人停止進食後，還要留在座位十五分鐘。女主人判斷時間妥當，就會向其他女性宣布，並且離席。淑女起身時，男士應該全體起立，最靠近門的那位要幫淑女開門。接著男主人接替女主人，坐在餐桌的頭，男士移駕到距離主人最近的位子，再次開始傳遞玻璃壺。攝政時期尾聲，淑女都退場後，紳士想要離席就可以離席；他可以去會客室加入淑女，喝茶或咖啡。[42]但是，攝政時期剛開始時，無論如何，紳士都要和主人坐在一起。路易斯．西蒙在一八〇八年寫道：

> 就在飯廳的角落，有件方便的傢俱，任何人想要，都可以使用。必須善加使用，而且大大方方，自然而然，不會打斷談話。某次我冒昧請教，為何這項方便的物品，不是放在房間外面某個連接的壁櫥，得到的答案是，以前更重視人情的時候，不像現在這麼淡薄，有人發現酒量不佳或腸胃不佳的男人，在喝醉以前，會不顧顏面，利用機會逃跑。正是為了防範這種滔天大罪，發明這個應急的東西。[43]

爛醉如泥，以及在你的同伴面前小便，都不是飯廳醜事的極限——還有暴飲暴食。身為絕妙牛排協會（Sublime Society of Beef Steaks）的主要會員，諾福克公爵曾經一餐吃下十五塊牛排。[44]根據威爾斯親王的帳本，一八一六年，家裡一百二十個人吃掉五千兩百六十四磅的肉——每人每天超過二十二盎司——而且親王和他的哥兒們吃了很大的分量。[45]親王的一頓正餐就有兩樣湯品可以選擇，接著，第一道菜有四種不同的魚和其他十四樣菜餚；第二道菜有二十二樣菜餚，包括烤鵪鶉、烤雞肉、烤孔雀、烤野兔、酒香松露、五十隻螯蝦做成的肉凍、龍蝦沙拉、鳳梨果凍、櫻桃塔、四大塊烤肉，另外四道甜點；此外，在邊桌上還放著野兔的腰腿肉、綿羊的帶骨脊肉、四隻母雛雞、培根燉四季豆、雉雞派，以及火腿、舌、牛、牛犢冷盤。顯然親王不是自己吃完全部，但是這樣的菜單**還不是**他招待重要客人的時候。當天稍晚的宵夜又有另外十四盤菜餚。難怪他死的時候體重超過二十二英石*。[46]

外食

如果對於在倫敦要吃什麼，感覺不知所措，我建議你參考瑞福・里朗斯一八一五年出版的《美食家年鑑》（*The Epicure's Almanack*）。這是攝政時期最接近《美食指南》（*Good Food Guide*）†的東西。里朗斯列出將近六百個吃東西的地方，描述各家特色。最常見的是廚師店和餐館——兩者差別在於，廚師店只提供外帶，餐館可以內用。在這兩個地方都可以找到經典的烤肉，你可以選擇你要的種類，依重量計價，外帶就做成三明治，內用就在餐盤上吃。只是坐下來吃要付一先令至一先令六便士。

酒館比餐館高級，而且主要接待專業人士階級，但是他們的午餐或晚餐，每頓很少收費超過兩先令。某些酒館生意很好，例如倫敦皇家交易所後面的「公雞」（The Cock）每天服務超過五百人。[47]也有酒館占地寬廣，可以坐下兩千人，舉辦盛大的正餐。若想享受大規模的款待，我建議你去找河岸街的「王冠與錨酒館」（The Crown and Anchor Tavern）、主教門街的「倫敦酒館」（The London Tavern）或柯芬園的「莎士比亞酒館」（The Shakespeare Tavern）。

其他，像是老牌的客棧，多半都會提供不正式的三餐和莊重的正餐。許多咖啡廳也會提供輕食，例如濃湯、肉湯、三明治。「餐廳」（restaurant）一詞，原本只是用來表示巴黎的某些商家，到了攝政時期尾聲，一八二〇年代的時候，開始用來表示倫敦頂尖的用餐場所，雖然人說倫敦的食物品質並不如法國。[48]除了以上這些場所，也有甜點店和糖果店，而在某些繁榮的城鎮，甚至有冰淇淋攤販。例如，在巴斯，你可以在普爾特尼橋的商店買到冰淇淋。知名的倫敦甜點廚師托馬斯·法爾蘭斯（Thomas Farrance），在卡斯博街的春日花園咖啡廳（Spring Garden Coffee House），除了提供甜餡餅與鹹餡餅，也提供冰淇淋。[49]夜深之後，較大的城鎮街上出現攤販，推著煤炭加熱的鐵皮火爐，販售烤洋芋和派。短暫幾年，倫敦甚至有家印度餐廳，老闆是迪恩·穆罕默德（Deen Mahomet），賣道地的咖哩，給那些在印度發了大財而且培養當地品味的英國人。[50]

＊譯注：約一百四十公斤。

†譯注：一九五一年起，英國知名的美食年度評鑑書。

你很少會看到種類繁多的菜單。這些地方賣的東西很少超過十二種，而且專門的商店可能只賣一樣東西。[51]濱海的城鎮，某些客棧和旅社會告知你「每日例餐」的價錢，就是當天提供所有客人的相同餐點。城市多數的用餐場所會將價目表放在每張桌子，或釘在門邊。在倫敦聖馬丁的帕格里諾（Pagliano），主廚提供很多你可能在餐館會看到的品項。前菜有三種湯：肉湯（一碗四便士）、香草湯（四便士），細麵湯（六便士）。魚的部分，他有水煮鰩魚（六便士）、水煮比目魚（九便士），水煮鱈魚（八便士），水煮鹹魚（六便士），以及炸魚（八便士）。如果你再掏出六便士，就可以再點一盤牛肉佐蕪菁作為第二道菜；或牛肉佐小白蘿蔔，牛肉可以選擇原味烤牛肉或炸牛肝。如果你打算再花八便士，就可以吃到歐姆蛋、醬汁綿羊或通心麵。水煮或火烤雞肉要花你一先令六便士。最後，你可以花六便士點一份沙拉或一碗青花椰菜，若要再點馬鈴薯就再付兩便士。麵包和半品脫的黑啤酒會讓你的帳單多出三便士。因此整餐兩道菜，要準備的錢介於一先令六便士至三先令，不包括給侍者的小費。

要花更多錢當然可能。位於阿爾德斯門（Aldersgate）的阿爾比恩酒館，每日例餐據說要三幾尼，克拉倫登飯店的正餐是三到四畿尼，不包括酒（一瓶要再花一畿尼）。特製的正餐會花更多錢。莎士比亞酒館的正餐非常奢華。某次那裡的特製正餐，共有一百零八道菜，包括四十磅的大比目魚，每人要價七畿尼。在阿爾比恩，威廉・柯蒂斯爵士（Sir William Curtis）為他的客人舉辦晚宴，花費的錢難以置信——每人四十英鎊。菜色包括來自德國西發里亞的特選火腿。[52]攝政時期的人可能會讓你吃豬耳朵和牛犢頭，但你不可能忘記他們宴客有多鋪張。

酒

這個時期的人喝多少酒？你可能覺得一晚喝下六瓶淡紅酒就是暴飲。即使一瓶只有**舊制**一品脫（一八二四年《度量衡法》〔Weights and Measures Act〕之前英格蘭和威爾斯的計算單位，大約四百七十三毫升），六瓶也有大約四十單位的酒精，對你當然不好。然而那是約克公爵喝下之後也看不出任何影響的量。威廉・皮特和理查・謝立丹也喝那麼多的波特酒，酒精濃度是一半，而且每天都喝。[53]但是，這幾位紳士幾乎無法代表整個人口。因此男人和女人的平均飲酒量還是難說。但是，我可不會因為這個問題困難就退縮，所以我們稍待再回來，現在先來看看有什麼可喝。

先從烈酒開始：蘇格蘭的威士忌產業在這個時期蓬勃發展，一八〇〇年與一八三〇年之間，產量增為三倍。到了一八二〇年代，每年產量已經超過五百萬英制加侖。[54]但這只是回報給有關當局的數量；沒人知道暗地到底生產多少。例如，高地的農夫普遍會拿穀物去換威士忌，而不經手任何金錢。[55]因此即使是有執照的蒸餾廠，產量也可能多於他們承認。當你走進蘇格蘭的酒吧，不要期待手持高腳杯啜飲。蘇格蘭的真男兒用的是直筒杯，單位是馬奇金（mutchkin），相當四百二十四毫升，或大約四分之三英制品脫（五百六十八毫升）。有時他們會加熱水或糖，有時加麥酒（Ale），有時加冷水。[56]但是無論你怎麼喝，記得標準量是現代的十七倍，或者根據我們的推算，超過半瓶。我強烈提醒你不要喝雙份。

在英格蘭和威爾斯，琴酒一直是受歡迎的烈酒，尤其生產全國百分之九十合法琴酒的倫敦。[57]至於不合法的，俗稱「月光」（moonshine），誰知道呢？就連伍德福德這樣的神職人員也會稍微枉法，忙著「今天早上裝了兩瓶月光送來的琴酒」。[58]普遍的非法交易是在回應一七九四年至一八一九年之間成長三倍的稅。人們繳的稅已經多於琴酒本身。好消息是這個時候的酒吧提價幅度相對小。因此若你走進一家酒吧，點了四分之一品脫的琴酒，一七九〇年代應該要花二．五便士，一八一〇年代六便士。一八二五年後，稅大幅減少，一品脫增加為英制液量，此時會花五便士。要注意的是，某些無良的蒸餾廠和批發商會在琴酒裡面加水或硫酸，所以任何更便宜的酒，不見得就是划算。[59]

此外還有什麼酒精飲料？雖然蘭姆酒和白蘭地相對昂貴，但進口量很大。[60]或者你也可以試試錫蘭進口的阿拉克酒（arrack），是從椰子花的汁液蒸餾而來。然後還有利口酒，這種酒通常都是自家釀造。珍．奧斯汀的家人在一品脫的白蘭地裡加入一品脫的甜濃縮櫻桃汁，就能做出櫻桃白蘭地；其他人也會以杏桃如法炮製。[61]多數的利口酒會稱為拉塔非亞（ratafias）：一八二六年一本食譜提供三十四種口味的利口酒，所以你可以選擇茴香、咖啡、柳橙、巧克力等利口酒。如果你非常大膽，可能會敢嘗試所謂「Urine d'éléphant」——委婉的翻譯是「大象的牛奶」——由精餾的烈酒和垂榕的樹汁製成。[62]此外，發酵的蘋果酒和梨酒，酒精濃度高達約百分之十，在英國西南部（West Country）和英格蘭與威爾斯的邊界（Marches of Wales）大量飲用。如果以上這些都不投你所好，總還有啤酒。

啤酒是英格蘭的傳統飲料，而且十六世紀以來取代麥酒的地位（麥酒釀製不添加啤酒花）。啤酒通常分成淡啤酒與濃啤酒，酒精濃度分別為百分之二．五和百分之六以上。[63]兩者之中，濃啤酒越來越受歡迎。大型的啤酒廠，例如巴斯（Bass）、懷布瑞德（Whitbread）、杜魯門（Truman）、巴克利柏金斯都在研究產量更高、價格更有競爭力的啤酒；到了一八一五年，巴克利柏金斯每日產量三萬加侖。[64]小型啤酒廠競爭不來，所以城市的業主越來越常聯絡大型啤酒廠，供應他們的酒吧、客棧、酒館。濃啤酒的產量逐漸增加，從一七八九年全國四百四十萬桶到一八二〇年代六百六十萬桶。[65]要注意，你不是非在酒吧裡頭買酒不可，也有瓶裝出售。瓶裝的還有數種外國啤酒，包括德國的布倫瑞克摩母啤酒（Brunswick mum）、美國的白雲杉與棕雲杉啤酒。[66]你也可以買瓶裝的氣泡麥酒，用餐的時候倒進香檳杯中。[67]所有這些瓶裝啤酒都用覆上蠟的軟木塞封口，所以啤酒和葡萄酒都需要螺旋開瓶器。

如果你在一八二〇年代走進倫敦的酒吧，一夸脫的濃啤酒要花五・五便士，每品脫大約二・七五便士。但是如果你去當時在首都宛如雨後春筍、生意興隆的琴酒殿堂（gin palace），一液量盎司*的琴酒是一便士（略多於現代酒吧的一份量），而且那裡只有長條的櫃台，沒有椅子。十個客人中有八個不到一分鐘就喝光。[68]你會怎麼做——選擇便宜帶勁的一口，還是持續很久的樂趣？每一分錢獲得的酒精濃度差不多。酒吧和琴酒殿堂開始互相較量。結果就是，城市的業主大量投資他們的事業。他們在街角興建麥酒酒館，在地窖存放酒桶，也設置撞柱遊戲的球道（skittle）†提供

* 譯注：一液量盎司約為二十九・五毫升，酒吧一份量為二十五毫升。
† 譯注：沿球道以球擊倒數根瓶狀木柱的遊戲。

客人娛樂，樓上甚至是他們自己和家人的住所。最高級的酒吧，沙龍有桃花心木的傢俱，並裝飾鏡子、裱框的印刷品，甚至動物的絨毛玩偶。顧客可以閱讀那裡的報紙，也可以購買菸草和菸斗。琴酒殿堂是現金和酒精快速交易的地方；新的酒吧不同，強調舒適、社交互動，並鼓勵客人花更多時間飲酒。但是酒吧在某個重要面向也模仿琴酒殿堂：從服務的櫃台供酒，就是我們熟知的吧台。[69]與今日不同的是，到了一八三〇年，酒吧的吧台開始裝設手動幫浦。約瑟夫・布拉馬——那位帶給我們現代抽水馬桶的天才——也發明了啤酒幫浦。歷史上很少有人可以表示自己為人類的生理舒適帶來這麼多的貢獻——讓我們從一邊灌滿，從另一邊排出。

比起烈酒和啤酒，葡萄酒比較沒那麼多人飲用，然而比較受人尊敬。這是因為富人偏愛葡萄酒，所以成為身分地位的象徵。波特酒是最受歡迎的一種葡萄酒：一八二〇年代，輸入英國的葡萄酒，波特酒就占超過一半。第二名是西班牙葡萄酒，市占率約二成，接著是南非、馬德拉、希臘群島。法國在名單上排行第六，即使戰後，供應僅不到百分之五。萊茵白葡萄酒（Rhenish）、匈牙利托凱酒（Tokay）、加那利群島的馬姆齊甜葡萄酒（Malmsey）也都大量進口。[70]整體而言，酒精濃度相當高。根據當時的液體比重計，波特酒的酒精含量約為百分之二十三・五，雪莉酒約為百分之十九；馬德拉葡萄酒，因為受到白蘭地加強或「提高」，含量近百分之二十二。[71]波特酒百分之十四・四，勃艮第葡萄酒僅僅百分之十一・八。當時紅香檳和白香檳都有進口，白香檳的酒精含量略多，是百分之十二・八。[72]如果這些對你來說都不夠濃，那麼你可以自己調酒。喬治四世喜歡的調酒是：兩份柑橘、一份塞維利亞柳橙、兩份檸檬、半品脫糖漿、半品脫濃綠茶加砂糖、一杯高級牙買加蘭姆酒、一杯康雅白蘭地、一杯阿拉克酒、一杯鳳梨糖漿、兩瓶白香檳——經高級細布過濾後冰鎮。那樣的配方，酒精含量是百分之五十三，算是相當濃的調酒。[73]

多數情況，品質優良的葡萄酒會裝瓶，塞上軟木，像現代這樣平放。從十八世紀起，人們發現平放可以越放越香，因此，不像較早的歷史時期，在這裡，你會發現地窖裡有古董，隨著時間增值。一七九〇年代，十二瓶一般紅酒要花一英鎊三先令。[74]一七九八年，伍德福德先生抱怨現在一個板條箱要一英鎊十三先令——一七七〇年代他在牛津大學時，只付不到一英鎊。[75]唉，那時候多好啊！但古董酒仍相對便宜。如果你在一七九五年去到倫敦波蘭街（Poland Street），在普利迪外國雜貨行（Priddy's），還是可以花一英鎊買一箱一七八八年的波特酒，花一英鎊五先令買十二瓶十年的雪莉酒，或花三英鎊十先令買一箱香檳。[76]事實上，真正昂貴的酒還得特地去找。這個時代的紀錄也許是昆斯伯里公爵的遺囑執行人，他在一八一一年以八十四英鎊賣出十二夸脫的高級托凱酒。[77]即使如此，貴族所知的好酒，一箱的價錢比一個零售商人的年薪略少一點，相較現代世界驚人的價格，其實不算昂貴。

並非所有的酒都是這種品質。鄉下製作的各種水果酒，某些味道可能沒那麼好。漢娜．格拉賽在《輕鬆烹飪的藝術》提供十幾種作法，包括葡萄乾、柳橙、櫻桃、白樺、榲桲、蕪菁、覆盆子、黑莓等材料釀製的酒。醋栗是最常見的「自家釀酒」，塞維利亞柳橙釀造的橙酒可能是最貴的。在查頓小屋，珍．奧斯汀的家人釀造橙酒、鵝莓酒、醋栗酒、野櫻草酒、接骨木莓酒，以及薑汁啤酒和蜂蜜酒。[78]在某些地方，這樣的酒也可以買賣。一七九五年，馬修．弗林德斯付了十一先令買了兩加侖的橙酒，和他買波特酒花的錢差不多。[79]高價則反映酒精含量。醋栗酒約含百分之二十的酒精，鵝莓酒也差不多，而葡萄乾酒可以超過百分之二十五。[80]如果你的花園有足夠的鵝莓，你只需要足夠的砂糖和乾淨的水——耐心等待四個月，就可以飲用成果。

所以，攝政時期的英國人到底喝了多少酒精飲料？一八二〇年代所有進口的葡萄酒與烈酒，加上國產的烈酒與啤酒，官方紀錄統計的結果，十五歲以上的人民，每人每週平均喝下二十單位的酒精。[81]相較二十一世紀的數值（寫作此時約為十八單位），只有稍微高出一些，而相較今日世界的最大值（白俄羅斯人每人每週喝下三十三單位酒精），還差得遠。然而，這些數值僅僅包含向有關當局報告的。當你考慮大量私釀的啤酒，以及農場和農舍的水果酒、蜂蜜酒、蘋果酒、梨酒，你會發現數不清的酒精溜出巡官的雙眼。若你再加上肯特和薩塞克斯走私販走私的上千桶白蘭地，以及全國上下非法蒸餾的烈酒——包括蘇格蘭數百家無照蒸餾廠的產量——你不得不說，攝政時期的酒精攝取，比較接近二十一世紀的白俄羅斯，不像今日的英國。

非酒精飲料

啤酒也許是英格蘭人的傳統飲料，但是馬上就出現茶這個對手。確實，雖然攝政時期的釀酒產業增加百分之五十，但茶的生意可是擴張幾乎百分之一百五十。[82]理查・拉什說：

茶在英格蘭無人不飲。有錢人的早餐是茶，較貧窮的階級也是。經過昨晚豐盛的正餐，早上起床先來一杯咖啡，但隨後就是茶……倫敦的傭人一天喝兩次，有時更多，而勞工階級任何時候都喝。[83]

所有茶都來自中國；印度或錫蘭還沒開始生產。主要有兩種：綠茶和紅茶，紅茶也稱武夷茶。綠茶進而分成四種（帝國、散茶、熙春、珠茶），而武夷茶分成五種（小種、揀焙、白毫、工夫、普通武夷茶）。綠茶每磅通常是八先令，熙春和其他稀少的是十先令或更貴。小種、工夫和較高級的武夷茶通常一磅要花五至六先令，但普通武夷茶只要花一先令九便士。[84]看在一磅的茶可以沖泡兩百杯的分上，就算加上砂糖的錢，這個飲料也比啤酒便宜很多。因此英格蘭多數的工人階級家庭都喝很多武夷茶。很窮的人每週也會預備三至十便士，花在茶和砂糖上。但那和有錢人家會客室裡喝的茶不大一樣。牧師大衛．戴維斯就點出，「富有的人家端給你的是高級熙春茶，並以精製白糖增加甜味，以乳脂軟化口感」，而勞工階級喝的是「幾根便宜的茶葉染色的泉水，加入最黑的糖」。[85]而且，那幾根茶葉通常會再次沖泡。茶在英格蘭，也許很快就超越啤酒成為國民飲料，但是理查．拉什說茶「無人不飲」，並不表示光靠茶就能與啤酒勢均力敵。

咖啡受歡迎的速度甚至更快：攝政時期始末，每人攝取的量增加百分之六百。[86]要花多少錢，取決於咖啡來自英國殖民地（最有名是牙買加），或東印度群島（爪哇），或拉丁美洲。雜貨店的價格每磅介於二先令至四先令，聽起來好像跟茶差不多；然而，你需要至少兩盎司的咖啡，才能沖泡一壺八杯、適合攝政時期人民濃度的咖啡，而且若是歐陸濃度，則需要三盎司。因此，你的一磅咖啡只能沖泡最多六十四杯。想當然耳，窮人很少喝咖啡。零售的商家通常會沖太多水，因此英格蘭的咖啡在歐洲旅客心中口碑不佳。卡爾．莫里茲有過非常失望的經驗後，寫下這段話：「我會建議任何想在英格蘭喝咖啡的人，提前告知半盎司的咖啡應該沖幾杯，否則他會得到一杯咖啡色的水，非常糟糕。」[87]但是，事情可能更糟。許多負擔不起咖啡的人會買較便宜的替代品，例如「杭特經濟早餐粉」，其實只是烘焙過的裸麥。有些人將烘焙過的芥末籽或菊苣磨粉，加入真正的咖啡，看起來分量較多。[88]喬瑟夫．雷金頓（Joseph Lackington）炒小麥來代替咖啡。理查．霍爾（Richard Hall）雖然是個紳士，也將炒過的蕪菁磨粉充當咖啡。你到處看看，可以發現各種渣滓被當成咖啡出售，從烘烤的橡樹果到粉狀的馬肝。[89]

無論你喝什麼，盡量不要喝水，尤其在城鎮或都市，因為那是從人們丟棄各種垃圾和碎屑的河裡提來的，從排泄物到死掉的狗。井水也同樣不安全。就像工業地區的雨水，泉水雖然是最乾淨的天然水源，也可能遭到汙染，所以你應該在喝水之前煮沸。女人和小孩會喝乳清和牛奶。人們會做檸檬水和果汁，但只限私人住宅。少數能買到的非酒精飲料是氣泡水，一七六七年約瑟夫．普利斯特里（Joseph Priestley）發明這個飲料；從一七八〇年代起，日內瓦的傑考伯．舒味思（Jacob Schweppe）開始量產。一七九二年，舒味思將他的事業遷移到倫敦。別人仿效他的成功模式，因此到了一八二〇年代，全國上下已有幾十家氣泡水工廠。他們的產品並不便宜：一瓶半品脫，要價五或六便士。[90]而且不是所有人都喜歡。勞勃．騷賽的說法是「裡面的氣泡……經過喉嚨的時候發出嘶嘶聲，像刀刃一樣劃過，而且從鼻子出來時，像一搓鼻煙那樣辛辣，惹得你流淚」。[91]

菸草與毒品

你一旦走進攝政時期的酒吧，就會知道喝酒和抽菸兩者無法分開。你會在酒吧看到他們販賣二分之一盎司的小包菸草，一七九〇年代大約一．七五便士，一八二〇年代二．五便士。[92]價格上漲導致那個時期抽菸的程度略微減少，然而即使最多人抽菸的時候，攝政時期抽菸的人民仍不及他們二十世紀中期的後代子孫，只有不到四分之一。[93]但是你可能不會發現，因為抽菸的地方集中在酒吧之類。當時還沒有香菸，而且用火種盒點燃菸斗是件麻煩的事，所以抽菸的人都藉助有火的地方，當然就是酒吧、客棧、酒館、俱樂部、酒店。

雖然攝政時期的菸草用量並無太大變化，但人們抽菸的方式開始不同。你會發現很多人用舊式的陶土菸斗，那個東西已經存在兩個世紀之久，但是現在工廠開始實驗新的設計。斯塔福德陶器廠（Staffordshire Potteries）製作顏色明亮的奶油色陶土菸斗，蛇身造型細緻精巧，而且盤繞數圈。其他人也生產裝飾繁複的陶土菸斗與印花的菸鍋。海泡石菸斗則從奧地利與土耳其進口，又大又白的菸鍋上有極為複雜的雕刻與栩栩如生的人頭。櫻桃木的長管菸斗在國內製造，此外，甚至進口土耳其的水煙袋，煙經過水罐時會降溫。安．李斯特曾在一八一八年和其他男女一起抽土耳其水煙。[94]香菸也在這個時候首度出現在英格蘭，由在西班牙軍隊服役的軍人從半島戰爭帶回。拜倫勛爵在一八一四年抽過香菸，後來在他的詩裡提到。最早的時候，香菸是價值很高的東西：一磅的菸草在菸草店要花大約四先令，一磅的香菸將近一英鎊。[95]因此需要製造高品質的香菸筒與香菸盒保存香菸。

有些人喜歡用鼻煙的方式抽菸。也許你不大熟悉這個東西，其實就是菸草經過發酵，以油增添香氣，又長時間熟成後，研磨成粉等加工程序。鼻煙以重量計價，收藏在鼻煙盒，用大拇指與食指捏一小撮，從鼻孔吸入。菸草店最便宜的鼻煙每磅要花你五先令，但是最高級的，例如西班牙布蘭（Spanish Bran）、馬庫巴（Macouba）、馬蘇里帕坦（Masulipatam）、法蘭克福（Frankfort）、法國普來茲（French Prize），就會貴很多。倫敦乾草市場街（Haymarket）三十四號有家商店叫做「夫里堡與特雷爾先生」（Messrs Fribourg and Treyer），堆疊在店裡粗陶罐貨架上的鼻煙，每磅超過十先令，另有一、兩種賣到三英鎊。[96]男人和女人都會買香芬的鼻煙作為禮物，放在裝飾自己或兒女肖像的鼻煙盒。鼻煙是親密、精緻、優雅的抽菸方式，和走進煙霧瀰漫的酒吧點燃菸斗完全相反。

攝政時期的行家懂得各式各樣提振精神的方法。到處都有文章講述刻意食用某些植物的作用，例如印度大麻、天仙子、顛茄、曼陀羅、毛地黃、毒蠅傘，但是在英國，似乎沒有人有太大興趣把這些毒品當作娛樂；只是當成奇怪的東西，像是某種外國的宗教實踐。[97]然而，這個通則最主要的例外，就是鴉片。一七九七年，《泰晤士報》報導「土耳其抽鴉片的習慣已經開始在倫敦所謂高級社交圈盛行。這個放蕩的行為時興女性之間」。[98]一八〇〇年之前，輸入英國的鴉片每年平均七噸，一八二〇年代上升至十噸。這個時期幾乎每個浪漫主義的作家都會嘗試，最有名的是山繆・泰勒・柯勒律治和托馬斯・德・昆西（Thomas De Quincey），他們兩人都吸食成癮，也寫下他們的經驗。柯勒律治在鴉片作用高峰時，寫下他最受讚揚的詩〈忽必烈〉（Kubla Khan），而德．昆西寫下吸食鴉片的快樂與痛苦，在一八二二年出版《一個英國鴉片吸食者的自白》（*The Confessions of an English Opium-Eater*）。

鴉片吸食不僅限於知識圈。你可以買到藥丸形式的鴉片，每磅十先令至一英鎊，或最常見的形式——泡在酒精中的鴉片，稱為鴉片酊，一百滴四便士。人們把鴉片當成萬用藥，例如葛福瑞糖漿（Godfrey's Cordial）和達比驅風劑（Darby's Carminative），可以用來安撫長牙或睡不著的嬰兒。鴉片是止痛藥和鬆弛劑。女人經前緊張或更年期也可以靠鴉片。你甚至可以拿鴉片止咳。漸漸地，你產生抗藥性，成癮之後，就無法戒斷。柯勒律治最後每天都要喝下八千滴鴉片酊。[99]附帶後果難以避免：醫生和作家很快開始宣揚飄飄欲仙之後的慘狀。

另一個人們也很感興趣的興奮劑是人工化合物：一氧化氮。一七九九年，科學家漢弗里．戴維為這個物質取了俗名「笑氣」，並多次舉辦派對，想研究更多笑氣的效果。他說服賓客寫下吸入的感覺，並在他研究這個氣體的科學文章，將結果作為附錄發表。許多重要的商人和政治人物都參與。企業家約書亞．威治伍德覺得「我彷彿比大氣輕盈，好像要上升到房間的頂端」。外科醫師史蒂芬．漢密克（Stephen Hammick）拿到裝著笑氣的絲綢袋後，拒絕結束，大聲說：「再讓我吸一次，好愉快啊！這是我用過感覺最強的興奮劑！」勞勃．騷賽覺得「牙齒打顫」，而且「被迫運動我的手腳」。柯勒律治控制不了，對著每個看著他的人笑，「對我來說最純粹的快樂」。但是毫無疑問，最詩意的描述來自戴維找來參加實驗的癱瘓病人：「我感覺自己宛如豎琴的樂聲」。[100]

10 清潔、健康、醫藥

每個鄉鎮都有自己的醫生。我指的是那個特殊的醫藥部門，不是內科醫生也不是外科醫生，不是藥師，雖然那個部門整合了這三者；有時是個老頭，有時是個老嫗，但通常是個傳達神諭的人，而且必定（容我恭敬地說）是個江湖郎中⋯⋯我們最尊敬、最高尚的郎中是塔布醫生，既是發明家，也是調劑師、放血人、理髮師、人與野獸的醫生。

——瑪麗．羅素．米特福德（一八二六年）[1]

在現代世界，我們通常把健康視為理所當然——程度大到致命疾病一出現就慌了手腳。一種殺掉百分之二至三感染人口的病毒就會癱瘓社會。攝政時期的人們遠更習慣最壞的打算，活在天花、結核與其他致命疾病的陰影之中。即使在富裕的家庭，疾病一樣侵襲老小。窮人之間，我們已經看過，在某些地方，多數兒童沒有活到青少年。結果就是，談到生病，古今兩樣情：我們驕傲自滿，他們謹慎憂慮。他們不只需要良藥，更需要保證。因此，最好的醫生能給病人安心的解釋，他們究竟怎麼了，而且，如果他們的死期不遠，實際預估他們還能活多久，好讓他們安排緩急輕重。喬治三世與喬治四世的醫生亨利．霍福德（Dr. Henry Halford）坦承有很多疾病他治不好，而且，在這種情況下，他能做的，就是誠實告訴他的病人接下來會如何，並減輕他們的痛苦。儘管如此，人們相當信任他，他因此大受歡迎。一位淑女甚至說，她寧願死在他的照顧，也不要讓其他醫生治癒。[2]

健康觀念與感染

影響人口健康主要的問題是無知。人們相信疾病透過瘴氣和接觸傳播；他們對細菌一無所知。腐敗的物質形成液體，繼而發出惡臭，稱為瘴氣。人們認為聞到那些氣味就會感染。接觸的概念單純就是疾病透過人與人接觸傳染。如果有人告訴你，坐在有性病的人坐過的夜壺，或是喝過他喝的東西，就會得到性病，你也不要驚訝。[3]同時，人們認為對他們身體有益的東西，其實有害。很多人去吸煤煙，深信這麼做有益健康。[4]同樣地，你會發現有人相信每天喝下大量酒精具有療效。威廉．皮特把他驚人的波特酒攝取量歸咎他的醫生在他十四歲的時候告訴他，每天喝一瓶就可以治癒他的遺傳痛風。他不敢怠慢，認真執行。

純粹無知之外，危害健康的還有固執的自我欺騙。很多貪吃的人知道大量的油膩食物對身體不好，但他們還是不看不聽可能的後果。鴉片成癮的人也是。無論什麼歷史時期，人總有一個傾向，為了滿足食慾，不管對健康的風險，也不管最終可能的結果，寧願說謊欺騙自己。同樣地，懼怕醫藥介入這件事情也超越時代，人們不吃藥，因為想到藥就反感。理查．布林斯利．謝立丹在生死關頭時，醫生告訴他，他需要手術。他回答，他「已經經歷兩次，人生手術兩次就夠了」。問他是什麼手術，他回答：「剪頭髮和坐著讓人畫我。」[5]結果那就是他最後一句俏皮話。

過去兩百年，「喝水」一直是健康生活的中流砥柱。人們或者喝礦物質豐富的泉水，或者穿上黃色的帆布浴袍，將自己浸在水中。對於這樣的療法，人們一直很有信心。本書多半的人物都在人生某個時候去過巴斯。珍．奧斯汀也會去切爾滕納姆（Cheltenham）；約翰．索恩去哈洛門；而住在英格蘭北部的安．李斯特會去巴克斯頓和哈洛門。＊他們在一個又一個地方嘗試水療，彷彿如果他們的煩惱在這裡沒有解決，就去下一個地方。這個過程之中，他們認識新的人、參加舞會、瀏覽圖書館、打牌。何樂而不為？利明頓溫泉鎮（Leamington Spa）皇家泵房（Royal Pump Room）的溫泉水，據說能夠治療你的黃疸、膽病、結核、癱瘓、腫瘤、脊椎側彎、停經、痔瘡、潰瘍、腸道寄生蟲、消化不良、風濕病、痛風、腎臟疾病。[6]副作用是會令身體輕微腹瀉，但被巧妙掩蓋，所以最好還是記得，若非絕對必要，避免過度飲用溫泉水。

巴斯本身在這幾年越來越沒落。並非因為人們不再相信那裡的硫磺水，而是大海漸漸成為最流行的水療。因此布萊頓的人氣急速上漲。根據理查．羅素醫生，海水比溫泉水更好，因為「鹽分……苦味……亞硝化……潤滑」，如果你不大懂他所謂的「潤滑」，在他論海水的大作，解釋為

＊譯注：以上都是溫泉聖地。

「油膩」或「黏稠」。[7]老實說，喝海水或海水浴都不會如羅素醫生保證的，治療你的「腺體衰弱」。但是如果你想追隨醫學潮流，至少泡泡冷水不會導致你的肛門失守。

以上說了這麼多，其實，醫學知識正以前所未見的速度進步。其中一個重要原因是蘇格蘭內科醫生威廉·巴肯（Dr. William Buchan）的著作《家庭醫學：論疾病之預防與治療》（*Domestic Medicine or a Treatise on the Prevention and Cure of Diseases*）。該書出版的年份是一七六九年，到了一八〇五年他過世的時候，已經再版十九次。巴肯醫生句句精闢，告訴一般人，如何透過個人衛生、飲食、運動來延長壽命。他尤其擅長如何降低感染風險：例如：

> 許多疾病具有傳染力。因此每個人都應盡可能避免和生病的人往來。常見的探病，雖然用意良善，但有許多負面後果。我們並非不許任何仁愛慈悲之舉，尤其對於受苦受難的人，但我們無法讚許，由於錯誤的友誼或無禮的好奇，置自己與鄰居之生命於危險境地。
>
> 病人的家裡，尤其在鄉下，經常從早到晚擠滿無所事事的訪客。在這種地方有個習俗，傭人和年輕人要輪流侍候病人，甚至整晚不睡陪伴他們。這樣還不生病，的確是奇蹟。經驗告訴我們，這種行為非常危險。人們經常這樣感染熱病，然後傳給別人，直到變成流行傳染病。[8]

巴肯醫生反覆灌輸人民他簡單的智慧，同時，外科醫生在新成立的醫院指導更多學生，帶動醫學教育革命。醫學期刊開始發行，包括一八二三年成立的《刺胳針》（*The Lancet*）。社運人士倡議更高水準的公共衛生，醫生更強調居家和工作場所的空氣流通。到了一八三〇年，雖然還不能說醫藥專業已經切合目的，但是毫不懷疑，比起攝政時期剛開始，已經更加進步。

個人清潔

到了一八三〇年，「廣大沒洗澡的人」（the great unwashed）一詞是工人階級的同義詞。[9]會用這個詞的人顯然假設上流社會的人通常乾淨，而貧窮的人多數骯髒。這種簡單的區分已經過時很久。雖然有人對於自己的外貌和體味毫無作為，但是攝政時期社會的各行各業都盡力追求更高水準的個人清潔。

是什麼帶動洗澡的熱潮？其中一個原因是更容易取得水，由水管直接送到人民家裡。另一個原因是大型城鎮提供公共澡堂。在曼徹斯特，洗冷水澡是六便士，熱水澡是一先令，蒸汽浴則收五先令。以上兩者只會影響中產階級，但第三個原因影響每一個人——醫學建議廣泛傳播。「缺乏清潔是不容許藉口的錯誤，」巴肯醫生說，並且補充：

> 在不花錢就能獲得水的地方，人人當然都能變得乾淨。我們的身體透過出汗持續排放，因此必要經常更換衣服……若應該透過出汗達成的事，卻滯留在體內或被骯髒的衣服再次吸收，必定造成疾病。[10]

巴肯醫生接著列舉缺乏個人清潔會有的問題，包括皮膚疾病、體蝨、跳蚤，以及「腐爛且惡性的熱病」。窮人若生病，將導致收入喪失，因此對他們來說茲事體大。同樣重要的是，他們的同事和鄰居也都聽說巴肯醫生的教導。如同巴肯醫生說：「只有我自己乾淨是不夠的，我的鄰居不乾淨，也會影響我和他自己的健康。如果骯髒的人不能被當成公害移除，至少也該避免傳染他人。」[11]

關於個人外表，通常是上層階級帶領社會其他人士。如同他們外表的方方面面，這些社會的領導人物，本身就展現美男子布朗梅爾的信念，他堅持穿著體面的紳士必須乾淨得一絲不苟。他個人設下非常高的標準，每天早上花三個小時洗澡修面，還拿豬鬃做的「體刷」刷洗自己的皮膚。[12]如果你不是完美無瑕，無論你是誰，布朗梅爾不會看你，更不可能跟你說話。對他而言，重點不在預防疾病或延長壽命，而是展現你最好的一面。如果你問他，如何才能做到，他會告訴你：「別用香水，但要非常高級的亞麻布，非常多的，而且徹底洗淨」。[13]

淑女則有自己的建議手冊。一八二五年，著作《美女之道》（*The Art of Beauty*）的匿名女作家告訴讀者「沐浴……是美女養成必要的環節，目的在於清除肌膚的雜質，成就清新透明的面容。忽略這點的任何人都不能合理抱怨突然出現其他（肌膚）問題」。[14]這樣的書籍特別在意臉部肌膚，推薦各種產品，從薰衣草水、玫瑰水到童女乳和*eau de veau*。如果你不知道童女乳的話，那是安息香（benzoin，樹脂）在葡萄酒中煮沸，直到變成濃稠的酊；取少許滴入一杯水中，看起來就像牛乳。接著，你用這個東西洗臉，「藉由將血液中的紫色水流提升到表皮的外部纖維，在臉頰製造美麗粉嫩的顏色。若塗在臉上直到乾燥，會令皮膚亮白，散發光彩」。[15]毫無意外，這個東西大受歡迎。*Eau de veau* 也是一種敷在臉上的糊，希望達到類似效果。製造方法是用河水煮沸牛犢蹄，並加入米、浸泡過牛奶的白麵包、奶油、蛋白、樟腦、明礬，接著將這噁心的一鍋蒸餾。[16]如果我是你，我會乖乖使用肥皂，你可以買到肥皂塊，甚至有薰衣草或紫羅蘭的芳香。[17]

談到修容，因為十八世紀中期發明鑄鋼的緣故，你需要的工具數量變多，品質也越來越高。從一七七〇年代開始，你可以買到更銳利、更耐用的剪刀、鑷子、刮刀、刀、刮鬍刀，以及手術器具。你可以走進攝政時期的商店，請他給你指甲修剪組，內含指甲剪刀（一支三先令六便士）、一支一先令的銼刀、一支五先令的指甲剪（他們稱為「指甲鉗」）。是的，好消息是，和約翰．懷特同時代的人——就是本書一開始提到，一七九〇年因為拿小刀削指甲，不慎致死的人——可以選擇使用指甲剪。而且，若你發現自己身處一九七〇年，明智的你會把指甲剪加入購物清單，因為那年至少有兩個人死於相同原因：巴斯的安東尼．亨利剪腳指甲和勒弗爾先生剪手指甲。對一個簡單的小工具來說，五先令聽起來有點貴，但你再想想，那可能救你一命，就不會這麼覺得。[18]

這個時期頭髮護理的一大創新，是開始使用梳子。令人訝異的是，雖然衣服的刷子已經存在好幾世紀，頭髮的刷子卻在一七七七年，才由威廉．肯特（William Kent）在他位於赫特福德郡的工廠首次製造。商店馬上就把貨鋪滿。一把普通、手把塗漆的木頭梳子，大約要花你兩先令至兩先令六便士。你可能也會想買牛角、象牙、鋼或銀的梳子（花費介於六便士至兩先令）、一把剪刀（三先令六便士）、也許還有一組鐵製髮捲（一先令），用這些來造型你的頭髮或假髮。[19]想要經常刮鬍的紳士要花兩先令買好的刮鬍刀，再花六便士買刮鬍刀盒。你也會想買磨刀皮帶（一先令），把刀刃磨得閃亮；刮鬍鏡（四先令）；獾毛做的刮鬍刷（四先令六便士）；「刮鬍餅」——當時的刮鬍泡（每塊四便士）；還有一個刮鬍碟（三先令六便士）。鬍後乳液還沒問世，但是已經可以用兩先令買到一瓶古龍水。最後，美男子布朗梅爾建議用鑷子拔下任何殘留的鬍子，所以你可以再花一先令六便士把這個工具加入你的除毛組合。[20]注意，年長的女人若想避免臉頰的白髮，她們通常不會刮鬍，但會使用除毛膏，例如吉布森的神祕配方（Mr Gibson's Curious Compound）。但是除毛過程會除掉多少皮膚，我就不敢想了。[21]

潔牙與牙科醫學

人們非常注意牙齒潔白與口氣，尤其女人。外科醫師法蘭西斯．斯皮爾斯伯里（Francis Spilsbury）有云：「對女性而言，沒有什麼比齲齒和口臭更令人不快，或更減損她們的熱情活潑。」[22]但是這樣的敏感程度另有原因。若你還記得，人們相信臭味會傳染疾病，就會明白，難聞的口氣基於健康、好感都令人擔憂，就像聞到臭水。不幸的是，攝政時期對於維持口腔衛生偏偏極具挑戰。雖然喬治三世的牙醫托馬斯．伯德莫爾（Thomas Berdmore）清楚表示，糖會導致齲齒，但是許多人就是否認。《美女之道》的作者在一八二五年寫道：「齲齒的原因依然未知……糖與甜食，一度被指責為壞牙和牙痛的普遍原因，現在相信只是坊間錯誤傳聞。」[23]

維護口腔衛生的基本工具從牙籤開始。你可以花一先令購買銀質的牙籤，但我會推薦鵝毛做的那種，不會傷害琺瑯質。銀或鯨魚骨做的刮舌板也賣出很多，能夠清潔舌頭表面。至於牙刷，男女的理髮師、牙醫那裡都買得到。這些都很便宜，自從一七八〇年代，威廉・阿迪斯（William Addis）首先開始大量生產之後，不大可能花到一先令，通常只要兩便士。否則，你可以使用潔牙布、甘草的根或蘗蜀葵的莖。牙齒的軟膏、牙膏、牙粉或潔齒劑，店裡都買得到。某個白色牙粉的成分是六盎司白堊、二分之一盎司桂皮粉、一盎司金銀花根。[24]拜倫勛爵選擇他的牙醫約翰・韋特（John Waite）為他做的紅色牙粉。[25]無論你選擇什麼顏色，使用的時候請小心，某些牙粉會磨削你的琺瑯質，用了得不償失。[26]

到了十九世紀初期，有錢人家已經開始去找牙醫檢查牙齒。拜倫勛爵固定去倫敦舊伯靈頓街（Old Burlington Street）二號，坐在約翰・韋特鋪著天鵝絨的可調整椅，張開嘴巴，害怕接下來即將發生的事。某次，一八一四年，他寫到韋特醫師告訴他，「牙齒健康潔白，但他說我睡覺的時候磨牙，邊緣損壞」。[27]一八二七年，赫爾曼・普克勒－穆斯考王子去舊伯靈頓街三十二號找喬治四世的牙醫山繆・卡特萊特（Samuel Cartwright）。據說卡特萊特從事牙醫，每年賺進一萬英鎊，每天看診病患多達五十名，他從早上七點站到晚上七點。你必須至少一週之前預約，並等待收到一張卡片，上面寫著某天某時，「卡特萊特醫師很榮幸為您看診」。你到診所之後，會被帶到一間整齊的等待室，牆上裝飾裱框的印刷品，書架放著有趣的書籍，還有一架鋼琴，好像會讓你坐上很長一段時間。普克勒－穆斯考王子必須耐心等待卡特萊特醫師為某個公爵夫人與她的女兒檢查。然而等待值得。他表示：「卡特萊特醫師是我所遇過技術最好、學問也是最好的牙醫……他的收費固定，不會過分。」[28]

你的牙齒可能會掉，所以也需要考慮假牙。便宜的假牙可以自己做，拿白蠟用小刀塑形，然後壓下去固定。根據斯皮爾斯伯里的著作《男男女女的牙醫》（*Every Man and Woman Their Own Dentist*，一七九一年出版），這種自家做的假牙可以固定三至四天。[29]如果你能負擔專業的牙醫服務，可能會選擇海象象牙雕刻的牙齒，用絲線固定，每顆要花超過十先令。真人的牙齒——常被稱為「滑鐵盧牙」，要價兩英鎊，包含安裝。這些來自重罪犯行刑後的屍體、葬儀社那裡剛過世的人，或來自窮人——通常是青少年，對他們來說，一畿尼代表做夢也沒想到的財富。（因此倫敦每家酒吧都會聽到一個笑話：「我人在這裡，但我的牙齒在宮廷。」[30]）所以你就知道，換上整排真人牙齒非常昂貴——通常超過三十英鎊。為了躲避法國大革命而來到倫敦開業的假牙師傅尼古拉斯・杜布瓦・德・切芒（Nicolas Dubois de Chémant）做的整排陶瓷牙齒甚至更貴。但是在你急著預約之前，記得最好的假牙也有缺點。固定牙齒的牙盤通常是鉛做的，有毒。食物也很容易卡在裡面，造成極難聞的口臭——你會因此沒有朋友。如果你有兩排假牙，上下會用彈簧連接，就有可能在你吃飯或講話的時候把牙齒彈出來。而且如果你用其他人的牙齒植入你的牙齦，不僅會在一年內脫落，也可能會引發疾病，殺掉最後一位使用者。

這就帶我們來看一個重要的問題：牙醫怎麼拔牙。對於多數人，通常這不是牙醫的特權，而是拔牙人，那種你可能會在露天遊樂場遇到的人。用線綁住牙齒，然後猛地一拉——這個老掉牙的故事是真的。某些拔牙人用線把牙齒圈好後，用熱煤燒病人，病人跳起來，牙齒也掉了。或者花個一先令，你也可以請鐵匠用鉗子幫你。多數的外科醫師和藥師會用從前的「鵜鶘」幫你，就是一種工具，利用下巴作為支點，撬起你的爛牙。技術最新的牙醫使用「拔牙搖桿」，夾住牙齒之後，旋轉搖桿，就可以將牙齒拔下。受傷是常有的事，即使你找的是專業人士。[31]一八二〇年，安・李斯特找桑德蘭醫師拔出右邊最後面的牙齒。不幸的是，他在過程之中弄傷她的下巴。她的牙齦流血，不久之後，嘴巴腫了起來。於是她找來一位地方婦人，抓來六隻水蛭放在她的臉頰，接著用醋漱口（違反醫囑），並自製牙痛藥——放了不少鴉片。[32]

就是如此。在攝政時期，無論你怎麼了，總有鴉片。而且一旦牙痛，可能就是你的首選。著作《一個英國鴉片吸食者的自白》這本經典的托馬斯・德・昆西承認：「我真心告訴各位讀者，驅使我首次使用鴉片的，不是為了快樂，而是欲死不能的風濕性牙痛——不是別的，就是這個。」[33]

公共衛生與職業傷害

拜訪任何缺乏醫療專業的國家可能令人畏懼，但更恐怖的是你不知道會面對什麼。即使是你熟悉的疾病，可能也會隨著時間不同。就像所有生物，疾病也會演化。這就是為什麼，曾在某個國家殺死很多人的疾病，下個世紀就少了很多。例如，十八世紀初消滅上萬人的痢疾，一百年後幾乎不再致命。[34]攝政時期的英國最害怕的天花，一五六〇年以前只被當成兒童的小病。相反地，某個疾病可能因為人類行為改變，於是弱化。鼠疫在一六六〇年代最後一次爆發後，從此消失在英國，主要歸功衛生進步與建築水準。瘧疾在十八世紀末期之前是重大殺人凶手，但在農業革命的過程中，隨著沼澤抽乾，也就遠離這片土地。[35]

整個英格蘭，人口死亡率已從每年百分之二．六，下降到每年百分之二．三。倫敦的下降幅度更是明顯：從百分之五到百分之三。但是這些比例依然高得令人苦惱：現代的英國大約是百分之一。而且，傷腦筋的不只是死亡率，還有死亡的特徵——誰死了，為什麼。攝政時期初始，倫敦死亡人口有三分之一是五歲以下的兒童。[36]至於成人，三人之中有一人是衰竭（我們今日所謂的結核病），七人之中有一人是天花。這些悲劇背後並沒有什麼希望。我只能說，至少你不用擔心癌症。更有可能的是，在你發現腫瘤之前就已經因為其他原因去世。

這個時期其中一個好消息是，為了對抗天花傳播，開始發展預防接種。這個疾病由天花病毒引起，透過人際接觸傳染。感染大約兩週後，首先的症狀是高燒與疲勞。再過兩、三天，皮膚會出現紅疹。這個時候，你的內臟已經受到傷害。接下來幾天，發燒情況會更嚴重，你會全身疼痛，開始嘔吐，甚至可能虛弱得無法站立。紅疹會長成膿胞，遍布你的身體。如果你活了下來，那些膿胞會結痂並脫落，在你的皮膚留下疤痕。這也是為何人們如此害怕這個疾病的原因：走在鎮上，看到痊癒的人，他們醜陋的臉會立刻令你想起這個疾病。如果得了，沒有藥醫。感染的人，三人之中會有一人死亡。

然而，烏雲背後總有希望之光，來自十八世紀初期的女冒險家，瑪莉．渥特莉．蒙塔古夫人（Mary Wortley Montague）。她陪伴丈夫到君士坦丁堡出任大使，在那裡發現一項習俗：當地人為

倫敦地區每年每十萬人口死亡原因[37]

	1771-1780		1801-1810	
兒童疾病	1,682	33.6%	789	27.0%
衰竭	1,121	22.4%	716	24.5%
熱病	621	12.4%	264	9.0%
天花	502	10.0%	204	7.0%
年老臥床不起	324	6.5%	241	8.3%
水腫	225	4.5%	131	4.5%
氣喘與肺病	85	1.7%	89	3.0%
意外事故	70	1.4%	40	1.4%
中風與猝死	55	1.1%	49	1.7%
痲疹	48	1.0%	94	3.2%
生產與流產	47	0.9%	32	1.1%
發炎	31	0.6%	101	3.5%
癱瘓與疲勞	18	0.4%	19	0.7%
痢疾	17	0.3%	1	0.0%
胸膜炎	5	0.1%	4	0.1%
其他	149	3.0%	146	5.0%

兒童注射少量天花，促進他們的身體發展免疫能力。回到英格蘭，她自己的孩子也有可能感染天花，於是她為他們接種。之後，越來越多人學她這麼做。到了一七九四年，倫敦有兩間天花專門醫院，分別在陰冷之地（Coldbath Fields）和聖潘克拉斯，兒童在那裡接種。相同時間，鄉村人民開始發現，他們可以藉由感染較不危險的牛痘，發展對於

天花的免疫能力。這個領域最著名的實驗是多塞特的農夫班傑明・傑斯第（Benjamin Jesty），天花朝著他的村莊來勢洶洶時，他刻意讓妻子和其中兩個兒子感染天花。三人全都存活。最後，在一七九八年，愛德華・詹納醫生（Dr. Edward Jenner）發表《論天花病毒的成因與後果》（*Inquiry into the causes and effects of the variolae vaccinae*），也是首篇說明接種效力的科學論文。這篇文章說服醫療機構接受疫苗，作為打擊天花傳播最有效的方法。到了一八〇一年，詹納的論文翻譯為十多種語言，也在那一年，他預言未來天花將完全絕跡。雖然他的夢想花了一點時間才實現——事實上，到了一九八〇年才宣布天花在地球絕跡——但是從他在這個時代的研究開始，西方世界開始控制他們最害怕的其中一個殺手。

至於職業疾病與傷害，恐怕就沒那麼積極正向；聽了之後，絕對會讓你打消工業革命時期在英國找工作的念頭。採礦是數一數二危險的工作，可能遇到風坑倒塌、鍋爐爆炸、底層淹水，甲烷袋也可能不慎被蠟燭點燃而爆炸。上述最後一項風險，因為威廉・克蘭尼（William Clanny）、漢弗里・戴維、喬治・史蒂芬生三人發明多種不會爆炸的「安全燈」，自一八一三年起部分改善。然而，採礦過程中，鑽孔和爆炸產生的灰塵、惡劣的通風情況、礦場內的汙水與細菌，全都是疾病來源。男孩和女孩從六、七歲起進入礦場工作，他們年紀輕輕就經常在工作期間嘔吐，因為他們的身體承受不了濃密的灰塵。等到他們長大成人時，脊椎已經彎曲，雙腳無法站直，面容蠟黃黯淡，身體布滿汙垢，雙眼發紅，也無法忍耐日光。他們很少活過五十歲。[38]

一八二九年，一位年輕大膽的醫師查爾斯・薩克拉（Charles Thackrah）決定在里茲地區全面調查職業疾病。他敘述各種導致男女工人生病的原因，包括姿勢、缺乏運動、吸入灰塵、通風不良等。結論是，他認為低劣的工作環境每年光在里茲就會提前殺死四百五十人。讀了這份重要的著作，也是英國第一篇職業衛生的論文，會讓你驚覺隱藏在工業革命底下的恐怖。如果你獲得一份為陶器上釉的工作，要注意：將陶壺浸在鉛製成的釉料會導致慢性鉛中毒。如果你考慮的工作是裁縫，建議重新考慮。薩克拉發現裁縫的腸胃和心臟常有問題，部分因為他們工作時，雙腿交叉坐在工作台，同時駝背向前。他測量裁縫的胸圍，發現平均只有三十三英寸——相較里茲的工匠小了三英寸。全身赤裸被送進煙囪的男孩，工作環境更糟：他們之後會得陰囊癌。都市的煙囪越來越小也越來越有效率後，便需要非常年輕的男孩做這樣的工作，有些年僅六歲。但是，所有行業中，工作環境最差的是研磨業。這個行業通常集中在製造餐具的城鎮，例如雪菲爾與伯明罕。這個工作特別危險的原因在於，石頭和金屬產生大量粉塵，此外，經常以按件計酬的方式外包給的廠商，有時在通風不良的工坊，有時在地窖中進行。他們生病也不會休息，因為沒有工作就沒有收入。在雪菲爾，幾乎百分之九十的餐具研磨工，在四十歲以前就會去世。沒有人活過五十歲。39

工廠的職業安全也有極恐怖的紀錄。這裡的問題是機器操作意外、室內通風不良導致傳染病散播、童工虐待。你的年紀越小，遇見的工作環境越嚴苛。勞伯．布林科（Robert Blincoe）的童年生活就是典型。他大約出生在一七九二年，四歲的時候以孤兒身分進入聖潘克拉斯濟貧院。他在那裡過得不錯，但是，三年後，他和其他的七歲小孩，一共大約八十人，被賣到諾丁漢附近的羅旦磨坊（Lowdam Mill）當契約勞工。這只是奴隸的換句話說：這些小孩直到二十一歲前，都沒有合法離開雇主的管道。他們每日必須在精紡機前工作十四小時，每週六天，工作環境塵埃遍布，炎熱難耐。他們也經常被打。沒有衣服可以換穿以外，也沒有肥皂清潔身體，沒有適當分量的食物。布林科想從工廠豬圈的食槽偷麵團，然而幾次之後，豬也變得聰明，每當看見他來，就快速吃掉麵團，或丟進泥巴。布林科因為處罰導致大小便失禁，不料工廠乾脆也不給他食物。一位採訪他的記者寫道：

> 看著同事暗淡的面容與蠟黃的臉色，他彷彿對著鏡子，可以看見自己已經改變的模樣。他的許多伙伴，在這個時候已經多少因為機器受傷。有人關節皮膚被飛輪削到見骨；有人手指粉碎，一、兩個關節被紡紗機的齒輪截斷。輪到他受苦的時候，左手的食指卡住，他都還沒叫出聲，第一根關節就斷了。他的悲慘並無激起旁觀者任何同情，只有粗鄙的嘲笑。他立刻撿起血肉模糊的關節，扶著手指衝向醫生。醫生從容不迫把關節接了回去，然後送他回去磨坊。即使痛得死去活來，以致他時時刻刻都忍不住哭喊，他也不能離開機器。[40]

十歲的時候，布林科看見和他一起從聖潘克拉斯來的年輕朋友慘遭嚴重意外。那個女孩的裙子卡進紡車，於是被拉進機器。布林科聽到她的手腳骨頭折斷，看見血「像從旋轉拖把噴濺出來的水」。[41]你可以想像，工廠裡頭，兒童不只生活環境糟糕透頂，他們的心理也深受傷害。

醫藥治療

你生病的時候該怎麼做？如果只是流點鼻涕，你不會找醫生來。如果持續不斷，你大概會向家人尋求建議，或詢問教區年長的婦人，她們通常都有豐富的醫療智慧。這樣的智慧通常混合民間傳說、草藥配方、製藥師那裡可得的藥，還有巴肯醫生《家庭醫學》書裡的名言。全國每個地區都有傳統療法，對治輪癬、骨折、久咳、牙痛、癲癇、風濕病、針眼、疣。確實，去除疣的方法就和疣本身一樣多。在某些地方，她們會建議你用蝸牛摩擦，然後在附近的荊棘矮叢殺死那隻可憐的蝸牛；其他地方的方法是，在袋裡放入和疣數量相同的石頭，然後埋在十字路口；還有，偷一片肉，摩擦你的疣，然後丟掉，諸如此類。[42]聽起來像是胡搞瞎搞的療法，其實有一套道理：看醫生要錢，民間傳說免費。

傳統療法如果用了真正具有療效的藥草，通常比較有用。例如牛筋草用來治療皮膚疾病；紫草用來敷在傷口和瘀青；某些番紅花能緩和痛風。話雖如此，某種藥草只是因為在現代世界具有醫療性質，不代表在攝政時期就是有效。雖然威廉・威德靈（William Withering）在一七八五年出版《論毛地黃與醫學用途》（*An Account of the Foxglove and some of its Medical Uses*），發現這個植物對某些心臟問題是真正的天然藥方，但是多數藥草書會建議外用，協助傷口復原，這麼一來毛地黃多半沒有幫助。更糟的是，有時毛地黃的調製藥物，如醫藥作家精準的描述，會「從上往下」排空身體以達淨化目的。但是問題是，吃下毛地黃會毒害身體。牧師約翰・司金納的哥哥攝食過量，導致失明，並且嚴重痙攣，最後死去。[43]

儘管這麼危險，許多攝政時期的人民覺得他們不找醫生也可以，反而依賴祖傳配方和坊間書籍。家家戶戶也都有些醫藥配方，經過嘗試並在家族裡頭代代相傳。如果你沒有祖先證實的寶典，最好的選擇就是找來一本藥草書，裡頭記述各種植物的資料以及應有的醫療性質。最受歡迎的是尼可拉斯・卡爾培伯（Nicholas Culpeper）著作的《三百六十九種英國醫生製作的英國草藥》（*The English Physician Enlarged with Three Hundred and Sixty-Nine Medicines made of English Herbs*）。這本書其實早在一六五二年出版，從此再版數十次。普利茅斯的莫蒂默一家，用的就是本書一七七〇年的版本，雖然某人在前面寫了「本書須搭配藥方說明，以指導從業人員採取相關步驟，發揮藥草效用」。你可以把這句話當成良好的建議，因為一八一四年本書的「克羅斯比改良版」，恰恰特此告知這項訊息。

既然情況就是如此，所以你若聽說江湖郎中積極出售效果可疑的藥物給脆弱的人，趁機大賺他們一筆，應該也不訝異。你在任何地方都可以看到「解藥」的廣告——報紙、街角、商店門口、告示牌、書籍。勞勃・騷賽描述，他走在艦隊街的時候，到處有人發給他「絕對有效」的傳單。[44] 如果你花三便士，買了一瓶三盎司的藥，雖然聲稱內含葛福瑞糖漿或達比驅風劑，你不會知道裡面到底裝著什麼。許多人一開始只是輕微生病，喝了有毒化合物的調劑之後病得更重，接著又花更多錢買更危險的藥，陷入惡性循環之中。

如同本章開頭的引言，瑪麗・羅素・米特福德（Mary Russell Mitford）說得很清楚，多數人用來描述這種冒牌醫生的詞是「江湖郎中」，可能指涉某個親切的地方人物。但是，多數時候，這代表無知的醫療從業人員欺騙的性格。當然，他們不會稱呼**自己**是江湖郎中。但是他所說所做的每一件事，都是經過算計，逐漸向你灌輸信心，相信他是真正的醫生。例如第一次看診時，他會請你描述你的症狀。這個時候，你已提供機會讓他引誘你。他會接著問你問題，彷彿他相當懂得自己的專業。然而他要的是你的信任，不是你受苦的原因：愚弄你比治癒你簡單多了。他會**非常同情**，無時無刻增加你的焦慮。他越是讓你相信你原本的小病非常嚴重，越有機會拿所謂的解藥大敲竹槓。如果你因此惡化，那就糟糕——錢已經被他拿走了。難過的是，最絕望的人是最容易受騙的人。

有這麼一個故事：有個傑出的內科醫生，某天湊巧在路德門丘（Ludgate Hill）遇到世界上最有名的江湖郎中——理查・羅克（Richard Rock）。羅克平日賣的是「羅克蝮蛇滋補液」。這位羨慕的醫生問這位「羅克醫生」，他明明沒有經過醫學訓練，怎麼買得起市區的房屋，有一棟鄉間別墅，還能乘坐高級馬車；反觀自己，幾乎要付不起在倫敦的房屋。「羅克醫生」微笑，並問他，他們聊到現在，街上有多少人經過。那位內科醫生估計，大約一百人。「你認為這一百人有幾個具備常識？」「不多，」內科醫生承認：「也許只有一個。」「那麼，」這位郎中回答：「那個去找你，其餘九十九個由我照顧。」45

所以你在一八〇〇年，應該怎麼分辨稱職能幹的醫生和招搖撞騙的郎中？其中一個方法是看他的證書。但這並不如聽起來容易。嚴格來說，他要具備以下資格才能給予醫療建議。他要不持有某間大學的醫學文憑，要不擁有六家英國機構其中一家的證書：倫敦皇家內科醫師學會、倫敦外科醫師會（London Company of Surgeons，一八〇〇年起改為倫敦皇家外科醫師學會）、藥師協會、愛丁堡皇家內科醫師學會、愛丁堡皇家外科醫師學會、格拉斯哥皇家內外科醫學院。僅僅六間機構負責審查，難以保證從業人員全都具備高級水準。更糟的是，如果一個從業人員的醫學人脈夠好，只要請人郵寄推薦信，就可以買到蘇格蘭的大學文憑。即使如此，英國還是只有幾百人符合資格，而且多數位於倫敦、愛丁堡、格拉斯哥。[46]他們當然收費昂貴，也要收取很多的車馬費。你又該選擇哪個醫生？如果你夠有錢，根本不會這麼在意醫生的資格，反而會找信任的朋友，請他們推薦人選。如果你無法負擔醫生的服務，有沒有資格根本不重要，這時你要考慮的是別的事情。

主要城市以外，最好的選擇是預約當地的外科醫師兼藥師，或學徒身分的內科醫師。這樣的人，很多會花部分時間服務生病的窮人，再由教區督導提供一點費用給這樣的公共服務。既然沒有督導希望被人發現用納稅人的錢付給民眾認為能力不足的人，因此本身就是一種推薦。但是，這種服務求大於供。他們私人看診的費用也不便宜。如果你負擔不起，就要選擇去找自稱醫生，可能也自稱持有醫學執照，但其實是冒牌的人；或者去找藥商，就是專利藥的零售商，他的店裡會賣散裝的「解藥」。那麼，你要選哪個？假裝有證書的醫生，還是承認沒有證書的藥師？

如你所見，醫藥規範系統亟需改革。在一八〇四年發起這項運動的人是林肯郡的內科醫師愛德華．哈里森（Edward Harrison），他調查後發現，某些地方，百分之九十的醫學從業人員未受過醫學教育或持有任何證書。[47]他建議政府應該立法規範內外科醫師與藥師的訓練、考試、發照。另外，針對藥商和助產士，應該建立獨立證照。不幸的是，這整個想法與倫敦皇家內科醫師學會，以及最近成立的倫敦皇家外科醫師學會衝突。這兩個組織都擔心這樣的建議會破壞他們於各自專業的影響力。你聽了可能會很訝異：專業醫師想要**阻止**專業水準提升！然而，中產階級的意見大浪衝向學會，一八一五年七月十二日，《藥師法》（Apothecaries' Act）獲得御准。這項法令強制規定，於解剖學、植物學、外科學、化學、醫學等學科，須經過實習、訓練、考試，並在醫院工作至少六個月，才能取得藥師學會的執照和皇家外科醫師學會的會員證書。從此以後，任何自稱「全科醫生」的人都必須要有這兩張紙。這項法令是重要的里程碑，建立全科醫生的基本標準。如果你在一八一五年後生病，請確定你找的人有執照也有會員證書。在他的照顧之下，你可能還是會死，但會因為醫學理由，不是因為被人詐騙。

醫院和診療所

倫敦有七家綜合醫院：兩家是歷史悠久的聖巴托羅繆醫院（St Bartholomew's）和聖托馬斯醫院（St Thomas's），還有五家民間自發的醫院：西敏醫院（Westminster Hospital）、蓋伊醫院（Guy's Hospital）、聖喬治醫院、倫敦醫院（London Hospital）、米德塞克斯醫院（Middlesex Hospital）。後五家都在十八世紀建立，由一群有錢的紳士，每年捐款一畿尼，因此有權推薦一人，在任何時候去看病。因此，如果你要去醫院，首先要從捐款人那裡得到推薦信。限制不只如此。醫院不歡迎孕婦，也不歡迎小孩、精神病患、發燒或罹患感染疾病的人、得到不治之症的人。因此，醫院多數的病患是嚴重外傷的人。如果醫院收治你，不會向你收費，但你可能要付一筆訂金，支付你的喪葬費用，以防最壞的情況。而且最壞的情況**經常發生**：十八世紀的時候，醫院裡頭有一成的病人最後會死。然而，漸漸地，因為更好的照護與更乾淨的設備，醫院的死亡率逐漸下降：十九世紀初期降到百分之六。[48]整個國家的鄉鎮與城市都見到模仿倫敦的好處。到了一八〇〇年，已有三十一家民間自發的醫院。[49]

診療所（Dispensaries）和醫院是類似的機構，但是沒有病床提供過夜。診療所也是由可以推薦病人免費治療的捐款人成立。第一間這樣的機構是一七七〇年倫敦阿爾德斯門街的綜合診療所（General Dispensary）。診療所和醫院一樣，每週六天有內外科醫師看診，需要的時候也會出診。某些診療所也有經驗豐富的男性助產士。如果你拿著你的推薦信到診療所，值班藥師會決定當場幫你治療，或幫你預約內科或外科醫師。和醫院不同的是，診療所會收治性病、分娩，以及例如斑疹傷寒的傳染病。十八世紀末期，診療所如雨後春筍，應該也不奇怪。在首都，一七九二年有十六家運作，每年全體看的病人有五萬人，是醫院的兩倍。[50]倫敦以外的地區，一八〇〇年有二十四家診療所運作，此外有幾家醫院也開放門診服務。

攝政時期的慈善家也建立許多專科醫院。在倫敦，有專為性病、肺病、骨折病人開設的院所。第一家耳科診療所在一八一六年開幕。風險較高的機構是傳染性熱病照護與防治醫院（Institution for the Care and Prevention of Contagious Fevers），一八〇二年開始照顧斑疹傷寒患者。這間醫院在格雷律師學院路（Gray’s Inn Lane）的鄰居不是非常高興，並在一八一五年強迫這家醫院關閉，搬到倫敦天花醫院（London Smallpox Hospital）同一棟大樓。

一八〇〇年，儘管近期有幾位傑出的眼外科醫生，例如麥克・德・溫澤爾（Michael de Wenzel）、約翰・泰勒（John Taylor），他們先後是喬治三世的眼科醫師，但是英國沒有眼科專科醫院。德・溫澤爾利用精良的鑄鋼手術器具，可以在三十秒移除白內障——看在當他切開你的眼睛時，最好的止痛藥只有鴉片酊，這當然是件好事。[51]平民百姓一直無法獲得這樣的治療，直到一八〇四年，皇家眼科醫院（Royal Infirmary for Diseases of the Eye）在倫敦開張才可以。視力對每個努力工作賺錢的人是如此重要，這絕對是福音。接下來二十年，英國各地又開了十八家眼科醫院。

分娩對女性而言非常危險，而且不分階級。珍・奧斯汀的三個哥哥都因此失去妻子；就連喬治四世唯一的女兒夏洛特公主，也是孕產婦死亡的受難者。有錢的淑女可以聘請專屬的助產士和外科醫生，但一般女人必須依賴產婆。產婆沒有受過任何正式訓練，她們的知識全靠經驗。情況嚴重時，她們也要尋求醫療協助。因為孕婦不能進入綜合醫院，新成立的生產醫院拯救許多生命。在這些院所，女人可以在有經驗的護士、助產士、外科醫生協助之下分娩。同樣重要的是，這些人也會照顧產後幾天的女人，此時特別容易發生產褥熱。倫敦有五家這樣的醫院，還有皇家產婦慈善醫院（Royal Maternity Charity），拜訪貧窮的已婚女人，到府提供專門服務。[52]在十八世紀中期，英格蘭的婦女分娩期間或之後的死亡率是百分之二・四，而某幾年在倫敦是百分之十。但是因為這些醫院，到了一八三〇年，在倫敦與其他地方，下降到僅有百分之〇・四。某些全科醫師更厲害。在肯特郡的馬加門有位魏丁頓醫師（Mr Waddington），一七八八年開始執業，在漫長的職業生涯接生超過兩千個嬰兒，而孕產婦死亡率不到百分之〇．一。醫學、護理、助產的專業，接下來的一個世紀不會比這些數值更好。[53]

精神病院

一七九〇年，英國有四家公立機構，照護心理生病的人：曼徹斯特精神病院（Manchester Asylum）、約克郡精神病院（York County Asylum），另外兩所位於倫敦——伯利恆精神病院（俗稱「貝德蘭」〔Bedlam〕）、聖路加精神病院（St Luke's Hospital for Lunatics）。貝德蘭的歷史在四家之中最悠久，至少從一四〇三年起就開始照顧病人。你可能以為，有了四個世紀的經驗，這家醫院對於照顧精神疾病，應該已經發展相當程度的專業。完全不然。一八〇三年，就和四百年前一樣，員工依然使用手銬和鐵鍊。病人不分日夜被人束縛，脖子還會套上金屬項圈。他們抑或衣不蔽體，抑或全裸，被關在寒冷的房間。民眾白天可以付錢進來看他們，彷彿來到動物園看動物。事實上，那裡對待病患的方式也像對待動物。病患只有稻草可躺，吃喝拉撒也都在稻草。很多病患也被當成動物毆打：某些人死於「照護」過程引起的傷害。

貝德蘭的情況，在攝政時期前半並無改善。一八一四年，愛德華・威克菲爾德（Edward Wakefield）去的時候，注意到十個住在邊廂的女人：

每個人的一手或一腳被鐵鍊拴在牆上，鐵鍊的長度僅夠她們在固定在牆壁的長椅站著或坐著。每個病人身上只披著一件晨袍，然而正面沒有可以繫緊的地方；底下也沒有。她們打赤腳。這個房間有個女人，當然也被拴著，特別令人震驚；她說到她的母姓和夫姓，還說她以前是教授語言的老師……她和我們的對話有條有理，而且當然完全知道，那些和她一樣衣衫不整、被緊緊圈在同一面牆的可憐女人，身心是什麼狀態。她們有些人，不知世事，雖然活著，外表卻毫無生氣，渾然不知存在。54

回想我們在本書開頭提到可憐的珍．托爾明，最後自己走向布蘭斯康伯的大海，你便可以理解這樣的醫療環境對她毫無好處。

一七七七年成立的約克郡精神病院也好不到哪裡去。格夫利．希金斯（Godfrey Higgins）得知一八一四年那裡某個病人遭到不當對待，改革意志堅定的他於是付了二十英鎊，在理事會得到一個職位，讓他能夠視察這棟建築。走了一圈後，他注意到通往廚房的門後還藏著一扇門，沒有開給他看。管理員假裝不知道鑰匙在哪裡。直到希金斯抓起廚房爐灶的撥火棒，威脅如果沒有鑰匙，只好直接破門，他們才把門打開。隔年，他在某個國會委員會的報告描述另一邊的女性病房。

那扇門打開後，我走下通道，發現四間病房，在我看來，長寬大概八英尺，極其骯髒噁心；稻草幾乎浸滿尿液與糞便；某間病房的稻草上有床單，其他只有鬆散的稻草……牆上塗抹糞便；每個房間只有一個氣孔，也塞了部分糞便。[55]

在這些機構內，虐待是家常便飯。在約克郡，希金斯揭發女人在管理員的照護下懷孕，他們也隱瞞病患死亡。[56]親人已經死了，家屬還在付錢。而且這裡並不便宜。確實，約克的管理員之所以隱瞞環境最差的病人，就是想要顯示這家機構無論衛生、健康、醫療，都是照護優良的環境，才能對外收取高額費用。馬修．弗林德斯在他的日記寫道：

> （一八〇一年）三月三日星期二：妻子帶著不幸的兒子約翰前往約克精神病院，於七日星期六安全返回。感謝上帝，這麼優良的地方收治這些不幸的人，讓他安全居住。我們在每一方面都相當滿意，這是我們能夠為他提供最好的場所，至於他能否康復，必須交付上天。花費，還有服裝，我預期會是每年三十英鎊。[57]

如果不去精神病院，其他選擇是倫敦和其他城鎮可以找到的私人「瘋人院」（madhouse）。這些機構較小，受到一七七四年法令規範，需要取得執照。然而，對於這些機構，並沒有查核制度，因此即使持有執照，也不能保證品質。倫敦的瘋人院由沃伯頓醫師（Dr. Warburton）經營，不比精神病院好，而這位醫師在貝思納爾綠地（Bethnal Green）的三間院所，說不定更糟。其中一間白屋（White House），有個管理員在院內外科醫師與助理面前，將患有妄想的海軍軍官毆打致死；沒有人報案。一八二七年，第七代沙夫茨伯里伯爵安東尼・阿什利・庫伯（Anthony Ashley Cooper）代表國會委員會前往視察，住院環境依舊沒有改善。他發現病人全身赤裸，從週六下午到週一上午，被鐵鍊約束在稻草床上，直到要把他們身上的排泄物沖掉時才解開。那裡也無意治療他們；他們只被當成搖錢樹，他們的親人付錢讓他們被關在那裡。一八〇九年起，約翰・索恩每週付兩畿尼給沃伯頓醫師——每年一百一十英鎊——在白屋照顧他的傭人安・科拉德（Anne Collard）。他持續付了二十年，深信傭人得到良好照顧。58

然而，這個時期的心理衛生尚有另一面向，而且令人開心多了。從一七五一年開始，威廉・巴第醫師（Dr. William Battie）對於疏於照顧病患的貝德蘭感到厭煩，於是成立聖路加醫院。他堅持手銬、鐵鍊和其他束縛用具，只在絕對必要時才應使用。病患會穿上合宜的衣服，也有合宜的床單棉被，他們固定洗冷水澡，保持身體乾淨以外也強健體魄，此外不會受凍。男性管理員未經督導，不得接觸女性病患。這間機構的事業蒸蒸日上，於是在一七八六年搬到老街。一八一五年，國會委員會調查這間醫院的狀況，發現三百名病患，僅有五名被鍊起來，和貝德蘭長期束縛所有病患的做法完全相反。

聖路加醫院的成功經驗啟發其他改革人士。一七九〇年，約克郡精神病院有位貴格會的女人，在院內被監禁六週後死去，她的會友非常傷心。其中一人是威廉・圖克（William Tuke），他決定追隨巴第醫生在聖路加的理念，為貴格會蓋一間醫院。這間機構人稱「靜修院」（Retreat），在一七九六年開幕。這裡幾乎也立刻成為其他人學習的榜樣。一八〇一年，捐款人在埃克塞特，以靜修院為模型，開了一家精神病院。從此至一八三〇年，二十間精神病院新建，而且多數院所的督導都會送管理員到靜修院接受訓練與指導。因此，那裡的照護原則與慈悲精神在全國傳開。就連貝德蘭的長官也發現，改革不可避免，並同意重建醫院，重新招募人力。一八一五年，新的貝德蘭開幕。十三年後，沙夫茨伯里伯爵推動立法，任命十五名精神疾病委員，監督倫敦地區所有心理衛生機構，確保過去的虐待情事不會再度上演。

一八三〇年，心理疾病的病患照護，還是說不上完美，但是至少社會已經踏出大膽的一步，從事正面改革，而非隱藏問題並且剝削蒙受其害的人。而且若你希望這個故事有個快樂結局，我可以告訴你。愛德華．威克菲爾德一八一五年視察重建後的貝德蘭，發現院內只有一名病患被鍊起來。他也見了芬伊克太太，就是之前那位半裸著身體被鍊在牆上的語言教師。她的穿著完整，急切想要知道前雇主的消息。威克菲爾德先生祝福她並離開，陪伴威克菲爾德的管理員承認「自從她被像個人般對待，整個脫胎換骨了」。[59]

11 法律與秩序

如果英格蘭人有什麼事情異於世界上其他所有人，就是他們熱愛行使主權以及執行法律。

——勞勃．騷賽（一八〇七年）[1]

沒有什麼像法律那樣進展緩慢，而英格蘭和威爾斯的普通法又是全部最慢的。竊盜處以絞刑的門檻，在撒克遜時代*是十二便士——到了攝政時期還是十二便士。在中世紀，在法庭上拒絕認罪的懲罰是以巨石將他們緩慢壓死，這個做法要到一七七四年才會廢止。收受贓物的法令古老到完全不考慮金錢：一八〇〇年，你會因為收下偷來的手帕而被逮捕控告，但銀行搶來的收入不會。[2]雖然一七九〇年代起，政治人物嘗試改革法律系統，然而要到一八二〇年代才會出現大幅進步，去除法令全書裡的許多舊罪。時代可能會改變，但法律不會——除非逼不得已。

* 譯注：約為四一〇至一〇六六年。

然而，犯罪的型態確實改變。其中一個非常驚人的例子，就是女性犯罪活動減少。攝政時期一百年前，所有違法被捕的人，幾乎一半是女人。[3]在攝政時期，女性罪犯大約占百分之二十，和現代世界大致相同。[4]每年逮捕人口整體百分比，也和現代類似（大約百分之一）。然而，被捕的罪名非常不同。一八二〇年，幾乎百分之九十的犯罪，被帶到郡縣法庭巡迴審判的，都是被控某種竊盜，無論是入室竊盜、偷竊、搶劫、闖空門、侵占。在倫敦中央刑事法院，這個比例更高：百分之九十二。[5]在現代世界，竊盜相關的犯罪整體只占所有案件不到四分之一。

非常少人在攝政時期因為暴力罪行遭到逮捕，你可能會為此感到驚訝。不是因為這個時候的社會比較和平——你看第四章就知道不是——而是因為暴力根本是日常生活的普遍現象，不會採取法律手段。你若揍了某人的臉，被害人可能會去報告保安官，但是即使他真那麼做了，你的行為會被當成不大嚴重的惡行，不至於犯罪。所以可能會在郡縣的簡易法庭由地方法官聽審，或者，最壞就是上季審法庭。除非你非常用力揍了那個人，導致致命傷害，就可能會被帶到巡迴法庭，面對蓄意殺人的傷害罪，否則大概只會被罰錢。既然男人可以打他的妻子、小孩、傭人而不受到懲罰，多數的家暴行為因此也不犯法，不會被捕。

治安維護

常有人說，一八二九年成立的倫敦警察廳（London Metropolitan Police Service）是世界上最古老的執法機關。其實不是。倫敦警察廳甚至不是倫敦最古老的警力，更不用說世界。泰晤士河警察（Thames River Police）更老，正式成立於一八〇〇年。格拉斯哥警察也是同年成立，愛丁堡警察是一八〇五年。但是，一八二九年之前，英國的警察非常少，這麼說沒錯。那麼，當時每年負責逮捕罪犯、送去審判的是誰？簡單來說，社區自己來。例如，一七八九年，有幾個康沃爾郡的礦工走進德文郡，到距離他們礦場不遠的城鎮查格福德（Chagford）。他們很生氣，覺得當地人民對待他們不公。他們帶著鏟子和臨時湊合的武器，大聲喊著要把這個城鎮燒成平地。鎮上居民沒有時間報告德文郡的副郡尉或等他召集民兵；他們反而帶著武器出來，逮捕未遂的縱火犯，把那些人帶到地方法官那裡關起來。如你所見，沒有警察不代表沒人執法。

社區自己維護治安的制度回溯到中世紀。在那個時候，每當出現「追捕呼叫」，聲音所及的男人都會放下手邊的一切追捕罪犯。同樣的習俗在攝政時期的城鎮依然盛行，每當有人大喊「小偷！不要跑！」人人都會使出全力去抓犯人。在鄉下，人們有自己的方法保護自己和財產。安．李斯特得知有人想偷她的雞，於是駕車去到哈利法克斯，買了一把手槍。她不知道怎麼開槍，但某天晚上，幾個男人在她的房屋附近徘徊，她還是當著那些人的面揮舞手槍，威脅要「轟掉他們的腦袋」。[6]其他地主同樣覺得他們可以靠捕人夾和持槍的獵場看守人，不需要警察。他們也不想要。他們望向海峽對岸，觀察巴黎警察在恐怖行動扮演的角色。他們為何要冒那個風險，在英國弄一個類似的組織，在大城鎮和革命人士站在同一邊？不但不會為他們帶來好處，還會帶走他們所有的財產。

每個教區都會指派一名保安官，協助社區自行維持治安。這個人會從重要的居民選出；至於任期，在英格蘭和威爾斯服務一年，在蘇格蘭服務六個月。他的責任是逮捕任何他相信可能已經犯下重罪的人，並將嫌疑犯帶到地方法官面前。他也聽從地方法官的指示執行其他勤務：尋找贓物、運送流浪漢回他們的教區、收地方稅、檢查酒吧執照、移送嫌犯至監獄、組織消防隊、修理公路。多數大型城鎮有數個保安官，也有守夜人協助，暱稱「查理」（charleys）。他們通常是老人，主要工作是在晚上注意小偷，帶著棍棒、提燈，有時也帶著響板或號角來發出警報。只可惜，他們的執法效果不是很好。很多人會為了賺幾先令，答應在小偷犯案時睜一隻眼閉一隻眼。

儘管這個系統不是非常嚴謹，某些地方保安官調查犯罪非常積極。一八二一年，一個年輕的猶太人以撒．瓦倫汀（Isaac Valentine）遭到殺害。瓦倫汀住在普利茅斯，當地的人都知道他身上總是帶著很多錢。瓦倫汀收到邀請，南下康沃爾的佛伊（Fowey）談生意。邀請他的人也來自普利茅斯，是個叫做懷亞特的酒吧老闆。於是瓦倫汀和一個朋友一起出發，但是抵達佛伊之後，他就不見了。他的朋友去懷亞特的酒吧詢問瓦倫汀的下落，只聽到驚人的消息，他在當天晚上溺斃。當然，幾天之後，瓦倫汀的屍體出現在河口。他的外套口袋都是空的，只有懷亞特邀請他到佛伊的信。驗屍官來了，他也找來外科醫師，發現死者的頭骨破碎，下巴裂開。這些細節清楚指出懷亞特的犯罪嫌疑，尤其他似乎在尋獲屍體之前就知道瓦倫汀已溺斃。但是關鍵證據來自佛伊的保安官。他們仔細調查，號召目擊證人：兩名水手上前表示，案發當天晚上，他們兩人都在河口的船上抽菸，此時聽見碼頭有人大喊「喔！懷亞特先生！」隨即出現落水的聲音。天一亮，他們看見一個人影，爬下碼頭，將手伸入水中。保安官搜尋懷亞特的馬廄，找到一卷普利茅斯的鈔票，沾了鹽水，埋在馬糞裡面。他們聯絡發行銀行，從號碼確定，這些鈔票確實給了瓦倫汀。懷亞特因為竊盜和殺人在朗瑟斯頓（Launceston）的郡縣巡迴法庭接受審判，兩項罪名都成立。三週後被處以絞刑。[7]

但是，你不能老是期待地方保安官像這樣仔細調查案件。如果你是犯罪的受害人，通常要自己主動調查。不過，你不會只靠自己。許多地方都有重罪檢舉協會（Association for the Prosecution of Felons）提供逮捕獎金。或者，城鎮的主管機關也會提供一筆錢。這樣的金錢誘因鼓勵「小偷偵探」做起生意，領取獎金之外，幫受害人找回失物後，可以再賺一筆酬勞。這些人通常不大受人尊敬；他們可能去抓錯的人，只為拿到獎金。但是如果沒人能夠幫你，也值得藉助他們的專門服務。你還可以印製海報，廣告你的獎金，或尋找目擊證人。在沒有官方警察的情況，你親自出馬，也不會有人大驚小怪。

在倫敦，民眾若成為犯罪的受害人，應該前往報案室（rotation office），那裡會有一個地方法官在白天值班。地方法官可能會指示一名官方的小偷偵探，就是主事官（Principal Officer），他會去查案，看看是否能夠將嫌犯定罪。到了一七九二年，這樣的報案室有九個。最早的一處在柯芬園附近的弓街，所以後來主事官的綽號就叫「弓街捕快」（Bow Street Runners）。他們會叫嫌犯列隊以供指認，並叫受害者簽下切結書，確定嫌犯身分，之後呈上法庭。他們會去追捕武裝幫派和攔路強盜，製造一種印象，違法的人可能——而且即將——被法律制裁，藉此遏阻罪犯。

一七九六年，帕特里克·柯洪發表《論首都治安維護》（*A Treatise on the Police of the Metropolis*）的時候，治安維護的情況就是如此。他認為在首都地區，有十一萬五千人正在從事非法行為或違反道德，但是只有不到一千名保安官和相關人士積極打擊犯罪，而且這些人還分成七十個不同轄區。[8]此外，他也指出，無人阻止倫敦港區的組織犯罪。每當商船駛進泰晤士河，就被一群等著拿貨的小船圍繞，船東或海關卻毫不知情。柯洪提議全市部署警力，但倫敦市政府反對，當然也就不了了之。然而，在幾個國際商人鼓勵之下，一七九八年，他和另一個地方法官成立私人海洋警力。一共大約五十名保安官和巡官配備槍枝，並帶著關稅地方法官的許可，划著小艇沿河巡邏。在岸上，有專門的官員監視碼頭。兩年後，政府通過《海上維安法》（Marine Police Act），正式成立這個組織，設置八十八個官員和守夜人。[9]這項事業成功打擊公然走私與民間竊盜，逐漸推廣治安維護帶來的優點。

之前提過，對於難以約束犯罪分子的城市，格拉斯哥告訴你如何是好。《一八〇〇年格拉斯哥警察法》（Glasgow Police Act of 1800）組織一支部隊，由城市的稅收資助。政府指派專員負責指導警察長，而警察長指導三個巡佐和六個警官，這些人組成一個二十四小時的中央警察局。這些全職警官負責一共六十八個守夜人，每人帶著傳統的棍棒和提燈，穿著制服，制服的棕色外套背部還有號碼。格拉斯哥警察優異的執法成效導致許多歹徒改到克萊德河另一邊的戈布爾（Gorbals）活動。解決方法很明顯——在那裡成立另一批警力——於是《戈布爾警察法》在一八〇八年通過。[10]那個時候，愛丁堡已經開始效法格拉斯哥的模式。漸漸地，人們同意一個現代城市需要強壯、資金充足、專業、能夠維持最高水準的警力。最後，一八二九年，勞伯・皮爾爵士監督《首都警察法》（Metropolitan Police Act）通過，據此設置警力，服務整個倫敦，並且延伸至相鄰的郡縣。現在，如果你在首都落難，你會去配備專業人力的警察局報案。警察二十四小時巡邏街道，穿著藍色制服，而且不帶武器，藉此向地主保證，他們不會構成革命威脅。

法律系統

此時的大不列顛有兩套法律系統：一套在英格蘭與威爾斯，另一套在蘇格蘭。適用於英格蘭與威爾斯的那套是英格蘭普通法，大致的意思是，人人都受相同的法律約束；此外，過去允許的，現在仍然允許，而過去禁止的，現在仍然禁止，除非通過法案，特別改變其中之一。蘇格蘭，如同歐洲大陸，遵循不同的系統，依據羅馬法，其中，政府的意志是法律的基礎。本章的篇幅不足探討兩套系統，所以，為了描述法庭的經驗，以下只會談到英格蘭與威爾斯的法律。如果你在攝政時期的蘇格蘭被逮捕，必須尋求專家協助。以下敘述的一切，是關於如何獲得法律諮詢，尤其當你要和不是你自己的法律系統打交道時更是有用。

關於英格蘭與威爾斯的法律，有本有用的指南，是威廉．布萊克斯通爵士的著作《英格蘭法律評論》（*Commentaries on the Laws of England*），約在一七六五年至一七七〇年間出版。書中提供你所需要的法律知識，適用於人、財產、國家。唯一的問題是，這部指南洋洋灑灑共有四大冊。若將威廉爵士必須說的話濃縮成幾句，就是你有五種犯法的可能。第一，你可能犯下違反宗教的罪。雖然不常見，但你仍有可能因為瀆聖行為被捕，這樣的人每年大約有五個。第二，你可能犯下違反國際法的罪。同樣地，除非你是海盜，或打算殺害外國大使，否則也不需要為此煩惱。第三，冒犯君主也是犯罪，例如嚴重叛國（包括削剪錢幣）與藐視政府。第四種犯罪是危害社會，例如叛亂、暴動、違反司法、違反國家經濟、走私、破壞公共設施、製造公害與騷亂等。第五，也是最後一個範疇，就是傷害他人之行為，例如殺人、強暴、雞姦、偷竊、搶劫、入室盜竊、縱火、偽造。

顯然你不像會犯罪的人，所以當你必須急忙翻閱布萊克斯通的著作，想必是因為不幸成為受害人。儘管如此，某人收受賄賂，於是作證對你不利，這種機會還是有。栽贓很常見，偽證更常。因此你必須明白這一體兩面的法律程序。而且被告的損失可是比原告慘重多了，你最好能從被告的角度理解法庭如何運作。

保安官逮捕你後，他會帶你去見地方法官，或去報案室接受檢查。如果地方法官判定沒有繼續盤問的必要，你就可以離開。但是，如果他認為有足夠的理由要求審判，他就會命令你出席下一次的季審法庭（如果是輕罪），或者把你帶到監獄等待審判。如果你進了監獄，雙腳腳踝就會被鐵鍊約束在一起，其中一隻腳還會連著一顆沉重的鐵球。[11]某些地方，但不是全部，女人也會和男人一樣被裝上鐵鍊。[12]在監獄的時候，你必須自己照顧自己。而且你有可能等上好幾個月，才會等到巡迴法官來。某些郡縣一年只會舉行一次巡迴審判。

在你出庭之前，你會想找個律師或狀師（special pleader）代表你。一七九〇年代，大約三分之一的被告會有律師幫助——多數人請不起，但你毫無疑問需要法律專家站在你這邊。審判進行的速度之快，你還沒習慣法庭，陪審團已經聽完足夠的證據將你定罪。如果來了一個收錢誣賴你的證人，你就需要一個經驗豐富的辯護人，套出證詞當中的矛盾。此外，審判之前，你不會知道任何不利你的證據，所以對你來說又是額外的劣勢。雖然你的代理人不能直接對著陪審團講話，他應該可以詢問引導的問題，藉此瓦解證人的偽證。到了一八二〇年代，在倫敦中央刑事法院，辯護律師的需求增加幅度之大，如果法官相信你真的負擔不起法律援助，可能會指派一個律師免費代表你。[13]

審判當天，你會和另一個囚犯鍊在一起或銬在一起，接著走進法庭。那個時候，你的公訴書已經對著大陪審團朗讀完畢，原告律師也已經準備好不利你的論據。此時無人可以代表你說話。如果大陪審團決定無須答辯，你就可以直接走出法院，重獲自由。但是不要指望這種事情發生：八次裡面有七次，控告的事項會「准許起訴」，並且進入審判。[14]你走進你的法庭，會見到法官，以及你的檢察官、檢察官的律師、你的抗辯律師、書記、陪審團、記者和民眾。書記接著朗讀起訴事由，驚人的是，這會是你第一次聽到。陪審團會看著你聽到的反應。接著你會被問：「你認不認罪？」如果你說「有罪」，那就不用審判。你不回答的話，也是一樣。[15]法官會直接判刑。

假設你回答「無罪」，審判就會開始，檢察官首先概述他的論據。說完後，他會召喚證人，證人必須對著聖經發誓他們的證詞屬實。（身為被告的你，**不需要**這樣發誓；沒人想過你會對自己作偽證。）每位證人說話時，你或你的律師可以質問他。原告方的證人全都說完後，就輪到你了。你和你的律師會概述你的抗辯，接著請來你的證人。即使沒有證人可找，還是值得請幾個人來證明你的良善品德，這樣一來，如果你被判有罪，也許可以說動法官從寬量刑。雙方都呈上所有材料後，法官會總結。他可以自由告訴陪審團，他認為應該怎麼決定，但是，最終，依法他必須接受陪審團的判決。

你極有可能比預期更快聽到結論。倫敦中央刑事法院的審判，有時一件不到十分鐘。雖有例外，但通常不是刑事案件。人們會花更多時間和金錢爭論的不是人命，是財產。一七九六年，《泰晤士報》報導一則訴訟案件，關於約克郡一座鉛礦場的爭議，此案已經持續九十三年。[16]富豪威廉·詹寧斯的遺囑是另一場法庭之戰的主題，他於一七九八年過世，而這個官司在攝政時期結束時還沒打完，事實上，直到一九一五年才結束。刑事審判只在攸關政治的時候才可能拖延。倫敦通訊社（London Corresponding Society）的創辦人托馬斯·哈第（Thomas Hardy），因為該社團贊成革命，所以被控叛國罪。詹姆斯·伍德福德描述「那次審判真的很久」，一共歷時九天，最後哈第被判無罪。[17]前孟加拉總督沃倫·黑斯廷斯（Warren Hastings）的彈劾案持續七年，最終在一七九五年免罪。你的狀況不會和政治有關。你走進法庭，半小時內可能就會聽到首席陪審員給的判決。接著會被判刑。如果是死刑，你會得到最後對著法庭演說的機會。這應該是要讓你表達懊悔，但也是請求憐憫的機會。因為所有死刑都要經過國王審閱，你說的話也許能夠說服國王慈悲看待你的案件。這個時候，好的演說可以救你一命。

你被判有罪的機會高嗎？視情況而定。倫敦中央刑事法院審判的所有竊盜案，百分之七十二判決有罪。相對地，偽造的起訴只有一半有罪。這樣的差異，理由之一是陪審團知道法官對於偽造很少從寬量刑，所以他們通常不願給予有罪的判決，否則被告很有可能被處以絞刑。[18]其他因素包括陪審團有多累——在你的案件送上法庭之前，他們可能已經聽審一整天；此外，也看當天法官已經判了幾件死刑。絞刑越來越少後，陪審團也較容易判決有罪。整體來說，在英格蘭與威爾斯，被判有罪的重罪比例，一七九〇年代是三分之二，在一八二〇年代上升到四分之三。[19]

處罰

如果你在一八二三年之前因為重罪向法官懇求，他在判刑的時候也不會酌情。法典寫的懲罰是死刑，你就會被絞死。這個慣例導致一些極不適當的結果。一八一四年二月，三個男孩打破鞋匠的窗戶玻璃，進去偷了一雙鞋子，價值八先令，結果被人抓到。案發當時，一個弓街捕快目擊這樁犯罪。三個男孩被判有罪，他們也懇求法官。法官無從選擇，只能三個全判死刑。其中兩人九歲，一人八歲。法官若想酌情量刑，能夠做的事情，只有推薦國王基於他們纖弱的年紀予以憐憫。[20]

如果你主張無罪，但是輸了官司，法官判刑會有更多彈性。他可能會判你罰款、鞭打、流放澳洲、絞死，或者較不常見的處罰，例如被迫進入海軍服役、被鐵鍊絞死、絞死後讓外科醫生肢解。如果他真的想，還可以非常寬容，甚至減少你的罪狀，這樣也能合理減輕判刑。相反地，他也同樣可以自由判處非常重的懲罰。這麼做的目的就不只為了懲罰你，還有殺雞儆猴之意。如同哈利法克斯勛爵在十七世紀末說的名言：「人不是因為偷馬被絞死，而是因為馬未必被偷。」[21]攝政時期的人多半會同意——尤其那些有馬的人。

監獄

如果你在郡縣的巡迴法庭接受審判而且判決有罪，有三分之二的機會被關進監獄。[22]在倫敦，入監服刑的人數較少，但即使在那裡，也有三分之一的人被關。好消息是，多數的監獄刑期相對短。巡迴法庭處理的案件中，百分之九十四少於一年。壞消息是，被關進監獄的囚犯，生活條件極差。那裡的環境已經沒有約翰·霍華德的報告之前那麼糟糕，但是即使在一八二〇年代，入監服刑也不是寬容的判決。

英國有四種監獄：一般監獄（gaols）；長期服刑或待流放澳洲的長期監獄（penitentiaries）、矯正所（bridewells）、債務人監獄（debtors' prisons）。

一般監獄是最古老也最普通的監獄。規模可大可小，有城門上方可關兩、三人的小房間；也有已經廢棄的中世紀城堡，可以監禁超過一百人；還有大型複合建築，例如新門監獄，裡頭有七百個受刑人。磨坊岸新的國家監獄（National Penitentiary）甚至更大。建築物的外觀彷彿巨大的碉堡，於一八一六年啟用，預計監禁一千名囚犯。某些監獄相對乾淨，某些有床鋪，某些甚至賣啤酒。但幾乎全都令人痛苦難耐。窗戶沒有玻璃，只有鐵條。很多監獄都有日間室，所有囚犯就在日照時間聚集，也有地牢，強迫他們晚上睡覺。食物是麵包，沒有別的。水只有在獄卒覺得合適的時候提供。以上只不過是恐怖的前奏。

入獄之後，他們會通知你付「裝飾費」（garnish）。意思就是，你要把身上的衣服脫下，給服刑較久的囚犯，或者付錢給他們，通常是二至五先令。這就是為什麼很多囚犯在法庭上只穿內衣褲：因為他們付不起裝飾費。在多數的小監獄，有幾間大的也是，並無區分性別。約翰．霍華德說，在格洛斯特城堡的郡立監獄，「沒有隔開女人……兩性淫亂的交合荒唐至極、不成體統。許多小孩就在這個監獄出生」。[23]但是普遍來說，摧毀個人的是惡劣恐怖的居住環境。在牛津城堡監獄（Oxford Castle），霍華德寫道：「沒有醫務室，沒有浴室，沒有稻草（睡覺）；囚犯躺在地墊，蓋著他們的衣服。男性的地牢到處是害蟲……」天花和「獄熱」（斑疹傷寒）往往一次就殺死很多囚犯。攝政時期尾聲，雖然許多監獄都比從前乾淨，然而因為一八〇五至一八二九年間，逮捕率增加四倍，導致非常多的監獄過度擁擠、苦不堪言。[24]斯塔福監獄（Stafford Goal）僅能收容一百七十個犯人，但在一八一八年住著兩百九十七個犯人。建築最為先進的格洛斯特郡立監獄，一七九一年啟用，預計收容一百三十七人，但在一八二〇年有兩百一十五人。而且這些地方本身就是犯罪的學校，格洛斯特的囚犯當中，五十五個未滿十七歲。[25]

矯正所就像監獄，但用意是矯正較輕的罪犯。英格蘭和威爾斯幾乎所有的主要城鎮都有矯正所。在這個地方，囚犯應該藉由苦工改善自我，因此稱為「矯正所」。因為監禁的時間短暫，菜鳥跟老鳥學習的機率也降低。在劍橋郡的威斯比奇京士頓矯正所（Wisbech Kingstonupon），兩層樓各有十一間十一平方英尺的房間，加上一間四十二英尺長的工場、一個禮拜堂、一間醫務室，以及獄卒宿舍。一年之中共有兩百七十一人來去。多數人進來的原因是遊蕩、侵犯人身、輕罪、男人非婚生子；其他多數是逃兵或逃跑的學徒。[26]沒人調查過再犯的比例，但是滿有可能有些收容人真的自我改善。雖然威斯比奇的制度與設備都算優良，但是多數不是如此。許多矯正所過度擁擠。男男女女進來的時候也都穿戴鐵鍊，就像進入監牢一樣。他們工作、上公廁、睡覺的時候也要穿戴。如果有禮拜堂，他們甚至要戴著鐵鍊和鐵球參加宗教禮拜。[27]更不用說，女人在這裡就和在監獄一樣，是性剝削的受害者。在某些地方，男性囚犯持有她們牢房的鑰匙，對待她們如同娼妓。[28]

中世紀以來，商人就能合法向法院申請拘留未準時還債的顧客。逐漸地，這項法令擴大為任何人都能讓欠他錢的人入獄。而現在，這種情況多得令人困擾。約翰．霍華德一七七〇年代進行調查時，記錄兩千四百三十七人因為債務被關——占據英格蘭與威爾斯整個囚犯人口一半以上。[29]五十年後，總數依然差不多。[30]他們多數都被關在監獄，但是關在債務人監獄的也不少。這樣的機構，最有名的在倫敦：薩瑟克的馬夏爾西監獄，同樣位於薩瑟克的王座監獄（King's Bench Prison），以及克勒肯維爾（Clerkenwell）的艦隊監獄（Fleet Prison）。

想要知道債務人監獄是什麼樣子，可以去看埃克塞特聖托馬斯的那間。抵達之後，守門人會帶你走進門樓，穿過庭院，直到一棟建築物，內有一共十四間房間。就像每間債務人監獄，這些房間分成「管理人區」和「普通人區」，前者給紳士和較有錢的商人，其餘則住在後者。無論如何，兩邊都不適合人住。一八〇八年，這棟建築已經殘破不堪：地板塌陷，走過會發出嘎吱聲；天花板搖搖欲墜；煙囪瀕臨倒塌。通常裡頭有三十六個犯人，但是男性的親屬也會一起住進債務人監獄。一八〇九年有五十四個男性犯人和六個女性犯人，但是陪同男人的共有四十四個妻子和一百六十九個小孩。所以十四間牢房有兩百七十三個人。[31]裡面的行為舉止更不是孩子的好榜樣。一位律師在一八一二年描述債務人監獄「沒完沒了的暴動和失序、不當的語言、褻瀆上帝、賭博、酒醉、淫亂，幾乎所有人性好發的罪惡都在這裡」。[32]

負債的人並沒有違法：他只是無法償還債務，我們當中很多人在人生某個階段都曾發生。儘管如此，負債的人受到的待遇卻比重罪犯嚴苛。被判服刑三年的小偷知道，如果他活下來的話，他會被釋放。負債的人卻沒把握，因為除了原本的債務，他還得付錢給獄卒。在聖托馬斯，費用包括進去的十三先令四便士，床鋪每週三先令，或者如果你和別人共用，是一先令三便士，此外，床單棉被是每週一先令。這些費用讓你負債更深，而且周而復始，你要獲得自由也就難上加難。無時無刻困在裡面的你無法工作，所以無法賺錢減少你的債務。理論上，如果你籌到錢，可以上訴地方法官，請求你的債權人讓你出獄，然而，奇妙的是，你的債權人不一定要同意。這樣一來，讓你因為負債關在牢裡的人，可以讓你在那裡待上好幾年。一七九三年，《泰晤士報》報導，某個男人因為起初兩英鎊五先令的債務，已經關在新門監獄十五年。約翰．霍華德寫到一位老婦因為原本少許的負債在聖托馬斯待了四十三年。[33]

負債人監獄的改革在一八〇八年踏出第一步。《國會法》通過，若原本債務少於二十英鎊，債務人入獄一年後必須出獄。情況因此慢慢改善。此外，很多債務人監獄重建，包括一八一一年馬夏爾西監獄與一八一八年聖托馬斯監獄。一八一三年，這樣的監獄取消收費。儘管如此，你一定認為，這麼有錢的國家，政府一定可以再做更多。說實在的，直接廢除債務人入獄服刑的法令不就得了。但還是有人被關。一八二四年，約翰．狄更斯（John Dickens）因為無法償還麵包師傅四十英鎊，於是被關進馬夏爾西監獄。這件事情拆散他的家庭，也奪走十二歲的兒子查爾斯的家庭幸福。民事債務入獄的法令在英格蘭和威爾斯要到一八六九年才會廢除，蘇格蘭則是一八八〇年。

肉刑

你可能認為，像浸水椅、頸手枷、鞭笞刑柱這樣的處罰，應該是古代的事情。但是，肉刑在攝政時期的英國還是層出不窮。儘管某些形式確實正在減少，但新的花招還是有人構想。一八一七年，布立克斯頓監獄（Brixton Prison）發明踏步機。這台機器中間有個直徑大約六英尺的圓柱，周圍都是台階，形成接連不斷的樓梯，男女分組，每天爬上八到十小時，以人力轉動磨坊。對於這個踏步機，布立克斯頓的囚犯無不惶恐，因此看在官員眼裡是傑作一件。之後，其他監獄也引進踏步機作為苦工的一種。

現代人常將浸水椅和女巫游泳搞混（一種迷信行為，將女性綑綁浸入水中，看她會下沉還是上浮，測試她是不是女巫）。然而不是：這和女巫或任何宗教迷信無關。浸水椅是馬桶椅的一種，而馬桶椅本身就是一種羞辱，差別只在把坐在上面的人浸入水中，才逐漸稱為浸水椅。這個器具的目的是要羞辱愛罵人的人和脾氣暴躁或出口成「髒」的女人。有兩種基本形式。一種是木質扶手椅，接在一根長柱上；長柱的另一端是一台推車，也是軸心。女人被綁在椅子上，先被遊街示眾，接著被帶到河邊或磨坊的水池，浸入水中，水深至臉頰。另一種是鐵椅，女人坐在上面，被吊起來，然後放入水中。你在很多地方，都還可以在公共場所找到其中一種，例如切斯特菲爾德（Chesterfield）、劍橋、桑威治、班伯里（Banbury）、伊普斯威奇等。在德比、曼徹斯特、利物浦的浸水椅最近到一七七〇年代還在使用；斯基普頓（Skipton）和萊斯特的一七六八年才剛做好。如果你想看行刑實況，可去以上這些地方，或在一七九五年去斯卡波羅、一八〇八年去普利茅斯，或一八〇九年去列門斯特。列門斯特的浸水椅最後一次被推出來，是在一八一七年作為馬桶椅。地方法官命令莎拉・利克（Sarah Leeke）坐在椅上遊街示眾（但是沒有浸水）。一八二二年在德文一個叫做多康伯（Doccombe）的小村莊，據說「莊園領主必須準備一把馬桶椅，處罰罵人的女人」——他到現在還是。也許應該有人去告訴那位領主，他和輿論已經不同步。你儘管試試。莊園的領主是坎特伯里主教座堂的主教參事。[34]

很久很久以前，每個城鎮必須要有自己的頸手枷，用來懲罰做偽證的人，詐欺的麵包師傅、釀酒師傅、肉販，還有散播不實傳聞被判有罪的人。被宣告有罪的人站立，垂下頭讓兩塊木頭扣住，雙手綁在左右兩邊，動彈不得。許多老舊的市集都還看得見這個刑具。肯特的來城（Rye）最後一次使用他們的頸手枷是在一八一三年，懲罰一個幫助法國上將逃跑的酒吧老闆；曼徹斯特的頸手枷非常高，底下還有個台座，直到一八一六年都還在使用。[35]然而，你最常看到這個東西的地方是倫敦。首都數十個被上頸手枷的人，其中之一是威廉・衛汀斯格（William Whittingstall），他在一八一四年五月被判進入新門監獄服刑，而且「在主教門街近太陽街處上頸手枷兩次……每次一小時」。[36]他犯的罪是意圖在他住的房子縱火——為求保險理賠——因此危害同一棟樓其他四個家庭，以及周圍鄰居的生命。衛汀斯格住在太陽街；頸手枷因此放在他鄰居的住家附近。他可以期待「大批暴民前來致意，向他丟擲各種東西，例如臭雞蛋、街上的穢物和泥巴……之後還有小孩早上從附近撿來的死貓、死狗、死老鼠」。[37]某些時候，他們也丟石頭。一八一六年，一項《國會法》禁止頸手枷用於所有罪行，除了偽證。之後，只有再用幾次。獲得「最後一個被上頸手枷的人」這個稱號的是彼得・詹姆斯・博西（Peter James Bossy），日期是一八三〇年六月二十四日。

如果你對將女人浸入水中和將偽證犯上頸手枷，已經感到震驚，聽到鞭刑可能會嚇死。如果這是軍事法庭的命令，又是特別恐怖。這個刑罰最殘忍的判例，是肯特公爵愛德華王子判處一個男人被鞭打至少九百下。[38]勞勃・騷賽解釋，一個軍人被判這種方式的懲罰，會是什麼情況：

> 行刑期間，一個外科醫師站在旁邊，感覺這個人的脈搏，決定還可以鞭打多久而不至於殺死他。當人性再也無法承受，他便被帶回監獄。他的傷口會被包紮起來，但是，從肩膀到腰，留下一個傷口不包。等到那個傷口痊癒足夠，同樣的方式又會皮開肉綻的時候，他就被帶出來，繼續執行剩下的懲罰。[39]

鞭刑絕對不限軍人。郡縣巡迴法庭所有判決中，公開或私下鞭刑占百分之三。在倫敦中央刑事法院，鞭刑更常見，有罪的判決中百分之九是鞭刑。數千人被鞭打的理由，多半是店內行竊或小額竊盜。受刑人不分男女老幼。一七九九年四月，凱瑟琳・斯奎爾（Catherine Squires）因為偷竊貴族家裡一條桌巾和一座黃銅燭台遭到逮捕。法官問她是否認罪時，她只回答：「請求庭上憐憫，我幾乎要因貧窮和飢餓死去。」她被判當眾鞭刑，即使她已七十五歲。八十歲的瑪莎・伯傑斯（Martha Burgess）因為從晒衣場上拿走一雙價值兩先令的長筒襪，在一八二三年被判鞭刑。另一個極端，一八二三年五月，約翰・沃漢（John Vaughan）與約翰・辛（John Sheen）偷了一根榔頭、兩個羅盤、兩個錫罐，總共價值十八便士。他們兩人都被公開鞭打。沃漢八歲，而辛只有七歲。[40]

流放

流放僅次於入獄，是這個時期第二常見的刑罰。倫敦中央刑事法院判決的所有重罪犯有百分之三十，巡迴法庭有百分之二十一，都被送到植物學灣（Botany Bay）——你比較熟悉的名字可能是新南威爾斯。或者，一八一二年起，他們會被送到范迪門之地（Van Diemen's Land，塔斯馬尼亞島）；一八二四年起，送到南太平洋的諾福克島（Norfolk Island）。到了一八三〇年，被流放的男人、女人、兒童共計約六千人。其中年紀最小的是威廉・阿普頓（William Appleton），九歲，他在一八〇二年從牛奶車上偷了三十七便士和四十七半便士；約翰・蓋博（John Gable），八歲，他在一八〇六年某天晚上，和另一個十歲男孩闖入店裡，偷了幾雙價值共二十一先令的長筒襪。原則上他們都可能因為這些罪被絞死，所以流放七年可以算是仁慈的判決。一八二九年，七十五歲的威廉・史蒂芬斯（William Stevens）因為扒竊一條價值四先令的手帕，被判流放**十四年**。而八十三歲的威廉・庫克（William Cook），一八二五年因為相同的行為，被判流放終身。[41]

被流放的人，多數因為竊盜定罪。然而詐欺、偽證、綁架、偽造、恐嚇行為、過失殺人、暴力攻擊，也都可能為你贏得前往植物學灣的船票。某個婦人和丈夫、兒子走在倫敦街上，突然被人潑酸；犯人在一八一四年被流放。[42]多數重婚的人也會被判流放，某些情況你也可以理解。你得同情瑞秋・帕爾森斯（Rachel Parsons）。她努力工作，為人幫傭，十年後，總算存下將近二十英鎊。接著來了一個叫做約翰・哈伍德（John Harwood）的人，他虜獲瑞秋的心，並在一八二〇年十月二日與她成親。瑞秋的哥哥、媽媽以及眾人一同慶祝這個幸福的日子。但是三週後，她發現哈伍德已經結婚。哈伍德立刻拿著瑞秋的錢遠走高飛。然而，瑞秋的家人抓到他，一八二二年七月，哈伍德抵達植物學灣。[43]

流放是非常嚴酷的刑罰。不只因為失去你習以為常的朋友、家人和所有協助你的人脈，還因為被迫要在你一無所知的不毛之地努力生存。一七八八年第一支囚犯船隊抵達之前，澳洲沒有歐洲殖民地，所以初期沒有任何基礎建設可以幫你。每個人都很餓。竊盜無所不在。剛抵達的前幾個月，很多男人被絞死，或逐出社區。不僅如此，去到那裡也很困難。第二支船隊一七九〇年一月出發，六月底抵達，船上一千零三十八個囚犯已經死了兩百七十三人。某些死於海難，其他因為承受不了被鍊起來，加上海水齊腰長達五個月。第三支船隊在航行期間也死了近兩百人。

甚至在你前往澳洲的船出航之前，就要開始忍耐監禁在這艘龐然大物裡的時間。這種監獄船是由多餘的閒置軍艦改造，桅杆和大炮被移除以外，炮門有兩英寸厚的鐵柵阻隔。這樣的船隻，環境難以言喻。想想剛才提到的威廉・阿普頓，他偷拿牛奶車上的錢而被流放。這個九歲男孩從頭到尾會經歷什麼。他被帶到泰晤士河。戴上腳鍊的犯人在滿潮時載著他划向大船。他們把他拉上甲板後，他會收到帆布外套和衣服，以及一條毛毯。他的腳踝鍊著腳鐐，而且不分日夜都是。接著他被送到下層惡臭難聞的船艙，裡面關著好幾百人，分配到一張沾染蝨子的吊床，或更可能（因為他的年紀），是地板某個空位。[44]甲板底下暴力橫生，基本上守衛天黑後是不下去的。接下來的幾個月會有接連不斷的不幸：甲板上的苦工、霸凌、飢餓、寒冷、疾病、漆黑、絕望。接著威廉和其他兩百九十二個囚犯被移送到加爾各答，依然戴著鐵鍊，在海上繼續漂泊八個月。但是他熬過來了，在一八〇三年十月四日登上菲利普港（Port Philip），離家一萬兩千英里。全都為了偷拿五先令二分之一便士。[45]

死刑

一八一五年三月二十一日星期二上午，二十一歲的伊莉莎・芬寧（Eliza Fenning）點燃地下室廚房的爐灶。她是倫敦法院巷（Chancery Lane）勞伯・透納（Robert Turner）先生家裡的傭人，正準備為透納先生與他的夫人和父親煮飯。她從十四歲就開始幫傭，但是一月底才開始在他們家服務。伊莉莎知道透納太太不喜歡她，因為某次她在屋裡的年輕男人面前半裸身體，被透納太太抓到，認為她是個蕩婦。儘管如此，今天伊莉莎做了麵團和牛排餡餅，搭配透納太太自己做的醬汁。

透納一家下午三點就坐，準備用餐。吃過那些食物之後，三人全都很不舒服。一個在那個家裡工作的學徒來到廚房，拿了麵團和醬汁吃，他也很不舒服。伊莉莎自己的症狀也是一樣。另一個傭人沒有和那家人一起用餐，所以沒事。透納先生非常擔心這個怪病，於是找人去叫他的醫生，醫生在下午八點四十五分抵達。他告訴透納先生，他們的症狀像是食用了砷。幸運的是，五人全都康復。但是，透納先生想要知道這突如其來的病痛是什麼原因。必定因為他們吃下的食物，因為醫生提到砷，他深信原因就是如此。畢竟，他在廚房某個抽屜放了砷，為了毒死老鼠（很多人都這麼做），而且沒有上鎖，上面寫著「砷——劇毒」。伊莉莎知道，因為點燃爐灶的紙也放在同個抽屜，而且她每天都要點火。加上她懂得讀寫。透納先生心想，凶手必定就是她。

他去找地方法官前，自己先調查一番。他請他的醫生從煮那些麵團的鍋裡取一些樣本。這些樣本明顯已經變黑，也沒有膨脹，不像伊莉莎平常白胖的麵團。那個醫生讓那個鍋子經歷一連串他自己設計的科學過程，最後得到半茶匙的白色粉末。他告訴透納先生，這些白色粉末看起來像砷。透納先生於是認定，雖然伊莉莎也不舒服，她必定想要殺死他們三人。他找人來逮捕她，控訴她四項罪名：蓄意謀殺透納一家、投毒，尤其試圖毒殺透納先生、試圖毒殺透納太太。[46]

一八一五年四月五日，伊莉莎走進倫敦中央刑事法院的被告席。她嚇壞了。她沒有律師——她請不起。她請求無罪。她聽了那個醫生和透納先生的證詞。當她自己被質問時，她無法解釋砷怎麼會跑進他們的食物。她心急如焚，不斷表示自己是清白。她對法官抗辯：「大人，所有對我的指控都不屬實。上帝是我的見證。我是無辜的，我真的是。我喜歡我的工作，我原本做得好好的。」一四名證人出庭為她的良善品德作證。儘管如此，陪審團的十二個人判她有罪。法官判她死刑，也不建議國王開恩。法官問她還有沒有話要說，伊莉莎啞口無言。後來一位目擊者說「她被從鐵欄帶走，全身因為極大的痛苦不斷抽搐，發出恐怖的叫聲」。[47]雖然這個案件被送到內政大臣那裡，他並不打算干預，於是建議執行。

一八一五年七月二十六日，伊莉莎執刑當天，大批民眾聚集在新門。許多倫敦百姓不相信她有罪。伊莉莎面容憔悴的雙親前來見她最後一面，她向他們保證，她是清白的。隨行的牧師問她有沒有什麼話要對他說，她回答：「在公正全能的上帝面前，憑藉我領受聖餐的信心，我並沒有犯下被控訴的罪行。」穿著白色衣服的她，脖子套著繩索，雙手綁在身前。即使在絞刑架上，她仍反覆呼喊，她是無辜的。劊子手用一塊布蒙住她的雙眼，把繩索掛到絞刑架上，然後停了很久，才拉下把手，打開活板門。

你不可能看著人這樣死去而不覺得可憐。審判是齣鬧劇。伊莉莎聽到對她的指控之後大受打擊。她沒有法律顧問嚴厲批評薄弱的起訴內容。法官沒有問最明顯的問題，例如為什麼她自己也病了。那個醫生的專業意見——他分離出來的物質是砷——是基於他假設砷是中毒的原因。此外，他不是獨立的第三方；他的意見完全建立在支持顧客的控訴。透納太太做的醬汁，成分又是什麼？如果放在那個家裡的砷真的是中毒的原因，那間屋裡的任何人都有可能加進食物。沒有人去調查這些疑點。而且，透納家沒有人死於中毒，但是他們還是提出至少四項指控針對伊莉莎，顯示他們聽從專業的法律建議，想要看到她被判刑。透納太太當然樂於見到這樣的結果。可悲的是，法律在方方面面都偏袒透納夫婦，即使被告的損失將是無法想像。你看得出來，對於揪出嫌犯有用的調查工作，全都只會站在有錢的中產與上層階級一方。沒有人把偵察與分析拿來保護一個工人階級的女孩。而且一旦你發現這個事實，感受到的就不只是憐憫，而是憤怒。

一七九〇年代，被倫敦中央刑事法院宣判死刑的有六百七十一人。一八二〇年代，聽到「吊起脖子直到死亡」那句致命的話的，有一千六百七十三人——超過兩倍。這還已經是一八二三年法令從法典當中移除許多死刑罪的時候。然而，從比例上來看，並沒有增加：兩個數值都代表有罪判決中的百分之十一至十二。巡迴法庭的死刑比例亦同。幸運的是，實際被絞死的人數下降，因為政府越來越常網開一面。一八〇五年，被判死刑的人約有四分之一被絞死；二十年後，二十人中只有一人真正處死。[48]

如你所見，死刑本身也在死去。老泰伯恩樹（Tyburn Tree）＊也不再是倫敦執行絞刑的地方，現在被判死刑的男女會在新門特地建造的絞刑架處決，用的是瞬間落下的方法。活板門打開後，被判刑的人即掉落約十八英寸。從前囚犯站在馬車上服刑，所以他們死的時候彷彿鐘擺搖晃，現在囚犯不再隨著運送他們的馬車一起前往來生。以前泰伯恩還在使用時，他們必須搭乘馬車，公然示眾，前往行刑地點，現在不必。那趟旅程也不用坐在自己的棺材上，一七九二年之前，這是在格洛斯特的規矩。[49]在新門，他們只要從死刑犯的院子走到樓房的前方。但是法律的殘忍，也許更貼切的說法是殘忍的法律，不到最後一刻絕不罷休。包括把犯人懸掛在絞刑架。如果你看到高掛絞刑台的鐵架在微風中搖晃，上面吊著屍體剩下的骨骸，代表某人被處決，而且被掛著，幾乎就是犯罪現場。這麼做的用意是，未埋葬的屍體等於不得安息在神祝福的土地，具有嚇阻之意。勞勃．騷賽在柴郡旅行時，注意到「兩具屍體吊在路邊的絞刑台；他們生前搶劫並殺害一個郵差，於是，依據英格蘭野蠻粗鄙的習俗，被吊在原地，直到他們的骨骸四分五裂」。[50]如果你航行在泰晤士河，仍會看到水手和海盜被絞死的屍體吊在水中。安．李斯特一八二一年在河畔看到令她震驚的景象：「三座絞刑架，彼此相隔些微距離，第一座吊著一個男人的遺骨，其他兩座各吊掛另外兩個男人的。他們是馬來人，大約八或十年前，因為殺害他們的船長被處死。」[51]

＊譯注：泰伯恩樹是三腳的絞刑架，故俗稱為樹，從十二世紀起成為倫敦絞刑的主要場所，成為死刑的代名詞。

12 娛樂

所羅門先生敬告貴族與仕紳，他的最後一場認捐音樂會將於本月二十三日週二舉行。上半場：……新七重奏……小提琴、六弦琴、大提琴、單簧管、低音管、號角、低音提琴，作者路德維希．范．貝多芬。

——一八〇一年四月二十二日，《泰晤士報》第一次提及貝多芬。

莎士比亞說，世界是你的舞台。也許可以擴大這個比喻至世界與「時代」，攝政時期的英國是舞台的焦點。能做的事情很多。各個階級的人現在出於好奇而閱讀，也出於必要而閱讀。有錢的人去看戲、聽歌劇。他們也遊覽古老的城堡和博物館。他們騎馬打獵，也安靜釣魚。夏天晚上，他們可能在沃克斯霍爾的遊樂花園放鬆，聆聽音樂，和朋友聊天；冬天下午，他們可能會看拳擊比賽，或在去音樂會前先滑冰，最後在倫敦某家俱樂部賭博，揮霍整個夜晚。那些好學用功的，可以凝視古文的印刷本，或他們搜集的錢幣、獎章、化石或地質標本，而他們的妻女在繡花樣品上縫製複雜交錯的圖案。視覺展示並不限於圖畫和雕刻，也包括投影。而那些尋找美麗風景的人，可以去蘇格蘭的高地健行，或走訪藝廊，觀賞美麗的自然世界化為油彩。只要不用到電、內燃機、飛機，攝政時期的英國可以提供你現代世界有的各種娛樂。

競技類運動

正如藝術的領域有明星畫家、作家、作曲家，運動的世界也有他們的英雄。但是他們的名氣隨著時間逐漸消逝。你知道狂人傑克．密頓（Mad Jack Mytton）嗎？喬治．奧斯巴爾德斯頓呢？大概不知道。如果現在世界有誰知道他們，那才奇怪。但是兩人以各自的方式成為攝政時期紳士運動家的典範。

約翰．密頓（John Mytton）——朋友都叫他「傑克」，是個狂放不羈的人。重度飲酒（每天四到六瓶波特酒，早上刮鬍子的時候就開始），他的成就不是用紀錄或次數來算，而是用他的精神表示。若說跟蹤鴨子需要脫光全身衣服游進冬天冰凍的水池，他就會這麼做。如果某人打賭，他無法在某個時間內，在沒有月光的夜晚駕車橫跨全國，他就會這麼做。他於一般運動的成就包括以賽馬飼主的身分贏得許多獎盃和金盃，但他身為技藝高超的騎師，散發的光芒更為耀眼。多少人會在打獵斷了一隻手臂之後，一手掛著吊帶，同時單手跳過六英尺高的柵欄追捕獵物？多少獵人會瘋狂追逐識水性的狐狸到塞汶河畔，直接騎馬衝進河裡，大叫「自稱運動家的都跟我來」？為數不多。事實上，幾乎沒人會在那種情況做出那樣的事。騎馬的時候，他常意圖跳進寬得離譜的運河或河流，搞得渾身濕透。這無關成就或失敗；至於所謂的古怪，只是我們的印象。其實讓運動如此難以招架的，是行動爆發的當下，決心與想像兩相結合。是的，在客棧的會客室放出兩隻狐狸，讓牠們瘋狂亂竄，撞壞所有玻璃和餐具，真的很怪。所謂運動，就是把牠們再抓回來。[1]

喬治・奧斯巴爾德斯頓同樣致力於運動上的過人——不，應該說**過度**——從小就是。他單純就是執著在贏。他在全英格蘭板球隊投球與打擊，而且為馬里波恩板球俱樂部（MCC）和薩塞克斯得高分。在庭院網球，他首先挑戰法國冠軍，又挑戰義大利冠軍，不拿球拍，僅僅戴上手套就打敗兩人。拿起槍來他根本是惡魔，在二十一碼放的鳥，命中率百分之百，兩倍距離的命中率是百分之七十五。獵狐方面，他擁有至少八隻獵狐犬，一週固定坐在馬鞍上六天。雖然他的母親說服他在一八一二年進入國會，奧斯巴爾德斯頓認為政府「有夠無聊」。如同他在自傳寫道：「我全部的心思都在打獵、射擊、運動比賽，無法去想政治。」[2]他最佳的運動表現，可能是我們在第七章提過，他在新市賽馬場，以八小時四十二分鐘騎了兩百英里。但是他的人生完全是一連串的賭注。如果你看到一個男人，以折斷脖子的速度駕著四輪禮車環繞倫敦的廣場，揚起宛如古羅馬競技場的塵土，很有可能就是鄉紳奧斯巴爾德斯頓跟人打賭。

從以上兩位紳士的經歷，你便知道，要成為運動家，不可能不騎馬。因此賽馬——國王的運動——是所有競技類運動的翹楚。有錢人和人脈好的人，成群結隊前往新市、阿斯科特（Ascot）、埃普索姆（Epsom）等賽馬場下注，然後和同伴一起歡慶或感傷。其他人為了壯觀的場面去看比賽。幾乎所有的賽事都是平地賽，因此展現地面可達到的最快速度。這個時代沒有動物比得過傳奇的飛徹斯特（Flying Childers），牠在十八世紀初能以每小時三十四英里的速度持續跑上四英里，同時載著一百二十八磅的騎師，但攝政時期某些賽馬可以在現在流行的短距比賽，大約一．二五英里，達到相當的速度。[3]

因為馬術相當受到歡迎，十八世紀出現許多賽馬相關的機構。賽馬會（Jockey Club）約於一七五〇年成立；到了一七九〇年，已是這項運動的主要經營團體。塔特索爾（Tattersalls）從一七七〇年代開始拍賣賽馬。英格蘭平地賽馬的五個經典賽事都從這個時期開始：聖萊傑大賽（St Leger）一七七六年起在唐克斯特賽馬場（Doncaster）；埃普索姆賽馬場的橡樹大賽和德比大賽分別從一七七九年和一七八〇年開始；兩千畿尼錦標和一千畿尼錦標分別從一八〇九年與一八一四年在新市賽馬場開始。阿斯科特金盃賽始於一八〇七年；切爾滕納姆金盃始於一八一九年。全國另有數十場地方賽事，提供金盃或大筆獎金給優勝者。

所有馬術競賽皆遵循嚴格的規定，因此騎師必須穿著代表業主的顏色，每次比賽之後都須測量體重。「裁判」坐在有篷的馬車，正對終點柱。一百碼外有另一根白柱，投注者聚集在那裡。賭馬業者站在木頭的板條箱上，手裡拿著小筆記本和鉛筆。在揮舞的手臂和伸長的脖子之中，你會看到勛爵和淑女、傭人、店主、小販，在賭注面前全都平起平坐，沒有地位分別，偉大的幸運之神並不偏愛男人、女人或任何人。聽到有人大喊：「開始跑了！」所有人即朝著終點柱蜂擁而上，沿著那裡的繩索，爭奪最好的位置，或者爬上停在終點直道旁邊的驛馬車頂。[4]接著，領先的騎師衝過終點時，會有人因為勝利而歡呼，也會有人因為失敗表達無聲的震驚。總而言之，這是絕對不能錯過的盛會，無論是富人浮誇的服飾、穿插的表演，或是與終點線相隔一段距離熱鬧的攤販。

在這個時代，其次受到歡迎的運動是拳擊。上流社會的年輕紳士——俗稱「花花公子」（the Fancy），會去知名職業拳擊手，例如丹尼爾・門多薩、約翰・傑克森（John Jackson），在倫敦開設的學校。拳擊在社會光譜的另一端也同樣受到歡迎。如同勞勃・騷賽所言：「拳擊比賽解決低下階級所有的爭執。結束的時候他們握手，變成朋友。」[5]雖然紳士永遠不會公開為了獎金比賽，但是禮儀規定，如果低下階級某個男人向他提出挑戰，他也不應退縮。狂人傑克・密頓某次因為一個威爾斯的礦工擋住他的路，不得不中斷打獵，氣得下馬，要和那個男人一較高下。那個礦工警告他，「你到時就知道，我是個『狠角色』」，接著捲起袖子。二十回合之後，密頓把那個礦工打得跪在地上，接著給他十先令，讚賞他的運動精神，然後揚長而去。[6]

舉辦拳擊比賽其實並不合法，但地方法官無所作為。時間地點會在咖啡店、酒吧、理髮廳，或者祕密流傳在花花公子之間。比賽規則是十八世紀的職業拳擊手傑克・布勞頓（Jack Broughton）所訂。你必須來到「擂台」中央的「刻線」，才能攻擊你的對手；如果三十秒內沒有「來到刻線」，你就輸了。禁止攻擊對手腰部以下任何部位，也禁止抓對方腿的任何部位或及膝褲。對手倒下時不得攻擊，而且膝蓋著地也算「倒下」。除了以上的禁止事項，你可以打他、固定他的頭、架他拐子、抓住他的腰、把他摔到地上，甚至拉他的頭髮。並不一定要戴拳擊手套——手套是陪練用的。每一回合都打到某人倒下為止。布勞頓的規則表示，比賽終止唯一的理由是一方未在三十秒內

「來到刻線」或某隊丟出毛巾。因此某些比賽會持續超過二十回合。一八二五年，有場比賽持續兩百七十六回合，兩位參賽者互揍四個半小時。[7]

如果你想看裸拳的比賽，務必要看經典的比賽。其中一場最偉大的，據說是一七九五年四月在霍恩徹奇，約翰·傑克森和全英格蘭冠軍丹尼爾·門多薩，這兩位高手的比賽。第二十回合時，傑克森抓住門多薩的頭髮，連續往他臉上揍，贏得這場比賽。或者，去看一八二一年十二月在亨格福公有地（Hungerford Common），「布里斯托公牛」（the Bristol bull）比爾·尼特（Bill Neate）和「瓦斯男」（the Gas Man）湯姆·希克曼（Tom Hickman）的比賽。威廉·赫茲利特搭了馬車南下去看，從他對這場比賽結局的描述，可以讓你一窺精彩：

> 尼特猛然衝向希克曼，朝他臉上狠狠揍了一拳。看不出來他會向前或向後倒；他搖搖晃晃一、兩秒，然後往後倒，雙手癱軟，面向天空。我從沒看過比他倒下之前更恐怖的景象。所有的生命跡象、自然表情，全都不在他的身上。他的臉像人類骷髏、死人的頭，不斷流出血。眼窩裝著血，鼻子流出血，嘴巴張大含著血。他不像真人，反而像超自然、鬼一般的東西，或是但丁《地獄》裡的角色。然而，這一拳後，他又繼續打了好幾回合，依然伸出絕望的拳頭，而尼特站在防守位置，保持同樣的防禦姿態，謹慎到最後，彷彿他還有很多工作要做；最後，在第十七或十八回合，直到希克曼被擊暈，他的感官離他而去，他無法在時間內恢復，這場對決才宣告結束。鄙視花花公子的汝等，你們這輩子從未提出任何證明，就以為優越過人，不如做

些什麼來展現你的膽識，或像這樣展現你的沉著！[8]

面對赫茲利特這樣的挑釁，你也許寧願前往最近的板球場。你在許多英格蘭的村莊都會看到這個比賽，紳士們經常下注幾個畿尼在自己的佃戶組成的隊伍。更正式的場合是板球俱樂部，已有數十個運作多年，尤其在國家南部，其中好幾個甚至聘請職業選手。郡縣之間的比賽相當受到重視；雖然當時還沒有錦標賽，薩塞克斯、薩里、肯特、漢普郡、米德塞克斯、倫敦，互相競爭最佳的名聲。多數俱樂部也在這個時候選擇他們的主場。一七八七年，馬里波恩板球俱樂部（Marylebone Cricket Club）在托馬斯・羅德（Thomas Lord）於西倫敦創立的板球場建立他們的陣營。一八〇五年，伊頓與哈羅第一場板球比賽就在這裡舉行。一八一一年，羅德遷移他的主場，而一八一三年再次遷移，終於把羅德板球場（當時人們已經這麼稱呼）搬到聖約翰伍德（St John's Wood）的永久位址。

若你躍躍欲試，會發現多數的規則相差不遠。紳士們穿著白衣比賽，普遍承認觸身出局的規則，球道長度是傳統的二十二碼，球門有三柱，不如從前是二柱。球板長度不超過四・二五英寸已是普遍的規定，你再也不能拿著比球門更寬的球拍。但是，還是有許多差異。每一輪投球數只有四次，不是六次；球門比較矮，也比較窄；投球通常絕不過肩。最麻煩的是，一八一一年之前，沒有「歪球」＊的規定。一直要到那一年，缺乏運動精神的喬治・奧斯巴爾德斯頓命令他的投手不斷對

＊譯注：投球員所投的球必須在擊球手能夠觸及的一定範圍之內，否則會被判定為「歪球」，並由擊球方得一分。

他下注的打者投出歪球。說到這裡，我必須說，賭博的利益往往勝過比賽的品質。許多較窮的選手會公開接受賄賂。奧斯巴爾德斯頓要投手投歪球，是為了贏過和他打賭的費德里克・別克勒克勛爵（Lord Frederick Beauclerk），這個人後來當上馬里波恩板球俱樂部的主席，人們都說，他每年靠賄賂計分員賺得六百畿尼，即使他是個神職人員。更加有益健康的是女人的板球比賽，例如一八一一年十月在紐因頓（Newington）波龐路（Ball's Pond Road）的比賽。十一位來自漢普郡的女士對上十一位來自薩里的女士，競爭五百畿尼的獎金。漢普郡的女士贏球，而且，大家都知道，她們沒有作弊。[9]

競走是另一項賭博驅使的運動。你能多快走完一百英里？你能在一小時內跑完十英里嗎？勞伯・巴克禮・阿拉戴斯（Robert Barclay Allardice）——更為人熟知的稱呼是「巴克禮上尉」——是這個年代最有名的徒步行人。十七歲時，他在一小時內走了六英里，贏得一百畿尼。一八〇一年，二十二歲時，他花了二十一小時三十分步行九十英里，贏得五千畿尼。[10]特別有名的一次比賽是在一八〇七年，他和知名跑者亞伯拉罕・伍德（Abraham Wood）比賽，看誰能在二十四小時經過最長距離。伍德的呼聲顯然較高，但是比賽那天，六個小時後，他已痛苦不堪，必須休息。當時巴克禮上尉正以輕快的腳步，維持在時速六英里。他繼續走了一個小時，確定他贏得六百畿尼的獎金。[11]然而當時他最有名的比賽還在等著他：一千小時以內步行一千英里的耐力賽，等於每小時走一英里。那是賭徒的夢想：延長的期待、起起落落的勝算，還有看著一個男人持續六週每次睡不到四十分鐘的奇觀。但是一八〇九年七月十二日，巴克禮上尉穿過終點線，成功達標。

巴克禮上尉的成就啟發其他人嘗試步行挑戰。完成或無法完成，大筆的錢賭在他們身上。下注無法完成的人，通常會去加深任務難度，例如在路上潑水，讓路面變得泥濘；在選手休息的酒吧惹事生非，妨礙他們睡覺；賄賂他們放棄；還有一次，聚眾滋事，好讓地方法官把選手逮捕。儘管如此，仍有幾個人克服這些阻礙。巴克禮的追隨者中，最有名的是來自北安普敦郡的麵包師傅約西亞·伊頓（Josiah Eaton）。一八一五年，他完成「巴克禮比賽」的延長賽，用同樣的時間走了一千一百英里，每小時走一英里。隔年他又繼續走了兩千半英里，花了兩千半時，而且，一八一八年，他在四千零三十二刻鐘走了四千零三十二刻英里（quatermile）＊。這代表他每次睡覺不能超過十分鐘，連續六週。驚人的是，六月三十日，他完成這項壯舉！[12]

如果你喜歡跑步，聽到攝政時期沒有運動員俱樂部，可能會感到失望。雖有琳瑯滿目的比賽，然而都是業餘性質，而且多半是為賭博舉辦。典型的例子是一八〇六年十月十三日《泰晤士報》報導兩位紳士三英里的比賽。描述比賽過程與勝負差距後，文章的結論是「為了爭奪一百幾尼」。因為沒有計時器，所以沒有認可的參賽紀錄。但是，含秒針的手錶已經問世，所以距離固定的比賽有幾項值得注意的成就。最令人印象深刻的是一七九六年十月十日，一位來自牛津的跑者名叫衛勒（Weller），他沿著班伯里路（Banbury Road）跑了一英里，時間是三分五十八秒，為自己贏得三幾尼。[13]這段距離相當可信，而且雖然十八世紀彈簧驅動的手錶不是最準確的工具，但是這麼短的時

＊譯注：四分之一英里，即四百公尺。

間，誤差不大可能超過一秒。即使裁判有點誇大，穿著皮鞋在普通路面，跑出每英里**將近**四分鐘，也是了不起的成就。衛勒也不是唯一一人。[14]一八一三年，渥特・托姆（Walter Thom）出版《步行》（*Pedestrianism*）一書，記錄蘇格蘭人約翰・陶德（John Todd）一英里的時間是四分十秒——難以相信這是**步行**的時間。長距離而言，速度最快的年輕人以五十二至五十三分走完十英里。[15]有趣的是，上流社會的男人在這個時期開始親自參賽，不由他們的傭人代表。貴族成員也加入。托姆描述一八〇四年七月六日一場一英里的競賽，較量的兩人是費德里克・本廷克勛爵（Lord Frederic Bentinck），以及尊敬的愛德華・哈伯德閣下（the Hon. Edward Harbord），而哈伯德以略多於五分鐘贏得比賽。這場比賽的獎金是一百幾尼。[16]

女人的賽跑，有時會為了打賭舉辦，但幾乎從未計時。大多都在村莊集市的時候見到，而傳統的獎勵是一件布料高級的罩衫。工人階級的少女和婦女跑的時候只會穿著少到暴露的衣服，例如短上衣和內褲，或僅遮住私處的衣料。全裸賽跑的女人也不是沒有聽說。[17]無論如何，這樣的表演引起很大的興趣，因為看到這麼多衣不蔽體的女人，這真的是唯一機會。如果不是因為參賽者對這項賽事的熱情，你可能會認定，如同男人賽跑和賭博密不可分，女人賽跑和性緊緊相扣。

一八〇一年，一位作家寫道：「足球從前在英格蘭的普羅大眾之間蔚為風潮，然近年來似乎染上汙名，很少有人從事。」[18]他這麼說並不意外：足球是特別粗暴的遊戲。在約克郡，球員的鞋頭「釘了沉重的鐵；也常聽說有人在球賽之後引發的衝突死去」。[19]但是那個遊戲在英格蘭幾所知名的公學越來越受歡迎。說來諷刺，「英格蘭普羅大眾」的運動，因為上層階級的男孩在教育菁英的機構從事，所以保存下來。至於原因，我想，在於這項運動平等的特性。踢足球不用花錢，所以無論你是公爵的兒子，或是平民百姓，都無所謂：贏球的機會平等。足球也提供男孩機會，展現之前提到「行動爆發的當下，決心與想像兩相結合」，這項精神之於嚴酷的寄宿學校生活非常重要。如同實際情況，學童是發展這項比賽最理想的對象，因為他們不怕實驗規則。西敏公學發展一套足球制度，溫徹斯特公學也有一套，拉格比公學又是另一套，諸如此類。如果你好奇拉格比公學的版本，傳聞威廉・韋伯・艾利斯（William Webb Ellis）一八二三年在某次比賽撿起球來帶著跑，於是發明拉格比橄欖球，其實是迷思。還要再過二十年，橄欖球比賽才能帶著球跑。[20]儘管如此，這個故事說明這些學童的比賽多麼多元。我們知道的足球和橄欖球，都是經過不斷嘗試與錯誤的過程，在十九世紀初發展完成。

另一個競爭性質的運動偏重地區。高爾夫球在蘇格蘭相當成熟，在聖安德魯斯（St Andrews）、馬瑟爾堡（Musselburgh）以及許多地方都有球場。但是你不會看到邊界以南有人在打。摔角在其傳統的心臟地帶——英格蘭北部和西南部，依然受到歡迎。網球一直都是少數人從事的活動，因為英國庭院網球的球場數量很少。或許值得特別為你介紹的另一項運動是划船。到了一八〇〇年，伊頓公學和西敏公學在泰晤士河都有划船俱樂部。大家都知道，一八二九年，牛津和劍橋在亨利（Henley）首次的大學划船比賽互相較量。其他學校也在各自的城鎮競爭先後。只要想像牛津划船比賽的場面：你在艾西斯河畔（Isis）手拿葡萄酒，悠閒看著兩艘船上的年輕人，個個露出健壯的手臂，駕著八槳的小艇奮力划過。波浪溫柔拍打岸邊的青草，附近一群學生和年輕淑女呼喊鼓勵的話語。[21]你說，這是不是拳擊比賽的解毒劑。

血腥運動

雖然國會在一八〇二年幾乎禁止鬥雞，但在社會光譜的兩端，血腥運動依然非常盛行。一八一七年，一群英國貴族陪著俄國的尼古拉大公——未來的沙皇一世——參觀倫敦鳥籠巷（Birdcage Walk）的皇家鬥雞場。[22]我以為，看到一隻凶狠的小公雞，雙腳綁著鐵刺，怒不可遏地奮力拍打翅膀，衝向另一隻，這樣就夠了。顯然不是。大公在那裡待了九十分鐘，看了五場比賽，而且儘管那裡又熱又臭，充斥菸味，過程吵吵鬧鬧，他仍然非常「盡興」。上流社會也很常鬥狗。西敏的鬥狗場是兩層樓的木造建築，包圍一個十二平方英尺的搏鬥場地。㹴犬朝彼此攻擊，飼主急切鼓勵牠們。你會常常見到上百個紳士坐在看台，目不轉睛，對著血腥的表演大吼。同樣的，這是恐怖的場景，也是賭注很大的賭博。倫敦私人賭博俱樂部克羅福德（Crockford's）在自家地下室有鬥狗場。[23]樓上在大吊燈底下打牌，樓下在燭光之間血腥廝殺，呈現強烈的對比。

在鄉村，你會經常看到㹴犬攻擊被鐵鍊綁住的公牛。公牛用角把狗拋出去，站在旁邊拿著棍子的人接住狗，不讓牠們停下。一八〇二年，基於殘暴，國會試圖立法禁止這項活動時，遭到未來的首相喬治．坎寧等人反對，他表示驅犬鬥牛的遊戲「激發勇氣，培養高貴的情操，並且提升心靈」。[24]精通西班牙文化的勞勃．騷賽指出，西班牙鬥牛場中，暴露在危險之中引誘公牛的人可能如此，但驅犬鬥牛的人不是。他們只是把牛拴在圓形的場地，然後：

> 樂趣在於看牠把狗拋出去，以及狗撕裂牠的鼻子，直到狗兒精疲力盡，再也無法折磨牠，然後牠被帶到屠宰場宰了……熊和獾也被以同樣殘忍的方式激怒；而且如果這群暴民什麼也得不到，他們就會轉而折磨貓致死。[25]

一八二七年某天晚上，赫爾曼．普克勒－穆斯考王子被帶到倫敦郊區一間老舊農舍，觀看他們如何剝削一隻有名的㹴犬，名叫比利。他從屋頂的縫隙看到月亮。燈籠從橫梁垂吊而下，中央有座木頭圈圍的鬥狗場，二樓是給有錢人坐的看台，付上三先令，就可享有爬上樓梯坐在二樓的特權。赫曼親王就是如此，而他周圍的人在比賽結果投入大筆賭注。他們告訴他，這次的挑戰是，比利能否在十分鐘內殺死一百隻老鼠。一個男人帶著一個飽滿的大布袋，走進小小的場地，接著鬆開袋口。裡頭的老鼠朝著外面的燭光，開始往四面八方衝撞。官方的計時員看著手錶，發出訊號。比利衝進來，「隨即狂暴地殘殺」。每有一隻老鼠奄奄一息，帶老鼠的男人就撿起來丟進布袋。一百隻全都在九分十五秒收進布袋。短暫休息後，比利又被帶回來鬥獾。這次牠以同樣的蠻力，一開始就撕掉獾的兩隻耳朵。[26]

射擊至少有個優點，盡量減少施加動物的痛苦。鄉村的教區長和專業人士每年加入地主仕紳，獵殺雉雞、鷓鴣、山鷸、鴨、鴿、野兔。貴族莊園彼此競爭，看看哪一個地方最適合射擊，鼓勵有錢人在四、五天內殺掉幾千隻鳥。射擊俱樂部同樣有助屠殺我們大量的鳥類朋友，尤其夏季。如果你受邀加入倫敦其中一家鴿子俱樂部，例如肯特路俱樂部（Kent Road Club）或紅屋俱樂部（Red House Club），中午你會在大花園享用香檳與早餐，雙管的獵槍已經備妥。距離射擊地點二十一碼的地方有八間鴿屋。當你大喊「拉」，就會有人猛力拉扯一條繩子，於是門打開，一隻鳥兒飛出籠子。如果你在鳥兒飛出場地之前射中，俱樂部的獵犬會撿回來，你得一分。每個會員每天下午都可能喊出上百次「拉」。像喬治・奧斯巴爾德斯頓和與他競爭英國最佳射擊頭銜的羅斯上尉（Captain Ross），幾乎從未失誤。[27]

另一項你為了融入鄉村社會，必須享受——或忍受——的血腥運動，是和獵犬一起打獵。主要獵物有三種：鹿、野兔、狐狸（這個時候獵水獺還非常少見）。這並不是便宜的運動。根據法律，你的年收入必須要有一百英鎊才能打獵。你也需要適當的服裝、一匹特別擅長跳躍的馬、會員費；養一群八十隻的獵犬每年可以花上超過一千英鎊。但是每個人都可以免費觀賞，而且希望的話，即使不是會員，也可以騎馬跟著獵犬。至於運動技巧，紳士可以在這項活動展現他們的活力、動力，以及馬術。傳記作家托馬斯・阿舍頓・史密斯（Thomas Assheton Smith）是英格蘭知名的騎馬打獵家，他說：「獵狐主要的樂趣，有助矯正奢侈的習慣和隨著財富而來的毛病，否則，我們貴族會落得柔弱並墮落。」[28]此外，上層階級男人參加的運動當中，這是唯一一項，存在的主要目的不是賭博。我要補充的是，女人幾乎不會參與。雖然並無明文禁止她們打獵，但是高貴的女性跨腿騎馬在當時非常不得體，所以她們騎馬必須側坐，也就不能跳過樹籬、牆壁和壕溝。因此，帶著獵犬打獵也是某種鄉村的紳士俱樂部，也因此，傑克・密頓、喬治・奧斯巴爾德斯頓、托馬斯・阿舍頓・史密斯投入這麼多時間和財產。

室內遊戲

聽了這麼多關於賭博的活動，你大概想著，要從事什麼比賽才能一鳴驚人——如果金錢上無法，至少社會上。簡而言之，你的首選應該是法羅牌（faro）。這是一種紙牌遊戲，一組梅花牌擺在桌上，然後玩家，也稱為「下注人」，把賭注放在選定的紙牌旁邊。莊家接著抽牌，每次抽一張贏牌和一張輸牌，決定下注人的輸贏。如果下注人賭六，而莊家抽出的贏牌也是六，他就贏回他的賭注，並從莊家手中得到相同賭注。如果輸牌是六，莊家則收走下注人的賭注。這項遊戲唯一的技巧就是各式各樣的作弊。透過倫敦西區可愛美麗的法羅牌女莊家，許多技巧可以發揮到淋漓盡致。當下注人喝個半醉、被女人調戲，或樂不可支的時候，很快就會看不清楚眼前的紙牌如何變化。

其他紙牌遊戲中，極其複雜的四人四十張牌（quadrille）已經不再流行，一七九〇年後，只有較老的人玩。在珍・奧斯汀的《傲滿與偏見》中，相當拘謹的凱瑟琳・德波夫人（Lady Catherine de Bourgh）會在她的若馨斯莊園玩，牧師詹姆斯・伍德福德也會在他教區長公館玩。[29]漸漸地，其他紙牌取而代之，例如卡西諾（cassino）、皮克牌（picquet）、路牌（loo）與「二十一點」（vingtun）。伍德福德也喜歡玩坎門斯牌（commerce）和克里比奇牌（cribbage）。然而，最重要的紙牌遊戲，其實是惠斯特牌（whist）。[30]這個遊戲的重要性，可以從愛德蒙·霍伊爾（Edmond Hoyle）的專書《論紙牌遊戲惠斯特》（*A Short Treatise on the Game of Whist*）見得。[31]憑著這本書，人人都可通曉規則。惠斯特牌可以兩人一隊，因此也有社交功能。另外，哈薩德（Hazard）是種骰子遊戲，在倫敦的俱樂部大受歡迎；但我應該提醒你，這個遊戲會讓你瞬間輸掉一大筆錢。其他在一七九〇年令人趨之若鶩的娛樂還有E·O，就是「偶數與奇數」（Even and Odd）的意思。這個遊戲有個輪盤，只是象牙珠子會掉落的間隔寫著E、O，或留白給莊家。有鑑於莊家的區塊占據整個輪子的八分之一，你可能寧願去找「滾木棍」（roly poly）或有數字的輪盤來玩，這些遊戲莊家的份額是零。[32]

那些完全不想依賴運氣的人，會直接去玩「遊戲之王」——西洋棋。從前這個遊戲多半是法國人和義大利人在玩，但是法國大革命後，西洋棋世界的中心轉移到倫敦。一七九二年，這個時代最傑出的棋手弗朗索瓦－安德列·菲利多（François-André Philidor）被迫逃出法國，定居在英格蘭。他在這裡已經大名鼎鼎：他曾蒙著雙眼同時與三個英格蘭最強的棋手對奕，而且全勝。現在他加入帕斯羅西洋棋俱樂部（Parsloe's Chess Club），在裡面擔任大師，提升英格蘭的水準。一七九五年他過世時，已有眾多優秀的後輩，建立俱樂部，並與在巴黎和愛丁堡的同行通信對奕。其中一人是十九世紀初期英格蘭傑出的棋手威廉·路易斯（William Lewis）。除了這些大師，許多中產階級的人也下棋。這是少數需要技巧的遊戲，而且男人和女人可以平等對奕。如果你加入這個遊戲，留意棋子的形狀：每個其實都很像，所以對我們來說，不大容易分辨。我們比較熟悉的斯湯頓

（Staunton）棋組，要到一八四九年才會發明。

展演

如同現代世界，攝政時期某些最震撼人心的場面是經過編排的秀。有鑑於我們總是受到移動影像吸引，我特別推薦兩項新的發明，也是未來娛樂的指路明燈。第一是倫敦立體透視模型，一八二二年由法國人查爾斯·布通（Charles Bouton）和路易·達蓋爾（Louis Daguerre）創造。這個模型包括連續的場景，看起來像在移動，原理是前後燈光以及玻璃繪畫產生聰明的效果。其中一幅全景繪畫帶你去看阿爾卑斯山谷裡的村莊，定睛一看，你會看到溪水從高山流出，而且水真的在動。雲朵緩緩飄過天空，太陽升起，照亮山頂。慢慢地，花上十五分鐘，你能看到這個村莊整個下午，綿羊遷移到更多青草的地方，陽光漸弱，星星和月亮出現。[33]另一個必看的奇觀是魔術幻燈（phantasmagoria），由保羅·德·菲利普塔爾（Paul de Philipsthal）發明，一八〇一年十月五日開始，你可以在河岸街的萊森劇院觀賞。漆黑的劇院裡，他利用神奇的燈，將超自然的形體影像投射在牆壁，並噴射煙霧，營造鬼魂的幻覺。結果這個秀大受歡迎，他的名聲也水漲船高。他在全國巡迴演出，利用數盞魔術幻燈，創造移動的形體或消失在景色中的影像。來自法國的杜莎夫人（Madame Tussaud）加入他的巡迴演出，菲利普塔爾上演可怕的移動影像，她就在相同地方展示她的蠟像作品。

從前市集是貿易的中心，現在幾乎是為了娛樂存在。除了一般食物和飲料的攤販，也有雜技演員和走繩索的人、拳擊比賽、摔角比賽、木偶戲、動物和怪胎展示。安．李斯特在一八一九年特別去了哈利法克斯看一個七英尺五英寸的男巨人和六英尺五英寸的女巨人*，以及來自斯特拉斯堡（Strasbourg）的侏儒。一八二七年，赫曼王子也看了「有名的德國侏儒和他三個侏儒小孩」，以及「活人骨頭」和「地球最胖的女孩」。不幸的是，活人骨頭來到英格蘭後似乎過得不錯，稍微胖了一點，可能會丟了他的工作。[34]

更大的都市市集會吸引更奇怪的表演。你會遇到幾十隻會拼字的豬和會算數的狗。一八二三年在泰特伯里（Tetbury）和一隻美人魚一起占據舞台的「聰明豬托比」，可以撿起字母的卡片拼字。牠也可以做基本的數學，分辨羅盤的方位——如果你相信貼在城鎮四處的傳單。美人魚不用做什麼；她只是坐在盆裡梳頭髮，看著付一便士前來的崇拜者。比較有趣的是「恐怖突厥人」（Terrible Turk），是真人大小的西洋棋下棋機，在一八一八至二〇年間展出。幾乎每個玩的人都輸。如果你想知道其中的祕密——英格蘭的西洋棋大師威廉．路易斯就藏在戴著土耳其帽的機器人裡。[35]

雖然攝政時期太晚開始，來不及在一七八四年看到英國第一座熱氣球升空，但是這整個時代，各種航空發明的展示持續吸引大眾。納撒尼爾．惠頓一八二四年在北倫敦就看過熱氣球升空。在他周圍一起等待的群眾有「沿街叫賣蛋糕和淡啤酒的人、盲眼小提琴手、音樂箱藝人、演員、尖叫的兔崽子、罵街的潑婦、飆粗口的車夫」。家家戶戶面對起飛地點的窗戶擠滿人臉，屋頂也坐著一排排男女。熱氣球開始升空的時候，他記錄「相當值得觀看的東西，尤其想到裡面載著兩個人類，航行穿越沒有路的天空」。[36]降落傘展示的時候，吸引甚至更多群眾。大受歡迎的原因，部分由於降落傘是法國特產，然而由於戰爭，在英格蘭非常罕見。一八〇二年九月，安德烈－雅克・加納林（André-Jacques Garnerin）從倫敦上空八千英尺的熱氣球一躍而下，觀看的群眾無不大吃一驚。一八一八年十二月，他回到英國，帶著十七歲的姪女艾麗莎一起跳傘，更是轟動。[37]

妓院

我當然不會預設任何本書的讀者，夢想利用漫遊攝政時期的機會，在夜晚尋花問柳。然而，身為導遊，若對這片不道德的陰影以及道德的危險視而不見，將有失職疑慮。尤其，性交易影響非常多的男人女人。一七九六年，地方法官統計倫敦大約有五萬個娼妓；到了一八〇七年，這個數字增加到七萬。[38]代表首都十五至六十歲的女人，每五人就有一人賣身。[39]如同克里斯蒂安・戈德觀察，就連巴黎也沒有這麼多娼妓。他的解釋是，在法國，已婚的中產階級女人經常外遇，因此娼妓供大於求。相反地，在英格蘭，已婚的中產階級女人很少另有情人。所以英格蘭的男人，對於性的胃口若超出自家臥房，別無選擇，只能養情婦或花錢買春。[40]便宜的妓院，一張床一個晚上只要兩先令，在暗巷倉促地交合甚至更便宜，因此，女性肉體的生意蓬勃發展。

＊譯注：巨人分別為兩百二十六公分和一百九十六公分。

倫敦高檔的性產業指南，稱為《哈利的柯芬園淑女名錄》（*Harris's List of Covent-Garden Ladies*）。從一七五七年至一七九五年，每年出版。書裡描述倫敦西區最有魅力、最誘人的女人，以及她們的住址、年齡、價錢，還會用最浮誇的詞彙描述她們的優點。因此你在一七九三年那一版可能會讀到紐曼街六號的戈弗瑞女士：

> 具備完美床伴所有必要條件。從前戲到享樂的過程，每根神經都為精緻的感官體驗顫抖，而且上天恩賜，從頭到腳的線條相應之中恰到好處，絕對製造最令人滿意的效果。最妖媚的部位，迎接愛的喜悅，不因頻繁使用而有丁點的冷感；兩個靈魂互相交融，在流動的情意當中所有可能的激盪，之於她仍如銷魂的狂風暴雨；對於即將到來的時刻，她的內心極度狂喜，並且要求立刻的回應……她的價位是一英鎊一先令，然而十先令六便士亦可接受。[41]

更貴的是貝德福小姐，她的工作兼住所是莫蒂默街四號：

> 這位佳人原本纖細柔弱，和思慕的紳士同床共枕時，竟是多情到發狂。她數不盡的溫柔，在關鍵時刻，總令她盲眼的訪客，在離開她的溫柔鄉之前潸然落淚。她喘息的嘴巴、噘起的雙唇、精緻的體態、愛意四射的雙眼（深色的眼眸）、整齊的牙齒，這些，以及誘人的腿與足，結合為令人嚮往的愉悅女神……這樣的喜悅傑作，歸功於十八載的精雕細琢，而這樣的魅力，

讀者致意五畿尼，便可完全擁有。[42]

從這些文字之中，所有可以想像的性偏好都在倫敦某處得到滿足。那些尋找某種娛樂形式的人可以去克勒肯維爾（Clerkenwell）找胸部豐滿的貝琪．麥爾斯：「向後或向前對她來說相同，臀部並不例外，確實，依她的說法，後者令她最快樂……前門進入還算合理，但從後門不得少於兩英鎊。」[43]同樣，古吉街（Goodge Street）十四號的霍斯伯里小姐提供的特殊服務也不須懷疑：「傑出的語言學家……她的舌頭，協調的歌調不止一種；但她亦不接受少於兩畿尼而調戲她的嘴巴。」[44]如果你偏愛痛感，那麼泰瑞莎．伯克里的鞭打會客室就是你該去的地方——樺木棍棒、皮革繫帶，以及「接在天花板的吊環和滑輪，可以讓她憑著雙手拉起一個男人」。[45]

絕大多數的應召女郎無法收取像《哈利的名錄》裡頭那樣的金額。很多女人收下一杯黑啤酒和一先令，就讓人在酒吧外面得逞。不會有書刊廣告她們的魅力。她們宣傳服務的方法就是靠在妓院的窗戶，或走在街上向酒醉的男人求歡。「兩個靈魂互相交融，在流動的情意當中所有可能的激盪」，說歸說，現實是，如果可以選擇，沒有女人想要賣淫維生，因為這個工作會令她們非常脆弱。對於非常年輕的女孩尤其如此，她們經常是處女賣身。瑪麗．馬修在布萊頓經營妓院，她特別提供十四歲或更小的女孩；其中一人只有十一歲。[46]娼妓對於疾病也無能為力：她們感染淋病或梅毒是遲早的事；之後，她們很快就面容憔悴，牙齒脫落。有些男人用豬膀胱做的保險套，也有幾間高檔的場所，僱用穿制服的侍者，提供綁上緞帶的保險套，減少疾病傳播。[47]但是，多數女人沒有選擇，只能冒險。此外，還有其他職業危險，懷孕和酒醉的客人施暴只是其中兩項。一七九四年，在布萊頓某一口井裡發現一個妓女的頭，赤裸裸地提醒社會，某人眼中的「娛樂」，關乎其他人的性命。48

閱讀

書商詹姆斯．雷金頓在一七九一年出版的回憶錄寫道：

> 現在賣的書，數量是二十年前的四倍。較窮的農夫，甚至普遍來說較窮的鄉下人民，這段期間之前，夜晚講述女巫、鬼怪、精靈等的傳說。現在，冬天的夜晚，聽著兒女讀誦故事、言情小說，時間很快就過了。進入他們的屋裡，你可能會看到培根架上擺著《湯姆．瓊斯》（*Tom Jones*）、《羅德里克．蘭登》（*Roderick Random*）等娛樂書籍。如果約翰載著一車的乾草進城，會有人跑來告訴他，別忘了《皮克歷險記》（*Peregrine Pickle's Adventures*），而桃莉被派去市場賣雞蛋時，也被交代去買《安德魯斯的故事》（*The History of Pamela Andrews*）。簡單來說，所有階級和程度的人，現在都會讀書。49

雷金頓的觀察有他自己的事業支持：他白手起家，最後成為倫敦數一數二的書店商人。他所提到，較低階級的人民已經開始為了樂趣而閱讀，一點也沒錯。這個現象其中一個原因是一七七四年上議院立法規定版權保護年限為二十八年。因此，許多經典作品以較便宜的版本再度問世。然而，閱讀人數提升不只受到小說驅使。如果你記得威廉・莫蒂默在普利茅斯家裡的客廳，角落有座桃花心木的書櫃，裡頭有三十六本書，沒有任何一本是小說，唯一一本文學作品是約翰・彌爾頓的《失樂園》。二十一本書關於神學。[50]其他十四本書中，有威廉・巴肯的《家庭醫學》、尚－安托萬・查普塔爾（Jean-Antoine Chaptal）三冊的《化學元素》（*Elements of Chemistry*）、三冊的英國海軍史、奧利佛・戈德史密斯（Oliver Goldsmith）三冊的《英格蘭歷史，從最早時期至喬治二世之死》（*History of England from the earliest Times to the Death of George II*）。這是一位在海軍碼頭附近工作的染布工和他哥哥的書籍品味，也許也是他們家族的第一個世代，擁有聖經以外的書籍。[51]

現在多數的市場城鎮都找得到書店。在倫敦，主要兩家是雷金頓的「繆思神殿」（Temple of the Muses），位於芬斯伯里廣場，以及「佩恩與佛斯」（Payne & Foss），位於帕摩爾街。大型書商不僅陳列他們的書，也會印製書籍目錄發送：雷金頓的目錄超過一千頁。[52]書籍價格差異甚大。一八一三年，珍・奧斯汀《傲慢與偏見》三冊初版是十八先令，兩年後的《艾瑪》是二十一先令。有些文學作品比這個更貴。拜倫勛爵的史詩《恰爾德・哈羅爾德遊記》（*Childe Harold's Pilgrimage*）前兩篇，一八一二年的四開本要花你五十先令。[53]二手書便宜多了。威廉・莫蒂默所有的書中，標價最高的是戈德史密斯三冊的《歷史》——十二先令。他的《失樂園》只值兩先令。

許多家庭無法花上兩先令買一本書。如果你幸運住在曼徹斯特、布里斯托、伊普斯威奇、諾里奇，你可以利用這些地方的公共圖書館，但是除此之外，提供平民免費閱讀的機會很少。因此，出租書館（circulating libraries）和會員書館（subscription libraries）在十八世紀中期出現。少量的訂閱費用（每季四先令至七先令六便士），讀者每次就可借閱一至二本書。付費越多，可以借出的書越多，而且那些書可能更新、品質更好。兩種書館的差別在於，出租書館出借大量小說，為了幫業主賺進利潤；會員書館比較高尚，他們不只出借流行小說，也有歷史、古蹟、考察、文學，有時也有技術和生產工藝的書。兩者都很興盛：一七九〇年代，巴斯有八家私人書館，一八三〇年代有十四家。到了一八〇〇年，整個英格蘭有三百九十家。[54]像威廉・莫蒂默這樣的零售商人可能沒有任何小說，但不表示他們不讀小說。

那麼多書可讀，你又該怎麼選擇？這真是困難的問題：英國文學正在經歷前所未有的蓬勃發展。威廉・華茲華斯（William Wordsworth）和山繆・泰勒・柯勒律治合著的《抒情歌謠集》（*Lyrical Ballads*）在一七九八年發行後，浪漫主義的詩作宛如野火。所有浪漫主義的詩人紛紛在這個時期產出最佳作品，包括華茲華斯與柯勒律治、瓦爾特・司各特爵士、勞勃・騷賽、拜倫勛爵、珀西・比希・雪萊、約翰・濟慈（John Keats）。那些個人風格獨特的作家也是，例如威廉・布雷克、約翰・克萊爾、勞勃・伯恩斯（Robbie Burns）。在這裡複述他們的詩，對讀者來說恐怕冒犯；你已經知道他們全部的代表作。可以說，很多人讀過他們的詩，拜倫尤其是個知名人物。數百個女人受到他的作品鼓勵，寫信給他表達愛慕，傾訴她們對他以及他的詩作濃烈的情感。[55]一八一二年，《恰爾德・哈羅爾德遊記》首兩篇出版，不久之後，他說：「某天早上我醒來，發現自己出了名。」[56]雖然現在拜倫名聲大噪，其實四年前，他的第一本書《賦閒之時》才剛受到針砭：

根本沒有聽到任何驚喜，這個年輕人寫了貧乏的韻文，從他離開學校到他離開大學，我們真正相信這是所有遭遇當中最普通的；在英格蘭接受教育的十個男人有九個皆是如此，而那第十個寫的韻文還好過拜倫勳爵。[57]

除了浪漫主義的詩作，民眾也渴望閱讀公認的英國文學經典。其中最重要的是莎士比亞的戲劇，在這個時期的名聲也比任何時候都高。當卡爾・莫里茲徒步旅行到埃文河畔的斯特拉特福（Stratford-upon-Avon），他寫道：「世界上最偉大的天才出生於此。」[58]從一個十八世紀的德國人口中說出這句話，可是相當不得了。如果你問會員書館的館員，還有什麼書稱得上經典，他可能會回答約翰・班揚（John Bunyan）的《天路歷程》（*Pilgrim's Progress*），約翰・密爾頓和亞歷山大・波普的詩，作家丹尼爾・笛福（Daniel Defoe）、塞繆爾・理查森（Samuel Richardson）、亨利・菲爾丁（Henry Fielding）、勞倫斯・斯特恩（Laurence Sterne）、托比亞斯・斯摩萊特（Tobias Smollett）等人的小說，還有幾部大規模的歷史作品，尤其愛德華・吉朋（Edward Gibbon）的《羅馬帝國衰亡史》（*Decline and Fall of the Roman Empire*）與大衛・休謨的《英格蘭史》（*History of England*）。他可能也會提到一般作家，像是山繆・詹森（Samuel Johnson）和奧利佛・戈德史密斯。此外，路易斯・西蒙說過：「英格蘭人非常喜歡傳記和名人死後出版的書信。」[59]確實，我們都愛挖掘別人的私生活。另也不能否認紳士淑女都熱衷訂閱的月刊與季刊。其中非常受到歡迎的有《愛丁堡評論》（*The Edinburgh Review*）、《季刊評論》（*The Quarterly Review*）、《倫敦雜誌》

（*The London Magazine*）、《淑女雜誌》（*The Ladies' Magazine*）、娛樂雜誌（*The Entertaining Magazine*）、《布雷克伍德雜誌》（*Blackwood's Magazine*），流通量都大於一萬。

雖然外國書籍大受歡迎是事實，但是沒什麼真的比得上當代小說。言情故事常在出版當天就完售。買得起的人趨之若鶩，不分男女。攝政王是珍．奧斯汀熱情的書迷，瓦爾特．司各特爵士也是。一八二六年，司各特在日記寫道：「再次閱讀，而且至少第三次，奧斯汀小姐文筆優雅的小說《傲慢與偏見》。那位年輕女士非常擅長描述日常生活人物的互動與情感，對我而言，是所遇過最美好的閱讀經驗。」[60]恐怖小說受到歡迎的程度幾乎相當。霍勒斯．沃波爾（Horace Walpole）的歌德小說《奧特蘭托堡》（*The Castle of Otranto: a Gothic Story*），一七六四年首次發行便相當成功，並為後來的作者鋪路，例如威廉．貝克福德的《瓦泰克》與安．拉德克利夫（Ann Radcliffe）的《神祕的奧多芙》（*The Mysteries of Udolpho*），以及許多以中世紀為題，「歌德版」的恐怖文學。雖然某些紳士可能將小說貶為不道德、煽情、膚淺的文章，但是因為小說能夠影響人心、激起想像，因此蓬勃發展，是當時流通的文學著作中，最引人入勝的，也許僅僅次於拜倫勛爵的詩作。

這個方面有個值得探討的文學現象，就是歷史小說。這樣的文學能夠自成一類，幾乎完全歸功瓦爾特．司各特爵士。並不是說他發明這個文類——許多較早的小說都設定在「古代」——但是，他是第一人，說服社會以創新的方式理解過去，而且，這麼做，比起客觀、一絲不苟的方式，實際上來得更有意義。他低調創作小說《威弗利》（*Waverley*），並於一八一四年匿名出版，印了一千本。然而這本書毫不低調。書的影響，以及續集的影響，非常巨大。不斷再印，數版多達一萬本，價格也漲到一．五畿尼。司各特的成功有目共睹，許多人不禁好奇為何如此。畢竟，大家都知道，既然歷史小說部分屬於創作，代表部分屬於文學伎倆。為何有這麼多高貴的讀者允許自己受人愚弄？歷史學家托馬斯．麥考利一八二八年評論亨利．哈蘭（Henry Hallam）的著作《英格蘭憲法史》（*Constitutional History of England*）時，也在思考這個問題。首先，他簡潔描述這個問題：

> 欲使過去成為現在，欲使遙遠成為接近——將我們置身在偉人的社會，或置於高處，俯瞰聖戰的戰場……召喚我們的祖先，以他們各種奇異的語言、禮節、服裝來到我們面前，帶領我們去看他們的房屋，坐在他們的桌邊，翻查他們過時的衣櫥，解釋笨重傢俱的用途——這些應當為歷史學家的責任，已被歷史小說家據為己有……

接著麥考利提出解釋：

> 瓦爾特．司各特爵士給我們一本小說，哈蘭先生給我們批判且追根究柢的歷史。兩者內容相同。但是前者以雕刻家的眼光面對。他的意圖是賦予其外在形式明確且生動的形象。後者是位解剖學家。他的工作是分解這個題目，直到最幽深之處，將所有行動的根源、敗壞的肇因，一覽無遺呈現在我們面前。[61]

雖然麥考利的比喻既清楚又深刻，他並未解釋為何小說家能從歷史學家手中偷走這麼大的歷史市場。事實是，司各特的成功，不只憑藉「明確且生動的形象」。他描寫的中世紀和十六、十七、十八世紀，有各自令人不安的社會特色：貧窮、男性權力、反猶主義、嚴酷的法律、濫用的正義。寫作的時候，他似乎暗示這些年來已有進步，社會現在已經比往昔好上更多。然而，他的小說設定的時代，是熱愛自由的靈魂可以逃跑的時代。他的角色人物不被標準化與中心化牽絆。他們也不被商業理由驅使；他們對於磨坊和噴出濃煙的煙囪一無所知。因此，相反的意涵貫穿他的作品：過去的世界比現在更好。相較單純分析過去，作者以自己的標準判斷死者，透過直接將過去與現在並置，歷史寫作變成道德作為。此外，司各特在浪漫、歷史的場景之中，提出自由、社會進步、平等、個人特性，創造自從莎士比亞以來，比起任何人都更有力的歷史文學形式。他向我們展現，雖然我們應該追求正確，但是，書寫近似但富有意義的歷史，比起精準但無意義來得更好，後來的歷史作家，也要因此感謝他。

書的價值不只在於文字，精美的繪畫也是。事實上，這些年來，圖畫出版的製作技術，已經可見相當驚人的進步。一七九〇年代，多數插畫是木刻，或銅版雕刻。兩者都有限制。木刻看起來有點笨拙；銅版比較細緻，但是，因為銅是柔軟的媒介，所以很快就會磨損，常常需要重刻。結果就是，品質優良的圖畫書都很貴。儘管如此，工匠不斷精進他們的技術。見了托馬斯·比維克（Thomas Bewick）在一七九七年與一八〇四年出版的《英國鳥類史》（*History of British Birds*）兩冊，你絕對會讚嘆書中的黃楊木雕刻。許多運用銅版雕刻的地形測繪書籍也都非常精美。但是，隨著技術限制解除，書本插畫的品質也跟著進步。首先出現石版印刷——利用經過化學處理的石灰石板印刷，接著從一八二〇年起，雕刻在鋼板。這是一大變革。精緻的細節、微妙的色調、光線效果等，無不耀眼奪目。到了一八三〇年，一小群技術高超的雕刻師重製風景畫家J・M・W・透納（J. M. W. Turner）細膩的素描和繪畫，以及J・P・尼爾（J. P. Neale）、W・H・巴特利特（W. H. Bartlett）建築、古物、旅遊書籍的版畫。他們彼此之間開始流通這個國家主要地標的視覺紀錄，創造這些地標的圖像——許多方面來說，這是第一次。

博物館與藝廊

一七九八年，拿破崙的軍隊進入埃及，引發一波埃及熱潮。結果這並不是稍縱即逝的流行，尤其他們找到的羅塞塔石碑，上面刻著象形文字、通俗的埃及文、古希臘文三種語言。受過教育的歐洲人，從小閱讀羅馬與希臘的經典，但是他們不懂象形文字，對他們來說，埃及仍然非常神祕。人們發現，羅塞塔石碑是理解千年文化的關鍵。一八〇一年，法國將這塊石碑交給英國，隔年，石碑來到倫敦。上流社會開始瘋埃及。淑女開始配戴鱷魚的裝飾品，穿著埃及風格的禮服。紳士家中的牆壁，開始出現獅身人面像和金字塔的石膏裝飾。他們的傢俱和飾品同樣以埃及為主題。就連商店的招牌，也重新繪上類似埃及的文字。[62]同時，英格蘭和法國的學者互相競爭成為首先翻譯象形文字的人。漸漸地，那些古老的符號透露他們的祕密，終於，在一八二四年，尚－法蘭索瓦・商博良

（Jean-François Champollion）破譯象形文字，埃及狂熱再度席捲。

你可能以為這些古文化的刺激會使人民意識到公立博物館的價值。某些方面，確實；人們意識到兩家博物館：倫敦的大英博物館、牛津的阿什莫林博物館（Ashmolean Museum）。公共所有權的精神得到鼓舞，帶動新機構成立，包括一八〇七年創建，位於格拉斯哥的亨特博物館（Hunterian Museum），以及一八一六年開幕，位於劍橋的菲茨威廉博物館（Fitzwilliam Museum）；倫敦另有幾家私人博物館，例如一八一二年成立在皮卡迪利街的埃及廳（Egyptian Hall）。然而，攝政時期開始的時候，英國只有兩家公立博物館，由此可見，人民對於古物保存的看法和我們非常不同。許多鄉村人民從沒聽過博物館，更不用說去過。至於倫敦的私人博物館，例如東印度公司的收藏，或皇家外科學院的展示，都是只有相關人士才會知道。社會大眾可以付費參觀倫敦塔，他們可以這樣已經超過一百年，但是裡面除了原有的物品，沒有任何展覽。你不會在那裡看到任何流行的象形文字或木乃伊。

在首都旅遊的人，必去大羅素街（Great Russell Street）的大英博物館。然而，進去裡面並不容易。首先，你必須寫信索取門票，提供姓名、地址、職業、預定參觀的時間與日期。每天晚上，所有的申請案件會被送到博物館館長面前，由他決定誰可以入場——標準端看他是否認為你是「好學又好奇的人」。如果他認為你是，他會指示守門人發票給你。有了票，你就可以走進大門，穿過庭院，進入入口大廳。抵達大廳後，他們會請你等待同一時段的十個人全都到齊。接著分成兩組，由兩位館員帶領。我要趕快補充，參觀的速度快得折斷脖子，而且館員不會告訴你任何關於物品的知識。上面有標籤，但你沒有時間閱讀，因為你們這一組人必須團體行動，不容許你慢慢逛。一八〇八年，新的雕刻展覽開幕後，申請人數增加，逼得受託單位提高進場人數上限為十五，也放棄門票制度。但是遊客還是絡繹不絕。非常荒謬。此時，博物館自豪的似乎是，擁有多少物件才能阻止人進來。直到一八一〇年，受託單位才鬆綁規定，允許任何服儀合適的人恣意穿梭展覽室。從此之後，你可以在週一、週三、週五上午十點至下午四點之間參觀。因此，訪客人數增加，一八一五年達到三萬三千零七十四人。我想最失望的人是博物館館長。[63]

大英博物館有的，不只是埃及古物。建築本身非常華麗，之前是蒙塔古公爵的都市豪宅。廂房貴氣十足，天花板是一六八〇年代知名法國室內設計師所畫的錯視畫。如果你走上壯觀的階梯，到最高層樓，有兩隻巨大的填充長頸鹿歡迎你，在門的一邊守衛。[64]展覽本身，以漢斯·斯隆爵士（Sir Hans Sloane）龐大的個人收藏為主，包括民族文化的人工製品、外國的動植物、錢幣與獎章、書籍與古物。數千本中世紀的手抄本也被納入主要收藏，以及古希臘花瓶、探險家帶回來的物件、數不盡的植物標本。每年博物館都會收藏更多項目，抑或來自捐贈，抑或來自購買：查爾斯·唐利（Charles Townley）大量的古典雕像於一八〇五年送達；埃爾金勛爵從帕德嫩神廟取得的石雕在一八一六年收入；以及一八二三年，喬治三世壯觀的圖書館。任何擁有奇珍異寶想要送給國家的人就會捐到大英博物館，而任何來到倫敦的人就會特地去看。路易斯·西蒙提到，許多填充的鳥兒與動物都壞了，但他看到羅塞塔石碑、龐貝與赫庫蘭尼姆（Herculaneum）的人工製品、太平洋的部落裝飾品、部分的原版《大憲章》，還是相當興奮。[65]赫爾曼·普克勒－穆斯考王子相當欣賞長頸鹿、波特蘭花瓶，以及希波克拉底的半身像，但是看到埃爾金石雕被放在棚裡，覺得相當失望。[66]

一八〇〇年，英國還沒有公共藝廊。第一家是達利奇圖畫藝廊（Dulwich Picture Gallery），於一八一四年開幕。在此之前，身為社會大眾，欣賞美術唯一的機會是皇家學院每年在索美塞特府舉辦的夏季展，以及一八〇五年在帕摩爾街成立的不列顛機構（British Institution）*所舉辦的臨時展。好消息是，由於整個國家充斥卓越的藝術家，你會發現在這兩個地方看到很多響亮的名字。皇家學院的主席約書亞・雷諾茲爵士在攝政時期之初依然稱雄。他在肖像畫這一行的對手與繼承人包括理查・科斯威（Richard Cosway）、喬治・羅姆尼（George Romney）、托馬斯・羅倫斯（Thomas Lawrence）、威廉・比奇（William Beechey）、托馬斯・菲利普斯（Thomas Phillips）、喬治・海特（George Hayter）。如果你對風景畫有興趣，這個年代出了康斯塔伯、透納、喬治・莫蘭（George Morland）、德比的喬瑟夫・萊特（Joseph Wright of Derby）。此時的歷史畫家，舉例來說，班傑明・海登、詹姆斯・諾斯科特（James Northcote）、班傑明・威斯特（Benjamin West）、安吉莉卡・考夫曼（Angelica Kauffman）。另一方面，喬治・史德布思（George Stubbs）、埃德溫・蘭西爾（Edwin Landseer）擅長描繪動物；瑪麗・莫塞（Mary Moser）擅長畫花。

對繪畫爆發的興趣在國家美術館建立的時候達到高峰。動力來自兩個方向。第一是法國大革命意外的結果。法國國王與王后於一七九三年被處決後，法國的皇家藝術收藏被人民擅用，展示在羅浮宮。因此，中產階級革命人士（英國建制派鄙視的人）統治的法國有國家美術館，但是英國沒有。這聽起來不大對。第二，藝術鑑賞家如喬治・博蒙特（George Beaumont），相信英國的藝術家若要攀上新的藝術高度，必須能夠看到義大利文藝復興最傑出的作品。因此，國家尊嚴和藝術抱負兩相結合，要求倫敦要有公家經營、長期可進入的藝術收藏場所。這件事情終於在一八二三年開花結果，銀行家約翰・朱利斯・安格斯登去世時，留下三十八件大師傑作，包括提香、克勞德、普桑、拉斐爾、林布蘭、魯本斯、維拉斯奎茲、范戴克，還有一棟房屋，剛好就在帕摩爾街。喬治・博蒙特爵士說服政府以五萬七千英鎊買下那些畫作，作為國家收藏的主要作品，展示在安格斯登的房屋。喬治爵士又從自己的收藏加入十六幅古典名畫。一八二四年五月十日，國家美術館對外開放。門票一先令。

跳舞

在攝政時期的英國，跳舞是其中一項階級意識明顯的活動。舉辦私人舞會的女主人當然會慎選賓客名單。此外，俱樂部的舞蹈幾乎排外，必須加入會員才能入場，或由其他會員引薦。得到門票的會員可以邀請淑女陪同，但不得邀請身分地位不適合的女性。在巴斯，上俱樂部（Upper Assembly Rooms）每週一舉辦的盛裝舞會，每一季的會員費是二十六先令。每個紳士會員會有兩張

* 譯注：不列顛機構全名為「不列顛於聯合王國促進美術機構」（British Institution for Promoting the Fine Arts in the United Kingdom），一八六七年解散。

門票給淑女。上俱樂部也在週四舉辦跳交誼舞的花式舞會（四對男女排成方形跳舞）；會員費是每人十四先令，但紳士只能邀請一位淑女。每人入場必須付六便士的茶飲費。[67]

正式舞蹈必須遵守許多規則，這些規則都會釘在牆上。通常都是常識。想要和淑女跳舞的紳士，不得緊迫盯人；除非穿著制服的軍官，否則不得穿著長靴。你意欲跳舞的對象若選擇先和別人跳舞，你不得抱怨。和同一舞伴不得連續跳超過兩首舞曲。當舞會到達公告結束的時間，所有娛樂立即結束，即使舞蹈正在進行。

如果這些繁文縟節令你敬畏，等你看過倫敦國王街的阿爾馬克俱樂部（Almack's Assembly Rooms）再說。但也要你進得去。這家俱樂部以排外聞名，僅由七名貴族女贊助人主持，長久不變。格諾羅上尉寫道：「很難想像允許進入阿爾馬克有多重要，上流世界的第七個天堂。」赫爾曼・普克勒–穆斯考王子提到：「幾個月前就開始策劃密謀，用最卑鄙和最卑微的方式討好女贊助人。為了得到重要的優勢，那些從沒去過阿爾馬克的人被認為完全不入流。」[68]銀行家和實業家當然不可能進去。如果你忘了帶門票，也不能進去。晚上十一點後也不能進去；就連威靈頓公爵，遲到也被請回去。如果紳士沒有穿著及膝褲，而是穿著長褲，女贊助人會帶著他轉一圈，再帶著他走出去；威靈頓公爵也曾因為這樣被禁止入場。會員每年要繳十畿尼——如果他們允許你入會——每場舞會要再收十先令的入場費。進去之後，你可能會失望。音樂大概就是輕快，吊燈光彩炫目，很多盛裝打扮的年輕女性，希望吸引條件最好的單身貴族，而頭髮稀少的詩人和鬍子花白的軍官——年長女贊助人的朋友——通常在一旁乾瞪眼。但是廳堂本身裝飾稀少，食物也難以引起食慾。一八一五年之前，唯一的舞蹈是鄉村舞和交誼舞。後來，縱酒狂歡的人可能會跳方陣舞（quadrille），甚至惡名昭彰的華爾滋。但是別抱太大的期望。如同赫曼王子觀察：「天曉得，哪裡去找跳得更笨拙的人；有個當場跳起華爾滋的男人真是莫名其妙。」[69]

劇院

依法，劇院必須持有皇家許可，才能上演戲劇。意思就是，倫敦只有三家官方場館——特魯里街的皇家劇院（Theatre Royal）、柯芬園劇院、乾草市場街的皇家劇院——而且第三家只有夏季的月份營業。但是也許你已經注意到，城裡不只這三家劇院，而是很多家。乾草市場街的國王劇院是合法的歌劇院。首都大約十二家其他劇院，在一七九〇年代，是由持有「滑稽劇執照」（burletta）的劇院經理經營，合法演出有音樂的節目。因為這些地方不能上演最佳的戲劇，他們必須藉由娛樂的音樂、美麗的布景、驚人的燈光效果、綜藝節目，來吸引觀眾。一場節目包括以下五項或更多演出，必定令你更加盡興：音樂製作、短篇悲劇、喜劇、芭蕾、走繩索、默劇、平衡表演、喬裝扮演、壯漢雜技、輕歌劇。在西敏橋附近的圓形劇院（Amphitheater），菲利普・艾斯利（Philip Astley）將戲劇結合馬術。在莎德斯威爾斯劇院（Sadler's Wells），你可以看到喬瑟夫・格里馬蒂（Joseph Grimaldi），或名「小丑喬伊」主演的滑稽劇，他是目前為止倫敦最受喜愛的滑稽劇演員。無論你在尋找傳統表演、音樂結合戲劇，或綜藝表演，一如既往，倫敦什麼都有。

首都以外的劇院也追求卓越的品質。看好未來商機的業主同樣取得成立地方劇院許可。到了一八〇〇年，你在英國每個主要城鎮，從蘇格蘭的亞伯丁到康沃爾的楚洛（Truro），都可以看到「皇家劇院」。地方法官也可以授權建築物作為臨時劇院。這些地方的表演，水準也很高。特魯里街和柯芬園都在夏天休息，這段期間，他們的明星男女演員便巡迴各大城鎮演出。若你在利物浦或里茲，想要去看大明星表演，夏天的月份就能成行。只要到城裡看看劇院看板的廣告。

一八〇〇年，如果你到特魯里街的皇家劇院，可以看到什麼？在你進去之前，就會先被巨大的建築嚇到：超過一百二十英尺高，三百英尺長。當你在人群之中摩肩擦踵，走向入口的時候，會有女人前來向你兜售柳橙和上劇院的人常吃的零食。拒絕她們的懇求後，你會走向劇院大廳的收銀台，付錢買票。價格和上個世紀一樣：包廂每個座位五先令，正廳的長椅三先令，圓弧區兩先令，看台一先令。假設你要去包廂或正廳，你會經過掛著碩大吊燈的沙龍，你可以在那裡購買茶、咖啡、水果。接著進入表演廳。我保證你會被裡面又大又深的座位嚇到，共可容納三千六百一十一人。每四層提高的座位都有金屬圓柱支撐，雖然圓柱都接著燭台，一片漆黑之中，燈光仍像針孔一般。除非你在其中一個非常接近舞台的包廂，否則無法看到演員的表情，也幾乎聽不到他們的聲音。你還會注意到，許多座位仍然空著。紳士通常預約了包廂的位子，但沒有出現，因為他們人到現場才需要付錢。長椅和看台也稀稀疏疏，因為通常等到第三幕結束，就可以買到「第二票價」，通常是全票的半價。不是所有觀眾都為了表演而來：許多是娼妓，希望遇見有錢想花的男人。因此，後半場會比前半場紛擾。某些坐在圓弧和看台的人，會把柳橙皮彈到正廳騷擾比較有錢的人。[70]表演進行期間，有很多人會在正廳後方的吧台區購買食物和飲料。想想特魯里街的節目：諷刺的開場白後，接著五幕戲劇，然後以一幕滑稽劇作結——從頭到尾可能持續五個小時或更久，飲食需求可以理解。話雖如此，這裡並不是聆聽和觀賞表演最佳的場地。一八〇九年二月二十四日，這座碩大的建築在熊熊烈火中夷為平地，也不完全是災難。當時謝立丹看著，在「火爐旁邊」取暖。

特魯里街起火的時候，附近的柯芬園劇院因為去年九月十九日的大火，此時正在重建。威爾斯親王已經埋下新劇院的基石，這要歸功勞伯．斯默克快得驚人的設計。新的建築結構壯觀，從高雅的門廊與內部寬敞的階梯，到比例均衡的沙龍和馬蹄形的觀眾席。[71]人人期盼的盛大開幕之夜，是約翰．肯姆伯（John Kemble）和席登斯夫人（Mrs Siddons）共同演出的《馬克白》。怎麼可能出錯？但是表演進行到一半，因為價錢發生暴動。包廂從六先令漲到七先令，正廳從三先令六便士漲到四先令。更糟的是，從前某一層公共席位，現在也有私人包廂。業主努力解釋，為了回收花在新建築的十五萬英鎊，漲價有其必要。觀眾不買單。他們懷疑，這麼做是刻意抬高消費，排除一般倫敦百姓。「舊價暴動」每晚上演，持續超過兩個月，顧客都在買第二價位的票，然後入場擾亂表演。在第六十七天，演員兼經理約翰．肯姆伯終於妥協，恢復舊價。

你應該看什麼戲劇？倫敦三家掛牌劇院都把莎士比亞當作他們的生計來源。因此，若有新的戲劇，他們希望可能是莎士比亞寫的。問題就是，這位吟遊詩人的新作很難再次遇到。威廉．亨利．埃爾蘭（William Henry Ireland）盡其所能在《伏蒂根與羅維娜》（*Vortigern and Rowena*）中再次創作遺失的作品，但遺憾的是，埃爾蘭不是莎士比亞。雖然謝立丹接受《伏蒂根與羅維娜》，於一七九六年四月在特魯里街演出，但觀眾無法忍受，在第五幕的時候停下。許多其他「新莎士比亞」的歷史也被嘲笑。劇院經理該怎麼辦？有個受到歡迎的解決方法——上演歌德式的恐怖故事和超自然的通俗劇，並加上目眩神迷的燈光效果。因此馬修・路易斯（Matthew Lewis）一七九七年首演的《古堡幽靈》（*The Castle Spectre*）在特魯里街取代莎士比亞。另一個選擇是老戲重演，例如謝立丹一七七〇年代起的名作，尤其《情敵》和《造謠學校》（*School for Scandal*），或者十八世紀早期作者的作品，行之有效的，像是亨利・菲爾丁、奧利佛・戈德史密斯、大衛・加雷克（David Garrick）。有幾齣著名的喜劇，在倫敦的舞台旗開得勝，這些作家是伊莉莎白・殷奇伯德（Elizabeth Inchbald）、漢娜・考利（Hannah Cowley）、理查・坎伯蘭（Richard Cumberland）、托馬斯・迪賓（Thomas Dibdin）、約翰・歐基夫（John O'Keefe）、喬治・科爾曼（George Colman）、托馬斯・摩頓（Thomas Morton）。儘管如此，你會想看的傑出表演，還是那些知名演員演出的莎士比亞。

男明星之間，一七七六年大衛・加雷克退休後，約翰・肯姆伯和埃德蒙・基恩（Edmund Kean）必定是演員表上最好的悲劇演員。肯姆伯的身材瘦高，個性嚴肅、威風凜凜。二十六歲時，他在特魯里街以哈姆雷特首次登台，之後漸漸建立「當代莎士比亞第二優秀演員」的名聲，僅次於他的姊姊莎拉。這兩位經常不是在《馬克白》，就是在《哈姆雷特》演出對手戲，享譽各界。一七八八年他接手特魯里街的管理職務時，他的願景是使這家劇院成為全國優秀的莎士比亞演出場館，而他自己擔任多數主角。因此，你在一七八九年會看到他演出的《科利奧蘭納》（*Coriolanus*）、一七九四年《馬克白》，一七九五年《李爾王》。他的演出細膩深刻，虜獲觀眾。劇評里・杭特（Leigh Hunt）寫道：「他每次拉出手帕，都是對著觀眾設計的效果。」[72]後來肯姆伯飾演《伏蒂根與羅維娜》的主角，他並不想演，何況演出失敗，於是他跳槽到柯芬園劇院。你在這裡會想看他一八〇三年演出的《哈姆雷特》。只可惜，晚年健康狀況不佳的情況下，酗酒與鴉片成癮對他造成許多傷害。由於他是柯芬園劇院的股東，那場火災也重創他的財務。雖然他東山再起，但是新的劇院開幕時，他演出的《馬克白》，聲勢完全不敵舊價暴動。從此之後他就失去動力。他在一八一四年回到舞台，演出他最喜歡的角色科利奧蘭納，最後一次獲得好評，並在一八一七年六月二十三日告別舞台。[73]

肯姆伯最後一次謝幕的時候，全城最熱門的票，已經由另一個人繼承，兩人同樣出名，而且，說不定有過之而無不及。埃德蒙・基恩的母親是女演員，偶爾賣春貼補生活，而他的酒鬼父親在他六歲時自殺。父母不想要他，他在地方的戲劇公司一直無法打出名號，他的青少年時期不比童年快樂。身材矮小對他而言更是不利，人們想看高大威武的悲劇演員，例如約翰・肯姆伯。基恩喜怒無常、情緒激動，加上自私，是個非常容易失控的人物。任何失敗都會令他崩潰，接著自我指責、耽溺女色，而且酗酒。但是，他爆發力十足的表演，加上個人豐富的內心戲，開始在觀眾之間留下印象。他的人生轉捩點在一八一三年十一月，地點在德文郡泰格茅斯一家不起眼的劇院，基恩演出理查・坎伯蘭的《登山者》（*The Mountaineers*）中屋大維一角，被哈羅公學退休校長特魯里博士（Dr Drury）相中，並向特魯里街皇家劇院的管理人員推薦。隔月，他個人的悲劇因為四歲的兒子過世又添一筆後，基恩前往倫敦，在《威尼斯商人》中飾演夏洛克。他在一八一四年一月二十六日首次登台，而且看過的人絕對忘不了。自我厭惡、憤世疾俗、悲哀入骨——基恩徹底化身夏洛克。一個月後，他飾演理查三世，演技精湛，同時展現憤怒與恐懼。接著他又挑戰演出奧塞羅，然後哈姆雷特、馬克白。他向世人證明自己是浪漫主義男主角的典範。如果你在一八一四年去劇院，是的，務必去柯芬園看肯姆伯最後一次演出科利奧蘭納。然後去特魯里街看基恩演出，**什麼都好**。威廉．赫茲利特寫道：「我希望我們從沒看過基恩先生。他已經摧毀對肯姆伯的信仰，而且那是我們長大成人的信仰。」[74]難過的是，之後的一切盡是下坡，跌入酒精中毒、淫逸、性病、不穩定的表演，以及不滿意的觀眾。基恩在這個時期一直都是吸引人的明星，但是更可靠的主角是公學出身的威廉．查爾斯．麥克利第（William Charles Macready）。如果你在一八二〇年代去劇院，不如買票去看麥克利第的演出——以免基恩喝得太醉，無法上台。[75]

同樣要找兩位有名的女演員推薦時，也很容易選擇。其中一位單純就是這個時代最偉大的悲劇女演員——而且可能是任何時代：席登斯夫人，大家都知道她是悲劇女神。另一位的戲路和她相反，是喜劇女神桃樂絲．喬丹（Dorothy Jordan），諷刺的是，她的人生比席登斯夫人更具悲劇色彩。

桃樂絲早年生活困頓，她是九個孩子其中之一，母親是演員，父親是愛爾蘭的紳士，拋棄他們後，禁止他們使用他的姓氏。她在十八歲時加入理查．戴利（Richard Daly）的劇團，這個人是占女演員便宜的慣犯。她先懷了他的小孩，接著逃出他的劇團。接下來三年，她在約克一家劇團工作，直到被人發掘，帶到倫敦，在特魯里街謝立丹經營的舞台表演。她擅長穿著及膝褲的角色——

女扮男裝——以及傳統莎士比亞的女性角色，例如《皆大歡喜》中的羅瑟琳，以及《第十二夜》的薇奧拉。她的風格自然即興，沒有經過傳統訓練的女演員會有的排練節奏，因此吸引克拉倫斯公爵的目光，也就是國王的三子威廉。一七九〇年，她離開過去五年同居的愛人理查・佛德（Richard Ford，兩人生了兩個小孩），去和公爵同居。隨著時間過去，她和公爵生了十個兒女，也是事實婚姻的妻子，甚至主辦他的晚宴。接著來到命運的這天，一八一一年十月二日，公爵傳喚她，冷酷地終結他們二十一年的關係，這樣他才可以娶一個有錢的新娘，清償他的債務。雪上加霜的是，他要求桃樂絲放棄舞台工作。若她不從，將會取消女兒的監護權。她打算遵守，但她沒有別的謀生之道。一八一三年，其中一個女婿債台高築，她覺得有義務盡力幫助。於是她在英格蘭巡迴演出，而且在特魯里街演了一季，獲得新舊崇拜者的讚美。公爵實現他的威脅。桃樂絲失去津貼和女兒。財務崩潰的她，做了美男子布朗梅爾以及許多和她處境相同的人做過的事：去法國。和布朗梅爾一樣，她沒有回來。一八一六年七月五日，喜劇女神在靠近巴黎聖克盧的一間旅社獨自死去。兩天後，讓她大紅大紫的謝立丹也死去。他到最後也身無分文：查封官在他死後搜刮他家。兩人都在七月十三日下葬：桃樂絲六十一歲，在聖克盧；謝立丹六十四歲，在西敏寺。那天，一個時代結束。

接著我們談到最偉大的舞台劇演員——莎拉・肯姆伯。她是約翰・肯姆伯的姊姊。十八歲的時候，她嫁給演員威廉・席登斯（William Siddons），很不幸地，這位充滿抱負的演員僅止於抱負。相形之下，莎拉作為席登斯夫人，職業名聲水漲船高。她在地方城鎮巡演時累積實力：利物浦、曼徹斯特、約克、伯明罕、巴斯、布里斯托。和她弟弟一樣，她的專長是悲劇。他們兩人演出對手戲時，火花四射。說到劇場權威，兩人都是，而且，如果誰更占上風，就是姊姊。她甚至飾演哈姆雷特，而弟弟飾演雷爾提。一七八二年她在特魯里街首次登台，將近二十七歲，已有三個子女。一年內她就成為家喻戶曉的人物，十年內成為代表人物。隨著時間過去，她越來越強大，也越來越出色。坐在觀眾席的人或者尖叫，或者暈厥；其他人無法控制淚流滿面。她對角色投入的程度，有人說她**真狠**。對於感覺自己被社會束縛的女人，她是突破傳統獲得自由的代表。對於男人，她召喚所有他們害怕而且無法控制的人類力量。她在莎士比亞的《約翰王》中飾演康斯坦絲，被譽為「充滿溫柔母性；絕望又凶猛，宛如保衛幼子的籠中雌虎」。但是她稱霸戲劇界的角色是馬克白夫人。評論表示她的演出最具權威。藝術家試圖捕捉她強烈的光芒，描述她既是無情、野心勃勃、善於操作，也是慈愛的王后。威廉．赫茲利特寫到她：

> 彷彿某個優越的本體，帶著莊嚴的形象，從高超的境界落入凡間。眉宇之間氣勢非凡，胸襟散發神聖的熱情；她是悲劇的化身……她彷彿幽靈，穿梭舞台內外。見過那樣性格的她，是人生命中的重大事件，永難忘懷。76

路易斯．西蒙也看過席登斯夫人飾演馬克白夫人，描述她的演出像是「無情的母老虎，渴望血與屠殺」。77因此，如果你需要推薦，去看她就對了。去看她在《冬天的故事》演埃米奧娜，在《亨利八世》演凱瑟琳王后，或在《約翰王》演康斯坦絲。甚至看她演哈姆雷特。但是最重要的，看她演馬克白夫人。一八一二年六月二十九日，她在柯芬園演出這個角色，並且告別舞台。現場每位觀眾都激動不已，夢遊的場景結束後，他們無法承受戲劇繼續進行。他們希望那一刻就是結尾——完美的夜晚和不可思議的職業生涯中，最具代表的一刻。觀眾的掌聲不絕於耳，他們拉下布幕。當布幕再次升起，席登斯夫人身穿白色綢緞，獨自坐在舞台。她起立，往前一步，發表告別演說。最後，她深深一鞠躬，走下舞台，留下傳奇。[78]

歌劇與音樂會

攝政時期的英國到處可以聽到音樂：在每一場舞會與俱樂部的每一間房間，在教堂，在街道。納撒尼爾・惠頓在倫敦的時候注意到，「我們的街道每天晚上都因小夜曲而生氣蓬勃。當我寫作時，單簧管、法國號、牧神的蘆葦在我的窗戶底下合奏」。[79]有牌劇院上演的音樂會不亞於戲劇。滑稽劇的劇院無不僱用數十名樂師和作曲家，因為他們演出默劇、化妝舞會，經常需要新的音樂。倫敦有許多場館，專門演出最高品質的音樂，最著名的是漢諾威廣場音樂廳（Hanover Square Rooms）。國王劇院的歌劇是大生意。每年夏天夜晚，沃克斯霍爾和蘭尼拉遊樂花園都會製作音樂劇。首都充滿製作樂器的工匠，包括世界上最優秀的鋼琴工匠。例如，貝多芬彈的六－八音度鋼琴，出自約翰・布洛德伍德父子（John Broadwood & Sons）；任何人不要說彈，摸都不准，清潔也不願意。他稱之「祭壇」，用來擺放「我心最上等的供品」。[80]報紙也充滿歌唱、樂器課程的廣告。論音樂與音樂家的書本大量發行，多達數百本，從指導手冊到樂譜，亦有傳記辭典。整個國家都有地方合唱與重唱社團，推廣業餘人士歌唱。全英國有數十場音樂節在各地舉辦，展示當時最優秀的專業音樂人才。在鄉村和原野，有世紀之久的民俗音樂傳統。甚至有音樂家的皇家學會，幫助苦惱的表演者和他們的家庭。社會的每個角落都流淌著音樂，這個國家一呼一吸都是音樂。

除了這些公開演出的音樂，私人場所也有許多表演。紳士經常在他們的鄉村別墅為鄰居舉辦音樂會。許多女性婚後繼續提升她們的音樂造詣，尤其如果丈夫欣賞她們歌唱彈琴，或者能與子女共享這方面的樂趣。珍・奧斯汀每天早餐之前和夜晚都會練習鋼琴，時而自彈自唱老歌。[81]有些淑女擁有音樂圖書館，手抄樂譜和印刷樂譜收藏超過一百本，常常可見近來最流行的作曲家作品。[82]朋友之間也會齊聚一堂，私下演奏弦樂四重奏：有個在萊斯特的樂團從一七八八年開始演奏，儘管換過某些團員，到了一八三〇年仍然非常活躍。[83]

然而，最佳的古典音樂來自國外。雖然英國有數十位作曲家，沒人比得上莫札特與貝多芬，也比不上這幾年訪問英國的作曲家。海頓、穆齊奧・克萊門蒂（Muzio Clementi）、揚・杜賽克（Jan Dussek）都曾在一七九〇年代住在倫敦；路易吉・凱魯畢尼（Luigi Cherubini）一八一五年受愛樂協會邀請前來；兩年後，費爾南多・索爾（Fernando Sor）也在音樂會中演奏西班牙吉他。更多作曲家在一八二〇年代來到倫敦。音樂大師路易斯・史博（Louis Spohr）是小提琴家，也是作曲家，一八二〇年和豎琴家妻子朵蕾特（Dorette）一起巡迴演出。他穿著紅色背心，熱情洋溢地演奏，留下精神抖擻的形象——即使隔壁的房屋正有一群暴民砸壞玻璃，他仍持續演出。[84]佐阿基諾・羅西尼（Gioacchino Rossini）一八二三至二四年在國王劇院演出一季。他在這裡很愉快，但是並沒有讓喬治四世喜歡上他。國王命令他到布萊頓參見，然而到了那裡，他卻在國王面前用手指轉帽子，不夠恭敬。[85]一八二六年，卡爾·馬利亞·馮·韋伯（Carl Maria von Weber）受到喬治·斯馬特（George Smart）邀請，在柯芬園為斯馬特的歌劇《奧伯隆》（*Oberon*）首映擔任指揮。三年後，二十歲的費利克斯·孟德爾頌（Felix Mendelssohn）過來參加一季的音樂會。他在貝多芬「皇帝」協奏曲的英國首映彈奏鋼琴，並於一八二九年五月十一日，在自己的首部交響曲中擔任指揮。[86]英國人可能沒有在攝政時期產出一流的作曲家，但我們並非如某些人所謂「不愛好音樂」。[87]

了解這樣國際化的環境之後，攝政時期加上之前二十年，即海頓、莫札特、貝多芬活躍的時期，簡直就是音樂史上最富饒的年代。場地、作曲家、獨奏者眾多，你可能聽到的音樂不勝枚舉，從韓德爾獨奏的舊作到孟德爾頌新的表演。在此恕不一一導覽。我只會提到幾個有趣的領域，包括歌劇女伶，以及海頓與貝多芬的管弦樂音樂會。你會看到，如果你是音樂愛好者，數不盡的娛樂等著你發掘，有些甚至令你感動落淚。

歌后

「歌后」（diva）一詞攝政時期尚未使用，但如果你想去看幾位符合這個描述的女性，就該來這個時期的倫敦。你一定要看的——或說一定要聽的——是伊莉莎白·畢靈頓（Elizabeth

Billington）。她在英格蘭出生，父母皆是德國人，而且長年是英格蘭歌劇的台柱。她的高音響亮震撼。她的感情生活同樣波瀾萬丈，交往對象不只威爾斯親王，還有親王的弟弟薩塞克斯公爵、拉特蘭公爵，以及惡名昭彰的劇院經理理查・戴利與其他男人。但是她沒有被感情拖累，憑著實力在一七八〇年代的柯芬園得到偉大歌手的名聲。她也在全國各大音樂節演出，而且到了一七九〇年，已是家喻戶曉的人物。一七九三年，她在義大利待了一段時間，成為國際巨星。當她一八〇一年回來時，人還未到，消息已經傳開。特魯里街和柯芬園的經理懇求她在他們的劇院演出。最終他們同意，她會在兩邊輪流演唱，薪水三千畿尼。她持續在倫敦演出重要的歌劇角色，直到一八〇六年的告別演唱，是莫札特首部在倫敦公演的歌劇——《狄托的仁慈》（*La Clemenza di Tito*）。之後她僅僅偶爾演出，並在一八一一年退休。[88]

畢靈頓女士前往義大利之前，她主要的對手是德國女高音戈楚・伊莉莎白・馬拉（Gertrud Elisabeth Mara）。馬拉夫人比畢靈頓女士年長十五歲，不算天香國色。她的國際聲望完全歸功密集的訓練與驚人的歌喉：她能唱到最高的E並持續不斷。令眾人五體投地的是，她能連續快速唱出許多音符。她的人生驚濤駭浪。莫札特回憶她和她酒醉的丈夫，當著巴伐利亞選帝侯（prince-elector）*的面在舞台上爭吵，不僅波及指揮，最後整個交響樂團都扯入。[89]在英格蘭，她和畢靈頓女士的競爭本身也像歌劇。兩人都認為托馬斯・阿恩（Thomas Arne）的歌劇《亞達薛西》（*Artaxerxes*）當中曼丹（Mandane）的角色是自己的。兩人都有專為她們額外創作的詠嘆調，所以我的版本比另一個人好。這樣的緊張關係在畢靈頓夫人前往義大利時緩和，但當她一八〇一年回來，媒體又煽風點火，等著兩人重啟女高音的戰爭。一年後，而且經歷複雜的感情生活後（包括和兩個年紀只有一半的情人交往），馬拉夫人決定回到歐洲。一八〇二年六月三日，她最後一次在英格蘭登台時，伊莉莎白．畢靈頓和她同台演出二重唱。哇！那可真是值得聆聽的表演。《音樂家辭典》（*Dictionary of Musicians*）的作者在一八二四年回顧馬拉夫人的職業，表示：「我們認為，馬拉夫人在她的專業實屬頂尖，因為無論威嚴、純粹，無論高貴、溫柔、哀傷，無論最高尚的藝術特質，無論精湛的風格元素，她都遠遠超越所有赫赫有名的競爭者。」[90]

另一位你必聽的女伶是可愛的安娜．舍琳娜．斯托倫斯（Anna Selina Storace），她是英格蘭人與義大利人的後代，眾人熟悉的名字是「南希」（Nancy）。她和畢靈頓女士同年，但一七八〇年代多半待在義大利和維也納，她在那裡演出莫扎特、薩里耶利、比森．馬丁．索勒（Vicente Martin y Soler）為她創作的角色。莫札特與她有私交，在《費加洛婚禮》為她寫了蘇珊娜一角。南希在維也納演出那個角色時，觀眾看了，「眼睛、耳朵、靈魂都如痴如醉」。[91]經過一段短暫又不快樂的婚姻，她離開施暴的丈夫，一七八七年回到英國，成為特魯里街酬勞最高的歌手，不僅夏季在地方的音樂節，每年也在西敏寺舉辦的韓德爾音樂節演出。一七九六年，她認識英國知名的男歌手約翰．布拉罕，並與他同居，作為事實婚姻的妻子，長達二十年。一八〇八年，她從舞台退休。

一八〇四年，享譽世界的義大利巨星朱賽琵娜．格拉西尼（Giuseppina Grassini）來到倫敦，成

＊譯注：擁有選舉國王權力的德意志諸侯。

為國王劇院名列前茅的女星。她的聲音渾厚，被譽為「擁有特殊優雅嗓音的女低音」。[92]三十一歲的她比畢靈頓女士年輕八歲，而且美若天仙，甚至曾是拿破崙的情婦之一。報章雜誌再次見到競爭的可能。然而，國王劇院德高望重的作曲家彼得．馮．溫特（Peter von Winter）完全不予理會，大膽創作《被劫持的普洛塞庇娜》（*Il Ratto di Proserpina*），讓兩位歌手同台演出。他甚至為她們寫了二重唱。結果好極了！兩人的聲音結合，成為倫敦街談巷議的話題。觀眾持續風靡朱賽琵娜．格拉西尼，直到一八〇六年她回到巴黎。順道一提，許多年後，她也征服了威靈頓公爵——完成愛情的雙優學位——而且她的感情生活在英吉利海峽兩岸更是熱門話題。

當格拉西尼打包行李準備返回巴黎時，氣勢非凡的義大利歌劇歌手安潔莉卡．卡塔拉尼（Angelica Catalani）也正打包準備前往倫敦。她二十六歲。年長十五歲的畢靈頓女士立刻從歌劇演唱退休。這麼做也好，因為卡塔拉尼夫人不喜歡對手。她不喜歡任何可能從她身上分散掌聲的人。她擁有不可思議的聲音力道與音域；她能發出雄厚的音量，然而聲音維持靈巧與彈性，令樂評非常驚訝。她第一季的合約保證基本酬勞兩千英鎊另加分紅。一八〇七年，她的酬勞上升到五千幾尼——加上她在其他地方的演出，那年的收入是三倍，一共一萬六千七百英鎊。連唱國歌也要收兩百英鎊。[93]和之前的歌手不同，她沒有任何感情八卦或情人的證據。儘管如此，一八一一年五月，媒體依舊將矛頭指向她。《審查員》（*The Examiner*）的一篇文章簡潔說明那個情況：

> 卡塔拉尼夫人……的能力幾乎侷限於美妙的聲音和俐落的表演，而這些，毫不受音樂知識限

制，橫衝直撞，是沉迷於虛假的品味才會使用的花招。她志在遮蓋他人的光彩，她偏愛卑躬屈膝的作曲家，那些人以她的一顰一笑為生存意義，準備方方面面服從她的意志，將其他的表演者留在背景，並認為交響樂團不夠資格與她共享觀眾的崇拜之意。[94]

卡塔拉尼夫人於一八一三年離開英格蘭，在巴黎主導義大利歌劇。然而，離開之前，她和畢靈頓女士都參加了凱瑟琳·史蒂芬斯（Catherine 'Kitty' Stephens），小名「凱蒂」的十九歲歌手在柯芬園劇院首次演出。史蒂芬斯小姐在托馬斯·阿恩的《亞達薛西》飾演曼丹。她得意洋洋。新的世代已經到來。

最後，還有一位歌手，我想為各位介紹：露西亞·維斯特里（Lucia Vestries），又稱維斯特里夫人，一八一五年十八歲時首次登台。她在舞台的成就一般，直到一八二〇年，她飾演唐·喬凡尼（Don Giovanni）——首次的「及膝褲角色」——露出她的腿，驚豔四座！和拜倫勛爵一樣，她一夕成名。人們在寬廣的觀眾席未必能夠分辨她的臉部表情，但絕對不會錯過那雙美腿。有人描述「勻稱的雙腿……光是看過，就能滿足藝術愛好者」。[95]她勾人的演出、魅惑的歌聲、完美的肢體，在在令人無法招架。她在每個地方都是八卦主角，據說歐洲每個國家都有情人，但這絲毫不影響她的票房。當她演出及膝褲的角色，當晚的收入可以高達三百英鎊。[96]一八二〇年代的歌劇場合，沒有其他女人的**聲音**，比史蒂芬斯小姐更引人入勝。確實無法否認——除了維斯特里夫人的腿。

海頓與貝多芬

偉大的作曲家在現代世界如此受到尊敬，很容易就會忘記他們活在這個年代，而且你可以親自拜訪他們。一七九〇年十一月，小提琴家暨劇場經理約翰・彼得・薩洛蒙（Johann Peter Salomon）就是如此。他去維也納，敲了約瑟夫・海頓的門，對他說「我是薩洛蒙，來自倫敦，我來這裡邀請你」。[97]這位作曲家嚇一大跳，但是姑且聽聽薩洛蒙怎麼說。薩洛蒙願意提供一大筆錢，讓他離開冷冰冰的妻子，去英格蘭創作六首交響曲，並指揮首演。海頓答應。他在倫敦十八個月的時光非常愜意。他的音樂會從一七九一年三月六日開始，在漢諾威廣場音樂廳舉辦，每場都很成功，以致他回去維也納十八個月後，答應再訪倫敦。一七九四年，他在英格蘭又待了一年半，創作並表演新的作品，包括又寫了六首交響樂。因此海頓的十二首倫敦交響曲、他的協奏交響曲和六首四重奏，都在英格蘭創作並首演。

儘管薩洛蒙在漢諾威廣場舉辦音樂會，持續數年，然而倫敦的管弦樂在海頓來訪之後逐漸萎縮。薩洛蒙試著邀請貝多芬來倫敦，相信這樣的訪問會振興這裡的管弦樂。但是貝多芬拒絕所有邀請。一八〇一年，薩洛蒙取得貝多芬七重奏的手稿，在《泰晤士報》宣布即將演出的消息。然而，報紙把作曲家的名字印成「Luigi」 van Beethoven＊，也許這正是不祥的開端。確實，雖然七重奏演出成功，但是管弦樂很快就再度慘澹。薩洛蒙不再舉辦任何音樂會，也沒有任何劇場經理上前接手他的位置。海頓的倫敦交響曲寫出不到十年，英格蘭就無人演奏了。

十二年後，管弦樂團演奏的音樂在倫敦處於極低潮。漢諾威廣場音樂廳沒有什麼可以令你興奮。海頓之後，沒有知名作曲家來。對於卡塔拉尼夫人的批評與歌劇世界缺乏的多元，同樣適用管弦樂。一八一三年一月二十四日，五位擔憂管弦樂的紳士齊聚一堂討論這個問題。他們決定號召重要的音樂家和商業人士贊助，表演新的音樂並且復興遺失的大師之作。因此，二月六日，倫敦愛樂協會三十位創立會員首次聚會。喬治．斯馬特爵士是其中一人，薩洛蒙也是。他們決定在攝政街的阿蓋爾音樂廳籌劃並資助數場音樂會。厲害的是，一個月後，在三月八日，就舉辦第一場音樂會。打從最初，貝多芬、莫札特、海頓，就是節目主軸。[98]而且當時莫札特與海頓都已逝世，三人之中唯一可能親自蒞臨的是貝多芬。眾人再度開始討論邀請他來倫敦。

結果愛樂協會的音樂會非常成功。他們每年二月至六月，每月舉辦一次，每次至少演出海頓、莫札特、貝多芬的一部作品，加上兩、三位其他作曲家。可能是已經不流行的音樂家，例如巴哈、葛路克（Christoph Gluck），或其他較不知名的人物：薩里耶利、普雷耶爾、杜賽克、齊馬洛沙。只存在手稿的作品，或從未在英格蘭演出的作品會優先演出。一八一五年，作曲家凱魯畢尼來到倫敦，指揮愛樂協會委託的第一場交響樂演奏會。會員們希望這會成為貝多芬前來的誘因。一八一六年四月十五日星期一，協會主辦貝多芬第五號交響曲的英國首演，眾人的期盼更上層樓。

一八一七年，協會再次寫信給貝多芬，若他願意前來倫敦親自指揮，將提供兩首交響樂三百畿

＊譯注：應為 Ludwig。

尼的酬勞。他依然拒絕。人們越來越常在這裡演奏他的音樂；比起其他在世的作曲家，他的創作在英格蘭顯然更受喜愛。接下來五年，你可以在愛樂協會舉辦的每一場音樂會聽到貝多芬的音樂，尤其他的七重奏、序曲和前七首交響曲，而大受歡迎的第五號交響曲反覆演出數次。一八二二年，協會再次寫信給貝多芬，只要求一首新的交響樂手稿。他們不抱希望，想不到貝多芬剛好缺錢。他接受邀請。協會興高采烈回信，表達希望他會親自來倫敦指揮首演，並不知道他們到底委託了什麼。延期，再度延期。貝多芬依然沒來。然而，一八二四年四月二十七日，答應要給倫敦愛樂協會的第九號交響曲手稿，總算交給協會在維也納的經紀人。[99]

事情曝光之後，奧地利政府介入，結果一八二四年五月七日的首演在維也納，不在倫敦。幾週後，愛樂協會的會員讀了維也納媒體狂喜的評論。貝多芬被稱為「音樂界的莎士比亞」，讚美他的音樂「流露人性的神聖」。[100]所以協會現在能做的，就是製作**英國**的首演。但沒關係。如果在攝政時期的英國，有一場音樂會你應該參加，就是一八二五年三月二十一日星期一，在攝政街的阿蓋爾音樂廳，貝多芬的第九號交響曲。你應該不需要我解釋原因。貝多芬的交響曲之於十九世紀初期，等於莎士比亞的戲劇之於十六世紀末期、歐洲的歌德式主教座堂之於中世紀。那些藝術作品囊括他們那些時代的精華，但又突破他們的創作環境，穿梭時光，喚起人類精神。而第九號交響曲，是公認最偉大的一首。一八二五年的英格蘭音樂媒體嘲笑交響曲的長度和他們認為的瑕疵。首次演出確實有個缺點——演唱義大利文，而非德文，因為倫敦相信義大利文是歌曲的語言。但是你若感到疑慮，請在一八三〇年四月二十六日去國王劇院看第二次表演。這兩次你聽到的，不是貝多芬累積兩年的過程，是三十年。他從一七九二年就已開始，基於弗里德里希・席勒（Friedrich Schiller）的歌詞〈歡樂頌〉，思索這項面對世界的偉大音樂宣言。結果就是，集合這個時代所有矛盾與複雜，經過理性思考，最終呈現的作品。就像一首樂曲激發法國大革命和所有事物，這部作品誠實面對社會不平等，撕破舊時貴族的虛誇與傲慢，訴說什麼令貧窮可以承受——即使苦難不斷、悲慘不堪的人，也可以體驗狂喜。而感受這種喜悅的自由，是所有人類繼續向前真正所需。這部作品牽起病人與窮人的手，以及青年與老人、被冤枉與被壓迫的人的手，為所有人類帶來希望。因為其中重要的訊息僅是，我們都是同一片永恆星空下的兄弟姊妹。歌詞寫著「擁抱吧！萬民」、「這一吻獻給全世界」。如果你隨著我在一八二五年參加那場音樂會，絕對會和我一樣，內心滿懷崇敬。你知道那個音樂經過數個世紀對人們的意義。我們在自己的時代不是一群兄弟姊妹。我們和我們的父母不同，他們是另一群；我們和我們攝政時期的祖先不同，他們又是另一群。然而我們都是人類，同一人性，同一血肉，在同一片永恆星空底下。

貝多芬的吻獻給全世界，而且，也獻給所有時代。

後記

我們的祖先是非常善良的百姓，但他們不是我會想要相識交往的人。

——理查．布林斯利．謝立丹[1]

在這個系列第一本著作，《漫遊中古英格蘭》的導論，我寫了「想要了解你所生存的這個世紀，你得至少到兩個其他的世紀去看看才行」。二〇〇八年以來，我經常反覆引用這句話——我很高興，因為這句話簡要總結我著作「漫遊」系列的本意。直接將我們的日常生活與我們祖先的並列，對於活在現代以及活在當時所代表的品質與意義，會有更深的印象。我們可以發現許多我們視為理所當然，但是我們的祖先被拒於門外的優點，以及他們享受但我們並不覺得的事物。有人可能主張，這麼說是錯置時代，混淆過去和現在的價值。然而，在其他任何歷史書籍，以及在「漫遊」系列，這再也不是問題：所有歷史書寫某個程度都是錯置時代，因為我們說的、欣賞的過去，全都透過我們自己的生活經驗。我們必須知道痛是什麼，才能討論中世紀和文藝復興時代的痛。如果我們談到憎恨、恐懼、飢餓、奴役，同樣地，基於我們的個人知識——什麼是受到鄙視、感覺害怕、肚子空空、不得自由——才能理解這些事物。如果你尚未經驗這些，你需要想像，而且是憑藉你的所知。因此，歷史學家的當代世界侵入所有歷史認知。但是這並不妨礙我們書寫其他世紀，反而在幫助我們。分離過去與現在，單獨檢視過去，彷彿過去是記錄某種絕種生物的化石——這樣無法找到歷史的靈魂，而是須將兩者相連，發覺兩者同樣充滿活力。

一堂重要的課就從這裡衍生。學院歷史學家總是提醒我們，我們判斷歷史上的個人，應該根據他們自己認可的價值與標準。顯然如果你想知道某個歷史人物為何做出某事，或為何某人以他的方式反應，是的，你需要當時的知識。但是，在「漫遊」系列，當我把那些過去的價值觀本身攤開來判斷時，我發現自己不斷質疑這個狹隘的觀點——我們應該只能用他人的價值觀判斷他人。而特別在這一本，結果也許比這個系列其他著作還要驚人。如果你**只**以十八世紀的人和同時代人的價值觀判斷，結果就是得到和不具有相同價值觀的現代大眾無關的歷史。例如，今日英國許多公共建築，裝飾的姓名和雕像就是那些蓄奴者和殖民者。根據當時的價值觀，他們既偉大又優秀，而且，根據傳統的學院取徑，我們沒有權利譴責他們。然而，他們當然不能再被當成「優秀」。過去的學院取徑堅持我們應該以這些人物自己的標準判斷他們，不管他們對於人類同伴殘忍的剝削，然而這樣的方法與現代世界越來越不同步。相同地，如果我們不譴責十八世紀忽視女性教育，我們就是壓迫沉默的支持者，傷害瑪麗·沃史東柯拉夫和伊莉莎白·哈姆等人的生命。雖然十八世紀與十九世紀的個人如何被同時代的人看待，在**歷史上**是有趣的研究，但**社會上**更重要的是看這數百萬人——平民百姓與有錢人家——如何生活、愛、夢想、受苦。對於當時的生活提出細微平衡的學院觀點固然是好事，但若我們忽略對人民生活的影響，就無法呈現完整的圖像。此外，身為歷史學家，因為我們並未適當向人民解釋他們的祖先如何生活與死亡，因此有失我們的公共責任。而如果我們於彼失敗，就全盤失敗。

我必須反思幾件令我驚訝的事，才能向這個英國歷史上精彩的年代道別。首先就是，我們有多少應該歸功法國大革命。許多在英國的發展，直接或間接，歸功海峽對岸的事件。呼籲政治和社會改革、害怕海岸這端也會發生血腥革命，都是可預期的結果。更驚人的是，法國的起義竟也影響時尚、烹飪傳統、西洋棋、女性解放，甚至國家美術館成立。特別有趣的結果是人民意識到社會變革。一七八九年之前，多數評論家只知道最明顯的政治與宗教發展；之後，許多人發現，所有舊時的價值和確定性現在都懸而未決。勞勃・騷賽描述一七六〇年至一八〇三年之間的英格蘭時寫道：

> 也許沒有王國，像英格蘭在此時的君主統治一樣，在這麼短的時間經歷這麼劇烈的變化，但是沒有暴力狀態突如其來⋯⋯都會區的面積加倍；徵稅五倍；金錢貶值的速度彷彿發現新的礦場；運河從島的一端連接到另一端；旅行的速度變得之快，國內交通是過去十倍；蒸汽引擎的發明幾乎如同印刷術發明的年代一樣偉大；製造系統執行得淋漓盡致；貿易精神擴展到一切事物；在美洲失去一個帝國，在東方得到另一個；這些都是整張圖畫的片段。最微小的事物都出現變化，甚至是社會各個階層的服裝和規矩。[2]

生活不僅不同，而是以前所未有的速度變化，這種感覺之後會變得尋常。無論正確或錯誤，法國大革命之後，許多人相信自己的世代已經比任何世代見證更多變化。

因為這個時期的種種發展，到了一八三〇年，我感嘆社會的樣貌，已經看得出現代。說這話的時候，我完全清楚當時的人民缺乏我們所謂「現代」的許多特徵，例如飛機、太空旅行、電器用品、網際網路、電話等。此外，這個國家依然由貴族和地主仕紳主宰，女人和有色人種在各方面依然受到男人與白人歧視。儘管如此，我還是感嘆現代，因為幾乎所有今日的社會議題當時都有人討論，包括這些歧視。到了一八三〇年，事物標準化已是明顯的趨勢，從葬禮記事到螺絲紋路。人民非常擔心人口過多與社會不平等。改革人士對於改善生活環境的決心越來越堅定。約翰・霍華德之前，幾乎沒有人在乎監獄，但是他的監獄改革工作持續進行，甚至到今日。一七九〇年代，許多女人憂心女性缺乏機會，到了一八三〇年，甚至成為更多人關心的問題。安・李斯特和蘭戈倫淑女身為女同性戀伴侶的身分已經到處流傳。變裝和性別認同議題開始有人注意，而男性的同性戀行為處以絞刑，在道德上是否正確，這個問題也是。動物權利列入會議議程。種族關係也是討論主題——不僅關於蓄奴，也關於獨立的黑人公民。在生活幾乎所有方面，專業人士都在取代業餘人士——從醫藥、運動，到教學、公職。人們也開始意識到大地的自然美景遭到破壞，評論工廠和汙染，哀悼鄉村和開闊的空間不復存在。無論現在你的社會關注是什麼，都可以在攝政時期找到想法一致的人，在相同的主題、非常相似的辯論之中得到激勵。

寫作本書另一件令我驚訝的事也就隨之而來——攝政時期和現代世界的連續程度。首先，攝政時期的文化，很多仍然還是當前的文化。一七〇〇年之前的音樂，通常歸類為「早期音樂」，但不是莫札特、海頓、貝多芬的製作。現代的建築師經常模仿約翰·納什和同時代人的設計，但很少重建更早之前的形式。男人依然穿著長褲，而非及膝褲。許多老舊的房屋裝飾都是攝政風格，但是早於十八世紀後期的很少見到。我自己寫作這本書的時候，坐在十八世紀的椅子，對著攝政時期的圖書館長桌，背後還有一個一八〇八年製作的老爺爺時鐘向我報時；非常少人會在日常生活使用更早之前的物品。每個思考的人至少都有一位最喜歡的攝政時期作家，可能是珍·奧斯汀、拜倫勛爵或其他——而且，就算沒有，他們也會明確表示這是他們**不喜歡**的攝政時期作家。除此之外，有趣的是，比起任何更早的世代，我們對他們的態度更感興趣。我們覺得可以合理對這個時代的男女品頭論足。我們譴責蓄奴的人，並為像威廉·威伯福斯這樣為反對蓄奴而抗爭的人喝采。我們譴責殘忍的丈夫（尤其當他們是王室血脈），並讚揚像漢娜·莫爾和伊莉莎白·弗萊這樣的女人，她們糾正我們認為不公不義的事。這些人的正面與負面影響延伸超過他們的時代，而我們也評論他們，彷彿他們貢獻的社會是我們的——而且確實就是。

然而，最令我驚訝的是，我發現這樣的連續程度並非純然單向。你八成認為那是單向，畢竟，攝政時期的人民怎麼可能知道任何關於我們的事。但是思想前瞻的知識分子，例如戈德溫、沃史東柯拉夫、雪萊夫婦信心滿滿地相信，某天事情會不同，而我們，也就是他們的後人，將會獲益。同樣地，當貝多芬要合唱團唱出「擁抱吧！萬民」，他說的不只是和他同時代的人，也包括尚未出生的萬民。同樣地，當我們的碳排放量、溫室氣體、都會擴張、塑膠垃圾、礦物開採，對世界做出一百年都不可挽回的傷害，我們也該想想我們之後的人。雖然確實預測未來的是十九世紀末與二十世紀初的虛構和非虛構作品，但是攝政時期的人民已經開始思考之後的世代。許多花時間寫日記的人也展現對於未來的關心——將他們各自的石頭丟進時間的水池，於是他們掀起的漣漪傳達給我們，讓我們知道生活在十九世紀初期是什麼樣子。這裡我想起的人是伊莉莎白·哈姆、勞伯·布林科、卡爾·莫里茲；中產階級的牧師例如詹姆斯·伍德福德、約翰·司金納、托馬斯·帕蒂康伯；外國遊客路易斯·西蒙、理查·拉什、納撒尼爾·惠頓；貴族與仕紳赫爾曼·普克勒－穆斯考王子、拜倫勛爵、安·李斯特。他們全體向我們訴說，在我們耳邊低語，而我們聆聽。

當然，事情的真相是，他們是當下的旅者。千千萬萬誠摯的聲音從過去傳到我們這裡。他們是你真正的嚮導。我們聆聽他們的話語，彷彿他們此時聚集在我們身邊——一代又一代，向我們訴說，希望他們的想法和感受在我們的思想與心靈延續下去。也許某天你也會加入他們，對你二十五世紀或三十世紀的後代輕聲留下證詞，成為人性響亮的合唱其中一個聲音。我建議你如此。我們與跨世紀的男女同胞越是溝通，越能豐富彼此的人生。

於頁260。｜**98.** Foster, *Philharmonic Society*，頁4–8。｜**99.** David Benjamin Levy, *Beethoven: the Ninth Symphony* (revised edn, 2005)，頁122。｜**100.** Levy, *Ninth Symphony*，頁133–5。

後記

1. Richard Brinsley Sheridan, *The Rivals, Act iv*, Scene 1.｜**2.** Southey, *Letters from England*, iii，頁73–4。

Muskau, *Regency Visitor*，頁165。│**69.** Ashton, *Regency*，頁383–4；Pückler-Muskau, *Regency Visitor*，頁165、199。│**70.** Southey, *Letters from England*, i，頁187–94，描述1807年坐在正廳。│**71.** Ackermann, *Microcosm*, iii，頁263。│**72.** 引用於Peter Thomson, 'Kemble, John Philip', *ODNB*。│**73.** Thomson, 'Kemble, John Philip', *ODNB*.│**74.** 引用於Peter Thomson, 'Kean, Edmund', *ODNB*。│**75.** Thomson, 'Kean, Edmund', *ODNB*; William Foulkes, 'Macready, William Charles', *ODNB*.│**76.** 引用於Robert Shaughnessy, 'Siddons [née Kemble], Sarah', *ODNB*。│**77.** Simond, *Journal*, i，頁135。│**78.** 席登斯夫人的人生和職業相關部分，多數取自Shaughnessy, 'Siddons [née Kemble], Sarah', *ODNB*。│**79.** Wheaton, *Journal*，頁48。│**80.** Arthur Loesser, *Men, women and pianos, a social history* (1954, new edn, 1990)，頁148。│**81.** Austen-Leigh, *Memoir*，頁83。│**82.** Leena Asha Rana, 'Music and elite identity in the English country house, c. 1790–1840', PhD thesis, University of Southampton (2012)，頁15。│**83.** Nicholas Temperley, 'Domestic Music in England 1800–1860', *Proceedings of the Royal Musical Association, 85th Session* (1958-9)，頁31–47，於頁35。│**84.** Myles Birkett Foster, *The History of the Philharmonic Society of London, 1813–1912* (1912)，頁43。│**85.** *The Musical Times and Singing Class Circular*, 41, 683 (1900)，頁18–22，於頁19。│**86.** Foster, *Philharmonic Society*，頁93。│**87.**「音樂和跳舞一樣，都不是人民的娛樂。沒有哪個國家這麼不愛好音樂。」見Southey, *Letters from England*, iii，頁190。│**88.** Ashton, *Old Times*，頁205；Rachel E. Cowgill, 'Billington [née Weichsel], Elizabeth', *ODNB*。│**89.** Michael Burden, 'Mara, née Schmelling, Gertrud Elisabeth', *ODNB*.│**90.** *Dictionary of Musicians* (2nd edn, 2 vols, 1827), ii，頁106。│**91.** Joseph Knight，Jane Girdham修訂，'Storace, Ann Selina [Nancy]', *ODNB*。│**92.** Dictionary of Musicians, i，頁293。│**93.** George Grove, *A Dictionary of Music and Musicians* (4 vols, 1900), i，頁321。│**94.** Christopher Raeburn, 'Mozart's Operas in England', *The Musical Times*, 97, 1355 (1956)，頁16，引用The Examiner，1811年5月19日。│**95.** Murray, *High Society*，頁223。│**96.** Jacky Bratton, 'Vestris [née Bartolozzi; other married name Mathews], Lucia Elizabeth', *ODNB*.│**97.** Marion M. Scott, 'Haydn in England', *The Musical Quarterly*, 18, 2 (1932)，頁260–73，

Garden Ladies (2005)，頁98–9。｜**42.** Rubenhold, *Harris's List*，頁102–4。｜**43.** Rubenhold, *Harris's List*，頁154–5。｜**44.** Rubenhold, *Harris's List*，頁156–7。｜**45.** Emily Brand, *The Georgian Bawdyhouse* (2012)，頁17。｜**46.** Brand, *Bawdyhouse*，頁19。｜**47.** Brand, *Bawdyhouse*，頁38。｜**48.** Collis, *New Encyclopaedia of Brighton*，頁254。｜**49.** Lackington, *Memoirs*，頁386–7。｜**50.** 他的清冊提到的書籍有：六冊The Evangelical Magazine；四冊The Baptist Magazine；四冊John Tillotson的Sermons on Several Subjects and Occasions；三冊Laurence Howell的A Complete History of the Holy Bible；Lindley Murray的The Power of Religion on the Mind；John Evans的A Sketch of the Denominations of the Christian World; 'Westlake on Baptisms'；以及一冊不具名的宗教書籍。除了這些和文中提到的其他書籍，還有「四冊雜項」。｜**51.** 威廉·莫蒂默的哥哥約翰·莫蒂默（1768-1825）識字，也擁有書籍，某些還留著，前面並有他的簽名題字。他們的父親約翰·莫蒂默（1733-1797）是船員，而且很少在康伯因坦黑德（Combeinteignhead）的家裡；他有可能擁有書，因為他至少會寫名字，但沒有跡象顯示他有。家庭的聖經是兒子約翰開始收藏的。兄弟兩人的祖父康伯因坦黑德的威廉·莫蒂默（1780歿）不識字。｜**52.** Rush, *Residence*，頁110–11。｜**53.** MacCarthy, *Byron*，頁159。｜**54.** Porter, *English Society*，頁235。巴斯，見Fisher, *Royal Crescent*，頁45；*Pigot's Directory* (1830)，頁688。｜**55.** MacCarthy, *Byron*，頁162–3。｜**56.** Moore, Life, *Letters and Journals of Lord Byron*，頁159。｜**57.** *Edinburgh Review* (January 1808)，頁285–6。｜**58.** Moritz, *Journeys*，頁144–5。｜**59.** Simond, *Journal*, i，頁187。｜**60.** Southey, *Letters from England*, iii，頁40–1；Scott (ed. Anderson), *Journal*，頁114。｜**61.** [Thomas Babington Macaulay], 'Art. VI: *The Constitutional History of England, from the Accession of Henry VII to the Death of George II*. By Henry Hallam', *Edinburgh Review*, xlviii (1828)，頁97–8。｜**62.** Southey, *Letters from England*, iii，頁275。｜**63.** *London Encyclopaedia*，頁92；Simond, *Journal*, i，頁83–8；Ashton, *Regency*，頁233。｜**64.** PücklerMuskau, *Regency Visitor*，頁53，提到那裡有兩隻長頸鹿；1830年代的圖畫描繪三隻。｜**65.** Simond, *Journal*, i，頁83–4。｜**66.** PücklerMuskau, *Regency Visitor*，頁53。｜**67.** Feltham, *Guide to all the Watering and Sea-Bathing Places*，頁41、45。｜**68.** Pückler-

Pedestrianism (1813)，頁73，當中舉例Mr Haselden of Milton於1809年8月沿著Canterbury road跑十英里，花了53分鐘，而且「輕輕鬆鬆」。Gotaas, *Running*，頁79，提到18世紀初的跑者Pinwire，52分3秒跑完十英里。｜**16.** Thom, *Pedestrianism*，頁78–9。｜**17.** Peter Radford, 'Women as athletes in Early Modern Britain', *Early Modern Women*, 10, 2 (2016)，頁52–4，esp. 頁52–4。｜**18.** 引用於Morris Marples, *A History of Football* (1954)，頁96。｜**19.** 引用於Marples, *Football*，頁96。｜**20.** Marples, *Football*，頁117。｜**21.** Wheaton, *Journal*，頁255–6。｜**22.** Ashton, *Regency*，頁400。｜**23.** E. Beresford Chancellor, Life in Regency and Early Victorian Times (1926)，頁89。｜**24.** 引用於Claire Cock-Starkey, *The Georgian Art of Gambling* (2013)，頁85。｜**25.** Southey, *Letters from England*, iii，頁191–2。｜**26.** Pückler-Muskau, *Regency Visitor*，頁282–3。｜**27.** PücklerMuskau, *Regency Visitor*，頁322；Cuming (ed.), *Squire Osbaldeston*，頁185。｜**28.** Sir John E. Eardley-Wilmot, *Reminiscences of Thomas Assheton-Smith* (1860)，頁2；White, *Waterloo to Peterloo*，頁41。80隻獵犬的花費，見 Pückler-Muskau, *Regency Visitor*，頁292。｜**29.** Woodforde, *Diary*，頁246–8、250、295。｜**30.** Southey, *Letters from England*, iii，頁75–82。｜**31.** Cock-Starkey, *Georgian Art of Gambling*，頁27。｜**32.** Ashton, *Old Times*，頁173，引用自1794年6月25日*The Times*。｜**33.** Wheaton, *Journal*，頁151–2。｜**34.** Lister, *Diaries*，頁106；Pückler-Muskau, *Regency Visitor*，頁238。｜**35.** Thomas Seccombe，Julian Lock修訂，'Lewis, William', *ODNB*。｜**36.** Wheaton, *Journal*，頁271–3。｜**37.** Monck Mason, *Aeronautica* (1838)，頁232；*Encyclopaedia Britannica* (1911 edn), xx，頁751；*The Times*（1818年12月17日），頁2。｜**38.** Goede, *Stranger in England*, i，頁117–18；White, *London*，頁347。｜**39.** 這個時期65歲以上人口大約5%。在倫敦，小於15歲的比例稍微比全國平均低，大約30%。因此城市女性人口大約有65%界於15至65歲。住在倫敦的女人比男人多，比例約為十分之一。首都1807年的人口大約一百萬，所以成年女性約有34萬住在這裡。七萬約是這個數字的五分之一。應該注意，這個異常的比例一直被某些歷史學家引用，例如White, *London*，頁347，但是治安官估計的增加是人口的恆常比例，而且並非無人知曉。｜**40.** Goede, *Stranger*, i，頁117、120。｜**41.** Hallie Rubenhold, *Harris's List of Covent-*

| **39.** Southey, *Letters from England*, i，頁109–10。| **40.** *OBPO*, t17990403-29（凱瑟琳．斯奎爾）、t18131201-63（瑪莎．伯傑斯）、t18220522-144（約翰．沃漢與約翰．辛）。| **41.** *OBPO*, t18060416-3（William Kennovan、約翰．蓋博、Joseph Parker）；t18020602-12（威廉．阿普頓）；t18290910-80（威廉．史蒂芬斯）；t18250407-121（威廉．庫克）。| **42.** *OBPO*, t18141026-141. | **43.** *OBPO*, t18201206-156; The National Archives: HO 11/4，頁149。| **44.** Phillips, *Profligate Son*，頁196–7。| **45.** The National Archives: HO 11/1，頁342。| **46.** 這些案件的細節主要出自*OBPO*, t18150405-18，細節補充出自G. T. Crook, *The Complete Newgate Calendar* (5 vols, 1926), v，頁159-64。| **47.** Crook, *Newgate Calendar*, v，頁162。| **48.** Marshall, *Statistics*，頁34–7。| **49.** Phillips, *Profligate Son*，頁191。| **50.** Southey, *Letters from England*, ii，頁101。| **51.** Lister, *Diaries*，頁237。

12 娛樂

1. Nimrod, *Memoirs of the Life of John Mytton Esquire of Halston, Shropshire* (2nd edn, 1837), esp. 頁177–92。| **2.** E. D. Cuming, *Squire Osbaldeston: his autobiography* (1926)，頁26–7。| **3.** 見*The New Sporting Magazine*, 18, 105 (January 1840)，頁374–5。| **4.** Pückler-Muskau, *Regency Visitor*，頁57。| **5.** Southey, *Letters from England*, iii，頁280–2。| **6.** Nimrod, *Life of John Mytton*，頁16。| **7.** Ken Sheard, 'Boxing in the Western civilising process', in Eric Dunning, Dominic Malcolm and Ivan Waddington (eds), *Figurational studies of the development of modern sports* (2004)，頁15–30，於頁17–18。| **8.** *Literary Remains of the Late William Hazlitt, with a Notice of his Life by his Son* (2 vols, 1836)，頁218–19。| **9.** Ashton, *Regency*，頁49。| **10.** Leslie Stephen, revised by Dennis Brailsford, 'Allardice, Robert Barclay [known as Captain Barclay]', *ODNB*. | **11.** *The Times*（1807年10月16日），頁3。| **12.** Davy Crockett, '1,000-milers, Part Two–the Barclay Match'，2019年3月9日刊登，請見http://ultrarunninghistory.com/1000-milers-part-2/，下載日期2020年2月27日。| **13.** John Bryant, *3:59.4: The Quest to Break the Four-Minute Mile* (2004)，頁17。| **14.** 四分鐘英里據說在1790年之前達成兩次。見Thor Gotaas, *Running: a Global History* (2012)，頁78。| **15.** Walter Thom,

2月13日。│**14.** 這個比例根據Marshall, *Statistics*，頁34–5其中的數值。│**15.** 這項法律在1826年改變。之後，拒絕認罪不被認為承認犯罪。│**16.** *The Times*（1796年4月12日）。│**17.** Woodforde, *Diary*，頁315。伍德福德這麼寫，即使他以為只過了七天。│**18.** Porter, *English Society*，頁135。│**19.** 巡迴法庭有罪判決從1810年之前70%，到1820年代78%；倫敦中央法庭1790年代67%，到1820年代76%。見Marshall, *Statistics*，頁34–5；*OBPO*。│**20.** *OBPO*, t18140216-22.│**21.** Southey, *Letters from England*, i，頁253重複這個引言，並宣布這「不哲學也不同情」，但他的觀點很有可能是少數。│**22.** 根據Marshall, *Statistics*，頁34–5，1805至29年在英格蘭與威爾斯的巡迴法庭，63.7%的有罪判決都被判監禁。│**23.** Howard, *State of the Prisons*，頁363。│**24.** Marshall, *Statistics*，頁34–5。│**25.** *Returns from all the Gaols, Houses of Correction and Penitentiaries in England, Wales and Scotland* (1821)，頁22–3（格洛斯特）、42–3（斯塔福）。│**26.** *Returns from all the Gaols*，頁10–11。│**27.** *Returns from all the Gaols*，頁351。│**28.** 例如，在泰晤士河畔京士頓矯正所（Kingston upon-Thames Bridewell）「男人的庭院有一扇門，可以進入女人的庭院，而其中一個男人手握鑰匙，可以讓任何囚犯進入女人的區域。」見Howard, *State of the Prisons*，頁278。│**29.** Howard, *State of the Prisons*，頁17。│**30.** 1826年在監獄的債務人有2,861人，其中1,700人在倫敦。見https://media.nationalarchives.gov.uk/index.php/the-real-little-dorrit-charlesdickens-and-the-debtors-prison/，下載日期2020年2月16日。│**31.** Gary Calland, *A History of the Devon County Prison for Debtors in St Thomas* (Exeter, 1999)，頁25、35。│**32.** 引用Phillips, *Profligate Son*，頁113。│**33.** Ashton, *Old Times*，頁266；Howard, *State of the Prisons*，頁384。│**34.** Mark S. O'Shaughnessy, 'On Certain Obsolete Modes of Inflicting Punishment, with Some Account of the Ancient Court to Which They Belonged', *Transactions of the Kilkenny Archaeological Society*, i, 2 (1853)，頁254–64，於頁257；William Andrews, *Old-Time Punishments* (1890)，頁1–34；Daniel and Samuel Lysons, *Magna Britannia: volume 6: Devonshire, a General and Parochial History of the County* (1822)，頁357。│**35.** Andrews, *Old-Time Punishments*，頁65–89，於頁79–80。│**36.** *OBPO*, t18140525-101.│**37.** Andrews, *Old-Time Punishments*，頁85。│**38.** Murray, *High Society*，頁18。

11 法律與秩序

1. Southey, *Letters from England*, iii，頁189。｜**2.** P. Colquhoun, *A Treatise on the Police of the Metropolis* (7th edn, 1806)，頁8–9。｜**3.** *OBPO*, https://www.oldbaileyonline.org/static/Gender.jsp#gendercrime, 下載日期2020年2月4日。｜**4.** 巡迴審判的數值出自J. Marshall, *Statistics of the British Empire* (1837)，頁37–7。第35頁有部分不一致，但是依據第36至37頁的數值修正，可見1805年至1829年，26萬1,565人被逮捕並在巡迴法庭審判（包括大陪審團「不予起訴」）。其中48,691人是女性（19%）。倫敦中央法庭1789年至1830年間，22%的犯人是女人和女孩。｜**5.** *OBPO*記錄1789年至1830年間48,368件案件。犯罪分類如下：擾亂安寧（暴動、攻擊、誹謗、威脅行為、流浪）246人（0.51%）；破壞財產（包括縱火）：56人（0.12%）；欺騙（包括偽證、偽造、詐欺）：912人（1.89%）；殺害（包括過失殺人、謀殺、殺嬰、小型叛國罪）491人（1.02%）；雜項（包括陰謀、綁架、海盜、流放歸來）：522人（1.08%）；侵犯王室（即鑄幣、叛亂、褻瀆、稅收、叛國）：1,107（2.29%）；性犯罪（即重婚、強姦、性侵、雞姦）：402人（0.83%）；偷竊（包括竊盜、入室竊盜、扒竊、收受贓物）：42,962人（88.82%）；竊盜（搶劫、攔路搶劫）：1,670人（3.45%）。注意這些數值是案件數，可能包括超過一個犯人。｜**6.** Lister, *Diaries*，頁9、12、67。｜**7.** Henry Francis Whitfield, *Plymouth and Devonport in times of war and peace* (Plymouth, 1900)，頁283–4。｜**8.** J. L. Lyman, 'The Metropolitan Police Act of 1829: An Analysis of Certain Events Influencing the Passage and Character of the Metropolitan Police Act in England', *The Journal of Criminal Law, Criminology, and Police Science*, 55, 1 (1964)，頁141–54，於頁144–5。｜**9.** 泰晤士河的警察起源，資料來自http://www.thamespolicemuseum.org.uk/history.html，下載日期2020年2月9日。｜**10.** 格拉斯哥警察的資料來自http://www.policemuseum.org.uk/glasgow-police-history/pre-1800/，下載日期2020年2月6日。｜**11.** Howard, *State of the Prisons*，頁13–14；*Report from the Committee on the Prisons within the City of London and Borough of Southwark: 1*. Newgate (1818)，頁76-7.｜**12.** 例如，在亞平敦（Abingdon）。見Howard, *State of the Prisons*，頁340–1。｜**13.** 本節程序的部分，多半出自https://www.londonlives.org/static/CriminalTrial.jsp，下載日期2020年

需要丟過你的肩膀，不需要埋起來。見Southey, *Letters from England*, ii，頁282。更多關於疣的治療，見Gabrielle Hayfield, *Memory, Wisdom and Healing* (Stroud, 1999), chapter 6。 | **43.** Skinner, *Journal*，頁45。 | **44.** Southey, *Letters from England*, i，頁77。 | **45.** Eric Jameson, *The Natural History of Quackery* (1961)，頁11。 | **46.** 1819年皇家內科醫師學會有82個會員，兩百個執照持有人，超過一半在倫敦。愛丁堡皇家內科醫師學會會員數量相似，只有五個執照持有人。見*The Royal Kalendar ... for the year 1819*，頁282–6、360。 | **47.** Irvine Loudon, 'Medical Practitioners 1750-1850 and the Period of Medical Reform in Britain', in Andrew Wear (ed.), *Medicine in Society* (Cambridge, 1992)，頁219–48，於頁232。 | **48.** George, *London Life*，頁62。 | **49.** Lindsay Granshaw, 'The rise of the modern hospital in Britain', in Wear (ed.), *Medicine in Society*，頁197–218。 | **50.** Irvine S. L. Loudon, 'The Origins and Growth of the Dispensary Movement in England', *Bulletin of the History of Medicine*, 55, no. 3 (1981)，頁322–42；John McGowan, *A New Civic Order: The Contribution of the City of Edinburgh Police, 1805-1812* (Musselburgh, 2013)，頁9。1800年愛丁堡醫院每年只有兩千名病人，相較藥局處置15,000名病人。 | **51.** Ayesha Hussain and Anna Maerker, 'Eye Surgery in the Georgian Age', https://georgianpapers.com/2016/11/29/eye-surgery-georgian-age/，下載日期2020年1月29日。 | **52.** Lisa Forman Cody, 'Living and Dying in Georgian London's Lying-in Hospitals', *Bulletin of the History of Medicine*, 78, 2 (2004)，頁309–48。 | **53.** Irvine Loudon, 'Deaths in Childbed from the Eighteenth Century to 1935', *Medical History*, 30 (1986)，頁1–41，尤其見表2與表3。1750年代10%的數值出自Cody, 'Living and Dying'，頁314。 | **54.** *Report together with the Minutes of Evidence ... from the Committee Appointed to Consider of Provision being Made for the Better Regulation of Madhouses in England* (1815)，頁45–6。 | **55.** *Report ... for the Better Regulation of Madhouses*，頁12。 | **56.** *Report ... for the Better Regulation of Madhouses*，頁18–20。 | **57.** Flinders, *Grateful to Providence*，頁227。 | **58.** Palmer, *At Home with the Soanes*，頁17–18。 | **59.** *Report ... for the Better Regulation of Madhouses*，頁49。

t18301209-1. │ **21.** Withey, *Technology*，頁78。│ **22.** Withey, *Technology*，頁80；Francis Spilsbury, *Every Man and Woman Their Own Dentist* (1791), preface。│ **23.** *The Art of Beauty*，頁297–9。│ **24.** *The Mirror of the Graces, or the English Lady's Costume ... by a Lady of Distinction* (1830)，頁211。│ **25.** Quennell (ed.), *Byron*, i，頁338。│ **26.** Richard Barnett, *The Smile Stealers* (2017)，頁94。│ **27.** Quennell (ed.), *Byron*, i，頁246；ii，頁373、537。│ **28.** Pückler-Muskau, *Regency Visitor*，頁184。│ **29.** Spilsbury, *Dentist*，頁55。│ **30.** Barnett, *Smile Stealers*，頁88–99。│ **31.** Barnett, *Smile Stealers*，頁94、106。│ **32.** Lister, *Diaries*，頁143–4、148。│ **33.** *The Works of Thomas De Quincey* (4th edn, 16 vols, Edinburgh, 1878), i，頁4。│ **34.** J. R. McCulloch, *Descriptive and Statistical Account of the British Empire* (4th edn, 2 vols, 1854), ii，頁613。1660至1679年痢疾年平均死亡人數，倫敦地區每十萬人超過八百人；到了1801至1810年倫敦人的死亡率是每十萬人一人。│ **35.**「天靈靈地靈靈……痛風……在上一代人完全消失。」Southey, *Letters from England*, ii，頁28。│ **36.** McCulloch, *Descriptive and Statistical Account*, ii，頁613。Porter注意到，18世紀兒童死亡率非常高：一歲之前20%，五歲之前33%（Porter, *Society*，頁13）。根據George, *London Life*，頁39，1730年至1749年倫敦所有受洗兒童五歲以下埋葬率是74.5%，但1790至1809年下降到41.3%。他的解釋是工資較高，可負擔的食物較充足。│ **37.** McCulloch, *Descriptive and Statistical Account*, ii，頁613。│ **38.** Charles Turner Thackrah, *The Effects of the Principal Arts, Trades and Professions and of Civic States and Habits of Living on Health and Longevity with a Particular Reference to the Trades and Manufactures of Leeds* (1831)，頁27–8。│ **39.** Arnold J. Knight, 'Grinders' Asthma', *North of England Medical and Surgical Journal*(August 1830)，引用自J. S. Waterhouse, 'Contributions Towards the athology of Grinders' Disease of the Lungs', *Provincial Medical Journal*, no. 155 (September 1843)，頁299。│ **40.** John Brown, *A Memoir of Robert Blincoe, an Orphan Boy, Sent from the Workhouse at St Pancras* (Manchester, 1832)，頁25。│ **41.** Brown, *Robert Blincoe*，頁26。│ **42.** William Henderson, *Notes on Britain folk-lore of Northern England and the Borders* (new edn, 1879)，頁138–9。Southey也提到偷肉和十字路口的袋子，但他說青豆而非石頭，而且你只

'The Fine Art of Smoking'（2006年5月23日）818至40區；Lister, *Diaries*，頁55；Ashton, *Regency*，頁391；Byron, *Journals*, i，頁245。香菸的價格，見James Mott於1828年的案例，*OBPO*, ref: t18281204-271。｜**96.** George Evans, *The Old Snuff House of Fribourg and Treyer, 1720–1920*（私人印刷），頁11–15。｜**97.** Morewood, *Philosophical and Statistical History*，頁118–29。｜**98.** *The Times*（1797年2月10日）。｜**99.** Morewood, *Philosophical and Statistical History*，頁130。｜**100.** Humphry Davy, *Researches Chemical and Philosophical Chiefly Concerning Nitrous Oxide or Dephlogisticated Nitrous Air and its Respiration* (1800)，頁496、508–9、517–19、522。

10 清潔、健康、醫藥

1. Mary Russell Mitford, *Our Village* (5 vols, 1824-32), ii (3rd edn, 1826)，頁179。｜**2.** William Munk, *The Life of Sir Henry Halford bart.* (1895)，頁265。｜**3.** Lister, *Diaries*，頁310。｜**4.** Hall, *Georgian Gentleman*，頁209。｜**5.** Quennell (ed.), *Byron*, ii，頁613。｜**6.** Feltham, *Guide to all the Watering and Sea-Bathing Places*，頁330。｜**7.** Richard Russell, *A dissertation concerning the use of sea water in diseases of the glands* (Oxford, 1753)，頁ix-x。｜**8.** William Buchan, *Domestic Medicine, or a Treatise on the Prevention and Cure of Diseases* (11th edn, 1790)，頁106。｜**9.** 首次出現在Edward Bulwer-Lytton, *Paul Clifford* (1830), dedicatory epistle, note 7。但是，我懷疑這個時候已經普遍使用這個說法，因為該書當中針對那段的脈絡似乎是論某些評論家希望眾人注意他自己的清潔標準，因此視某些人為「廣大沒洗澡的人」，輕視他們的社會地位。亦見*Fraser's Magazine for Town and Country*, 5, 1 (June 1830)，頁531–2。｜**10.** Buchan, *Domestic Medicine*，頁100。｜**11.** Buchan, *Domestic Medicine*，頁101。｜**12.** Katherine Ashenburg, *Clean: an Unsanitised History of Washing* (2011)，頁156。｜**13.** 引用於Drs C. Willett and Phyllis Cunnington, *The History of Underclothes* (1951)，頁98。｜**14.** *The Art of Beauty* (1825)，頁157–8。｜**15.** *The Art of Beauty*，頁197。｜**16.** *The Ladies' Pocket Magazine for 1829*, part one，頁138。｜**17.** Palmer, *At Home with the Soanes*，頁22、46。｜**18.** Withey, *Technology*，頁75–6。價格亦見*OBPO*, t18301209-1, t18290910-305.｜**19.** *OBPO*, t18290910-305.｜**20.** *OBPO*, t18290910-305 and

週20.7單位。｜**82.** 1780年代末期，英國進口約170萬英鎊的茶，其中大約三分之一再次出口，但是到了1820年代末期，進口超過300萬英鎊，再出口僅約1%。見 Mitchell, *British Historical Statistics*，頁463–4、472。｜**83.** Rush, *Residence*，頁141。｜**84.** Prices are from Flinders, *Grateful to Providence*, ii，頁24、25、69、149、152、226。｜**85.** Davies, The *Case of Labourers*，頁39。｜**86.** Mitchell, *British Historical Statistics*，頁709。增加的趨勢有兩個暴增時段，1808至13年與1825至30年，兩者的關鍵都在進口稅下降。1807年之前殖民地的稅是每磅2先令2便士，那一年降低至7便士。1819年殖民地又上漲至每磅1先令，英屬印度1先令6便士，外國2先令6便士。這些都在1825年減半。｜**87.** Moritz, *Journeys*，頁35。｜**88.** S. D. Smith, 'Accounting for Taste: British coffee consumption in historical perspective', *Journal of Interdisciplinary History*, 27 (1996)，頁183–214，見頁208；Scott, *House Book*，頁591。｜**89.** Scott, *House Book*，頁110；Hall, *Georgian Gentleman*，頁221；Lackington, *Memoirs*，頁197。Smith, 'Accounting for Taste'，頁208。｜**90.** 1822年，James Cross因為從製造商那裡偷竊36瓶共18品脫的氣泡水，原本是某藥局以批發價13先令6便士誠實購買的商品，因此遭到起訴。意思是每瓶4.5便士。假設每瓶的利潤約為0.5至1.5便士，賣給顧客介於5至6便士。見*OBPO*, ref: t18220911-283。｜**91.** Southey, *Letters from England*, i，頁171。｜**92.** 一個每週賣800夸脫又80品脫琴酒的酒吧店主也會賣16包半盎司的菸草。見Colquhoun, *Public Houses*，頁4。｜**93.** Mitchell, *British Historical Statistics*，頁709–11，表示人均菸草消耗量介於0.75至1.32磅。根據Barbara Forey, Jan Hamling, John Hamling, Alison Thornton and Peter Lee, 'International Smoking Statistics: a collection of worldwide historical data. United Kingdom' [*International Smoking Statistics*第27章新版(2nd edn, 2002)]（http://www.pnlee.co.uk/Downloads/ISS/ISS-UnitedKingdom_160317.pdf，下載日期2020年1月10日）頁21，1945年與1946年15歲以上成人菸草人均消耗量達到顛峰8.7公克，1960年與1961年8.5公克。前者消耗菸草量約為12萬公噸，後者約為12萬5千公噸。1946年的人口為4,898萬8千人（根據國家統計局〔Office for National Statistics〕），而1961年的普查是5,280萬7千人，表示菸草消耗量每人每年分別為5.4磅與5.2磅（無論年齡）。｜**94.** Lister, *Diaries*，頁55。｜**95.** 克里斯第銷售目錄

(2003)，頁436，基於18世紀的濕度計，將淡紅酒濃度列為6.6%。Morewood, *Philosophical and Statistical History*，頁682，依據19世紀初期的濕度計將黑啤酒濃度列為6.8%，麥酒8.9%。值得注意的還有，1977年在塔司馬尼亞保護島（Preservation Island）外發現1798年沉船的雪梨灣號（The Sydney Cove），有類似黑啤酒的酒，酒精濃度約為6%。│ **64.** Peter Mathias, *The Brewing Industry in England 1700-1830* (1959)，頁25。│ **65.** Mitchell, *British Historical Statistics*，頁405。│ **66.** 見1818年8月4日《泰晤士報》第四頁的廣告。│ **67.** Simond, *Journal*，頁46。│ **68.** Jessica Warner, 'Gin in Regency England', *History Today*, 61, 3 (March 2011). │ **69.** 有段1833年的話描述酒吧的理想情況，幫助「酒吧女」做她的工作，見J. C. Loudon, *Encyclopaedia of Farm, Cottage and Villa* (1836)，引用自Peter Haydon, *The English Pub: a History* (1994)，頁201–2。│ **70.** G. B. Wilson, *Alcohol and the Nation* (1940)，表12；Morewood, *Philosophical and Statistical History*，頁717–21。│ **71.** Simond, *Journal*, i，頁46。│ **72.** Morewood, *Philosophical and Statistical History*，頁682。│ **73.** Eliza Acton, *Modern Cookery* (revised ed., 1863)，頁582。│ **74.** Flinders, *Grateful to Providence*, ii，頁151；Woodforde, *Diary*，頁349。│ **75.** Woodforde, *Diary*，頁370。│ **76.** Ashton, *Old Times*，頁155。│ **77.** Ashton, *Regency*，頁405。│ **78.** Hickman, *Household Book*，頁96。│ **79.** Flinders, *Grateful to Providence*, ii，頁152。│ **80.** Morewood, *Philosophical and Statistical History*，頁682。│ **81.** 根據Morewood, *Philosophical and Statistical History*，頁728，1820年至29年之間，英國每年進口平均580萬英制加侖的葡萄酒與410萬加侖的烈酒（雖然Morewood特別說是整個英國，但他指的是大不列顛，愛爾蘭另計）。這些總數還加上國內製造870萬加侖的烈酒（Mitchell, *British Historical Statistics*，頁408）。接著我們還要計算每年釀造2億2,300萬加侖的濃啤酒和5,400萬加侖的餐桌啤酒（Mitchell, *British Historical Statistics*，頁405）。為了計算人均酒精消耗量，濃啤酒的酒精濃度假設為6%，淡啤酒2.5%。烈酒濃度很高——57%，而且當時的濕度計測量的烈酒濃度介於51.6%至53.7%（Morewood, *Philosophical and Statistical History*，頁682），加起來，每年純酒精攝取總量超過一億加侖。這十年間的英國15歲人口平均是930萬，意思是光是官方資料就顯示每人每年平均飲用10.75公升的純酒精，或每年1,075單位，等於每

是法國餐廳。」｜**49.** Fisher, *Royal Crescent*，頁101；Freeman (ed.), *Epicure's Almanack*，頁92。｜**50.** Freeman (ed.), *Epicure's Almanack*，頁xlix。｜**51.** Goede, *Stranger in England*, i，頁57。｜**52.** Murray, *High Society*，頁172–3。｜**53.** Pückler-Muskau, *Regency Visitor*，頁149（約克公爵）；Murray, *High Society*, 頁198（皮特、謝立丹）。根據Samuel Morewood, *A Philosophical and Statistical History of the Inventions and Customs of Ancient and Modern Nations in the Manufacture and Use of Inebriating Liquors with the Present Practice of Distillation in all its varieties, together with an Extensive Illustration of the Consumption and Effects of Opium and other Stimulants used in the East as Substitutes for Wine and Spirits* (Dublin, 1838)，頁682，這時候的淡紅酒平均14.4%，波特酒23.5%。舊制6品脫淡紅酒是473毫升乘以6乘以14.4%，等於408毫升酒精。｜**54.** Mitchell, *British Historical Statistics*，頁408。｜**55.** *Reports from Committees of the House of Commons*, vol. xi (1803)，頁421。｜**56.** Wheaton, *Journal*，頁484–5；Anthony Cooke, *A History of Drinking: the Scottish pub since 1700* (Edinburgh, 2015)，頁46。｜**57.** George, *London Life*，頁52。｜**58.** Woodforde, *Diary*，頁303、316。｜**59.** P. Colquhoun, *Observations and Facts Relative to Public Houses in the City of London* (1794)，頁4（1790年代價格）；*OBPO*, refs: t18110403-73（每加侖20先令，1811年）；t18130217-2（每加侖10先令，1813年）；t18160110（每加侖10先令，1816年）；t18250407-55（每加侖8先令，1825年）；Morewood, *Philosophical and Statistical History*，頁730（稅）；Murray, *High Society*，頁795（酸）。｜**60.** 價格隨著稅額起落，但比較的價格大致來說，1800年，1加侖琴酒價格大約7先令8便士，1加侖好的蘭姆酒要16先令，1加侖白蘭地要21先令。見Woodforde, *Diary*，頁392。｜**61.** Hickman, *Household Book*，頁99。｜**62.** William Scott, *The House Book or Family Chronicle of Useful Knowledge and Cottage Physician* (1826)，頁329–32。｜**63.** Frank Clark在'A Most Wholesome Liquor: A Study of Beer and Brewing in 18th-Century England and Her Colonies'，估計濃啤酒約8%至10%，淡啤酒3%，見'A Most Wholesome Liquor: A Study of Beer and Brewing in 18th-Century England and Her Colonies', *Colonial Williamsburg Foundation Library Research Report Series*, no. 364 (Williamsburg, 2000)，頁21。Ian S. Hornsey, *A History of Beer and Brewing*

規定1夸特是8蒲式耳，1蒲式耳是8加侖，1加侖是8品脫。但是，玉米交易持續使用美國蒲式耳和夸特，直到1835年。重量等於480磅，即英國蒲式耳和夸特的97%（496磅）。即使在1835年，仍然有人使用非標準的度量衡。1921年4月，北約克郡巴克斯頓·阿什（Barkston Ash）的議員George Lane-Fox在下議院表示：「1夸特的小麥，在國家不同地方，可能是480磅、496磅、500磅、504磅、588磅。1夸特的裸麥或燕麥有更多種變化。」｜**24.** Mitchell (ed.), *British Historical Statistics*，頁755。｜**25.** Malcolm, *Anecdotes*, ii，頁414。｜**26.** Sir John Sinclair, *Analysis of the Statistical Accounts of Scotland*(1831)，頁139。｜**27.** Davies, *Case of Labourers*，頁8。｜**28.** Eden, *State of the Poor*, i，頁206。｜**29.** Vancouver, *Agriculture of the County of Devon*，頁149。｜**30.** Eden, *State of the Poor*, ii，頁510。｜**31.** Eden, *State of the Poor*, ii，頁512；Southey, *Letters from England*, ii，頁136–7。｜**32.** Eden, *State of the Poor*, ii，頁56、120、458。｜**33.** Lister, *Diaries*，頁86、236。｜**34.** Hickman, *Household Book*，頁20。｜**35.** Pückler-Muskau, *Regency Visitor*，頁114。｜**36.** Kitchiner, *Cook's Oracle*，頁112、135、147、151、368–9、375、377。｜**37.** John Trusler, *The Honours of the Table* (2nd edn, 1791)，頁5。｜**38.** Simond, *Journal*，頁44。本段與下一段資料來源皆是Pückler-Muskau, *Regency Visitor*，頁61–3；Trusler, *Honours*，頁4-8；Hickman, *Household Book*，頁23。這裡的晚餐以路易斯·西蒙在1808年描述的「10或12人晚餐」作為示例，因為這和Mr and Mrs John Custance於1794年8月在Weston House招待詹姆斯·伍德福德與其他八人的晚餐相似。見Woodforde, *Diary*，頁309。｜**39.** Hickman, *Household Book*，頁23，引用Mrs Frazer, *The Practice of Cooking* (1800)；Palmer, *At Home with the Soanes*，頁61。｜**40.** Pückler-Muskau, *Regency Visitor*，頁62。｜**41.** Colin Fisher, *The A to Z of the Royal Crescent: Polite and Impolite Life in Eighteenth Century Bath* (2016)，頁62。｜**42.** Pückler-Muskau, *Regency Visitor*，頁63。｜**43.** Simond, *Journal*，頁49。｜**44.** Murray, *High Society*，頁167。｜**45.** Murray, *High Society*，頁184。｜**46.** Murray, *High Society*，頁184–5。｜**47.** John Feltham, *The Picture of London* (1809)，頁360。｜**48.** *OED* 記錄以下來自P. G. Patmore, *Rejected Articles* (1826)，頁250的引言：「乾草市場街有12間法國房屋，但是似乎由來已久，比較像是提醒他們什麼不是法國餐廳，而非什麼

9 飲食菸酒

1. Southey, *Letters from England*, i，頁169。｜**2.** Jennifer Stead, 'Georgian Britain', in Peter Brears, Maggie Black, Gill Corbishley, Jane Renfrew and Jennifer Stead, *A Taste of History* (1993)，頁233。｜**3.** Broadberry et al•, *British Economic Growth*，頁106、109。｜**4.** Smith, 'Marketplace'，頁133；Rush, *Residence*，頁174；Lister, *Diaries*，頁85。｜**5.** Hannah Glasse, *The Art of Cookery Made Plain and Easy* (new edn, 1799)，頁378、381。｜**6.** William Verrall, *A Complete System of Cookery* (1st edn, 1759)，頁xvii–xix。｜**7.** Quennell (ed.), *Byron*, i，頁227。｜**8.** James Peller Malcolm, *Anecdotes of the Manners and Customs of London ... with a Review of the State of Society in 1807* (2nd edn, 2 vols, 1810), i，頁416。｜**9.** Woodforde, *Diary*，頁283；Moritz, *Journeys*，頁27；*Elizabeth Ham by Herself*, 頁39；Peggy Hickman, *A Jane Austen Household Book* (1977)，頁20。｜**10.** Henderson (ed.), *Industrial Britain*，頁43。｜**11.** Freeman (ed.), *Epicure's Almanack*，頁135。｜**12.** Freeman (ed.), *Epicure's Almanack*，頁xlviii。｜**13.** Glasse, *Art of Cookery*，頁55（土耳其）、76（叉燒肉）、119–21（烤肉串、咖哩、菜肉飯）。｜**14.** Freeman (ed.), *Epicure's Almanack*，頁235。William Kitchiner, *The Cook's Oracle* (1827 edn)，書中經常提到咖哩粉。帕馬森和格呂耶爾起司，見Trusler, *London Adviser* (1790 edn)，頁35。｜**15.** 例見：Woodforde, *Diary*，頁270、271、279、286、330、356、389。｜**16.** Hickman, *Household Book*，頁43、53–4, 7。｜**17.** Gray, *East Devon*，頁64；Stead, 'Georgian Britain'，頁257。｜**18.** Woodforde, *Diary*，頁245。｜**19.** Woodforde, *Diary*，頁397 (February 1801)；Ashton, *Old Times*, 153 (1795)；Flinders, *Grateful to Providence*, ii，頁224（19¼磅的豬肉12先令4便士）；Trusler, *London Adviser* (1790 edn)，頁28–9（牛肉每磅4便士至5便士；小牛肉6便士；羊排4.5便士至5.5便士；豬排每磅7或8便士）。｜**20.** Wheaton, *Journal*，頁120，書中的價格是每磅5便士。Trusler, *London Adviser* (1790 edn)，當季的價格1先令至1先令3便士較為合理。｜**21.** Trusler, *London Adviser* (1790 edn)，頁30、33。｜**22.** 這些總額出自 'estimates of housekeeping' in Trusler, *London Adviser* (1790 edn)，頁181。注意，書中12加侖桶售價14先令的淡啤酒計算為1先令6便士，這似乎有誤。一個啤酒桶是36加侖。｜**23.** 1824年《度量衡法》

Simond, *Journal*, i，頁50。 | **23.** Southey, *Letters from England*, i，頁155。 | **24.** 描繪與描述請見Palmer, *At Home with the Soanes*，頁22。 | **25.** Palmer, *At Home with the Soanes*，頁26–7。 | **26.** Freeman (ed.), *Epicure's Almanack*，頁231–3。 | **27.** Mark Girouard, *Life in the English Country House* (1978)，頁265。 | **28.** 見 Lister, *Diaries*，頁36，關於她使用衛生紙。1857年後，才有商業製造的衛生紙。 | **29.** Trussler, *London Adviser* (1790 edn)，頁1–3；Rush, *Residence*，頁55。 | **30.** 這個數值其實是1842年的，但是可以象徵攝政時期結束時的情況。見*FRCISLT*, i，頁67；*SRCISLT*, appendix, part ii，頁24。 | **31.** George, *London Life*，頁100；*SRCISLT*, appendix, part ii，頁37。 | **32.** *FRCISLT*, i，頁113。 | **33.** 出自George, *London Life*，頁101的調查。 | **34.** 引用自George, *London Life*，頁96。 | **35.** *SRCISLT*, appendix, part ii，頁38。 | **36.** 引用自George, *London Life*，頁95。 | **37.** 84床是四人共用，28床是五人共用，17床介於六至八人。見*SRCISLT*, appendix, part ii，頁24。 | **38.** *FRCISLT*, i，頁68。 | **39.** *SRCISLT*, appendix, part ii，頁15。 | **40.** *SRCISLT*, appendix, part ii，頁38。 | **41.** *SRCISLT*, appendix, part ii，頁22。 | **42.** *SRCISLT*, appendix, part ii，頁26。 | **43.** Austen-Leigh, *Jane Austen* (1871 edn)，頁32–3。 | **44.** Austen-Leigh, *Jane Austen* (1871 edn)，頁85。 | **45.** *FRCISLT*, i，頁122–3。 | **46.** Charles Vancouver, *General View of the Agriculture of the County of Devon* (1808)，頁365。 | **47.** 蜘蛛網的部分出自Chadwick, *Sanitary Condition*，頁270，對於非常類似的房間描述。 | **48.** Chadwick, *Sanitary Condition*，頁23；*Trevor Griffiths and Graeme Morton, A History of Everyday Life in Scotland, 1800 to 1900* (2010)，頁66；Simond, *Journal*, i，頁263。 | **49.** Wheaton, *Journal*，頁479。 | **50.** Simond, *Journal*, i，頁303–4。 | **51.** *A New Guide to Fonthill Abbey, Wiltshire* (1822)，頁21–4。 | **52.** Caroline Dakers (ed.), *Fonthill Recovered: a Cultural History* (2018)，頁94、103。 | **53.** Girouard, *Country House*，頁265。 | **54.** James Collett-White (ed.), *Inventories of Bedfordshire Country Houses 1714–1830*, Bedfordshire Historical Record Society, 74 (1995)，頁65。 | **55.** Girouard, *Country House*，頁265。 | **56.** Heron, *Notes*，頁41、95。 | **57.** White, *Waterloo to Peterloo*，頁43；Heron, *Notes*，頁55、116–17、130、139、155、157、180。 | **58.** Rush, *Residence*，頁308–9。 | **59.** Pückler-Muskau, *Regency Visitor*，頁45。

8 棲身之處

1. Goede, *Stranger in England*, i，頁56。｜**2.**「我們一登陸，就被拿著各家客棧名片的男孩包圍，他們受僱尋找陌生人，而且爭相提我們的行李。」（Southey, *Letters from England*, ii，頁114–15。）｜**3.** Southey, *Letters from England*, i，頁6–7。｜**4.** Jervis, rev. Kitchiner, *Traveller's Oracle*，頁114。｜**5.** Woodforde, *Diary*，頁184–6。｜**6.** Southey, *Letters from England*, ii，頁78–80。｜**7.** Southey, *Letters from England*, i，23；ii，頁135。｜**8.** Murray, *High Society*，頁284（爐火、報紙）；Southey, *Letters from England*, i，頁19（圖畫）；頁24（沙發、瓷器、餐盤）；ii，頁114–15（拖鞋）。｜**9.** Trusler, *London Adviser* (1790 edn)，頁171–2。｜**10.** Woodforde, *Diary*，頁184–6, 190–1。｜**11.** Walter Scott (ed. W. E. K. Anderson), *The Journal of Sir Walter Scott* (Oxford, 1972)，頁245。｜**12.** Simond, *Journal*, i，頁15。｜**13.** Ashton (ed.), *Old Times*，頁161–2。｜**14.** Robert Dymond, 'Old Inns and Taverns of Exeter' in F. J. Snell (ed.), *Memorials of Old Devonshire* (1904)，頁63–76，於頁74–5。｜**15.** White, *London*，頁142，引述William Henry Quarrell and Margaret Mare (eds), *London in 1710, from the travels of Zacharias Conrad von Uffenbach* (1934)，頁12。德國酒店在1769年知名的部分，可從Michael Parys描述自己是德國酒店的店員，當年被德國客人搶劫，在倫敦中央刑事法院作證。見*OBPO*, 1769年Jacob Snarbo的審判（t17690906-21）。｜**16.** J. G. Robertson, 'Sophie von la Roche's visit to England in 1786', *The Modern Language Review*, 27, 2 (1932)，頁196–203，於頁199；Kirsty Carpenter, *Refugees of the French Revolution: Émigrés in London 1789–1802* (1999)，頁53。｜**17.** Janet Ing Freeman (ed.), *The Epicure's Almanack* (2013 edn)，頁170–1；*Holden's Directory* (1802 edn)；*OBPO*（搜尋 'hotel'）。｜**18.**「沙皇1814年抵達倫敦，聖詹姆斯宮已經準備好迎接他，但他堅持不住那裡，要住普爾特尼飯店，他姊姊歐登伯格公爵夫人（Princess Ekaterina Pavlovna, Duchess of Oldenburg）住的地方，房租驚人，一週210幾尼。」https://wellcomecollection.org/ works/ktkpd4bf，下載日期2019年11月20日；Freeman (ed.), *Epicure's Almanack*，頁169。｜**19.** Pückler-Muskau, *Regency Visitor*，頁40。｜**20.** Trusler, *London Adviser* (1790 edn)，頁171–2。｜**21.** http://www.nationalarchives.gov.uk/nra/lists/GB-800819-Mortimer.htm.｜**22.**

自Clark (ed.), *Cambridge Urban History of Britain*, volume 2，頁681。｜**30.** 「郵件馬的生活真的非常不幸……」見Southey, *Letters from England*, i，頁33。｜**31.** Mazzinghi, *State of London* (1793 edn)，頁256。｜**32.** Southey, *Letters from England*, i，頁16–17。｜**33.** 1790年代，一輛24人座的馬車固定往返格林威治和倫敦。見Ashton, *Old Times*，頁159。｜**34.** Southey, *Letters from England*, i，頁32–3。｜**35.** Southey, *Letters from England*, ii，頁53–5。｜**36.** Pückler-Muskau, *Regency Visitor*，頁135。｜**37.** Moritz, *Journeys*，頁105。｜**38.** Moritz, *Journeys*，頁178。｜**39.** Wilson, *The Memoirs of Harriette Wilson* (2 vols, 1909), ii，頁431。｜**40.** Rush, *Residence*，頁17。｜**41.** Murray, *High Society*，頁283。｜**42.** 細節出自Charles G. Harper, *The Brighton Road, the Classic Highway to the South* (1892; 3rd edn, 1922)，頁18–41；Collis, *New Encyclopedia of Brighton*，頁80。｜**43.** White, *Life*，頁11；Porter, *English Society*，頁192–3。｜**44.** Harper, *Brighton Road*，頁41。｜**45.** Ashton, *Old Times*，頁163、164；Simond, *Journal*, i，頁3、130。｜**46.** Harper, *Brighton Road*，頁30。｜**47.** Roger Street, 'Johnson, Denis (1759/60–1833)', *ODNB*.｜**48.** Lister, *Diaries*，頁131。｜**49.** Pückler-Muskau, *Regency Visitor*，頁290–1。｜**50.** Simond, *Journal*，頁291。｜**51.** 數值出自This figure is from https://www.parliament.uk/about/living-heritage/transformingsociety/transportcomms/canalsrivers/overview/canal-acts/，下載日期2019年11月7日。｜**52.** Mitchell, *British Historical Statistics*，頁535。｜**53.** 出自日期標示1811年的一張海報，展示在法茅斯康沃爾的國立海洋博物館，印製者「Harris, printer, Falmouth」。｜**54.** Basil Greenhill and Ann Giffard, *Travelling by Sea in the Nineteenth Century* (1972)，頁8。｜**55.** Ashton, *Old Times*，頁9、81–2、90–1、98、100–7。｜**56.** Henderson (ed.), *Industrial Britain*，頁39；Greenhill and Giffard, *Travelling by Sea*，頁36；Mitchell, *British Historical Statistics*，頁535。｜**57.** Lister, *Diaries*，頁236–40。｜**58.** Greenhill and Giffard, *Travelling by Sea*，頁39。｜**59.** Wheaton, *Journal*，頁393。｜**60.** Daniel and Ayton, *Voyage*，頁52–3；Greenhill and Giffard, *Travelling by Sea*，頁38。

is Never Done: a History of Housework in the British Isles, 1650–1950 (1982)，頁152。│**28.** Woodforde, *Diary*，頁37 n. 102、387。│**29.** Davidson, *A Woman's Work is Never Done*，頁156。

7 旅行

1. Simond, *Journal*, i，頁185。│**2.** Lister, *Diaries*，頁193、212。│**3.** Simond, *Journal*，頁5、11；Gray (ed.), *East Devon*，頁114、134。│**4.** Southey, *Letters from England*, i，頁356。│**5.** Woodforde, *Diary*，頁335。│**6.** John Jervis，William Kitchiner修訂，*The Traveller's Oracle* (2nd edn, 2 vols, 1827), i，頁125。│**7.** Christine S. Hallas, 'Metcalf, John [called Blind Jack of Knaresborough] (1717– 1810)', *ODNB*.│**8.** Murray, *High Society*，頁278。│**9.** 例如，理查·拉什（Richard Rush）描述馬卡丹路「像地板」。見Rush, *Residence*，頁17、19。│**10.** Lister, *Diaries*，頁212；*Rush, Residence*，頁18。│**11.** 例如，1798年在索美塞特的布里治瓦特（Bridgwater）；1816年在切普斯托（Chepstow）；1827年在畢格斯魏（Bigsweir）；1818年在科爾波特（Coalport）；1826年在密斯（Mythe）；1819年在薩瑟克（Southwark）；1826年在溫莎。│**12.** Lister, *Diaries*，頁33。│**13.** Charles Stewart Drewry, *A Memoir on Suspension Bridges* (1832)，頁32。│**14.** Woodforde, *Diary*，頁346。│**15.** Hallas, 'Metcalf, John', *ODNB*.│**16.** George, *London Life*，頁355。│**17.** Southey, *Letters from England*, i，頁29。│**18.** Moritz, *Journeys*，頁114。│**19.** 例如，32歲時，牧師約翰·司金納（John Skinner）在九月，四小時內，從喀麥頓（Camerton）騎到社本（Sherborne）（29英里）。見Skinner, Journal，頁15。│**20.** 267英里的距離出自*Lewis's Topographical Dictionary* (7th edn, 4 vols, 1849), ii，頁210。│**21.** Lister, *Diaries*，頁204、269。│**22.** Jervis, rev. Kitchiner, *Traveller's Oracle*, ii，頁22。│**23.** Murray, *High Society*，頁81。│**24.** Jervis, rev. Kitchiner, *Traveller's Oracle*, ii，頁15。│**25.** Jervis, rev. Kitchiner, *Traveller's Oracle*, ii，頁59。│**26.** Lister, *Diaries*，頁183–4。│**27.** 現在位於梅德斯通（Maidstone）的馬車博物館（Tyrwhitt-Drake Museum of Carriages）。見https://www.thecarriagefoundation.org.uk/item/travelling-chariot，下載日期2019年11月1日。│**28.** Woodforde, *Diary*，頁290；Simond, *Journal*，頁17；Lister, *Diaries*，頁224。│**29.** 引用

6 服裝穿著

1. *The Times*（1790年1月19日），頁2–3。｜2. Murray, *High Society*，頁94–7。｜3. Murray, *High Society*，頁34。為求通順，格諾羅上尉的話改寫為現在式。｜4. 布尺於1818年普遍使用，雖然*OED*並未收錄1873年前的紀錄。見Lucy Johnson, *19th-century Fashion in Detail* (revised edn, 2016)，頁8。賀加斯（Hogarth）的雕版畫〈浪子的歷程〉（Rake's Progress, c. 1735）第一面（Plate 1）顯示裁縫用羊皮紙條的測量繼承人，紙條上面看不出任何長度標記。｜5. Wheaton, *Journal*，頁202。｜6. Woodforde, *Diary*，頁335、338；Moritz, *Journeys*，頁158。｜7. Alun Withey, *Technology, Self-Fashioning and Politeness in Eighteenth-Century Britain: Refined Bodies* (2016)，頁98。｜8. Wheaton, *Journal*，頁39、218、232；Withey, *Technology*，頁98–102。｜9. 這些數值出自威廉·莫蒂默（William Mortimer, 1773-1823）的遺囑清冊。他是我的曾、曾、曾、曾叔公。原始檔案由我保管。轉錄本請見National Archives – National Register of Archives 41004, http://www.national- archives.gov.uk/nra/lists/GB-800819-Mortimer.htm，下載日期2020年4月2日。請注意，Sir Frederick Eden的著作*The State of the Poor* (3 vols, 1797), i，頁557–8，當中倫敦二手衣服店的價錢比這個總和多更多。｜10. Rush, *Residence*，頁20。｜11. Wheaton, *Journal*，頁194。｜12. White, *Life*，頁38。｜13. *Elizabeth Ham by Herself*，頁27。｜14. *The Mirror of the Graces; or, the English Lady's Costume* (1811)，頁90。｜15. Ashton, *Old Times*，頁77。｜16. C. Willett Cunningham and Phyllis Cunningham, *The History of Underclothes* (1951)，頁114；Palmer, *At Home with the Soanes*，頁50；Lister, *Diaries*，頁36、45、170。｜17. Lister, *Diaries*，頁36。｜18. 見*The Art of Beauty* (1825)，頁194–5裡頭生動的描述。｜19. *Mirror of Graces*，頁202。｜20. Davies, *Case of Labourers*，頁136。｜21. Southey, *Letters from England*, iii，頁70。｜22. Wheaton, *Journal*，頁282；Pückler-Muskau, *Regency Visitor*，頁166、168。｜23. Simond, *Journal*, i，頁264。｜24. Henderson (ed.), *Industrial Britain*，頁39。｜25. 攝政時期威爾斯服裝的這些描述出自當時的手稿，見National Library of Wales, http://hdl.handle.net/10107/1238283，下載日期2019年8月28日。｜26. *OBPO*，1822年10月Ann Parkins的審判（t1822123-52）。｜27. Caroline Davidson, *A Woman's Work*

19日。｜**26.** 這些數值出自*SRCISLT*, appendix，頁56。｜**27.** Pigot & Co., *London & Provincial New Commercial Directory of Bedfordshire ... and South Wales* (1830)，頁215。｜**28.** Mitchell, *British Historical Statistics*，頁690。｜**29.** *SRCISLT*，頁34。｜**30.** Heron, *Notes*, appendix，頁76。｜**31.** Jeremy Black, *The English Press 1621–1861* (2001)，頁90。｜**32.**《週日泰晤士報》在1821年出版的時候原本是《新觀察家報》。｜**33.** Black, *English Press*，頁90。｜**34.** Southey, *Letters from England*, iii，頁25。｜**35.** A. C. Price, *Leeds and its neighbourhood* (Oxford, 1909)，頁282–4；Black, *English Press*，頁90、111。｜**36.** Wheaton, *Journal*，頁268。｜**37.** Palmer, *At Home with the Soanes*，頁103；Lister, *Diaries*，頁30。｜**38.** Lister, *Diaries*，頁63。｜**39.** White, *Waterloo to Peterloo*，頁1–2。｜**40.** Wheaton, *Journal*，頁120。｜**41.** Flinders, *Grateful*, ii，頁157、195。｜**42.** Mazzinghi, *State of London* (1793 ed.)，頁234。｜**43.** 研究這些費率時，我的資料來源是郵局的網站：http://www.gbps.org.uk/information/rates/inland/local-posts.php，下載日期2019年7月1日。｜**44.** Lister, *Diaries*，頁181。｜**45.** Johnson, *Western Isles*，頁380。｜**46.** Lister, *Diaries*，頁145。｜**47.** Ashton, *Social England*，頁5；Simond, *Journal*，頁21；Wheaton, *Journal*，頁216。｜**48.** *Brief Remarks on English Manners* (1816)，頁22；Pückler-Muskau, *Regency Visitor*，頁188。｜**49.** Wheaton, *Journal*，頁201。｜**50.** Hall, *Georgian Gentleman*，頁192；Southey, *Letters from England*，頁242。｜**51.** Ashton, *Old Times*，頁62、237–42。｜**52.** 關於某個男人因為持有一張假鈔，以及33英鎊真鈔和很多金幣，結果被流放的案例，見*OBPO*: 1804年4月，Henry Foss的審判（t18040411-51），下載日期2019年9月4日。｜**53.** Simond, *Journal*, i，頁10。｜**54.** Trusler, *London Adviser* (1790 edn)，頁31。｜**55.** Kathryn A. Morrison, *English Shops and Shopping: an Architectural History* (2003)，頁111。｜**56.** Morrison, *English Shops*，頁38、95。｜**57.** 此概述多半出自John Jeffrey-Cook, 'William Pitt and his Taxes', *British Tax Review*, 4 (2010)，頁376–91。｜**58.** Daniel Ricardo, *The Principles of Political Economy* (1817) Ch.8.｜**59.** Woodforde, *Diary*，頁404。｜**60.** Flinders, *Grateful*, ii，頁218、230。｜**61.** Sydney Smith, 'Review of Seybert's Annals of the United States', *The Edinburgh Review*, 33 (January 1820)，頁77–8。

Richard Brinsley Sheridan (1826)。最後一句話見第二本書，頁216。

5 日常生活

1. Pückler-Muskau, *Regency Visitor*，頁61。｜**2.** 這是1844年的數值，出自*SRCISLT*, appendix, part ii，頁5。｜**3.** C. Edward Skeen, '"The Year without a Summer": a historical view', *Journal of the Early Republic*, 1, 1 (1981)，頁51–67，於頁58。｜**4.** Murray, *High Society*，頁85；夜間溫度，見Heron, *Notes*，頁70。｜**5.**「我不再納悶為何這些人這麼經常談論天氣；他們的生活中，天氣瞬息萬變……」Southey, *Letters from England*, iii，頁67–8。｜**6.** Gordon Manley, 'Central England temperatures: monthly means 1659–1973', *Quarterly Journal of the Royal Meteorological Society*, 100 (1974)，頁389–405。｜**7.** Ashton, *Old Times*，頁4。｜**8.** Woodforde, *Diary*，頁300–1。｜**9.** Matthew Flinders (Martyn Beardsley and Nicholas Bennett, eds), *Grateful to Providence: the Diary and Accounts of Matthew Flinders, Surgeon, Apothecary and Man-Midwife, 1775–1802*, Lincoln Record Society (2 vols, 2007–9), ii，頁149。｜**10.** Woodforde, *Diary*，頁319–21。｜**11.** Woodforde, *Diary*，頁307。｜**12.** Lister, *Diaries*，頁43。｜**13.** Smith, 'Marketplace'，頁102。｜**14.** Lackington, *Memoirs*，頁111。｜**15.** George, *London Life*，頁206。｜**16.** Southey, *Letters from England*, i，頁166。｜**17.** Skinner, *Journal*，頁160。｜**18.** Susan Palmer, *At Home with the Soanes: Upstairs, Downstairs in 19th Century London* (1997; paperback edn, 2015)，頁78。｜**19.** Gilbert White, *Natural History of Selborne* (1st edn 1789; 1841 edn)，頁232–3，當中提到六磅的一般動物脂肪大概可以以二先令買得，這樣的量足夠包裹一磅30吋長的燈芯草，大約等於再花一先令買1,600根去皮的莖。每根莖可以持續燃燒半小時至一小時。｜**20.** 引用自Ashton, *Old Times*，頁297。｜**21.** *The Times*（1831年11月23日），頁3；John Strachan, *Advertising and Satirical Culture in the Romantic Period* (Cambridge, 2007)，頁31–4。｜**22.** Lackington, *Memoirs*，頁173。｜**23.** *Annual Register ... for the year 1783* (1785)，頁200。｜**24.** Rudolph Ackermann, *Microcosm of London* (3 vols, 1808–10), ii，頁41。｜**25.** Nicholas Daly, 'Fire on Stage', *Interdisciplinary Studies in the Long Nineteenth Century,* 25 (2017); https://19.bbk.ac.uk/article/id/1796/，下載日期2019年6月

2019年3月12日。 | **94.** Ashton, *Social England*，頁25–6。 | **95.** Lister, *Diaries*，頁141。 | **96.** Woodforde, *Diary*，頁100；*The Female Soldier; Or, The Surprising Life and Adventures of Hannah Snell* (1750)。 | **97.** Sydney Brandon, 'Barry, James (c. 1799–1865), army medical officer and transvestite', *ODNB*. | **98.** George, *London Life*，頁140。 | **99.** Skinner, Journal，頁89。 | **100.** Myles Birkett Foster, *The History of the Philharmonic Society of London 1813–1912* (1912)，頁7。 | **101.** 例如，負責倫敦中國社區的John Anthony在1800年以《國會法》成為英國公民。 | **102.** Marc Horne, 'Extraordinary tale of first Chinese Scotsman', *The Times*（2018年2月16日），引用Barclay Price的研究。 | **103.** George, *London Life*，頁137當中的引文。 | **104.** Moritz, *Journeys*，頁105。 | **105.** Victor Gray and Melanie Aspey, 'Rothschild, Nathan Mayer (1777–1836)', *ODNB*. | **106.** George, *London Life*，頁137當中的引文。 | **107.** Adkins, *Jane Austen's England*，頁8當中引述。另一場罩衫婚禮在1815年格林斯比（Grimsby），Ashton, *Social England*，頁390當中描述。 | **108.** E. P. Thompson, *Customs in Common* (1991; paperback edn, 1993)，頁442。 | **109.** Bridget Hill, 'Macaulay [née Sawbridge; other married name Graham], Catharine, 1731–1791)', *ODNB*，引用*Monthly Review*, 29 (1763)，頁373。 | **110.** Hill, 'Macaulay ... , Catharine', *ODNB*，引用C. Macaulay, *Letters on Education* (1790)，頁47。 | **111.** 安·李斯特被輕蔑地以「藍襪」稱呼。見Lister, *Diaries*，頁134。 | **112.** *Elizabeth Ham by Herself*，頁27。 | **113.** Dabhoiwala, *Origins of Sex*，頁125。 | **114.** Dabhoiwala, *Origins of Sex*，頁353。 | **115.** Ashton, *Old Times*，頁316–17。 | **116.** Woodforde, *Diary*，頁301、354。 | **117.** James Sharpe, *Instruments of Darkness* (paperback edn, Philadelphia, 1997)，頁282。 | **118.** Moritz, *Journeys*，頁70。 | **119.** Lord Byron, *Don Juan*, 'canto the tenth'，第14–16行。 | **120.** Pückler-Muskau, *Regency Visitor*，頁330。 | **121.** Pückler-Muskau, *Regency Visitor*，頁119–20。 | **122.** *The Spectator* (9 May 1835)，頁3；*Recollections of the Table-talk of Samuel Rogers* (2nd edn, 1856)，頁215–16；Murray, *High Society*，頁37。 | **123.** Lister, *Diaries*，頁253；Southey, *Letters from England*, i，頁186。 | **124.** 本節多數引言出自*The Oxford Dictionary of Quotations* (2nd edn, reprinted with revisions, 1966)，以及*Sheridiana; or Anecdotes of the Life of*

Lackington...in Forty-Six Letters to a Friend (new edn, 1792)，頁63。｜**67.** The National Archives, London: IR 1/38 fol. 68。這些都是1800年1月的費用。｜**68.** M. G. Brock and M. C. Curthoys (eds), *The History of the University of Oxford, vol. 6: Nineteenth-Century Oxford, Part 1* (Oxford, 1997)，頁18。｜**69.** *Royal Kalendar* (1835)，頁290。｜**70.** Fiona MacCarthy, *Byron Life and Legend* (2002)，頁64–5。｜**71.** 引用於*Roy and Lesley Adkins, Jane Austen's England* (2013)，頁64。｜**72.** Barbara Taylor, 'Wollstonecraft, Mary (1759–1797)', *ODNB*.｜**73.** Feltham, *Watering Places* (1815 edn)，頁123。｜**74.** *Elizabeth Ham by Herself*，頁39–40。｜**75.** Lister, *Diaries*，頁97。｜**76.** James Edward Austen-Leigh, *A Memoir of Jane Austen* (1871)，頁83。｜**77.** *A Short Account of George Bidder the celebrated Mental Calculator, with a Variety of the Most Difficult Questions Proposed to him at the Various Towns in the Kingdom and his surprising Rapid Answers!* (4th edn, Exeter, 1820)，頁7–8。｜**78.** *Brief Remarks on English Manners* (1816)，頁17。｜**79.** Sydney Smith, 'A review of Adam Seybert's Statistical Annals of the United States of America', *Edinburgh Review*, 33 (January 1820)，頁69–80。｜**80.** George, *London Life*，頁118。｜**81.** Woodforde, *Diary*，頁357、372、373。｜**82.** White, *Waterloo to Peterloo*，頁84。｜**83.** *SRCISLT*, appendix, part ii，頁85。｜**84.** George, *London Life*，頁124。｜**85.** George, *London Life*，頁118。｜**86.** Pückler-Muskau, *Regency Visitor*，頁166、168。｜**87.** A. D. Harvey, 'Prosecutions for sodomy in England at the beginning of the nineteenth century', *The Historical Journal*, 21, 4 (1978)，頁939–48，於頁947。｜**88.** Old Bailey Proceedings Online (https://www.oldbai-leyonline.org, version 8.0) [hereafter *OBPO*]：1810年12月，Thomas White、John Newball and Hepburn的審判（t18101205-1）。｜**89.** Rictor Norton (ed.), 'Newspaper Reports, 1823', *Homosexuality in Nineteenth-Century England: A Sourcebook*，2014年12月29日，又於2016年8月19日擴充，http://rictornorton.co.uk/eighteen/1823news.htm，下載日期2019年3月12日。｜**90**. Lister, *Diaries*，頁6、61、76–7。｜**91.** Lister, *Diaries*，頁5。｜**92.** Lister, *Diaries*，頁5。｜**93.** Norton (ed.), 'Newspaper Reports, 1792–1793', *Homosexuality in Eighteenth-Century England*，2014年10月3日，又於2018年11月1更新。http://rictornorton.co.uk/ eighteen/1792news.htm，下載日期

Society，頁163，引用John Timbs, *Club Life of London* (2 vols, 1866), i，頁85。｜**39.** G.S. Street, 'The Betting Bookat Brooks's', *North American Review*, 173 (1901)，頁44–55。｜**40.** Street, 'Betting Book'，頁50；L. G. Mitchell, *Charles James Fox* (Oxford, 1992), 頁96。｜**41.** John Ashton, *Social England under the Regency* (new edn, 1899)，頁404–5。｜**42.** Woodforde, *Diary*，頁332–3。｜**43.** Ashton, *Social England*，頁25。｜**44.** Ashton, *Old Times*，頁298；Jan Bondeson, *The Two-Headed Boy, and Other Medical Marvels* (paperback edn, 2004)，頁264。｜**45.** Murray, *High Society*，頁55。｜**46.** Boswell, *Life of Samuel Johnson*, ii，頁302。｜**47.** Faramerz Dabhoiwala, *The Origins of Sex: a History of the First Sexual Revolution* (2012)，頁120。｜**48.** Dabhoiwala, *Origins of Sex*，頁120–1。｜**49.** Dabhoiwala, *Origins of Sex*，頁344。｜**50.** 原始出處為1763年印刷的'Pego Borewell'，引用於Declan Kavanagh, *Effeminate Years: Literature, Politics and Aesthetics in Mid-Eighteenth-Century Britain* (2017)，頁54；Dabhoiwala, *Origins of Sex*，頁117。｜**51.** Dabhoiwala, *Origins of Sex*，頁344，淺盤的部分見頁337；亦見*The Most Ancient and Most Puissant Order of the Beggar's Benison and Merryland, Anstruther* (1892)。｜**52.** Dabhoiwala, *Origins of Sex*，頁120–1。｜**53.** Chadwick, *Sanitary Condition*，頁125–6。｜**54.** Peter Laslett, *The World We Have Lost* (2nd edn, reprinted with corrections, 1979)，頁142。｜**55.** *SRCISLT*, appendix, part ii，頁56。｜**56.** White, *London*，頁350。｜**57.** Quoted in Scott (ed.), *Every One a Witness*，頁71。｜**58.** Dan Houston, 'The Literacy Myth? Illiteracy in Scotland 1630–1760', *Past & Present*, 96 (1982)，頁81–102；Michael Lynch (ed.), *The Oxford Companion to Scottish History* (Oxford, 2001)，頁563。｜**59.** *SRCISLT*, appendix, part ii，頁68。第70頁提到，在這裡，花在酒的錢是教育的七倍。｜**60.** *SRCISLT*, appendix, part ii，頁70–1。｜**61.** Southey, *Letters from England*, ii，頁116–18。｜**62.** Skinner, *Journal*，頁101。｜**63.** Skinner, *Journal*，頁286。六個月的帳單是113英鎊。｜**64.** Sir John Bowring, *Autobiographical Recollections of Sir John Bowring, with a brief memoir by L. B. Bowring* (1877)，頁44–50。｜**65.** Porter, *English Society*，頁166；*SRCISLT*, appendix, part ii，頁85–6。｜**66.** James Lackington, *Memoirs of the First Forty-Five Years of the Life of James*

Memoirs of the Life of Sir Samuel Romilly edited by his sons (3 vols, 2nd edn, 1841), i，頁169。｜**17.** Hansard, 9 February 1810.｜**18.** Lister, *Diaries*，頁192。｜**19.** A. Dyce (ed.), *Recollections of the Table Talk of Samuel Rogers* (1856)，頁1。｜**20.** Gray (ed.), *East Devon*，頁112。｜**21.** Southey, *Letters from England*, i，頁168。同一頁也描述了渾身沾染自己的血的綿羊。｜**22.** Wheaton, *Journal*，頁285–6。｜**23.** Jeremy Bentham, *An Introduction to the Principles of Morals and Legislation* (1789), cccviii–cccix.｜**24.** 感謝Greg Roberts的網站提供春尼的詳細故事：http://www.wickedwilliam.com/tag/the-strand/，下載日期2019年2月13日。152發子彈的細節出自倫敦博物館對印刷品'The Destruction of the Elephant destroyed at Exeter 'Change' (1826)的說明：https://www.museumoflondonprints.com/image/141316/william-belch-the-destruction-of-the-elephant-detroyed-at-exeter-change-1826，下載日期2019年4月28日。｜**25.** *The Times*（1826年3月10日），頁4。｜**26.** Manuel Eisner, 'Long-term Historical Trends in Violent Crime', *Crime and Justice*, 30 (2003)，頁83–142，於頁96、99。｜**27.** 例見 *The Trial of Major Campbell for the Murder of Captain Boyd in a Duel on the 23rd of June 1807* (1808)。｜**28.** *The British Critic*, vols 17–18 (1822)，頁380–1；J. G. Millingen, *The History of Duelling* (2 vols, 1841), ii，頁84。｜**29.** 過程的細節出自Phillips, *Profiigate Son*，頁73–4；*The British Critic*, vols 17-18 (1822)，頁380–5。後者包括說明吉爾克里斯特的統計是低估的數值。｜**30.** *The British Critic*, vols 17–18 (1822)，頁384。｜**31.** John Ashton, *Old Times: a picture of social life at the end of the eighteenth century* (1885)，頁275–6；*The Gentleman's and London Magazine for July 1789*，頁388。｜**32.** Ashton, *Old Times*，頁276。｜**33.** Millingen, *Duelling*，頁275。｜**34.** 也有其他首相曾經與人決鬥，但不在任職期間。雪爾本伯爵在1780年與人決鬥，是成為首相兩年前；喬治·坎寧在1827年當上首相，是他與卡斯爾雷勛爵決鬥後18年（見正文）。｜**35.** John Gore (ed.), *Creevey ... from the Creevey Papers and Creevey's Life and Times* (revised edn, 1948)，頁145。｜**36.** 信件日期1813年9月6日，Peter Quennell (ed.), *Byron: a Self-Portrait. Letters and Diaries 1798 to 1824* (2 vols, 1950), i，頁173。｜**37.** Lord Byron, from 'Detached Thoughts'，引用自Jane Stabler, *Byron, Poetics and History* (Cambridge, 2002)，頁127–8。｜**38.** Murray, *High*

｜**55.** Lister, *Diaries*，頁176。｜**56.** Scott (ed.), *Every One a Witness*，頁181，引用Arthur Young, *A Six-month tour through the north of England* (1770)。工資分別是12先令與7先令6便士。｜**57.** Simond, *Journal*, i，頁14。｜**58.** Woodforde, *Diary*，頁245–6、315、369。｜**59.** Simond, *Journal*, i，頁276；Henderson (ed.), *Industrial Britain*，頁39。｜**60.** Porter, *English Society*，頁87。｜**61.** Woodforde, *Diary*，頁314。｜**62.** Nicola Phillips, *The Profiigate Son or a True Story of Family Conflict, Fashionable Vice, and Financial Ruin in Regency England* (2013; paperback edn, Oxford, 2015)，頁72。｜**63.** Thomas Moore, *Life, Letters and Journals of Lord Byron, complete in one volume* (1838), 頁547.｜**64.** Cindy McCreery, 'Fischer [*married name* Norris], Catherine Maria [*known as* Kitty Fisher]' (1741?–1767), *ODNB*.｜**65.** Martin J. Levy, 'Robinson [née Darby], Mary [Perdita] (1756/1758?–1800)', *ODNB*.｜**66.** K. D. Reynolds, 'Wilson [née Dubouchet], *Harriette* (1786–1845)', *ODNB*.｜**67.** Joan Perkin, 'Beauclerk [*née* Mellon; *other married name* Coutts], Harriot, duchess of St Albans (1777?–1837)', *ODNB*.

4 性格

1. Percy Bysshe Shelley (ed. Mary Shelley), 'England in 1819', *The Poetical Works of Percy Bysshe Shelley* (3 vols, 1847), ii，頁412。｜**2.** Rush, *Residence*，頁196。｜**3.** Southey, *Letters from England*, i，頁177–9。｜**4.** Marquis de Condorcet, *Outlines of an Historical View of the Progress of the Human Mind* (1795)，頁316。｜**5.** Condorcet, *Historical View*，頁317。｜**6.** Condorcet, *Historical View*，頁355。｜**7.** Alexander Pope, *An Essay on Man. In Epistles to a Friend* (1733–4)，書信一，最後一句。｜**8.** John Trusler, *The London Adviser and Guide* (2nd edn, 1790)，頁213–15。｜**9.** Goede, *Stranger in England*, i，頁68。｜**10.** Henderson, *Industrial Britain*，頁39。｜**11.** Callum G. Brown, *The Death of Christian Britain* (2nd edn, 2009)，頁22。｜**12.** Quoted in Murray, *High Society*，頁16。｜**13.** White, *Waterloo to Peterloo*，頁126。｜**14.** 最後兩個例子出現在1735至99年女性死刑表，出自http://www.capitalpunishmentuk.org，下載日期2019年2月12日。｜**15.** *Fifth Report of the Society for the Improvement of Prison Discipline* (1823)，頁13。｜**16.**

aristocrat', *The Oxford Dictionary of National Biography* [hereafter *ODNB*] (2004). │ **29.** Rush, *Residence*，頁51。│ **30.** Rush, *Residence*，頁211。│ **31.** *The Times*（1798年7月20日），頁2。│ **32.** J. White, *Life in Regency England* (1963)，頁53。│ **33.** Murray, *High Society*，頁22。│ **34.** James Woodforde (ed. John Beresford), *The Diary of a Country Parson 1758–1802* (paperback edn, Norwich, 1999)，頁410。│ **35.** *ODNB* 記載60萬英鎊；國會史寫到傳言他身價是100萬英鎊，見 http://www.historyofparliamentonline.org/volume/1790-1820/member/whitbread-samuel-ii-1764-1815，下載日期2019年2月20日。│ **36.** Colquhoun, *Treatise*，頁124，這裡估計3,500名國家最高階官員每年賺得980英鎊，他們底下18,000位官員大約300英鎊。│ **37.** J. F. Payne, rev. Roy Porter, 'Lettsom, John Coakley (1744–1815), physician and philanthropist', *ODNB*. │ **38.** Simond, *Journal*，頁181。│ **39.** William Cobbett (ed. Asa Briggs), *Rural Rides* (2 vols, 1967), i，頁266–8。│ **40.** *Elizabeth Ham by Herself*，頁13。│ **41.** 利用柯洪的數值，不列顛群島有略超過100萬個家庭屬於上述的階級團體。但是整個人口，包括愛爾蘭，1811年共計350萬個家庭，其中246萬1,366個家庭可以稱為工人階級。│ **42.** 詹姆斯·伍德福德1790年1月6日付給僕人年工資：「給傭人Ben Leggatt，十英鎊；給Bretingham Scurl，八英鎊；給John Dalliday，二英鎊二先令（Woodforde, Diary，頁245–6）。│ **43.** William Daniel and Richard Ayton, *A Voyage Around the Coast of Britain* (8 vols, 1814–15; Folio Society edn, 2008)，頁43–4。│ **44.** P. A. B. Raffle, W. R. Lee, R. I. McCallum and R. Murray, *Hunter's Diseases of Occupations* (6th edn, reprinted 1991)，頁132。│ **45.** David Davies, *The Case of Labourers in Husbandry Stated and Considered* (1795)，頁136–7。│ **46.** Broadberry et al., *British Economic Growth*，頁329。│ **47.** John Skinner (ed. Howard and Peter Combs), *Journal of a Somerset Rector 1803–1834* (Oxford, 1971)，頁76。│ **48.** Colquhoun, *Treatise*，頁124；John Wade, *A Treatise on the Police and Crimes of the Metropolis* (1829)，頁144。│ **49.** Davies, *Case of Labourers*，頁136–7。│ **50.** Porter, *English Society*，頁94；J. D. Marshall, *The Old Poor Law 1795–1834* (1968)，頁26。│ **51.** Sir Frederick Eden, *The State of the Poor* (3 vols, 1797), ii，頁184–5。│ **52.** Porter, *English Society*，頁131。│ **53.** 54 George III cap. 101. │ **54.** *SRCISLT*, appendix, part ii，頁71–2。

頁615。｜**9.** Wrigley et al, *English Population from Family Reconstitution*，頁615。他們提出每五年的資料，除了1826至66年，60歲以上均超過7%。｜**10.** 1801年與1831年的數值，出自Wrigley et al., *English Population from Family Reconstitution*，頁615。2011年的數值出自http://www.ons.gov.uk/ons/rel/census/2011-census/ population-and-household-estimates-for-the-united-kingdom/rft-table-1-census-2011.xls，下載日期2018年11月12日。｜**11.** Wrigley et al., *English Population from Family Reconstitution*，頁614。｜**12.** *First Report of the Commissioners for Inquiring into the State of Large Towns and Populous Districts* [hereafter *FRCISLT*] (2 vols, 1844), i，頁126；*SRCISLT*, appendix, part ii，頁55。｜**13.** *SRCISLT*, appendix, part ii，頁49（利物浦），55（普雷斯頓）。｜**14.** A. Meredith John, 'Plantation Slave Mortality in Trinidad', *Population Studies*, 42 (1988)，頁161–82，於頁172。｜**15.** *Comparative Account of the Population*，頁16–17。這些數值是基於1813至30年埃塞克斯的研究。｜**16.** John, 'Slave Mortality'，頁172。｜**17.** *SRCISLT*, appendix, part ii，頁55。｜**18.** Elizabeth Ham (ed. Eric Gillett), *Elizabeth Ham by Herself* (1945)，頁61。｜**19.** Peter Quennell (ed.), *Byron: a self-portrait: letters and diaries 1798 to 1824* (2 vols, 1950), i，頁206。｜**20.** 見她在布萊頓聖尼古拉（St Nicholas）墳墓的墓碑。｜**21.** Juliet Gardiner, Neil Weborn (eds), *The History Today Companion to British History* (1995)，頁639。｜**22.** Pückler-Muskau, *Regency Visitor*，頁88–9。｜**23.** Colquhoun, *Treatise*，頁124。｜**24.** Charles C. F. Greville (ed. Henry Reeve), *The Greville Memoirs* (8 vols, Cambridge, 1888), i，頁159；Robert Heron, *Notes by Sir Robert Heron, baronet* (2nd edn, 1851)，頁185。｜**25.** Colquhoun, *Treatise*，頁124。｜**26.** David Cannadine, 'The Landowner as Millionaire: the finances of the dukes of Devonshire: c. 1800–1926', *Agricultural History Review*, 25, 2 (1977)，頁77–97，於 頁77；Murray, *High Society*，頁235；J. Steven Watson, *The Reign of George III 1760–1815* (Oxford, 1960)，頁335。｜**27.** Murray, *High Society*，頁85。｜**28.** 1842年他去世的時候，他的土地可以生產五萬英鎊，意謂價值大約125萬英鎊。他也擁有英國政府統一公債價值125萬英鎊；個人財產總價100萬英鎊，銀器與珠寶又100萬英鎊。見William Carr (revised by K. D. Reynolds), 'Vane, William Harry, first duke of Cleveland (1766–1842),

The Table Book, vol. 1 (1827)，第121欄。│**28.** 引用文字出自 Pückler-Muskau, *Regency Visitor*，頁238。│**29.** Pückler-Muskau, *Regency Visitor*，頁239。│**30.** Richard Rush, *A Residence at the Court of London* (1833)，頁xi–xii；Anne Lister (ed. Helena Whitbread), *The Secret Diaries of Anne Lister, 1791–1840* (paperback edn, 2010)，頁237。│**31.** Pückler-Muskau, *Regency Visitor*，頁38–9。│**32.** Simond, *Journal*, i，頁176。│**33.** George, *London Life*，頁345–6。│**34.** George, *London Life*，頁111–12。│**35.** Edwin Chadwick, *Report ... on an inquiry into the Sanitary Condition of the Labouring Population of Great Britain* (1842)，頁45。│**36.** Edwin Chadwick, *A Supplementary Report of the Results of a Special Inquiry into the Practice of Interment in Towns* (1843)，頁15。│**37.** Wheaton, *Journal*，頁156–7。│**38.** Wheaton, *Journal*，頁43。│**39.** 從1805年，皮卡迪利街的藥局Lardner & Co.每晚都點燃氫氣，之後許多藥局也跟進。1810年起，河岸街有名的阿克曼印刷店也點瓦斯燈。後者的日期各有看法。某些資料提供的年份是1808，而Kathryn A. Morrison, *English Shops and Shopping* (2004)，頁37，表示的年份是1810。

3 民眾

1. John Quincy Adams於1816年11月8日的日記紀錄。見Margaret Miner, Hugh Rawson (eds), *The Oxford Dictionary of American Quotations* (2nd edn, Oxford, 2006)，頁447。│**2.** 英格蘭1791年的數值出自E. A. Wrigley and R. S. Schofield, *English Population History, 1538–1871* (Cambridge, 1981)，頁529。1801至31年的數值出自*Comparative Account of the Population ...* (1831)，頁6，從「英格蘭與威爾斯」的數值扣除威爾斯。│**3.** 這句話是較早一位法國公主說的，在尚・盧梭的《懺悔錄》（1765），比法國大革命早了20年。│**4.** Thomas Robert Malthus (ed. Donald Winch), *An Essay on the Principle of Population* (Cambridge, 1992)，頁14。│**5.** B. R. Mitchell, *British Historical Statistics* (1988)，頁474。│**6.** 引述Patrick Colquhoun, *A Treatise on the Wealth, Power and Resources of the British Empire in Every Quarter of the World* (1814)，頁20。│**7.** Southey, *Letters from England*, iii，頁286–7。│**8.** E. A. Wrigley, R. S. Davies, J. E. Oeppen and R. S. Schofield, *English Population from Family Reconstitution 1580–1837* (Cambridge, 1997)，

2 倫敦

1. James Boswell, *The Life of Samuel Johnson* (2 vols, 1791), ii，頁160。│**2.** https://www.bl.uk/collection-items/broadside-albion-mills-on-fire，下載日期2018年10月2日。│**3.** Moritz, *Journeys*，頁26。│**4.** John Mazzinghi, *The History of the Antiquity and Present State of London, Westminster and the Borough of Southwark* (1793)，頁278–82。1785年的版本，書名是 *The New and Universal Guide through the Cities of London and Westminster ...*（頁186–8），記錄類似的清單，不同的統計數值。1792年與1793年版本的房屋數相同：倫敦市37,360；西敏市26,804；郊區米德爾塞克斯和薩里76,814；薩瑟克10,714。│**5.** M. Dorothy George, *London Life in the Eighteenth Century* (1964)，頁110，引用 Archenholz, *A Picture of England* (1797)，頁131。│**6.** Jerry White, *London in the Eighteenth Century: a Great and Monstrous Thing* (2012)，頁62–3；George, *London Life*，頁109。│**7.** George, *London Life*，頁100–1、113（豬）。│**8.** Moritz, *Journeys*，頁33。│**9.** Colin Stephen Smith, 'The Market Place and the Market's Place in London, c. 1660–1840', PhD thesis, UCL (1999)，頁29。│**10.** Mazzinghi, *State of London* (1793 edn)，頁212、214，列出32個地點的34個市場。為了簡潔，主文中以淨值34呈現。│**11.** 1791年食物消費的統計數值出自Mazzinghi, *State of London* (1793 edn)，頁142–6。我懷疑他給的烈酒數值有多正確。│**12.** George, *London Life*，頁52（引用 Commons Journals）。│**13.** 如Wheaton, *Journal*中描述，頁218–19。│**14.** Venetia Murray, *High Society: a Social History of the Regency Period, 1788–1830* (1998)，頁103。│**15.** Moritz, *Journeys*，頁42。│**16.** Moritz, *Journeys*，頁45–46。│**17.** C. A. G. Goede, *A Stranger in England* (3 vols, 1807), vol. i，頁21。│**18.** Simond, *Journal*, i，頁37–8。│**19.** Mike Rendell, *The Journal of a Georgian Gentleman: the Life and Times of Richard Hall, 1729–1801* (2011)，頁14。│**20.** Goede, *Stranger in England*，頁24。│**21.** Southey, *Letters from England*, iii，頁180。│**22.** https://www.home.barclays/news/2017/08/from-the-archives-barclay-perkins-brewery.html，下載日期2018年9月26日。│**23.** Southey, *Letters from England*, i，頁140。│**24.** Goede, *Stranger in England*，頁42。│**25.** Goede, *Stranger in England*，頁24–6。│**26.** White, *London in the Eighteenth Century*，頁73。│**27.** William Hone,

(1968)，頁36。｜**25.** *SRCISLT*，頁41。｜**26.** *SRCISLT*, appendix, part i，頁18。｜**27.** Southey, *Letters from England*, ii，頁71–2。｜**28.** Edmund Newell, 'Atmospheric Pollution and the British Copper Industry, 1690–1920', *Technology and Culture*, 38, 3 (1997)，頁655–89。｜**29.** Leslie Tomory, 'The environmental history of the early British gas industry', *Environmental History*, 17, 1 (January 2012)，頁29–54，於頁35–7。｜**30.** R. J. White, *From Waterloo to Peterloo* (1973)，頁11。｜**31.** Todd Gray (ed.), *East Devon: The Traveller's Tales* (Exeter, 2000)，頁63–4，引述George Lipscomb, *Journey into Cornwall through the counties of Southampton, Wilts, Dorset, Somerset & Devon* (1799)，頁140–51。｜**32.** Pigot & Co., *London & Provincial New Commercial Directory of Bedfordshire ... and South Wales* (1830)，頁177。｜**33.** 帕特里克・柯洪（Patrick Colquhoun）的調查基於英格蘭861個城鎮、威爾斯78個、蘇格蘭244個。此數值包括某些非常小的地方，稱為「城鎮」的，通常會有一個市場。見Patrick Colquhoun, *A Treatise on the notes 375 Wealth, Power and Resources of the British Empire in Every Quarter of the World* (1814)，頁20。｜**34.** Simond, *Journal*, i，頁11（法茅斯）、197（索爾茲伯里）、237（蘭戈倫）、239（切斯特）、261（卡萊爾）。｜**35.** Wheaton, *Journal*，頁32（伍爾弗漢普頓）、71（維爾）、103（斯坦福）。｜**36.** Stephen Broadberry, Bruce M. S. Campbell, Alexander Klein, Mark Overton, Bas van Leeuwen, *British Economic Growth, 1270–1870* (Cambridge, 2015)，頁109。｜**37.** Broadberry et al., *British Economic Growth*，頁97。｜**38.** J. R. Wordie, 'The Chronology of English enclosure, 1500–1914', *Economic History Review*, 36, 4 (1983)，頁483–505，於頁502。｜**39.** Roy Porter, *The Penguin Social History of Britain: English Society in the Eighteenth Century* (2001)，頁209。｜**40.** 引用於A. F. Scott, *Every One a Witness: the Georgian Age* (1970)，頁213。｜**41.** Pückler-Muskau, *Regency Visitor*，頁54。｜**42.** Simond, *Journal*, i，頁201（斯托海德）、210（威爾斯）。｜**43.** Moritz, *Journeys*，頁118。｜**44.** Broadberry et al., *British Economic Growth*，頁106。｜**45.** James Ramsay (ed. Alexander Allardyce), *Scotland and Scotsmen in the Eighteenth Century* (2 vols, 1888), ii，頁519。｜**46.** Daniel Guy Brown, 'The Highland Clearances and the Politics of Memory', PhD thesis, University of Wisconsin- Milwaukee (2014)，頁13–16、194。

（1821之前）、瑞丁（1819）、羅奇代爾（1824）、雪菲爾（1818）、舒茲伯利（1820）、威克菲（1822）、沃靈頓（1822）、威根（1822）、伍爾弗漢普頓（1820）、伍斯特（1818）、約克（1823）。年份出自每個地方設置瓦斯公司的《國會法》，除了普雷斯頓，雖然沒有法令紀錄，但在1821年時已有瓦斯供應。｜ **16.** *Second Report of the Commissioners for Inquiring into the State of Large Towns and Populous Districts* [*hereafter SRCISLT*] (1845), appendix, part ii，頁7。｜ **17.** *SRCISLT*, appendix, part ii，頁15–16。更高密度的地區，見I. C. Taylor, 'The court and cellar dwelling: the eighteenth-century origin of the Liverpool slum', *Transactions of the Historic Society of Lancashire and Cheshire*, vol. 122，1970年的資料（1971），見頁67–90，於頁72。｜ **18.** Taylor, 'Court and cellar dwelling'，頁76。｜ **19.** 克羅斯比街人口密度的數值，見 'Court and cellar dwelling'，頁85。1789至90年，每英畝1,700人和19世紀中期每英畝2,860人，也有點誤導。這些數值是基於估算占據不到二萬平方英尺的130間房屋，即不到半英畝。這不容許任何道路、庭院、公廁、小巷的空間。這個測量依照在他的文章按比例重現的地圖，可見這130間房屋，包括庭院與設施，占據面積長寬274乘以145（英尺）。從*Gage's Trigonometrical Plan of Liverpool* (1836)確認街道大小，顯示克羅斯比街丈量後大約30英尺寬，而另一邊街區的布倫德爾街是36英尺，採平均值33英尺，並將此加入街區的寬度，意謂這130間房屋占據274英尺乘以178英尺，等於48,772平方英尺，比他得到的「不到二萬平方英尺」大上許多，甚至還沒加上交叉道路。這個地區每英畝正確的房屋數量應該會是116。將這個數值連結到他提供的居住數值——1789至90年的6.7人，1851年的11.27人，得到克羅斯比街人口密度數值：1789至90年為777人，1851年為1,307人。｜ **20.** *SRCISLT*, appendix, part ii，頁85。｜ **21.** Nathaniel S. Wheaton, *A Journal of a residence for some months in London; Including Excursions through Various Parts of England; and a Short Tour in France and Scotland* (Hartford, 1830)，頁31。｜ **22.** Robert Southey, *Letters from England by Don Manuel Alvarez Espriella* (3 vols, 1807), ii，頁122。｜ **23.** Louis Simond, *Journal of a Tour and Residence in Great Britain During the Years 1810 and 1811 by a French Traveller* (2 vols, Edinburgh, 1815), i，頁242。｜ **24.** W. O. Henderson, *Industrial Britain under the Regency: the diaries of Escher, Bodmer, May and de Gallois, 1814–18*

地，雪菲爾的人口數是45,000人，即使人口普查的數值45,755人，顯然是教區，而非那個城鎮。而且粗略看看當時的地圖，在偏遠的村莊和城鎮本身，是寬闊的原野。許多其他參考書目的人口數值，也因同樣的城鎮邊界問題不甚可靠。W. G. Hoskins常被引用的資料，出自他的著作 'The Ranking of Provincial Towns 1334–1861', *Local History in England* (1959)，頁176–8，也受到過度容納與過度排除的問題影響。Hoskins在紐卡索的數值並未容納蓋茲赫德（Gateshead），即使兩者就像倫敦和薩瑟克一樣緊連。至於特倫特河畔的斯托克（Stoke-on-Trent），Hoskins提出這個「城鎮」的人口數值是16,414人，但是在1801年，沒有城鎮叫做這個名字。後來組成特倫特河畔的斯托克的六個聚落，當時仍分開，而且沒有一個人口超過七千人；因此，斯托克不在我的清單。彙整這些數值時，以下的郊區被納入它們的主要城鎮：曼徹斯特的數值包括索爾福德（Salford）；愛丁堡包括利斯（Leith）；利物浦包括托克斯泰斯（Toxteth Park）；伯明罕包括阿什頓與埃德巴斯頓（Ashton & Edgbaston）；布里斯托包括克利夫頓與斯泰普爾頓（Clifton & Stapleton）；普利茅斯包括德文港和斯通豪斯（Devonport & Stonehouse）；泰恩河畔的紐卡索包括蓋茲赫德；樸茨茅斯包括波特西；赫爾包括史高寇茲（Sculcoates）；亞伯丁包括舊馬查（Old Machar）；桑德蘭包括蒙克維茅（Monkwearmouth）和比夏維茅（Bishopwearmouth）；波爾頓包括唐與霍爾（Tonge with Haulgh）；羅奇代爾包括卡索頓與史帕蘭（Castleton & Spotland）；泰恩茅斯包括北許爾茲（North Shields）。 | **13.** Trevor Fawcett, *Paving, Lighting, Cleansing: Street Improvement and Maintenance in Eighteenth-Century Bath* (Bath, reprinted May 2000), n.p. | **14.** Alison Campsye, 'When Glasgow's gas lamps went out for the last time', *The Scotsman* (22 September 2017). | **15.** 1830年之前設立瓦斯公司的大型城鎮如下：巴斯（1818）、伯明罕（1825）、波爾頓（1820）、布萊頓（1818）、布里斯托（1823）、伯里（1826）、坎特伯里（1822）、考文垂（1821）、德比（1820）、多佛（1822）、達德利（1821）、愛丁堡（1818）、埃克塞特（1816）、格拉斯哥（1818）、格洛斯特（1820）、哈利法克斯（1822）、伊普斯威奇（1821）、里茲（1818）、萊斯特（1821）、林肯（1828）、利物浦（1818）、倫敦（1812）、馬格斯菲特（1826）、曼徹斯特（1824）、諾里奇（1820）、諾丁漢（1818）、奧爾德姆（1825）、樸茨茅斯／波特西（1821）、普雷斯頓

約30英尺寬。｜**5.** Sue Berry, *Georgian Brighton* (Chichester, 2005)，頁110。｜**6.** Pückler-Muskau, *Regency Visitor*，頁159；Berry, *Georgian Brighton*，頁27。｜**7.** John Feltham, *Guide to all the Watering and Sea-Bathing Places* (1815)，頁120。｜**8.** Todd Gray, Margery Rowe (eds), *Travels in Georgian Devon* (4 vols, Tiverton, 1997), ii，頁139（錫德茅斯）, 173（道利什）。｜**9.** Karl Philipp Moritz, *Journeys of a German in England* (paperback edn, 1983)，頁176。｜**10.** 這些是英格蘭的數值，但如同本文的人口表顯示，蘇格蘭也經歷相似的都會化。英格蘭的統計，見C. M. Law, 'The Growth of the Urban Population of England and Wales, 1801–1901', *Transactions of the Institute of British Geographers*, 41 (1967)，頁125–43，於頁130（圖表5）。｜**11.** Pigot & Co., *London & Provincial New Commercial Directory of Bedfordshire, Berkshire, Buckinghamshire, Cambridgeshire, Cornwall, Devon, Dorset, Gloucestershire, Hampshire, Herefordshire, Huntingdonshire, Monmouthshire, Norfolk, Northamptonshire, Oxfordshire, Somerset, Suffolk, Wiltshire and South Wales* (1830)，頁350。｜**12.** 這張表的數值來自*Accounts and Papers Relating to Population, in Five Volumes, 5: Comparative Account of the Population of Great Britain in the years 1801, 1811, 1821 and 1831* (1831)，探討城鎮收益的一節（非第13頁的複合值）。這麼做的理由是，過去的作者曾為自己的目的扭曲這些數值。例如，1801年雪菲爾的人口普查數值是31,314人。但是，那個城鎮當時位在一個更大的古老教區，包括數個其他的小村莊，而且整個教區的總人口是45,755人。因此，許多歷史學家給出這個後來的數值。樸茨茅斯大學的計畫《穿梭時光視野》（*A Vision through Time*）以該城市的現代邊界運用在過去的資料，所以雪菲爾的居民可以看到多少人在1801年住在我們「現在」所知道的雪菲爾：總數是60,095人。顯然，如果你在1801年到了雪菲爾，你會發現只有那個數值一半的居民。類似的情況也在首都以外最大的城鎮曼徹斯特。John Rickman在他的分析中，加入多個名稱不明的郊區，得到的人口是90,399人。Joyce Ellis的著作'Regional and County Centres 1700–1840' in Peter Clark (ed.), *The Cambridge Urban History of Britain, volume 2: 1540–1840* (Cambridge, 2000)，同樣將曼徹斯特名稱未定的郊區加入大型非首都城鎮的表格，頁679，約1700年至1841年，人口數為95,000人。同一張表，利物浦的人口提升到82,000人，愛丁堡下降到81,000人。同樣

注釋

第一次引用時詳列出版品全名，並使用以下縮寫：

FRCISLT	*First Report of the Commissioners for Inquiring into the State of Large Towns and Populous Districts* (1844)
SRCISLT	*Second Report of the Commissioners for Inquiring into the State of Large Towns and Populous Districts* (1845)
OBPO	*Old Bailey Proceedings Online*
ODNB	*The Oxford Dictionary of National Biography*
OED	*The Oxford English Dictionary*

除非特別說明，否則所有出版地點為倫敦。

1 景觀

1. 引用自Lady Saba Holland, *A Memoir of the Reverend Sydney Smith by his daughter, Lady Holland* (2 vols, 1855), i，頁262。 │ **2.** 單一燭燈的能見度是2.6公里，見https://arxiv.org/abs/1507.06270，下載日期2020年4月20日。然而，18世紀有些燈塔的燈是24枝蠟燭排成數排，當時認為那樣就足以讓經過的船隻看見。利澤得燈塔，直到1811年點的都是煤火，之後他們進步為使用阿爾甘油燈（Argand oil lamps）。愛迪斯敦燈塔（斯密頓塔〔Smeaton's Tower〕），從1759年開始點燃兩打蠟燭。見https://www.trinityhouse. co.uk/lighthouses-and-lightvessels/eddystone-lighthouse，下載日期2020年4月20日。 │ **3.** Prince Hermann Pückler-Muskau (trans. Sarah Austin, ed. E. M. Butler), *A Regency Visitor: the English Tour of Prince Pückler-Muskau described in his Letters 1826–1828* (1957)，頁159。 │ **4.** Rose Collis, *The New Encyclopaedia of Brighton* (2010)，頁241。這裡表示碼頭13英尺寬。Pigot & Co., *Royal National and Commercial Directory and Topography of the Counties of Kent, Surrey and Sussex* (1839)，頁223，表示碼頭超過1,100英尺長，大

知識叢書 1147

漫遊攝政時期的英國：
一個新舊交替、窮奢極慾、浪漫感性的奔放時代
The Time Traveler's Guide to Regency Britain

作者	伊恩．莫蒂默（Ian Mortimer）
譯者	胡訢諄
資深編輯	張擎
責任企劃	林欣梅
封面設計	吳郁嫻
內頁排版	張靜怡
人文線主編	王育涵
總編輯	胡金倫
董事長	趙政岷
出版者	時報文化出版企業股份有限公司 108019 臺北市和平西路三段 240 號 7 樓 發行專線｜ 02-2306-6842 讀者服務專線｜ 0800-231-705 ｜ 02-2304-7103 讀者服務傳真｜ 02-2302-7844 郵撥｜ 1934-4724 時報文化出版公司 信箱｜ 10899 臺北華江橋郵政第 99 信箱
時報悅讀網	www.readingtimes.com.tw
人文科學線臉書	http://www.facebook.com/humanities.science
法律顧問	理律法律事務所｜陳長文律師、李念祖律師
印刷	勁達印刷有限公司
初版一刷	2024 年 10 月 18 日
定價	新臺幣 700 元

版權所有 翻印必究（缺頁或破損的書，請寄回更換）

THE TIME TRAVELER'S GUIDE TO REGENCY BRITAIN
Copyright © 2020 by Ian Mortimer
Published by arrangement with Geogina Capel Associates Ltd., through The Grayhawk Agency.
Complex Chinese edition copyright © 2024 by China Times Publishing Company
All rights reserved.

ISBN 978-626-396-751-9 ｜ Printed in Taiwan

時報文化出版公司成立於一九七五年，並於一九九九年股票上櫃公開發行，於二〇〇八年脫離中時集團非屬旺中，以「尊重智慧與創意的文化事業」為信念。

漫遊攝政時期的英國：一個新舊交替、窮奢極慾、浪漫感性的奔放時代／伊恩．莫蒂默（Ian Mortimer）著；胡訢諄譯．｜ -- 初版．-- 臺北市：時報文化出版企業股份有限公司，2024.10 ｜ 512 面；14.8×21 公分．
譯自：The time traveler's guide Regency Britain. ｜ ISBN 978-626-396-751-9（平裝）
1. CST：社會生活 2. CST：文化史 3. CST：英國｜ 741.3 ｜ 113013061